华夏传播研究会
Huaxia Communication Research Association

心 传 天 下
Sharing Thoughts Across the World

中华文化与传播研究

CHINESE CULTURE AND COMMUNICATION STUDIES

主 编

谢清果　吴毅禧　庄　舍

第十五辑

本辑主题：中华文化国际传播

九州出版社｜全国百佳图书出版单位
JIUZHOUPRESS

图书在版编目（ＣＩＰ）数据

中华文化与传播研究. 第十五辑 / 谢清果，吴毅喜，庄舍主编.
北京 ：九州出版社，2025. 2. -- ISBN 978-7-5225
-3666-8

Ⅰ. G125

中国国家版本馆CIP数据核字第2025A2K085号

中华文化与传播研究·第十五辑

作　　者	谢清果　吴毅喜　庄舍　主编	
责任编辑	郝军启	
出版发行	九州出版社	
地　　址	北京市西城区阜外大街甲 35 号（100037）	
发行电话	(010)68992190/3/5/6	
网　　址	www. jiuzhoupress.com	
印　　刷	北京九州迅驰传媒文化有限公司	
开　　本	720 毫米 ×1020 毫米　16 开	
印　　张	20.75	
字　　数	460 千字	
版　　次	2025 年 4 月第 1 版	
印　　次	2025 年 4 月第 1 次印刷	
书　　号	ISBN 978-7-5225-3666-8	
定　　价	68.00 元	

中华文化与传播研究

主办单位：

    厦门大学传播研究所

    漳州南山书院

    厦门大学福建文化传承发展研究中心

    福建省高校人文社会科学研究基地·中华文化传播研究中心

    福建科能电子科技有限公司

协办单位：

    中盐金坛盐化有限责任公司

    华夏传播研究会

    华夏文化促进会

    国际中华传播学会（美国）

    中国传媒大学媒体创意研究中心

    福建省传播学会

    厦门大学国学研究院

    四川大学老子研究院

    厦门大学道学与传统文化研究中心

    厦门篔筜书院

    大连外国语大学中华文化海外传播研究中心

    中国新闻史学会新闻传播思想史专业委员会

    中国新闻史学会台湾与东南亚华文新闻传播史研究委员会

    中国传媒大学健康中国与中医药传播研究中心

张　昆（华中科技大学新闻与信息传播学院）

邵培仁（浙江大学传播研究所）

林升栋（中国人民大学新闻学院）

罗　萍（厦门大学新闻传播学院）

岳　森（厦门大学新闻传播学院）

居延安（美国康涅狄格州州立大学传播学系）

单　波（武汉大学新闻与传播学院）

［新加坡］卓南生（北京大学新闻学研究会）

宫承波（中国传媒大学电视与新闻学院）

赵月枝（加拿大西门菲莎大学传播学院）

赵振祥（厦门理工学院）

赵晶晶（浙江大学传媒与国际文化学院）

胡翼青（南京大学传播学院）

郝　雨（上海大学影视学院）

贾文山（中国人民大学新闻学院、查普曼大学）

郭肖华（厦门理工学院数字创意学院）

阎立峰（厦门大学新闻传播学院）

黄　旦（复旦大学新闻学院）

黄合水（厦门大学新闻传播学院）

黄鸣奋（厦门大学电影学院）

黄星民（厦门大学新闻传播学院）

曾　峰（华侨大学新闻传播学院）

程曼丽（北京大学新闻与传播学院）

董天策（重庆大学新闻学院）

谢宗贵（福建师范大学传播学院）

戴元光（上海政法学院文学院）

卷首语

庄 舍

我喜欢南国的木棉树,深植于大地之中,高大英伟。春天时满树火红,奔放热烈;夏日里一树绿荫,花絮飞扬;秋令以黄叶铺地,冬季则直指苍穹。这是一种顺应自然的大树,虽阳刚却温暖,至高大而谦卑。

这让我想到了厦门大学谢清果先生创办的《中华文化与传播研究》,也是具备这种木棉树的气质,同样根植于南国,成长了七年。它分辑出版,挖掘中华文化数千年历史积淀中蕴含的智慧与精神,致力于增进不同文化语境中对中华文化的理解和共鸣,每一辑都有其独有的审美情趣与价值观。这种对中华文化的深入研究似可比拟成木棉树的春天,吸收养分,花开似锦。如今,新的一年来临了,我知道,这棵"木棉树"也该飘絮了。

《中华文化与传播研究》与木棉何其相似?木棉的种子,裹在一团雪白的绒球之中,在初夏时随风上下,肆意飞扬,这是木棉顺应天道的传播手段。中华文化的种子,在《中华文化与传播研究》的包裹之下,乘着"坚定文化自信"的东风,飘扬四海,落地生花!

这样想来,木棉的种子在风中寻找新的生长之地,中华文化也在全球化的浪潮中寻找新的土壤。《中华文化与传播研究》需要承载和传播中华五千年的智慧与精髓,如同木棉的绒球,轻盈却坚韧,随风飘散却不忘根植于深厚的文化土壤之中。而每一次的传播,都是对文化生命力的再次确认;每一次的研究,都是对文化深度的再次挖掘。在这条传播与研究的道路上,中华文化如同木棉一般,不断绽放新的花朵,又不断放飞种子,这样才能让世界见证其不朽的魅力与活力。

我喜欢木棉树,更喜欢中华优秀传统文化,当然,更希望有更多的人来研究和传播中华文化。

（漳州南山书院山长）

学术支持

国家社科重大项目"铸牢中华民族共同体的传播策略研究"（22&ZD313）的阶段性成果；

国家社科基金一般项目"华夏文明传播的观念基础、理论体系与当代实践研究"（19BXW056）阶段性成果；

福建省专业学位研究生导师团队"华夏文明传播研究团队"建设成果；

福建省首届网络教学名师培育计划建设成果；

福建省高校人文社科研究基地·中华文化传播研究中心建设成果；

福建省课程思政"华夏传播概论"建设成果；

厦门大学传播研究所建设成果；

厦门大学一流本科课程"华夏传播概论"建设成果；

厦门大学研究生课程"中国传播理论研究"课程思政建设成果

美育与通识教育一流课程"华夏文明传播"建设成果；

研究生教育精品课程"史论精解·传播（华夏传播史论）"建设成果；

习近平新时代中国特色社会主义思想融入"华夏传播概论"课程教学的实践方法研究的阶段性成果；

中华民族共同体意识融入"华夏传播概论"课程教学的实践方法的阶段性成果。

目　录

【新闻传播史研究】

身体的移动：在西国阅读新闻纸

——基于晚清驻外公使薛福成出使日记的考察

朱晓凯*

（安徽师范大学新闻与传播学院，安徽芜湖，241002）

摘　要： 晚清驻外公使薛福成是中国近代最具世界意识的官员之一。晚清大变局中，以"经世致用"为己任的薛福成在理解和使用新闻纸这一近代大众传播工具时显示出超强的能力。本文通过梳理其出使日记发现，薛福成首先通过"身体的移动"，继而借助阅读新闻纸来感知和参与"世界"。这一具身的、嵌入式的认知过程，在晚清一代官员中具有典型的范本意义。

关键词： 薛福成；身体的移动；新闻纸

晚清一代，面对李鸿章所谓"数千年未有之变局"[①]的社会震荡，人们在因应变局时总会与"身体"发生某种联结。"身体"往往会被视为一个建构在认知基础上的政治场域，随着"身体的移动"，身体意识在内忧外患与变通图存的矛盾交织中，不断寻找着觉醒的路径。彼时绝大多数国人安土重迁，"穷年咕哔，足不出户，庭交不过乡里，目不睹天地古今之变。故询以救世济时之策，则逊谢不遑。一闻奇事奇论，则斥为荒谬而不经"[②]。因此，薛福成等晚清驻外使节开启的由"中土"赴西国的"身体的移动"，其所带来的具身的、嵌入式的认知过程，不仅被赋予了鲜明的时代特色，而且对于了解晚清改革派官员群体如何借助在异域的身体感受来观照母国，亦提供了另一个解读的视角。

薛福成（1838—1894）于光绪十五年（1889）获任清廷出使英法意比四国钦差大臣，在海外任职5年后，于光绪二十年（1894）结束任职归国。在近代中国新陈代谢的过程中，这位有着多方面贡献、承前启后的晚清官员，被后人誉为"洋务运动中并不多见的

---

* 作者简介：朱晓凯，安徽师范大学新闻与传播学院教授，硕士生导师，研究方向：新闻史与新闻实务。
① 顾廷龙、戴逸主编：《李鸿章全集》（第6册），合肥：安徽教育出版社，2008年，第159页。
② 钟叔河：《走向世界丛书·张德彝：航海述奇·欧美环游记》，长沙：岳麓书社，2008年，第436页。

干才"①。薛福成曾赞襄曾国藩、李鸿章两任幕主，曾李二人都对其极为器重。在曾幕时，他位列"曾门四弟子"之一；在李幕时，李对其"尤倚重，无巨细一以咨"②。

放洋前，薛福成通过阅读历任驻外使节的出使笔记和一些介绍西方的书籍，已对泰西文明略知一二，然而"纸上得来终觉浅，绝知此事要躬行"，③"躬行"即"经验实证"。法国哲学家梅洛－庞蒂指出，构成人类认知的感觉、知觉、记忆、思维、想象和语言等，都是通过身体的结构和身体感觉运动系统的独特体验来实现的，即"我的身体是我的'理解力'的一般工具"④。"身体"的物理过程、"身体"与外部环境的互动，成为认知系统的有机组成部分，并对认知过程造成直接影响。驻节欧陆后，薛福成的"身体"与西人、西事和西国风物形成了一种"场"的关系，"身体在场"所带来的耳闻目睹与身体力行，逐渐修正着此前的经验认识，用他自己的话来说："昔郭筠仙侍郎（注：即郭嵩焘）每叹羡西洋国政民风之美，至为清议之士所抵排。余亦稍讶其言之过当……此次来欧洲，由巴黎至伦敦，始信侍郎之说，当于议院、学堂、监狱、医院、街道征之。"⑤

毫无疑问，晚清大变局给清廷官员带来的"身体的移动"，确实具有重塑世界观和价值观的革命性意义。就薛福成而言，这种先于语言的观察行为本身，便已在一定程度上摇动了其原有的心理状态、知识结构以及固有信仰。这一借由"身体的移动"、使"身体"嵌入"世界"的耦合⑥过程，在晚清驻外使节留存的数量庞大的奏稿函电、信札笔记和相关文稿中都能找到清晰的脉络，薛福成出使日记即为其一。

薛福成有写日记的习惯，"自壮至老，读书从公，日有常课……数十年来逐日行事，悉载日记"⑦。其日记洋洋洒洒、蔚为大观，时间跨度长达 25 年（1869 年 1 月—1894 年 7 月），内容几乎涵盖晚清政治、经济、军事、文化等各方面史料以及他对一些人事的看法。日记是一种按时间顺序记录亲身经历、所见所闻和思想感悟的私人记载文体，因具有当下性和私密性等特点，史料价值倍受重视，虽如陈寅恪所言"大抵私家纂述易流于诬妄，而官修之书，其病又在多所讳饰"，但因具备独有的叙写法则，一些重要历史人物的日记在研究个人乃至时代方面仍可与"官修之书"等其他史料形成彼此呼应的逻辑联系，从而"庶几得其真相，而无讳饰之失矣"⑧。由是观之，薛福成日记的文献价值与解读意义是

① 钟叔河：《走向世界：近代中国知识分子考察西方的历史》，北京：中华书局，1985 年，第 328 页。
② 丁凤麟：《薛福成评传》，《庸盦文别集·薛莹中跋》，南京：南京大学出版社，1988 年年，第 79 页。
③ 邹志方选注：《陆游诗词选》，北京：中华书局，2005 年年，第 167 页。
④ ［法］梅洛－庞蒂著，姜志辉译：《知觉现象学》，北京：商务印书馆，2001 年年，第 300 页。
⑤ 薛福成著，钟叔河编：《走向世界丛书·出使英法义比四国日记》，长沙：岳麓书社，2008 年，第 124 页。
⑥ "耦合"是物理学名词，是两个或两个以上的实体相互依赖于对方的一个量度。后被引入认知科学，意指两个或多个事物之间相互作用、相互影响的关系。
⑦ 钱仪吉、缪荃孙等著，陈金林等整理：《清代碑传全集》，上海：上海古籍出版社，1987 年，第 1338—1339 页。
⑧ 陈寅恪：《金明馆丛稿二编》，北京：生活·读书·新知三联书店，2001 年，第 81 页。

毋庸置疑的。

　　目前在薛福成研究中，虽然学者普遍视其为晚清著名外交家、洋务运动思想家和资产阶级早期维新派的代表人物，并"集中探讨他对西方的观察中可被认定为先进的部分"，①但由于薛福成有关新闻纸的言论少有梳理，因此他与近代报刊之间的隐秘联系时常被人忽视。本文以薛福成出使日记为研究样本，聚焦和分析其中所录与新闻纸有关的内容，旨在一探"身体的移动"对于晚清官员中先知先觉者理解和使用近代大众传播工具的独有意趣。

一、关注新闻纸："身体体验"取代"先验思维"

　　自嘉庆二十年（1815）《察世俗每月统记传》由海外舶来中国后，西报便以体现西方传播思想的新闻纸面目出现在国人面前。至19世纪末，西报"先后出版了大约300家，占同时期中国报刊总数的70%以上"②。与此同时，"中国人开始创办自己的报纸"，1815年至1895年长达80年的时间，被学者林语堂定义为中国"现代报纸的开端"。③

　　薛福成荣加使秩之际，西方报业的发展已领先中国100多年了，随着工业革命的完成，新闻纸在西人生活中已极为普遍，不过就是面向普通百姓的廉价读物而已。然而，由于当时绝大多数清廷官员对于"世界"的认识，还处在一个信息相对封闭的环境中，因此他们对于作为大众传播工具的西方新闻纸的本质，其实还知之甚少。

　　被学者钟叔河称为"中土西来第一人"④的清廷官员、63岁的斌椿，⑤于同治五年（1866）春率同文馆英文班学生张德彝等一行五人赴欧"游历"后，他在记录其观感的《乘槎笔记》中这样写道："西人好洁，浴室厕屋皆洗涤极净。惟新闻纸及书札等字，阅毕即弃粪壤中，且用以拭秽，未知敬惜也。"⑥时隔20多年后，薛福成驻足欧陆街头时同样看到了这一幕，甚至连表达的不屑也几乎一模一样："（西人）身坐车中，阅新闻纸，随阅随弃，任其抛掷于沟渠污秽之中，不问也；或揩洗器物，皆用字纸；男女如厕，无不携新闻纸为拭粪之具。"⑦对于这种"不惜字纸"的做法，深受中国传统文化熏陶的清廷官员无不嗤鼻，他们并不清楚西报与中国官场并无任何新闻功能的官报是存在代际差异的，

---

　　① 高波：《薛福成论中西文明盛衰——以〈出使英法义比四国日记〉为中心的探讨》，《新史学》（第11卷），北京：中华书局，2019年，第238页。

　　② 丁淦林：《中国新闻事业史》，武汉：武汉大学出版社，1990年，第27页。

　　③ 林语堂著，王海译：《中国新闻舆论史》（1968年版），广州：暨南大学出版社，2011年，第73—85页。

　　④ 钟叔河编：《走向世界丛书·斌椿：乘槎笔记·诗二种》，长沙：岳麓书社，2008年，第67页。

　　⑤ 斌椿，满人，曾在山西、江西做过知县一类的低级官员，60多岁曾赋闲在家，后被中国海关总税务司、英人赫德聘为文案。1866年3月，斌椿等5人随赫德先后游历了法国、英国、荷兰、丹麦、瑞典、芬兰、俄罗斯、德国和比利时等11个国家，历时4个多月。斌椿是近代中国第一个跨出国门的清廷官员。

　　⑥ 钟叔河编：《走向世界丛书·斌椿：乘槎笔记·诗二种》，长沙：岳麓书社，1985年，第112—113页。

　　⑦ 钟叔河编：《走向世界丛书·出使英法义比四国日记》，长沙：岳麓书社，2008年，第516页。

发出如是感慨并不意外。

薛福成驻节后，本着"必于洋务关涉者始笔之于书，即有偶读邸抄、阅新报而记之者，亦以其事关时局不能不录"①的原则，开始在日记中大量抄录西方新闻纸的报道。其时正是中外报业快速发展的黄金时期，新闻纸呼应民意、引导舆论、影响时局的作用与日俱增，对于肩负清王朝重责大任的驻外使节来说，如果对西报强大的社会影响力视而不见，那是不可想象的。

薛福成出使日记抄录了与中西报业有关的两组统计数据。一组是中国与泰西各国的日报数：

泰西各国日报，德国有五百六十种，英国一百六十九种，法国一百二十八种，意大利一百五种，比荷二国共四十九种，其余各国共二百五十种，美国日报九百六十二种，南美洲共一百十五种。

中国各报除《京报》外，自始至今共有七十六种，大抵以西人教会报为多。其华人主笔而现存者，则有《循环日报》《中外新报》《维新日报》，皆出香港；《广报》出广东，《沪报》《申报》出上海，《时报》出天津。此外，按月出者，有《万国公报》《中西教会报》《闽省会报》；按季出者，有《格致汇编》。②

另一组是世界各国日报的总数：

至地球各国日报之数，约计之共有四万四千种。欧洲居其大半，有二万四千种。欧洲之中，德国最多，有五千五百种，法有四千一百种，英有四千种，奥有三千五百种，意大利有一千四百种，西班牙有八百五十种，瑞士有四百五十种，比利时、荷兰各有三百种，其余各小邦有其零数。欧洲之外，美国有一万二千五百种，加那大、澳大利亚各有七百种。亚细亚洲共有三百种，而日本居其二百。③

两相比较，薛福成认为，西方报业之所以能呈蓬勃之势，皆因政府推出了不少有利于报业发展的具体举措，其中如英国"报刊投递之法"就在日记中被多次提及：

英国邮局章程，有散封，有密封。密封者，要信文件是也，每重一两寄费约洋一分五厘。散封者，书籍日报是也，每重一两约洋五六厘。皆须预购信牌，华人谓之"人头"，

---

① 钟叔河编：《走向世界丛书·出使英法义比四国日记》，长沙：岳麓书社，2008年，第33页。
② 钟叔河编：《走向世界丛书·出使英法义比四国日记》，长沙：岳麓书社，2008年，第401—402页。
③ 钟叔河编：《走向世界丛书·出使英法义比四国日记》，长沙：岳麓书社，2008年，第425页。

西人译称凭印纸，粘贴其上，如信赀一分者，则贴一分信牌，由此加多。①

（英国）信票章程：……凡寄英国三岛及沿海等处新闻纸，每张贴半本士；寄各国各埠，每张贴一本士。……共计伦敦城中信局及信筒凡二千所，雇用送信人凡万有一千，其各镇各埠尚不在此数。②

正如梅洛－庞蒂所言："我们在认识客体的时候，重要的是体验，而不是我们掌握的知识和科学。"③"身体的移动"所带来的直接后果之一，就是使"身体体验"取代了"先验思维"。早于薛福成出使欧陆的郭嵩焘（1876—1878 年出任驻英法公使）、曾纪泽（1878—1886 年出任驻英法俄公使）皆是如此，他们"身体体验"与"先验思维"的错位亦与薛福成如出一辙。以郭曾二人赴英国报馆参观为例：

（郭嵩焘）往观《代模斯》新报馆。馆主马克敦罗陪同游历。日报新报编次之，而检字机器为多。初用机器制出铅字廿六字母，列入铁夹中，用机器转动之以成文。每新报一段成，送校对处校之，凡历数次，乃合编入大铁板中，用机器压之，其字皆影入纸上。再置一圆机器中，熔铅贯（灌）之，随纸高下成字。合四铅板成新闻报一张，置印文机器中。卷纸逾数百丈，若洋布然。印车动，随转随印；至前截断其纸，而用扇板前后扇之。每车印两铅板，前后分异，无相混者。再转入一机器，折成四叠。大约检铅字及检（校）对之力为多。合成铅板以后，每日印刷新闻报七万纸，不过一点钟可以竣事。……所用工力三百余人，日间不过数十人，为英国报馆之最巨者。④

（曾纪泽）至伦敦画报局，观印书画各种机器。器之灵巧，工程之捷速，不胜纪述。最奇者，能取中国字迹，照影上板，而后刷印，亦能豪忽无差，形神毕露，印千万纸如新落笔者。又有整幅纸，长逾中国十二里，卷为一筒，径二尺许。以筒登架，则机器自印自切，而自钉成册。鬼斧神工，真可怪诧。⑤

显然，与那些视"出使外都"为畏途的清廷官员相比，在参观报馆时惊叹"鬼斧神工"的驻外使节们，对于工业革命和大机器生产给西方报业带来的巨大影响，有着更为直观的"身体体验"，因而他们对于西方新闻纸的理解也就更加深刻。

在西国亲身观察西方报业的基础上，薛福成对于新闻纸的功能和作用有了一些新看法：

① 钟叔河编：《走向世界丛书·出使英法义比四国日记》，长沙：岳麓书社，2008 年，第 519—520 页。
② 钟叔河编：《走向世界丛书·出使英法义比四国日记》，长沙：岳麓书社，2008 年，第 525—527 页。
③ [法] 梅洛－庞蒂著，姜志辉译：《知觉现象学》，北京：商务印书馆，2001 年，第 573 页。
④ 钟叔河编：《走向世界丛书·郭嵩焘伦敦与巴黎日记》，长沙：岳麓书社，2008 年，第 124—125 页。
⑤ 钟叔河编：《走向世界丛书·曾纪泽出使英法俄国日记》，长沙：岳麓书社，2008 年，第 185 页。

一是更加强调新闻纸传播信息、反映民意的功能。

奉诏出使后，薛福成将自己的职责归纳为："办理交涉以外，自以觇国势、审敌情为要义"，如此则"耳目所寄，不能不借助于新闻纸"。在他看来，"泰西各国新闻纸，主持公议，探究舆情，为遐迩所依据"。他以英国《泰晤士报》为例，称该报"声望最重，与各国政府，消息常通；其所论著，往往可徵其效于旬月数年之后"。因此建议清廷：对于华报应予以宽容，不必苛责，"虽其中采访不实，好恶徇情，事所恒有，固不可居据为典要，存刻舟求剑之心；亦不宜概斥为无稽，蹈因噎废食之弊"。①

二是更加看重新闻纸干预政治、引领风潮的作用。

驻节前，薛福成对新闻纸的思考多源于直觉。普法战争爆发后，他在日记中抄录西报报道："新闻纸云：法国各大新闻馆，意欲推举特瞻巴子爵大员为国主。"②"国主"竟可由报馆"推举"，这显然很难为朝野上下所理解，但薛福成却将这则消息录入日记，表明他已隐约觉察到新闻纸所具有的干预政治的作用。当他听闻"西国重臣皆自设报馆"后便建言清廷：今后在进行对外传播时，亦可"仿行，延西上深明学术者主笔，凡交涉重情，可援西国法律辩论而宣布之，胜于十万师也"③。

驻节后，薛福成在与西国报人打交道的过程中，发现西报主笔"多有曾膺显职者"④，这与当时国内报馆"由于主笔时事等员之位置，不为世所重，高才之辈莫肯俯就"⑤的状况形成了鲜明对比，于是他在日记中写道："谋国之要有三：曰安民，曰养民，曰教民。……西国养民最要之新法，条目凡二十有一……三曰设邮政局、日报馆，以通消息。"⑥薛福成主张提高报馆主笔的社会地位，强调设立报馆对于国家"养民"的重要性，这些认识较驻节前已有明显深化，与"身体的移动"所带来的直接的"身体体验"不无关系。

二、阅读新闻纸："身体体验"转为"意识体验"

借助阅读新闻纸获取西学新知，此乃大多数晚清官员通用之途径。对此郑观应曾倡言：中国除应创办政治性报纸外，还应创办各类专业性报纸，"若夫医学、化学、天学、电学、艺学、矿学，以及治兵课士、军装战舰，皆必另设一报。不惟详言其事，而且细绘其图，此又利世利民而欲与天下人共趋上理者也"⑦。"身体的移动"带来全球化的旅行，带来迥异的情境转换，带来跨越时空的可能性，对于乘槎异国的驻外使节来说，"身体的

---

① 丁凤麟、王欣之编：《薛福成选集》，上海：上海人民出版社，1987年，第330页。
② 薛福成著，蔡少卿整理：《薛福成日记》（上），长春：吉林文史出版社，2004年，第74页。
③ 薛福成著，蔡少卿整理：《薛福成日记》（上），长春：吉林文史出版社，2004年，第159页。
④ 丁凤麟、王欣之编：《薛福成选集》，上海：上海人民出版社，1987年，第330页。
⑤ 梁启超：《饮冰室合集》（六），北京：中华书局，1994年，第53页。
⑥ 钟叔河编：《走向世界丛书·出使英法义比四国日记》，长沙：岳麓书社，2008年，第589页。
⑦ 郑观应著，陈志良选注：《盛世危言》，沈阳：辽宁人民出版社，1994年，第79—80页。

移动"让他们能直接接触到包含大量西学新知的西方新闻纸，这必然会对其世界观和价值观产生深浅不一的影响。

从 1875 年至 1882 年，薛福成赞襄李鸿章戎幕近八年，李鸿章有关创建铁路、架设电线、筹办海军等重大洋务事宜的"奏议、书牍多出先公（注：指薛福成）手"，① 其中涉及大量政治、经济、军事、科技、文教、史地等方面的知识，然而薛福成本人却从未接受过完整系统的西学教育，从其日记中不难发现：许多西学新知都是他通过阅读新闻纸获得的。

出使日记显示：薛福成在西国阅报数量之多、种类之杂，在晚清驻外使节中少有人能出其右。其中，华报有《申报》《西国近事汇编》《上海新报》《字林新报》《晋源报》《香港新报》《香港日报》《循环日报》《香港中外新闻纸》等，西报有《叻报》《西贡邮报》《新嘉坡新报》《长崎报》《横滨日报》《日本新报》《泰晤士日报》《伦敦日报》《伦敦机器报》《法国新报》《覃排报》《勒当报》《矿务新报》《斯丹达新闻纸》《代摆报》《富国报》《旧金山新报》《美国日报》《俄字日报》等。薛福成阅报的目的之一，是为了解"瀛环之形势，西学之源流，洋情之变幻，军械之更新"，② 即通过阅报为自己构建一个相对完整的近代化知识体系。

不少学者在研究薛福成驻节期间对"世界"的认识由感性上升到理性的演进过程时，都注意到了西方新闻纸所发挥的重要的"通道"作用，正如学者丁凤麟所言：

> 出使期间，他（注：指薛福成）广泛接触驻在国的社会各界人士，悉心考察西欧各国的政俗民情，参观工厂、学校、孤儿院、博物馆、监狱，乃至军事设施，尤其注意阅读西方的报刊书籍，从中汲取新知，并注意将西方的历史与现状同中国的现实予以比较分析，从中寻求中西文化的异同。③

薛福成借助阅读西方新闻纸构建近代化知识体系的基本脉络是：首先，主动实现"身体"与环境的互动；其后，通过阅报使"身体体验"转为"意识体验"。

薛福成驻节后，"身体的移动"频次极高，这在出使日记中有着非常详细的记载。以光绪十七年（1891）二月他由法国赴意大利递交国书为例：

> 初一——初三日："（初一日）于夜八点十五分钟乘马车行半点钟至里昂车栈，登火轮车。……（初三日）晨七点钟，至罗马，义国都城也。"
>
> 初四日："午后，率同人觅向导游城中，观谷禄骨坞搏兽院遗址。……又观柴语斯将

---

① 《庸盦文别集·薛莹中跋》，转引自丁凤麟：《薛福成评传》，南京：南京大学出版社，1988 年，第 79 页。
② 钟叔河编：《走向世界丛书·出使英法义比四国日记》，长沙：岳麓书社，2008 年，第 63 页。
③ 丁凤麟：《薛福成评传》，南京：南京大学出版社，1998 年，第 314 页。

特利勿龙牌坊，……又观'特来昌抚罗'。……又游拜西阿高阜，罗马人营花园于此以供游玩"。

初五日："游'拜雷特摆而安时'。……又游邦堆擒古庙。……又游散比爱大教堂。"

初六日："闻克比朵尔山上有大博物馆，驰往观焉。……又循泰摆江岸之亚斯底大路，至散巴尔教堂。"

初七日："游伐底冈教王宫。"

初八日："探西比扬阿非利该古圹。……又探城外散绥排底爱丛墓。"

初九日：游览罗马王尼鲁旧宫，"复观散带底尔教堂、散集杭特赖脱郎教堂"。

十一日："游摆尔安时油画院。……又游邦非利搭爱高阜。"

十二日：游拜雷加尔西尼。

十三日：赴拿波里之中华书院。

十四日："拜赖戴山"。

十六日："游邦非利宫"。

十九—二十三日：公务活动。

二十四日："近闻德国有方兴气象，久欲入境一观。"

二十五日：入德境。

二十六日：至柏林。

二十七日：游蜡人馆。

二十八日：由柏林经汉诺威入法境。

二十九日："还至巴黎使馆"。①

行程安排如此紧张，参访景点如此密集，这充分表明：快速实现"身体"与环境的互动，这是薛福成主动的、有意识的选择。

接着，借助阅读西方新闻纸，完成"身体"与认识的耦合。

薛福成出使日记抄录西方新闻纸的报道范围很广，内容可分为两大类：一类是具有一定参考价值的案头备查资料，包括历史、地理、科技、文化等方面的知识，如全球人口数、各国人口数、各国人均财富数、各国国债数等一些统计数据；另一类是有关西方国家先进科技的报道，如新式汽船、新式火炮、新型铁甲舰、作战气球、演放鱼雷、开凿隧道、修建火车、人工降雨、普及电灯等方面的内容。

出使日记完整揭示了薛福成是如何基于"身体的移动"，通过阅读西方新闻纸，来感知和参与"世界"的认识过程。以他研习西方天文学为例：

光绪十七年（1891）正月初六日，薛福成率使馆随员首次参观法国巴黎天文台（次

---

① 钟叔河编：《走向世界丛书·出使英法义比四国日记》，长沙：岳麓书社，2008年，第305—337页。

年三月二十日重游）："先引观各国古时仪象。次观五星月彗诸图。次展一巨幅，为中国浑天总星列次分野之图……次观法前王路易十四所制大地球一具。次观仿制中国钦天监浑天、地平诸仪。次至机器观星房……又陟一百数十级，遂登台巅，有圆顶铁室一大间……"①在与西方天文学"零距离"接触后，兴趣盎然的薛福成开始在日记中长期地、大量地抄录西报有关天文学的报道，比如是年四月七日抄录的这篇《泰晤士报》文章：

> 泰西天文士测量地球距太阳之远，先后不同。耶稣未生前一百五十年，协巴朝士谓地球距太阳英路五百九十万里；耶稣降生后一千五百四十三年，高巴拿士谓地球距太阳英路四百七十万里；一千六百二十八年，基布拉谓地日相距英路一千三百五十万里；一千七百九十九年，拉布厘士谓地球距英路九千二百八十万里；一千八百二十四年，燕基厘谓地距日英路九千五百二十五万里；近日天文士均算得地距日英路九千二百八十九万里。前后各说不同如此，可见测算之难。②

薛福成抄录的有关地球和太阳之间距离的前后测算数据，"为近代中国了解天文测算，提供了重要参考资料"③。不过薛福成此举并非仅仅只是出于个人兴趣，他指出："西人皆知舆地之学"，④而"中土于舆地一门，长于考古而短于知今，详于中原而略于边外，绘图测地狃于开方计里之说，斫圆为方，万里之遥便不能合。"⑤在晚清大变局的时空背景下，"舆地之学"对于国人来说不仅具有传播科学知识的功能，更有着改变传统价值观念体系的作用。薛福成出使日记抄录的西报有关西学新知的大量报道均大抵如此，他的许多抄录似乎都别有深意。

这些西报报道犹如内容丰富的"资料汇编"，拓展和重构了薛福成的近代化知识结构，为他能够更深入地了解西方、更好地开展对外交涉，奠定了扎实的认识基础。

三、使用新闻纸："身体体验"皈向"经世致用"

薛福成在同治四年（1865）回忆称："往在十二三岁时，强寇窃发岭外，慨然欲为经世实学，以备国家一日之用，乃摒弃一切而专力于是。"⑥薛福成向以治事、救世为急务，其人生轨迹可用"经世致用"四个字来加以概括。

在曾幕期间，薛福成用"鹅湖居士"的别号写了多篇笔记小品在《申报》刊载。⑦在

---

① 钟叔河编：《走向世界丛书·出使英法义比四国日记》，长沙：岳麓书社，2008年，第292页。
② 钟叔河编：《走向世界丛书·出使英法义比四国日记》，长沙：岳麓书社，2008年，第365页。
③ 丁凤麟：《薛福成评传》，南京：南京大学出版社，1998年，第335页。
④ 钟叔河编：《走向世界丛书·出使英法义比四国日记》，长沙：岳麓书社，2008年，第150页。
⑤ 钟叔河编：《走向世界丛书·出使英法义比四国日记》，长沙：岳麓书社，2008年，第237页。
⑥ 丁凤麟、王欣之编：《薛福成选集》，上海：上海人民出版社，1987年，第10页。
⑦ 钟叔河编：《走向世界丛书·出使英法义比四国日记》，长沙：岳麓书社，2008年，第15页。

李幕期间，他辅佐李鸿章处理过"滇案"，利用新闻纸做了两方面工作：一是通过报刊来掌握案情，二是建议李鸿章借助报刊来降低"滇案"带来的不利影响，"滇案本末，宜宣告各国使臣也。……仍密饬江海关冯道，转属税务司，遍刻各国各埠新闻纸中，作为中国商民之言"①。中法战争期间，时任浙江宁绍台道的薛福成为阻止法军占据舟山，嘱幕僚杨楷撰写《英宜遵约保护舟山说》一文，"请本关税务司葛显礼翻译洋文数分，寄往伦敦报馆刊刻分布"②。英国政府在舆论压力下，令驻上海总领事固威林向法国驻华公使正式照会，阻止了法军进攻舟山，从而为清军赢得镇海之役创造了外部条件。如是种种无不显示：在薛福成宦海生涯中，新闻纸对其能力的培养与识见的历练起到了独有的辅助作用。

在清廷决定向西方各国派驻公使后，总理衙门曾于光绪三年（1877）奏准："饬下东西洋出使各国大臣，务将大小事件逐日详细登记，仍按月汇成一册，咨送臣衙门备案查核。即翻译外洋书籍、新闻纸等件，内有关系交涉事宜者，亦即一并随时咨送，以资考证。"③次年，清廷明确要求出使各国大臣："凡有关系交涉事件，及各国风土人情，该使臣皆当详细记载，随事咨报……自当用心竭力，以期有益于国。"④对于薛福成而言，通过阅读西方新闻纸搜集和上呈"有益于国"的各类情资，这既是本职工作，也是践行"经世致用"的向学路径，因此驻节后他"每饬令翻译员生，摘译新闻之稍有关系者，随时查阅，以备参考"⑤。

薛福成很注意从西报中搜集对清廷决策有重要参考价值的情资，其日记所录涉及的国家有英国、法国、德国、丹麦、瑞士、意大利、俄国、葡萄牙、土耳其、塞浦路斯、美国、秘鲁、智利、埃及、日本、新加坡、缅甸、越南、朝鲜、印度、阿富汗和暹罗等，其中与中国密切相关的西报报道，如英法在中国西南地区的渗透、俄国对新疆的觊觎、中缅边界谈判、西方国家对中国教案的反应以及海外华侨华工保护等，都是他最为关注的内容。

身为臣子，薛福成信奉"君主知礼、臣子尽忠"，他将对清王朝的绝对忠诚放在首要位置，这是储存在他"身体"里最原始的"基因"。驻节期间，薛福成非常留意西报有关清皇室的报道：

（光绪十七年十一月十二日）《勒当报》云：中国皇上现习英国语言，总理衙门上折谏阻，皇上置诸不理，盖有皇太后之鼓励故也。⑥

---

　　① 丁凤麟、王欣之编：《薛福成选集》，上海：上海人民出版社，1987年，第99页。
　　② 中国史学会编：《中法战争》（第三册），上海：上海人民出版社、上海书店出版社，2000年，第165页。
　　③ 席裕福、沈师徐编：《皇朝政典类纂》，沈云龙主编：《中国近代史史料丛刊》（续编第八十八辑），台北：文海出版社，1982年，第11214页。
　　④ 钟叔河编：《走向世界丛书·出使英法义比四国日记》，长沙：岳麓书社，2008年，第26页。
　　⑤ 丁凤麟、王欣之编：《薛福成选集》，上海：上海人民出版社，1987年年，第330页。
　　⑥ 钟叔河编：《走向世界丛书·出使英法义比四国日记》，长沙：岳麓书社，2008年，第462页。

（光绪十七年十二月二十九日）《字林西报》云：北京西友来信，恭闻皇上神圣英武，万几余暇，现欲通英国语言文字，侍读者为同文馆中之两教习云。①

在薛福成看来，光绪帝之所以勤习英语，本质上就是主动选择要将"身体"嵌入"世界"，这对于中国的开放而言是具有强烈象征意味的。他将这些报道录入应"随时咨送"的日记中，正是希望向清廷高层传达这样的信息：光绪帝此举是一个为因应变局而值得鼓励的正确选择。

身为使节，薛福成阅读西方新闻纸的根本目的，是要让报刊为其外交活动所用，让他依据报刊报道提出的建言能被清廷采择施行。

薛福成任上致力于"收利权于西国，念流寓于南洋"，②外交成绩颇为亮眼，其中最为世人赞道者，是 1894 年 3 月代表中国政府与英国政府签订了《续议滇缅界务、商务专款》。此前，中英两国虽于 1886 年 7 月签订了《中英缅甸条款》，但该条款并未完全划定中缅边界。薛福成赴任后，在"查旧卷"时发现：前驻英法俄公使曾纪泽曾"与英外部商议缅甸事宜"，③双方经多次磋商已基本达成三项条件，后因曾纪泽奉调回国，此事被搁置。此后清廷既未派员对滇缅边界进行实地勘察，也未主动提出与英国联合会勘以划分两国边界。但英国政府却一直在积极行动，不断蚕食缅甸北部和东北部的掸族地区，并单独派员对滇缅边界进行勘察。

情势对中国极为不利，薛福成立即上疏清廷，提议尽快与英方展开谈判。在被指派为中方谈判代表后，原本对中缅界务非常陌生的薛福成，一方面广泛查阅包括西报在内的各种文献资料，一方面在中缅界务谈判过程中，时刻关注西报对于此次谈判的报道，并录入日记以备查考：

（光绪十七年四月十三日）《泰晤士报》录仰光电述新报确信云：中国现拟与英国商办划分中缅界限。中国拟自太平河起，流入厄勒瓦谛（一译作伊罗倭的）江，离蛮暮北约十五英里，作为两国交界。若果以太平河为分界，则附近该处之地，南北长约一百五十里，宽二十五英里，现归英国管辖者，势将让还中国矣。④

（光绪十八年十月十四日）《斯丹达新闻纸》云：滇缅界务目下大有棘手之势，因太平江以北、厄勒瓦谛江以东、与云南山相距中间之地，中国所议似非近情。……故中国称厄勒瓦谛江以东皆其边地，欲以该江为界之说，当决意却之；然中国亦决意不改其说。

① 钟叔河编：《走向世界丛书·出使英法义比四国日记》，长沙：岳麓书社，2008 年，第 483 页。
② 钟叔河编：《走向世界丛书·出使英法义比四国日记》，长沙：岳麓书社，2008 年，第 343—344 页。
③ 钟叔河编：《走向世界丛书·出使英法义比四国日记》，长沙：岳麓书社，2008 年，第 163 页。
④ 钟叔河编：《走向世界丛书·出使英法义比四国日记》，长沙：岳麓书社，2008 年，第 367 页。

因此八募以北中缅界务，一时未能就绪。①

对西报报道的密切关注，使薛福成能够在复杂的谈判过程中始终保持高度的警觉。光绪十八年（1892）三月，正当他与英国政府争论野人山地区的归属问题时，突然发现西报刊登了一篇"永昌腾越官出示，责罚野人不应阻止英兵"的报道。云南地方官员的胡乱作为打乱了谈判节奏，增加了中方谈判的难度，而英方却正好以此新闻为借口，用来证明野人山地区归其所属。薛福成对此极为焦虑，迅即致电总署："现争野人山地，责令退兵，彼已辞屈。忽闻新报'永昌腾越官出示严责野人，不应阻止英兵'。英必执为进占滇属土司案据，敝处难再开口，请电饬速收前示，查明出示之官，显加处责，或稍补救。"②在薛福成的艰苦努力下，中英双方最终成功签约，中国的国家主权得到了维护，"这在清季数十年的外交史上，和曾纪泽赴俄谈判收回伊犁先后媲美，是仅有的两个谈判比较成功的例子"③。

清廷与国际接轨、改革觐见礼仪，与薛福成阅读西方新闻纸亦不无关系。从鸦片战争开始直至19世纪90年代，清廷内部有相当一批保守官员坚持认为，"瞻觐不行拜跪，中国从无此礼"，④西使对清帝行跪拜礼，这是对大清帝国国体和国格的尊重。由于受到这种教条化礼仪观念的束缚，再加上原本就对西洋通例较为陌生，因此光绪帝始终不愿接见外国使节。

身处欧陆的薛福成在阅读西方新闻纸时发现，此事已成为西报报道的一大热点，他愈发强烈地意识到：改革觐见礼仪，这是清廷顺应国际化外交潮流的必然之举。为此他上疏朝廷："皇上亲政以来，各使以未觐天颜，疑有薄待之意，不无私议，屡见英法新闻纸中；将来恐不免合力固请，似亦当筹所以应之也。"⑤他还将自己阅读《泰晤士报》报道后的思考奏报总署：

前日阅彼国《泰晤士新报》，将此事著为论说，谓中国皇上亲政之后，尚未接见外国使臣；其意不无觖望，且似咎中国使臣，不将外人接待情形，告知本国，以致中外交际之礼，厚薄悬殊云云。在彼族不知中国堂陛尊严，自有体制。万不能与外邦之礼，相提并论。然准情酌理，欧洲各使驻京十数年，尚未一邀觐见，似于情谊恝然。福成窃揣彼族不久必有合词请见之举，届时似不能却。然此议与其发之于彼而始俯允之，不如发之自我，尤为得体。若谕旨定期召见，慰劳数语，俾各如所愿而退，此王会之隆仪，实怀

---

① 钟叔河编：《走向世界丛书·出使英法义比四国日记》，长沙：岳麓书社，2008年，第666页。
② 沈云龙主编：《中国近代史史料丛刊》（第八十一辑），台北：文海出版社，1982年，第719页。
③ 钟叔河编：《走向世界丛书·出使英法义比四国日记》，长沙：岳麓书社，2008年，第53页。
④ 中华书局编辑部，李书源整理：《筹办夷务始末（同治朝）》第六册，北京：中华书局，2008年，第3637页。
⑤ 丁凤麟、王欣之编：《薛福成选集》，上海：上海人民出版社，1987年，第313页。

柔之胜算。①

薛福成的建言终为清廷采纳。是年十一月，光绪帝颁布谕旨："所有各国驻京实任署任各使臣，著于明年正月由总理各国事务衙门奏请定期觐见，即于次日在该衙门设宴款待，嗣后每逢正月，均照此举行。续到使臣，按年觐见。"②次年，光绪帝在紫光阁接受了英、俄、法、美等10国正署公使的觐见礼。在薛福成提请光绪帝"圣鉴"的过程中，西方新闻纸的辅助功能不可小视。

结语

薛福成堪称中国近代最具世界意识的清廷官员之一，其出使日记"据所亲历，笔之于书。或采新闻，或稽旧牍，或抒胸臆之议，或备掌故之遗"，③给后世留下了一笔丰厚的精神遗产。晚清报人王韬赞其"以经济奇才入佐戎幕，出莅方面，所至政声洋溢，名誉翕然。又以洞悉洋务，奉命为皇华之使，得以经历泰西，闻见盈扩"④。此言不虚，仅以出使日记所录薛福成阅读西方新闻纸的个人体悟而言，便已充分显示了他理解与使用近代大众传播工具的超强能力。

在中国传统文人用来描述时空感受的"天下"里，"自我"是绝对的，而当近代欧洲科学革命导致"空间"呈现背景化、几何化与无限化之后，"世界"取"天下"而代之，成为一个远高于"自我"的"绝对空间"⑤，此时移动的"身体"便成为人们认识"世界"的重要工具。置身"数千年未有之变局"，通过"身体的移动"，借助在西国阅读新闻纸，来感知比"天下"广阔得多的"世界空间"，驻外公使薛福成这一具身的、嵌入式的认知过程，在晚清一代官员中具有典型的范本意义。

---

① 丁凤麟、王欣之编：《薛福成选集》，上海：上海人民出版社，1987年，第314页。
② 王彦威、王亮编：《清季外交史料》（卷84），北京：书目文献出版社，1987年，第33页。
③ 钟叔河编：《走向世界丛书·出使英法义比四国日记》，长沙：岳麓书社，1985年，第60页。
④ 《薛叔耘廉访去思碑》，《申报》1889年3月24日。
⑤ "绝对空间观"指的是英国物理学家、数学家艾萨克·牛顿（1643—1727）及其追随者所持有的空间观。参见刘胜利：《身体、空间与科学——梅洛-庞蒂的空间现象学研究》。南京：江苏人民出版社，2015年，第24页。

传播革命的火种：试论《学生杂志》
对马克思主义理论传播的贡献

董书华　胡　霜*

（浙江理工大学法学与人文学院，浙江 杭州 310018）

摘　要： 20世纪20年代前半期，马克思主义理论的传播主要通过中国共产党的党团报刊所构建的宣传网络，除此之外，商务印书馆旗下的商业期刊如《学生杂志》也参与了革命宣传与动员工作。该杂志在共产党员杨贤江的主持下，以阶级分析、剩余价值等经典理论来帮助学生面对生命与情感问题，动员学生参与群众革命。杂志借助商务印书馆强大的出版工业的架构与遍布的营销系统，使党的政治宣传能够深入青年学生。青年作为马克思主义理论传入中国的传播链条上承上启下的一环，将革命的火种传递给普通大众，大大拓展了马克思主义传播的接受群体与应用范围，进而促进了中国革命的发生与马克思主义的在地化发展。

关键词： 商务印书馆;《学生杂志》；马克思主义理论传播；中共早期宣传

基金项目： 浙江省社科联研究课题"'中心—地方'互动视域下报刊与江南地区早期的社会主义传播研究"（项目编号：2023N025）；浙江理工大学2024年教育教学改革资助项目"课程思政融入'马克思主义新闻观与当代中国新闻实践'教学全过程的方法探索"（项目编号：jgkcsz202406）

一、商务印书馆与《学生杂志》

1920年初，社会主义思想蔚为风潮，当时的刊物中有一半以上带有社会主义色彩。若探究这些刊物知名度和影响力大小，除了诸如《新青年》《中国青年》《向导》等共产党创办的党团报刊以外，社会主义思想能够由江南传播至全国，并在中国落地生根离不开两报一刊，即《民国日报》（包括"觉悟副刊"）与《东方杂志》《学生杂志》①。两报一

---

* 作者简介：董书华，浙江理工大学法学与人文学院副教授，博士，研究方向：传播历史与理论；胡霜，浙江理工大学法学与人文学院2023级硕士生，研究方向：传播理论。

① 瞿骏：《文明重焕：社会主义与中国江南》，上海：上海人民出版社，2024年，第95页。

刊不仅大量刊登文章介绍社会主义思想以及知名的社会主义活动家，如马克思、恩格斯、列宁、李卜克内西等人生平与思想，还在于它们通过栏目的设置、内容的安排、思想的引导，将马克思主义理论与中国本土社会现实相结合，切实地融入青年学生的日常生活中，影响他们看待人生困境的方式，在一些有志青年心中播撒下无产阶级革命的火种。

商务印书馆是中国现代出版业的开端，也是当时亚洲最大的出版企业，旗下杂志《东方杂志》《小说月报》《妇女杂志》等都在中国近代出版史上书写了光辉璀璨的篇章。依照年龄、性别、专业等来区分读者是商务印书馆的商业定位策略。在高等教育尚未普及的 20 世纪 20 年代，中等学生是当时知识界的主流。新式教育制度确立后，学生的学习生活方式发生了重大转变，原来分散的、个性化的私塾教育被现代学校的统一化、标准化的学习方式所取代，报纸杂志等时文新语逐渐代替书本典籍成为学生获取知识的重要资源，但当时专门供给学生阅读的杂志却寥寥无几。因此商务印书馆瞄准了中等学生（中学生、师范学校学生、专门学校学生）这一极具市场潜力的群体，于 1914 年在上海创办《学生杂志》，该刊供给中学生课外知识，以"促进学生界互相联络，辅助学业，交换知识"为主旨。商务印书馆作为一家颇具经营头脑的文化出版公司，它出版的书籍、报纸、杂志总是力求符合社会上绝大多数人的价值观和趣味，以获取最大的商业利润。因此，商务印书馆的各类期刊只是迎合当时的文化风潮，对流行的各种主义学说并无明显偏爱。

《学生杂志》自 1914 年 7 月创刊后，月出一刊，按年分卷，出至 1931 年 11 月（18 卷 11 号）时停刊，后又于 1938 年 12 月复刊，断断续续出过一个时期后，最终于 1947 年 8 月停刊。刘宗灵根据该杂志前后的版面、编者、方针、内容等各方面的变化，将该刊的生命历程大致划分为前、中、后三个时期。前期是从初创时 1917 年 7 月到革新改版以前 1921 年 6 月，中期从 1921 年 7 月革新后开始到 1926 年底；后期则从 1927 年 1 月到 1931 年 11 月，此时因受"九一八事变"影响暂时停刊[①]。1921—1926 年，中共早期党员杨贤江担任编务期间，将《学生杂志》作为传播社会主义、马克思主义的重要阵地，本文选择此一时期的《学生杂志》作为分析的重点。

既往有关马克思主义在中国的传播与拓展主要聚焦于党团报刊，且学术阐释已经十分丰富[②]，但学界对商业杂志在传播马克思主义思想方面的关注，相对于它们在民国时期强大的影响力与渗透力而言并不充分。马克思主义初传入中国，在中国落地生根，轰轰烈烈地拓展至全国，加之杨贤江以马克思主义理论为舆论引导，对学生进行有效引导与动员，《学生杂志》一度成为当时同类型杂志中最受欢迎、影响力最大的刊物。本文将通

① 刘宗灵：《媒介与学生：思想、文化与社会变迁中的学生杂志（1914—1931）》，复旦大学博士学位论文，2011 年，第 19 页。

② 具有代表性的研究有：瞿骏：《助产"主义时代"：〈中国青年〉的定位、推广与阅读》，《中共党史研究》2020 年第 6 期；王奇生：《新文化是如何"运动"起来的——以〈新青年〉为视点》，《近代史研究》2007 年第 1 期。

过史料探讨《学生杂志》（1921—1926）在推进马克思主义理论传播方面的实际贡献，这不仅有助于拓宽马克思主义传播的研究视角，也有助于理解 20 世纪 20 年代中国出版业复杂多元的时代样貌。

二、杨贤江与《学生杂志》的业务革新

1920 年，商务印书馆在"新文化运动"的浪潮冲击下，要求旗下各杂志进行改版，改用白话文，讨论"新文化"。各种现存的报刊改版，被视为五四新文化运动扩大与影响力大增的具体例证[①]。然而不久，知识分子在办报热潮中创办的同人报刊，因为自身经营与维系难题纷纷停刊。此时，商务旗下的杂志由于背后有强大的资本力量和遍布的行销网络，在趋势营利的动机下，得以继续传播新文化，成为宣扬新文化的主力。

1921 年，26 岁的杨贤江受朱元善之邀担任《学生杂志》的实际主编，直至 1926 年底因为投身革命而辞去编务。杨贤江毕业于浙江一师，这所学校是浙江新文化运动的策源地。五四运动的浪潮使他接触到新思想和新学说。1922 年，杨贤江经由茅盾等人介绍入党，是中共早期党员之一。他在任《学生杂志》的编辑后，办刊方向和栏目设置都进行了大幅度革新，大量刊登时事和政治的文章。为了配合中共的政治宣传任务，使原本"辅助课业，交换智识"的《学生杂志》变成一本传播马克思主义理论，帮助学生树立人生观与价值观、动员学生走向社会革命的刊物。

1921 年，在杨贤江到来后，《学生杂志》实行了全面彻底的业务革新。他在第 8 卷第 5 号上刊登《本志刷新预告》，再次明确杂志的目标读者为中等学生群体："本志同人，看了时代流转、思潮变迁的形势，常恐不能适应全国学生情意上、理智上热诚的要求，所以常常在这边设法改良，使得可以随时俱进，做个学生界最要好的朋友"，预告同时标明革新的具体措施："定于本年七月号起，再加刷新，除登载关于增进理智的文字外，更当多收发扬情意的材料。务使读者既能得着切实的知识，又能涵养活泼的趣味，因此完成个人美满的生活。"[②] 从这篇预告看，改革后的《学生杂志》除了坚持原有科学、工艺知识等理智的文字之外，还将增加一些有利于激发情感的文字，事实上，整个中期《学生杂志》在"通讯""答问"等互动栏目比较频繁地运用情感动员策略，激发学生对旧制度的憎恶、痛恨，起而参加社会革命。

---

① [美]周策纵：《五四运动：现代中国的思想革命》，周子平，等译，南京：江苏人民出版社，1996 年，第 249—251 页。

② 杨贤江：《本志刷新预告》，《学生杂志》1921 年第 8 期，第 5 页。

三、为学生提供马克思主义理论阅读指南

（一）普及马克思主义相关理论

商务印书馆凭借其编译、印刷、发行方面的优势，为传播中西文化与理论提供了强有力的支撑。借助它旗下的报刊即时地刊登广告，尽量扩充理论书籍的市场，利用广布的营销网络传播了马克思主义理论。在 20 世纪 20 年代各种主义和西方思潮流行的年代，青年学生在各种主义面前未必能够辨别得清楚。因此，杂志编辑提供阅读指南的功能就凸显出来了。商务印书馆作为民国最大商业出版机构，自始至终奉行政治中立原则。毋庸置疑地，《学生杂志》的主编亦须遵守，不像政党报刊一样具有明确的政治导向，因此杂志公开宣传革命是很困难的。杨贤江入职时，已经受过系统的马克思主义理论的训练，他充分利用通讯栏、答问栏、广告栏推广马克思主义理论相关的书籍，曾多次推荐商务出版的美国学者塞利格曼的《经济史观》，称其为"马克思主义学说的必读书目"，又如另一本经常被推荐的马克思的著作《价值价格及利润》，由中共党员李季翻译，精辟地说明了经济斗争和政治斗争的关系，是进一步深入理解马克思剩余价值理论的有力的补充。此外，也向学生推荐过马克思的生平与思想，如商务印书馆发行的新智识丛书中，《社会改造之八大思想家》将马克思与克鲁泡特金、罗素、托尔斯泰等社会思想家并列。

在马克思主义传入中国的初期阶段，唯物史观占据重要地位。1924 年，"通讯"栏有相关文章译介和讨论"唯物史观"。当读者问及"唯物史观可以历史的事实之全部，支配人生观。又有人十分的漠视它。两方面孰是孰非？"杨贤江并未给予学生简单的答案，而是建议读者阅读商务印书馆出版的《唯物史观与马克斯主义》《劳农俄国的研究》《马克斯经济学原理》《马克思主义和达尔文主义》《马克思主义学说概要》。除此之外，杨贤江也会介绍其他出版机构的马克思主义相关的书籍，如上海书店出版的《唯物史观浅释》《唯物史观与马克思主义浅说》等。面对各种纷繁芜杂的学说，学生往往会感到迷惑。为此，《学生杂志》设立了"名辞解释"一栏，专门解释各种理论。如《学生杂志》第 9 卷第 4 号刊登了"名辞解释：唯物史观"。由此可见，《学生杂志》各个栏目以及内部文稿之间也遥相呼应，互通声气，频频互动，从自身栏目的功能与特点出发，共同推进对马克思主义理论讨论的深入。

1924 年，由于国共合作，提出"联俄、联共、扶助农工"三大政策。革命形势的不断发展，促使更多学生关心时事，他们对社会主义及其相关理论的兴趣变得更加浓厚，经常有学生在"答问栏"询问"第三国际""吉尔特""安那其主义""布尔什维克主义""社会主义苏维埃共和国联盟"等名词术语。《学生杂志》的诠释增加了这些词汇的曝光度，促其成为青年人讨论的流行话语。

杨贤江经常顺应时势的变化给学生提供阅读指南。1926 年的第 13 卷第 3、4 号上，杨贤江分别发表了初中生和高中生参考书的选择指南，这两个书目中都包含了大量的马

克思主义等社科著作。如给中学生的就有:《百科小丛书·平民主义》(李大钊著)、《资本制度浅说》(施存统译)。与之并列的有孙中山的《建国方略》和《三民主义》、汪精卫的《国际问题草案》等国民党要人所著编书录①。他根据高中生的接受能力,在提供的参考书目中提高了唯物史观和马克思经济学说的作品比重。

阅读《学生杂志》上的文章,可以看到马克思在1920年进入中国后,也遭到一些读者的质疑,有的则抱着对俄国革命怀疑的态度进而观望马克思主义理论在中国的发展;有的则直接表示排斥,认为马克思的理论在中国不适用。《学生杂志》也不压制对马克思主义的负面意见,而是发表出来供大家讨论。《学生杂志》作为商业刊物,它更像是一个"公共论坛",总体上对各种观点呈现出兼容并蓄的姿态。

在"主义"弥漫的年代,除了马克思主义之外,诸如基尔特社会主义、工团主义、新村主义、合作主义、泛劳动主义、无政府主义、国家社会主义等各个社会主义流派也都借助报刊媒介,在中国得到一定程度的传播,其中大多是昙花一现②。《学生杂志》中亦可见除马克思主义之外其他社会主义流派的内容,学生对各种主义和流派的讨论也很积极热烈。

《学生杂志》不仅在"通讯""答问"栏汇聚了与学生切身相关的问题,得以了解学生的思想动向,给予迷茫的年轻人以思想指引,以编者启发读者、读者启发读者、前辈指引后辈,增强杂志与学生的连接,还及时地通过"广告"栏向学生推销了与自己的政治理念相近的书籍,"在拓宽商业经营之道的同时,兼具理论传播之意"③。《学生杂志》的多个栏目相互联动,共同促进了马克思主义理论在学生群体之间的流传。

(二)以革命领袖的事迹激励学生

俄国十月社会革命之后,俄国的情况与后续发展成为全世界瞩目的中心,也成为国内知识界强烈关注和热烈讨论的政治话题。《学生杂志》因为读者多为中学生,国内读者对社会主义知识了解很少,对俄国相关概念的理解并不充分,导致大多数讨论还停留在比较粗浅的阶段。甚至有读者给《学生杂志》来信询问讹传的"共产公妻"④的说法,杨贤江、施存统等人的撰稿和回复,对马克思主义的概念起到了正本溯源的作用。还有学生投书询问俄国自十月革命后组织苏维埃政府实行共产主义制度后,国内情形如何,施政方针和国民的情况,有的读者询问编辑能否介绍一两种专门的书籍,杨贤江对此一一

① 刘宗灵:《媒介与学生:思想、文化与社会变迁中的〈学生杂志〉(1914—1931)》,复旦大学博士学位论文,2011年,第95页。

② 梅乐:《五四时期的社会主义流派》,《学习时报》2019年5月6日第003版。

③ 姚新宇.《〈学生杂志〉推进马克思主义理论在学生群体中的传播(1921—1926)》,华东师范大学硕士学位论文,2022年,第59页。

④ K:《答山西大同第三师范武荣君》,《学生杂志》1925年第12期。

回复[①]。

当时国内很多知名报刊纷纷宣传俄国状况，国内对苏联持乐观态度的知识分子占据主流，就连一向比较保守的胡适，在莫斯科停留三天后也印象颇好。他甚至在给张慰慈的信中赞颂道："苏联的意志的专笃（seriousness of purpose），却是我们不能不十分顶礼佩服的。他们在此做一个空前的伟大政治新试验；他们有理想，有计划，有绝对的信心，只此三项已足使我们愧死。"[②]青年学生又听闻俄国可以免费读书的消息就更加神往。《学生杂志》秉持客观中立的态度，并非只是一面倒地刊登吹捧苏联的文字，如1922年7月5日就刊登了唐道海的消息，他因为到访过苏联，不仅真实说明了苏俄的经济情况："因为几年的战争，重以饥荒，物质上很是匮乏；加之各国封锁，尤其受很大影响，中国留俄学生初到的时候——1921年4月，每人每日，政府只供给半磅面包，无糖无肉无牛油，应用的东西无钱买。"[③]并且留俄学生仅学点共产知识，对于将来不想从事革命运动的学生而言，回国就很困难了，奉劝那些想留学俄国的同学要慎重考虑。

此外，杨贤江也注重讲述无产阶级革命者的故事，激励正在成长的年轻人，如称呼马克思为"有组织的群众运动的先驱""代表了被压迫者的呼声""是为被压迫阶级鸣不平的伟人"[④]。1924年，列宁逝世后，杨贤江撰文《列宁与中国青年》[⑤]，介绍了列宁的人生经历，刻意凸显列宁积极将革命理念付诸行动的大无畏精神。此外，在第11卷第4期还由中共党员高尔柏署名连载的《革命家的列宁》。这一系列文章充满了对马克思、列宁等的赞誉，对他们赋予了极高评价。主编杨贤江寄望通过介绍光辉的无产阶级领袖形象，号召青年人学习他们的革命精神。

四、以情感动员推动学生参加社会革命

《学生杂志》在杨贤江的主持下，与学生建立了紧密又互相信赖的关系，成为青年学生的"夜明灯""青年界的明星"，其中离不开"通讯"和"问答"的联结作用。文化运动后，青年人普遍存在困惑与迷茫的情绪。各大报刊设立通讯栏，吸引青年人投书讨论人生与社会的问题，编者公开解答，以此为平台可以建立与青年人的紧密联结。如知名的《新青年》通信栏，围绕通信聚集了当时新文化运动的活跃人士，并因此聚合成新文化运动的参与力量[⑥]。只不过《新青年》在成为新文化同人刊物后，作者与读者群体都逐

---

① 杨贤江：《答广东大埔温有为君》，《学生杂志》1925年第2期。
② 胡适：《致张慰慈》，载耿云志、欧阳哲生：《胡适书信集》（上），北京大学出版社，1995年，第379页。
③ 唐道海：《留俄学生之生活状况》，《学生杂志》1922年第7期。
④ 杨贤江：《五月可纪念的》，《学生杂志》1923年第5期。
⑤ 杨贤江：《列宁与中国青年》，《学生杂志》1924年第2期。
⑥ 杨琥：《新青年通讯栏与五四时期的社会、文化与互动》，载李金铨编：《文人论政：知识分子与报刊》，桂林：广西师范大学出版社，2008年，第43—67页。

渐精英化，逐渐从公共论坛转向自己的"园地"，不再面向下层中等知识青年答疑解惑①。同时期知名的《少年中国》与《新潮》杂志走的是偏文化精英的路线，这些杂志"通信栏以少数同道人之间的相互精神启发、思想交流与学术探讨为主，中等知识青年参与很少"。②

杨贤江决定设立"通讯"，为普通的中学生提供了一个倾诉烦恼、咨询问题、自由讨论的媒介空间。杨贤江这样做也并非追逐当时出版界设立通讯栏的风尚，而是考虑到读者对寻求人生的指导有着急切的需求。早在《学生杂志》改版之前，就有读者致信希望扩充通讯栏，因为通讯讨论最是亲切有味③，杨贤江回复说："现在关于青年们的问题，实在是多极了；我久想用通讯的方法来作周详的讨论，因为通讯的体裁，比别种文章更容易尽量地发表意见。"④可见杨贤江也很清楚通讯这一形式不仅能紧密联络学生，也更加方便深入地讨论重要问题，阐明编者的政治主张，实现对学生的舆论引导。

"通讯"栏是编者和读者的往来互动，一般是较为重要问题的讨论。杨贤江加入共产党后，《学生杂志》成为上海党员的秘密联络地。为了更好地践行党要求的组织青年的宣传任务，他开辟了"答问"栏，类似于简单的咨询，以一问一答的形式展开，编者简明扼要地回答读者提出的各种问题。据叶圣陶回忆，杨贤江经常在商务的会客室接待前来谈话的青年，也经常埋头处理读者来信，他根据来访者和来信者提供的材料和提出的问题，写成通讯，刊登在杂志上，每期有八、九、十来篇，有一期多达二十篇⑤。杨贤江在编辑《学生杂志》的六年中，发表的社评、文章和译文有200多篇、通讯100篇、答问1500多题。可见他在教育青年学生方面付出的心力。

（一）将马克思阶级分析的理念引入学生的生命情感

前期的《学生杂志》（1914—1920）个人修养与学业提升的内容占据了主导位置，但到了五四之后，讨论学生生活问题、倾诉自身苦闷的文章都多了起来⑥。这些讨论主要集中在求学与就业、婚恋与家庭等。杨贤江与其他编者将马克思的阶级分析理论引入学生个人的生命与情感，给了学生以新的看待世界的方式。

学生向杂志提问的除了各种"主义"理论等形而上的问题，还有很多是关于实际人

① 李宪瑜：《"公众论坛"与"自己的园地"〈新青年〉杂志"通信"栏》，《中国现代文学研究丛刊》2002年第3期。
② 刘宗灵：《媒介与学生：思想、文化与社会变迁中的〈学生杂志〉（1914—1931）》，复旦大学博士学位论文，2011年，第210页。
③ 姚新宇：《〈学生杂志〉推进马克思主义理论在学生群体中的传播（1921—1926）》，华东师范大学硕士学位论文，2022年，第60页。
④ 杨贤江：《通讯》，《学生杂志》1922年第6期。
⑤ 叶圣陶：《杨贤江同志逝世五十周年纪念》，载杨贤江教育思想研究会编：《杨贤江纪念集》，北京：商务印书馆，1985年，第63页。
⑥ 刘宗灵：《媒介与学生：思想、文化与社会变迁中的〈学生杂志〉（1914—1931）》，复旦大学博士学位论文，2011年，第148页。

生与实际生活的困惑。由于军阀混战，当时的经济事业处于非常落后的状态，社会上没有那么多的职位供给，所以求学难、就业难的问题就显得尤为突出。很多人因为家里支付不起学费无法继续求学，纷纷向杨贤江询问解决办法。一个苏州青年倾诉说因为生在一个顽固的家庭里，所以不能进学校。杨贤江运用马克思主义阶级的概念来分析，称这不是个案，是私有财产制度的存在导致的，社会存在贫富两个阶级，认为能够继续上得起学的是富者阶级，"属于贫穷阶级的子女，更不容易享受教育的权利了"[①]。

在这种情形下，"无产阶级"成为年轻的贫苦学生自我认知的标签[②]。杨贤江劝慰读者道，升学并非人生唯一的选择，即使无法升学也不应该自甘堕落，而是要参加社会活动，在社会活动中学习，并且号召学生只有劳动奋斗才是解决社会问题的最佳武器。[③] 杨贤江多次在通讯中表示，解决求学难、就业难最根本的方法是发起民众运动，只有推翻不合理的政治经济制度，才能实现青年的教育权。由此，将学生"上学难"的问题与"贫穷""富裕"两个阶级对立联系起来，呼吁学生通过参与社会运动来推翻这个不合理的人压迫人的政治制度。

除了升学与就业之外，最困扰学生的莫过于恋爱、婚姻与家庭问题了。婚恋问题涉及学生的人生规划和未来前景，与青年人的切身利益最为相关，在当时的学生群体与教育文化界人士中引起广泛关注和讨论，并成为中国近现代文学和大众媒体上最为显著的公共议题之一。

"五四运动"风潮打破了几千年的旧传统。科举制度废除后，读书人脱离了旧的轨道，只能去寻求新的安身立命的生活方式。但由于当时经济落后，社会与家庭环境的种种限制往往使他们难以遂愿，于是更是增加了他们心情的烦闷。1919年，教育部逐步允许中小学男女同校，城市学会、团体增多，学生社会生活丰富，男女交际机会增多，给学生带来了自由恋爱的机遇。新文化运动兴起，中学生在新式学校接受了新思想之后，个体意识被启蒙，他们追求自由恋爱，父母之命、媒妁之言的包办婚姻在他们看来就成了必须要逃离的旧事物了。

有读者给《学生杂志》来信说，自己是一个旧式婚姻的牺牲品，被父母所迫与无爱的女子结婚，现在又被逼迫生儿子才能升学，于是只能写信求救[④]，并询问编辑以什么办法才能达到个人的目标。关于婚姻恋爱的问题，《学生杂志》撰稿人的主张并不一致。不过，他们都支持自主婚姻，也普遍赞成自由恋爱，认为旧式婚姻制度这是对年轻人性情的束缚，压迫学生的自由意志，是极为不人道的做法。不过，大多数撰稿人认为恋爱与

---

① 杨贤江：《通讯自学问题》，《学生杂志》1925年第8期。
② 瞿骏、靳帅、武小力：《播种"主义"：上海报刊与江南红色文化的塑造与传播（1919—1927）》，上海：上海人民出版社，2022年，第282页。
③ 杨贤江：《自学问题》，《学生杂志》1925年第8期。
④ 筱：《生儿子和升学》，《学生杂志》，1924年第8期。

学业是相互冲突的，并谆谆劝慰年轻人要以学业、工作为人生要务。

中共党员杨贤江、恽代英、谢定远等人对婚恋问题则持更为激进的看法，他们结合时代背景，运用社会革命的理论，来解释婚姻恋爱问题的深层原因，指出其根源在于私有制度——"因为在现代这种资本主义的经济（即私有财产）制度下面，一切生产变成商品化，一切生产工具变为少数人所占有，所以多数人要解决生活问题，是绝对不可能的。换句话说，多数人势必陷入贫乏，贫乏的人势必被剥夺了婚姻的权利。因此我们可以断言：在现代经济制度下，是不会有美满的男女结合的。现代青年真想实现美满的男女结合，非先打破这个妨碍他实现的经济制度不可，不打破现代的经济制度，生活问题就不得以解决。不打破现代的经济制度，即使打破了旧礼教仍归于无用"①，并推论要解决恋爱难题，必须实行社会革命，"第一要革旧礼教的命，第二要革社会现制度的命，为别种理由，中国青年固然要从事革命，为恋爱面上，中国青年尤其要从事革命"②。

（二）到群众中去：引导学生参加社会革命

五四运动前，社会对学生的期待还主要是修身进德、专注学业。学生的学习生活还主要走传统的修齐治平的路径，待学生完成他们的本业之后，才走向工作岗位，参与国家与社会的建设。后来随着新文化运动的兴起，社会舆论开始指向参与社会服务、文化运动乃至政治革命。"到民间去"的呼声日益高涨，社会舆论乃至学生自己对于学生群体所应具有的身份意义与角色担当，都产生了与以往不同的认知。③

当时的社会环境下，各个阶层与城乡之间都处于相互隔绝孤立的状态。具体表现为，一方面是由新式教育培养起来的知识青年，他们经过在城市几年的学习已经接受了城市的生活习惯与价值理念，与生养自己的家乡已经相当疏离，不愿意回到家乡，即使回去了也无法融入。同时，城市中又缺乏足够的就业机会，因此青年人遭遇着失业或者无业的痛苦，《学生杂志》将这一现象称为学生的"游民化"。另一方面是占据全国人口百分之八十的广大农民，他们生活在水深火热之中，承担着繁重的体力劳动与沉重的捐税，而且乡村交通不便，"兵、匪、奸吏、劣绅，从而百般欺诈，骚扰，凌辱"④。然而农民因为阶级本身的局限性，并没有意识到社会革命的必要性。因此，"若想改变现状，应当将注意力转向农民身上"⑤。受过中等教育的知识青年就是改造农村、救助农民的最合适的人选。他们出身农村，回乡后因为在城里读书的身份会受到亲戚族人的尊敬，因此他们可

---

① 杨贤江：《婚姻问题的讨论》，《学生杂志》1924 年第 5 期。

② 杨贤江：《恋爱神圣论者的两难》，《学生杂志》1924 年第 1 期。

③ 刘宗灵：《媒介与学生：思想、文化与社会变迁中的〈学生杂志〉（1914—1931）》，复旦大学博士学位论文，2011 年，第 106 页。

④ 谢定远：《学生与农民》，《学生杂志》1924 年第 6 期。

⑤ 谢定远：《学生与农民》，《学生杂志》1924 年第 6 期。

以借机启蒙、指导、组织乡亲们[①]。谢定远甚至给出了具体的建议："最要紧的是靠各个青年学生们自己自由组合，联络同乡，讨论本乡农民运动自具体办法而亲身实施之。"[②]

中共文件指出，列宁之所以能够取得俄国革命的胜利，就在于他们成功唤起农民参加了无产阶级革命。经济落后的中国，农民占到全国人口的百分之八十，所以中国革命要成功，必须尽可能地系统地鼓动并组织各地农民从事经济和政治的斗争。[③]1925年1月，党的第四次全国代表大会召开，会议通过《对于青年运动之议决案》，该文件指出，学生运动最重要的目的，是怎样使学生能与工人农民运动结合起来，使他们到工人农民群众中宣传和帮助他们组织政治活动。[④]

《学生杂志》上可以看到杨贤江对党的学生运动指导精神的贯彻。他在杂志上撰文要求青年要改革政治，"起到宣传和领袖国民的责任"[⑤]，除此之外，还要唤醒自己的阶级觉悟，深刻意识到自己与国家民族的命运是连在一起的。[⑥]他非常注重引导青年与社会结合，走社会主义和社会革命的道路，一方面，倡导知识分子主动与工农结合，主动给农民传授经验和知识，另一方面，青少年要自觉承担国家与社会的责任[⑦]，倡导青年学生投入引领农民、教育农民、改革农村的事业中，形成了社会革命宣传的滚滚洪流。

五、结语

综上，《学生杂志》在传播马克思主义理论方面主要做了以下三方面的贡献：

其一，拓宽了马克思主义理论传播的群体范围。最初，马克思主义是作为各种社会主义思想的一种传入中国的，且多种思潮在学术界处于竞争状态，马克思主义理论并未占据明显的优势。彼时，有关马克思理论系统的翻译与阐释还没有出现，最早接触到的主要是精英知识分子，他们将之作为一种理论和学说加以学习，马克思主义理论的实践性没有被挖掘出来，马克思主义理论只是高高在上的少数精英知识分子"书斋里的学问"，尚未触及普通大众。

其二，扩大了马克思主义理论的传播空间。当时，就马克思主义传播的空间而言，主要是在教育资源比较集中的北京、上海这样光彩夺目的大都市。[⑧]最初的马克思主义只

---

① 瞿骏、靳帅、武小力：《播种"主义"：上海报刊与江南红色文化的塑造与传播（1919—1927）》，上海：上海人民出版社，2022年，第289页。

② 谢定远：《学生与农民》，《学生杂志》1924年第6期。

③ 中央档案馆，编：《对于农民运动之议决案》，载《中共中央文件选集（1921—1925）》（第1册），北京：中共中央党校出版社，1989年，第358页。

④ 中央档案馆，编：《对于农民运动之议决案》，载《中共中央文件选集（1921—1925）》（第1册），北京：中共中央党校出版社，1989年，第368页。

⑤ 杨贤江：《对于学生运动的意见》，《学生杂志》，1923年第12期。

⑥ 杨贤江：《中国的学生运动与青年运动》，《学生杂志》1924年第8期。

⑦ 瞿骏、靳帅、武小力：《播种"主义"：上海报刊与江南红色文化的塑造与传播（1919—1927）》，上海：上海人民出版社，2022年，第294页。

⑧ 瞿骏：《文明重焕：社会主义与中国江南》，上海：上海人民出版社，2024年，第54页。

是作为一个新名词、新术语进入中国的大城市。共产党成立后，制定了革命宣传活动的具体方案。在党的宣传政策指导下，诸如《学生杂志》这样的商业期刊也由于聚合了一批党内同志杨贤江、恽代英、谢定远、高尔柏、高尔松等人，成功地将商务印书馆的旗下杂志变为宣传马克思主义学说的重要阵地，促使马克思主义理论逐渐实现了从中心（北京、上海）到边缘（其他城市—乡镇—全国各地）、从知识精英到广大青年、从理论到实践的拓展与转变。

其三，将马克思主义理论融入学生的生命困境，传播了社会革命的理念。《学生杂志》面向中等学生群体，向他们宣扬马克思主义，并以经典的阶级分析、剩余价值等理论来阐释青年的人生困境。杨贤江充分利用杂志的"通讯""答问"等专栏与学生读者为编者、学生读者建构了一个平等交往、畅所欲言的公共空间，并以循循善诱的话语赢得了学生的信任，成功使马克思主义理论逐渐从精英群体拓展到中小知识分子群体，把学生从"知识青年"塑造为"革命青年"。在杨贤江的引导下，《学生杂志》中的文章结合国际国内形势，反映学生的实际情况。这些文章对于指引青年走向进步、走向革命起了很大的作用[1]。青年学生作为马克思主义传入中国传播链条上承上启下的一环，担当了二次传播过程中关键的"意见领袖"，他们在后继的走向群众的革命运动中，将马克思主义理论运用到实践中，将革命的火种传递给普通大众，拓展了马克思主义传播的接受群体与应用范围，进而促进了马克思主义在中国的在地化发展。

---

[1] 吴亮平:《怀念杨贤江同志》，载杨贤江教育思想研究会编:《杨贤江纪念集》，北京：商务印书馆，1985年，第72页。

《中华新报》：中国同盟会岭东地区革命报刊的舆论先驱和鼓吹阵地

施 欣[*]

（仲恺农业工程学院马克思主义学院，广东 广州 510225）

摘 要： 创办于清末广东岭东地区的《中华新报》是一份隶属中国同盟会的革命报纸，由谢逸桥主持笔政。该报大力宣传民族革命思想，主张推翻清王朝、颠覆专制政府、建立资产阶级民主共和国家；大量引介资产阶级民主共和、自由平等、博爱公正学说，大力推广西方社会近代民主民权思想；积极宣扬"孙文主义"，阐释并普及"三民主义"理论；与孙中山、陈少白海外创办的《民报》《中国日报》声气相投、互为犄角，迅疾成为粤东地区乃至整个岭南全域声名鹊起、一时无两的资产阶级革命报纸。

关键词： 谢逸桥；《中华新报》；舆论阵地；中国同盟会；革命报刊

引言

谢逸桥（1874—1926），原名锡元（也是族谱名），又名元骧、延懿，字逸桥（也作乙桥），广东嘉应人（今梅州市梅县区松口镇铜琶村人，梅州古称嘉应州），出身于富商大贾的华侨家庭[①]，既浸润过传统儒学教育又深受西方近代思想熏染。辛亥革命功成后，并不热衷于从政和当官的他悄然返回家乡、隐居于桑梓的辉宗楼，笃志从事慈善、教育、赈济、交通等公益事业和实业。终其一生，谢逸桥既是近代广东爱乡爱国华侨华商的优秀代表，也是资产阶级先进知识分子和近代民主革命家、政治家、宣传家、报刊家和实业家。他的人生履历与革命领袖孙中山有极高相似度，早年投身资产阶级革命，晚年功成身退致力实业建设及公益事业。

晚近以降，面对"强邻环列，虎视鹰瞵，瓜分豆剖，实堪虑于目前"[②]的悲惨处境和

---

* 作者简介：施欣，江西宜春人，博士，讲师，毕业于湖南师范大学，获历史学（新闻史）博士学位，广东仲恺农业工程学院马克思主义学院专任教师。研究方向：中国近现代新闻传播史、编辑出版史、统战史等。

① 编辑部：《谢逸桥：志澄天下，追步国父孙中山》，《梅州日报》2018年10月26日第12版。
② 陈旭麓主编：《近代中国八十年》，上海：上海人民出版社，2019年，第318页。

现实境况，爱国主义的种子在谢逸桥内心深处悄然扎根发芽，以身许国的情愫在他心中潜滋暗长。1905 年，抱持"志澄天下"夙愿的谢逸桥毅然在日本东京加入中国近代史上第一个全国性的现代化的中国资产阶级革命政党——中国同盟会，民主革命先行者孙中山因其巨大的威望被推选为总理，作为孙中山革命同志的谢逸桥则被公选为岭东地区的"主盟人"，成为该党早期重要成员和推翻清王朝的骨干分子，作为孙中山革命事业的有力臂膀追随孙先生为"统一祖国，振兴中华"和"推翻帝制，缔造共和"不懈奋斗。1907 年，谢逸桥在汕头创办闻名遐迩的《中华新报》，他本人亲任董事长兼主编——主持言论及报务；他还邀请陈去病、叶楚伧等国内著名报人及政论家介入笔政，使该报一时大咖云集、声势浩大，迅速成为潮汕梅等地同盟会机关报和舆论喉舌。报社也是该地同盟会的秘密聚集点、联络点和会议场所、指挥中心，重大政治及军事行动在此商讨筹划。

一、《中华新报》创办的社会条件、文化背景、舆论环境与革命形势

《中华新报》极力鼓吹社会革命、政治革命、民族革命、民主革命，主张社会鼎新、思想维新、政治刷新、风俗渐新，致力于营造浓厚的排满倒满斗争氛围，召集爱国倒满的志士仁人举事或起义，是资产阶级革命党布局和挺立在岭东地区的思想宣传战线及舆论前沿阵地，不仅是资产阶级革命力量政治言论及舆论宣传的机关报，而且也是秘密联络同志、进行革命活动的枢纽机构。

（一）岭东地区如火如荼、不断高涨的资产阶级革命形势

清末，列强侵略孔亟、清廷高压统治、大量战争赔款以及地主阶级和外国殖民势力的双重剥削与压榨，必将引起人民的激烈反抗、必定激发群众的奋起抗争。再加上岭东这个地区本就长期活跃着民间秘密组织——会党（如洪门），他们以"推翻清帝、驱逐满清"为志业，秘密潜伏、地下活动、伺机而起、待时而发。经过孙中山等人的革命宣传与舆论鼓动，岭东地区的反清排满思想及风气在潜滋暗长，民族民主革命的武装力量正集聚着、蛰伏着，只等时机成熟，一旦发动便会电光火石。这一切，都促使了革命形势的日渐高涨，致使广东东部沿海地区的革命形势犹如星火燎原。

岭东同盟会成立后，谢逸桥等革命派接连开展了一系列扎实高效的工作：首先，在当地反清志士及会党当中发展了一大批会员和骨干，使得岭东同盟会的政治力量、军事力量、经济力量、宣传力量等得以充实。洪门、天地会、天理教等会党力量长期蛰伏在民间，遇有时机便会揭竿而起。其次，革命党人在岭东地区大规模、大范围、大频率进行各种军事、政治、思想文化、宣传舆论方面的斗争。这些斗争有的是秘密的、悄悄的，而有的则是公开的、光明正大的，譬如创办了体育传习所、师范传习所等"地下"党派机构，慢慢渗透进潮汕梅揭地区的旧衙门、新军、政治社团、立宪会等社会组织。第三，岭东同盟会还非常注重网络各路人才、搜集各界精英，吸纳和聚拢了大批具有坚定民族

革命意志、强烈反清意识及反抗精神的革命志士——以海外留学生为主的新型知识分子与进步青年和会党分子，如姚雨平、古直、丘哲等青年革命骨干及优秀军事人才，他们在发动反清武装起义、举行革命活动中起到了积极的作用，成为起义的中坚力量和反清的先锋队。

革命派要求突破黑暗、争取光明，革命党人主张推翻专制、建立共和，革命力量在集结，革命行动在酝酿，革命风气在积郁，人心思变，激变蛰伏，可谓"山雨欲来风满楼"。在孙中山、黄兴等人的直接领导或间接促动下，同盟会积极联合三合会、洪门以及地方门道势力等以"反清"为政治目标的民间秘密结社组织，还利用带有雇佣军性质（如日本浪人）的军事力量，先后组织发动了声势浩大的潮州、黄冈等地武装起义，进行了不少行刺、暗杀、闯营等革命活动，令本以千疮百孔、焦头烂额的清廷更加心神惶惶、寝食难安，也促使该地区革命势力得到迅猛发展和壮大。

（二）《中华新报》创建之时的报刊环境和媒体空间

19 世纪末至 20 世纪初，新兴的民族资产阶级力量对比发生深刻变化，迫切要求"挣脱帝国主义和封建主义势力的压迫与束缚，为在中国发展资本主义开辟道路"[①]。正处于上升阶段、日益强大的民族资产阶级必然要求与自己相匹配、相适应的政治、经济、社会、思想、文化以及意识形态领域的地位和身份，有经济实力才会有政治及社会影响力，即马克思深刻指出的"经济基础决定上层建筑"。在新闻宣传方面，民族资产阶级需要自己利益的代言人，民族工商业需要建立自己的宣传机构、建设自己的舆论机关，具体表现为：创建资产阶级性质的大众传媒机构和建立新闻战线，以便发出本阶级本阶层的声音、表达本集团本部门的诉求，具有雄厚的经济实力才会拥有强势的宣传及舆论话语权。不断壮大和发展的中国民族资产阶级，他们掀起了办报创刊的新文化建设、新思想鼓吹的热潮，特别是资产阶级革命派孙中山、陈少白、郑贯公、章士钊、章太炎、邹容、秋瑾、陈范等人创建了大量鼓吹革命、号召反清的报纸期刊，宣扬其推翻清政府、矢志革命的政治思潮。他们深刻认识到，仅仅有政治斗争、军事行动还远远不够，仍然需要在思想文化及宣传舆论上站住脚跟、竖起大纛，为革命运动、反清斗争奠定思想和组织基础。由此，清末民初大批报纸应运而生、大量报馆因应而立，掀起国人办报高潮。

彼时，粤东地区陆续出现了不少革命报纸，有力地配合了孙中山等革命党人在两广沿海发动的武装斗争。有研究者认为："粤东是东南沿海口岸的一个重要地区，特别是清末民初时期，随着社会经济的嬗变和西方文化的输入，粤东地区近现代报刊出版繁多，其报人分布甚广，活动十分活跃。"[②]当时，受革命党人办报创刊的影响，粤东的潮汕梅地区也已经开展了卓有成效的革命宣传和新闻舆论工作，在发动起义的前期便打下了比

---

① 李侃等：《中国近代史 1840—1919（第四版）》，北京：中华书局，1994 年，第 227 页。
② 蒋冬英：《粤东近代报刊及报人史料述评》，《兰台世界》2017 年第 11 期。

较坚实的宣传基础、营造了比较浓郁的舆论氛围。这些都在客观上、在事实上为以潮州、汕头、梅州、揭阳、汕尾为中心的岭东地区强化资产阶级革命思想的新闻宣传打下了良好的基础，为进行革命及武装斗争做了思想准备和宣传动员，营造了有利于革命形势向前发展的舆论氛围。通过创办大量革命报刊鼓吹革命，撰写文章、发表评论等为岭东、粤省乃至全国资产阶级民主革命摇旗呐喊，使得岭东地区革命风气渐开、变革思想浸渍，促使该地区人心思变、力图改革。

据粗略统计，自清末以来潮汕梅地区先后建立大大小小的报馆、创办林林总总的报纸不低于 200 份，囿于资金、设备、技术、人才等原因，这些报纸大多采取不太先进的石版印刷法，产量不算高、质量也亟待改进，但已迈出了现代报业可贵的第一步。这些林林总总、大大小小的革命派报刊，其内容以刊登时事、要闻、京省新闻、本埠新闻、潮嘉新闻、外国新闻、宦海珍闻、社会琐记为主，栏目包括论说、告白、表贴、志谢、专件、杂俎以至小说、诗歌等，还带有封建官报的影子，并镂刻西方报纸的样子。潮汕梅出版刊印的报纸"从中以小见大、见微知著，勾勒出晚清民国时期，潮汕地区的经济文化风貌、民风人情以及社会变革及发展"[1]。总体来说，这些报刊主体是进步的革命的，革命派通过报刊这个最为有效的宣传工具和最为锐利的思想武器致力于：揭发清政府时弊，宣扬恢复汉人政府思想的民族主义；翻译和介绍欧美国家民主政治制度，作为改良中国窳败政治之对症药；对国家及地方改革发表意见建议，抨击借改革之名行封建之实的行径；破除封建禁锢，开启民众智识，引介西方理论学说，传播民主思想观念。

(三)《中华新报》创立的主要经过与建设的基本情况

1906 年，谢逸桥受孙中山委派前往广东岭东地区传播革命学说、开展革命活动、集结会党力量。到达岭东地区后，他遵照孙先生的指示和嘱托，着手扩大中国同盟会在这一地带的声威及势力：积极发展会员、补充会员和联络会员、凝聚会员，从事发动群众、组织起义、策反新军、建立据点等革命活动，在岭东地区打下了同盟会较为稳固的会党武装起义基础，为之后的"触发"武装暴动"做足前期准备"[2]。在"武功"方面取得成效的同时，他深感宣传舆论之功亦不可少，便致力于"文治"方面的工作，推动"文治"与"武功"双重发力。为此，谢逸桥纠集志同道合之人和办报旨趣相近的同人，共同创办岭东地区同盟会机关报《新中华报》，以建立"新中华"（含有"驱除鞑虏、恢复中华"和创建"中华共和国"之意）为鹄的，报是新报，人是新人，思想是革命新思想，以报刊为讲坛、以文字为匕首、以革命排满思想为斗争武器，进行了大量反清的革命新闻宣传及报刊舆论活动：极力宣传和渲染中华民族所面临的严重生存危机、瓜分危机，点燃

---

① 曾旭波：《汕头埠老报馆》，广州：暨南大学出版社，2016 年，第 1 页。
② 房学嘉等编著：《谢逸桥、谢良牧与孙中山领导的民主革命》，广州：暨南大学出版社，1991 年，第 59 页。

人民的爱国热情和反抗斗志；介绍西方国家政治、经济、文化、教育、法律、历史、军事等学术和知识；讨论西方社会迅速强大的深层次原因，探究近代中国被动挨打、贫苦不堪的缘故，寻找救国救民的真理和改变中国落后状态、颓败面貌的途径。

　　报纸、期刊等大众传播媒介，作为晚近以来最为先进、最为广泛、最为实用的舆论宣传工具和平台，自然受到了各党派、各政治集团以及政治势力的高度重视和大力践行。自维新派开展改良运动开始，国人掀起了一波又一波办报创刊的高潮，各地报纸、杂志如雨后春笋般汩汩而出，制造并扩大舆论，刷新并洗涤人心。时人感喟："多设报馆，可以新天下之耳目，振天下之聋聩。"① 可见，舆论是行动的先声，宣传是革命的手段，报刊不仅可以开通风气、去塞求通、设报达聪，而且能够灌输知识、润浸新潮、唤起革命。开办报刊，发起舆论，造成声势，鼓舞士气，激发斗志，是中国同盟会及其领导人孙中山的惯常做法。创建《新中华报》这一舆论工具和思想阵地，使民主共和理念逐渐深入人心，排满革命思想在潮汕地区蔚然成风，为之后伺机组织和发动革命武装起义、建立资产阶级共和国做好了思想铺垫及舆论准备。

　　《新中华报》顺应时代、横空出世，在岭东地区率先矗立起了一面"驱除鞑虏、恢复中华"的鲜明旗帜，聚集和引导大批怀有反清素志、兴我中华职志的仁人志士。此后，岭东地区革命报刊迅速成长起来，发展形势犹如雨后春笋一般。该报的出版数量比较巨大、发行范围比较广泛，不仅覆盖整个潮汕梅地区而且还波及上海、厦门、漳州、广州、惠州、揭阳、汕尾以及赣南、闽西一带——由此辐射香港、澳门、台湾以及其他东南亚沿海地区，诸如安南、新加坡、槟城、泰国。该报在南洋（如新加坡、马来西亚、印尼、文莱等华侨华人聚集国家和地区）、东南亚华人社区一纸风行、无远弗届，因而具有较深远的舆论影响力与政治号召力（如东南亚各国许多进步爱国社团的首订报纸便是该报，如若稍有迟订则无报可订，由此可见其读者数量之多、受欢迎程度之深）。该报的版面或栏目主要有：一是发布官方公文和选录其他报刊重要新闻，尤其是对重大政治事件、国家财政政策、行业经济活动等予以持续关注与重点披露，如国家颁布的鼓励发展工商业的促进政策；二是发表大量新闻报道，包括京城的和本省的、外埠的和本地的、国内的和国外的，如铁路修建、海港开埠等民生新闻，与普通百姓生活密切相关；三是刊登商业广告也是重要内容，如股票、证券、交易所活动、外贸进展、销售业务；四是登载文艺作品、弘扬白话文学，如杂文、小说、诗词等，提高普罗大众的文化水平和文学素养。此外，该报还得到了海内外华侨华人慷慨无私的资助，并成为报纸的忠实"粉丝"；在报纸宣传作用下，一些富裕侨商出于爱国主义情感和立场带头捐款捐物，用以购买枪械、军火支援反清武装斗争，成为革命的"助力"。

---

① 茅海建：《历史的叙述方式》，上海：上海三联书店，2019 年，第 202 页。

总之，秉持"启发民智，非借报纸无以广宣传"①的理念，同盟会总理孙中山强调"宣传须用七成而武力只须三成"。为加强岭东一带广阔区域的革命宣传和政治引领、激发志士推翻清王朝的斗志、普及孙中山"三民主义"理念以及将救亡图存、保国强种的思想灌输人心、浸渍脑质，日益高涨的革命形势迫切要求革命党人快速开辟舆论新天地、创建思想新阵地，户牖民智、启迪民蒙；再加上当时"以报刊开民智、育新民"的办报活动日渐兴盛，粤东地区深受影响，《中华新报》应运而生、恰逢其时。

二、《中华新报》主张的鲜明而笃定的办报宗旨和宣传主题

谢逸桥深受孙中山"亟拯斯民于水火、切扶大厦之将倾，庶我子子孙孙，或免奴隶于他族"（《兴中会章程》之语）的爱国主义精神的鼓舞和风起云涌的革命排满社会思潮的影响，加之目睹和亲身经历晚近以来堂堂华夏、泱泱大国逐渐沦胥、竭蹶萎靡的危急存亡局面，内心悲愤异常，常思有所作为。谢逸桥认为，国家到了神州陆沉、民族沦亡地步，非振起直追、起来革命不可，必须抛弃糜烂不堪、腐朽透顶的清帝国；否则，国将不国、民将不民。他接受和支持孙中山"驱除鞑虏，恢复中华，建立合众政府"的政治主张，并逐步地走在了时代的前列、革命的前列。

谢逸桥等同盟会同志已充分意识到革命需要发动底层群众，让老百姓追随革命者的步伐，响应革命高潮的到来；而这一切的发生与改变，亟须进行思想上的启蒙和文化上的开智，造育"新民"，建设"新"国家。那么，在当时就必须通过报纸（包括期刊、图籍、揭帖、宣传册、印刷品）等平台或载体——晚近以来最为高效且实用、最为广泛而持久的大众传播媒介，希图唤醒民众、觉悟群氓，寄望振作民气、刷新精神，积极宣传革命思想、促成各地武装起义，为推翻走向末路的清廷进行思想及舆论上的准备，实际上也是一种宣传的灌输与组织的先导。

通过报纸、书籍、发表论著（含译著）、公开演讲等方式和途径不断宣传和极力鼓吹，民众的国家观念复苏、家国情怀重振、爱国主义情愫持续滋长，导致了国民"集体觉悟"的发生和"家国精神"的高涨——这种民族觉醒是指"意识到自己的民族归属，相信有必要为实现、维持与延续本民族的认同、整合与繁荣，为本民族应享有的地位甚至独立而努力"②。经由民主和共和理念广泛而深入的传播，以期改变麻木不仁、愚昧无知、蛰伏已久的人心士气，以期变更一盘散沙、四分五裂、各自为政的被动局面。这个历史进程中，作为最具伟力的大众传播媒体报刊"与有力焉"。

《中华新报》的创办犹如给身处黑暗斗室的国民点亮了一盏灯，给尚在上下求索的救亡救民、自强图存的潮汕梅地区的革命志士指明了方向，使彷徨者不再彷徨、犹豫者不再犹豫、悲观者不再悲观，让海内外志士仁人对革命的未来和国家的前途充满希望与力

---

① 许端阳：《汕头埠最早报纸或非〈岭东日报〉》，《南方日报》2016 年 9 月 8 日 TC01 版。
② 杨奎松：《"鬼子"来了》，桂林：广西师范大学出版社，2016 年，第 159 页。

量，播下了资产阶级民主革命的火种，做好了思想和舆论准备。

综观《中华新报》，其运营模式为：以董事会的形式运作，这是当时社会力量或经济组织，创办运营报纸的鲜明特色和普遍做法，该报也因循这一办报模式。其出版周期为：报纸每日出两大张、逢周一休刊，时间上比较充裕。其发行模式为：在各商埠、港口、码头以及学校、书店、报馆设有分销处及代售点，便于订购或零售；其销售目标为：主要面向普通民众尤其底层人群，对于重点部门和重要读者（如资产阶级革命派知识分子、新军士兵）予以免费赠阅；通过务实的发行手段和可靠的发行渠道，报纸迅速打开传播局面、销售量大幅度提升，从起初发行一千份，不久增至四千余份，最高峰时达一万三千余份，不少群众争相订报或传阅——包括书报社或阅报栏等处张贴（由于旧中国文盲人口占人口基数的绝大多数，这种方式便于识字人士当众朗读，同样达到有效传播的目的）。其广告模式为：报纸登载商业讯息、积极招徕广告，带有一定的商业气息，但是却始终不以营利为目标；说到底，它始终是一份以政治为主流、以商业资讯为辅助的报纸。

《中华新报》自诞生之日起就"不是一个人在奋斗"，而是与远在日本创办的《民报》、香港创刊的《中国日报》等同为中国同盟会所属的革命报刊——这些傲然挺立的同盟会的机关报同声相和、同气相连且遥相呼应、互为犄角，成为"系列报纸"和"报纸阵地"，增强了革命派的宣传实力，给国内外造成极大的声势。

三、《中华新报》提出明确而坚定的办报方针与创办鹄的

没有哪个政党或集团，无缘无故创办一份报纸；也没有哪个企业或个人平白无故创建一家报馆。因此，出版一份报纸、成立一家报社总有其内生动力和内在原因，总有其政治、经济等目的。《中华新报》提出明确而坚定的办报方针与创办目标：其一，为政治宣传与鼓动的需要。该报的诞生出于纯政治目的，可称之为"政党报纸"，视为党派的机关报和舆论喉舌。它将党派或政治团体的政治思想、政治理念、政治诉求、政治纲领、政治愿景、政治目标等公之于众，经济上完全由党派负担或者依靠其他组织、集团或个人的补助及津贴，基本上不讲究市场及营销。这种政党报刊是党派的宣传喉舌和鼓吹阵地，其经济效益、商业价值实际上并不重要，也不太受重视，哪怕亏本负债（如采用赠阅方式）也毫不顾惜。其二，为了组织举义、发动革命需要。孙中山等人创办的资产阶级革命派报纸就极力鼓吹革命，详细推介国外成功的革命事例事迹，无情揭露清政府的腐朽透顶、行将就木和病入膏肓、无可救药，已成为社会进步的障碍和人民幸福的拦路虎，强调必须使用暴力、革命甚至暗杀手段颠覆或推翻反动罪恶的清王朝；此外，也用于联络同志、秘密集会、商讨对策等，被视为"革命大本营"。其三，为言论对抗、观点论战需要。誓与康梁保皇派报刊开展舆论对抗与政治论战，二者的政治立场、政治态度和政治倾向是根本对立的，为争夺海内外群众的支持和赢得更多的支撑力量（如爱国华

侨和新军将士），与其进行了"针尖对麦芒"般的激烈论战，表达革命派的政治理念、传播本集团的利益诉求。其目的在于用以澄清是非、驳斥谬误，用以戳破谣言、争取主动。

《中华新报》自创办以来，办报方针明确、办报思路清晰、办报目标明晰。就《中华新报》的整体宣传内容、政治主张和发表观点观之：一方面，大肆鼓吹新学新知，造就新思想，造育新民众，灌输新理念，培植新势力，将革命排满主义思想大肆传播，使得孙中山的革命理念与治国方略寓于新闻报道和评论文章之中，潜移默化、润物无声地对岭东地区民众的民主思潮产生作用；另一方面，形成了舆论的势力，造成了舆论的影响，抢占了资产阶级革命派舆论阵地，与清王朝及其保皇派论调相论争、相抗衡。

整体读之，《新中华报》的文字活泼、语言平快；报道精准，消息翔实；评论泼辣、论议隽永；针砭时弊，月旦时政，满足了广大群众对新闻报道、时政要闻、商务信息、商业情报等的需求。报纸上发表的许多文章脍炙人口、深入民心，有利于改良社会风气、涤荡保皇谬论、澄清是非曲直；不少评议为民说话、为民请命，仗义执言反映民生疾苦、操觚发论诉说民众心声。报纸内容丰富、版面精彩：大胆揭露清廷腐败统治、卖国求荣；大力宣传资产阶级民族民主革命思想，以呼吁民族自尊自省、重拾大国信心以及倡言抵御外侮、驱逐列强为主调，以辛辣、老道的笔调嘲讽贪官污吏，无情地谴责、鞭笞贪奸丧权辱国行径，笔力千钧、剖析犀利，目光如炬、酣畅淋漓，笔锋常带浓烈的爱国感情——爱国主义情绪激情澎湃，很受读者尤其是下层群众的欢迎和喜爱。

四、与保皇派报纸激烈论争、一争高低

紧紧围绕着要不要推翻清王朝、要不要进行流血革命、要不要走民主共和道路等关键问题，《中华新报》与保皇派把持的各种报纸进行了针锋相对的对垒与唇枪舌剑的辩论。为回击和打败康有为等保皇党主办或豢养的"保皇报纸"针对革命派报刊进行咄咄逼人、气焰嚣张的政治攻讦与言论攻势，该报挺膺而出、激烈论战，澄清了是非、校正了对错、厘清了观念、振奋了人心。一是与保皇派在新闻战线和舆论阵地上开展激烈争论与对抗，抗击和打退保皇派的言论挑衅与宣传攻势。当时，保皇派大肆宣传君主立宪等保皇理论，认为中国只能走君主立宪的日本、英国的道路，光绪皇帝是一位值得信赖和仰仗的开明君主，反对革命派使用武力推翻反动腐朽的清政府并建立资产阶级共和国的主张。二是极大地扩大了孙中山革命思想与救国理想的传播范围，无论从广度上抑或深度上均有了较大进步，让更多仁人志士和底层群众认清了清王朝的腐败卖国本质进而跟随孙中山进行颠覆清王朝的革命，也让"驱除鞑虏、建立民国"的宣传观点更加深入人心。

真理因为辩论而日益清晰，思想因为辨析而日渐正确。进步还是保守，反满革命还是保皇立宪，是当时的一场全社会大辩论、大讨论。思想界的孰是孰非、理论界的孰对孰错在一番激烈的争论、辨析后尘埃落定、真理自现。《中华新报》挟革命之巨雷与旋风，

敢于正视社会问题、积极发声，敢于揭露黑暗现状、直言不讳，有理有据地批驳保皇派的荒谬言论，摆事实、讲道理地回击保皇党攻击孙中山及其同盟会的各种言论，该报应接论战、不惧争论、挺身而出，堪当革命言论先锋。其中，该报特别重视游说海外侨胞尤其是南洋侨商——作为"革命之母"的海外爱国华侨华人对孙中山先生领导的反清革命贡献颇巨，是革命党积极争取的力量与团结的对象。有鉴于此，该报一则进行思想灌输与宣传鼓动，让更多爱国人士聚拢在孙中山革命大纛之下，破除对行将就木的清王朝的幻想，齐心协力、众志成城地推翻这个国家发展、民族前进道路上的绊脚石与拦路虎；二则面向侨胞进行募捐集资，筹集革命经费，革命党人将筹集的钱财用于联络海内外同志、雇佣各地会党起义、购买武器装备及军火枪械和训练武装举义人员。

五、结语

孙中山等资产阶级革命派往往将报纸作为宣传政治主张、革命观念的工具和灌输基本常识、觉悟普罗大众的利器，爱国的先进分子往往将报刊及其制造传播、扩散放大的舆论、理念视为觉悟民众、唤醒大众的得力助手。经由报纸、杂志、著作等的极力鼓吹和大肆宣扬，民主共和、自由平等博爱、天赋人权、优胜劣汰适者生存、自然进化论等现代国家观念、民族民主观点、科学基本知识得以广泛普及和深入人心，改变了清末民众的"脑质"。组织宣传和领导发动民众进行革命斗争，得益于将西方资产阶级的各种思潮与学说源源不断地介绍与输入，得益于报纸、杂志、著作等的出版发行，对尚处黑暗、智识未开的民众之思想起到了极大的震动作用，有利于新国民的造育和新知识阶级的培育。"晚清报人的个人经历不仅仅是一个人的经历，而是一种在时代召唤下的历史际遇与历史使命。"[①]针对亡国灭种的困境与灾难、面对家国沦胥沉浮的时代危局，以谢逸桥为代表的资产阶级革命派，他们以笔为利刃、以报为武器、以爱国主义精神为主基调、以民主革命主义为主旋律，大声疾呼、极力鼓吹、不断呐喊；他们希冀笔锋如剑、直指世道人心，寄望思想如炬、照亮前行之路，用以肩负起救国图存、振兴中华的政治天职，用以肩荷起衰转隳、通识时变的社会责任。革命党人的办报经历、新闻实践、宣传理论、革命思想等，至今依然具有很强的历史镜鉴价值和参考意义。

---

① 黎藜：《报人的时代际遇与使命：叶楚伧早年汕头办报略述》，《传媒观察》2019 年第 11 期。

"核袭日本"事件中中共党报的言论趋向

陈 康 张 培

（安徽大学新闻传播学院，安徽合肥，230601）

摘 要： 1945 年 8 月，美国在日本的广岛和长崎两次投掷原子弹，在中国报界引起强烈反响。中共报刊对于原子弹这一新式武器的报道态度有其自身的因应立场。爆炸初期，基于抗日同盟立场，中共的宣传基调呈现宣扬赞赏之势；另一方面，围绕党派利益及人民立场，中共的宣传逐渐趋于克制理性。相较于"核袭日本"事件的报道，中共党报对于同期发生的"苏联参战"事件的重点报道体现了其言论的价值取向。因此，中共党报的言论抉择关乎其对于时局变化的判断以及自身意识形态立场的政治考量。

关键词： 中共党报；言论立场；意识形态

一、引言

1945 年，抗日战争已进入最后战略反攻阶段。其时的中国政局微妙至极，一方面，国民党政权至抗战后期愈发软弱腐败，而另一方面中共的军事力量相对弱小，难以一锤定音，国共两党的很多决策与战略实际上受限于美苏两国。对远东地区的利益攫取与军事控制是美苏两国共同的战略重心，而中国则是这场争霸的关键所在。因此，在抗战胜利结束后，实际上是美、苏、国、共四方力量在影响和决定着中国的前途命运。彼时"世界的中心问题是美苏之争，反映在中国即是蒋共之争。美国政府对华政策是尽力扶蒋、打共、反苏，而蒋之政策则在打共时企图中立苏，在反苏时又必望连上共"[①]。在国内，面对战后重建及国家统一的舆论，国共两党积极主动地利用报刊传媒在政治空间上定位自己，反复建构和宣传自身的抗战功绩与优势地位。为了争取有利的国内、国际地位，双方相互展开舆论宣传攻势。

1945 年 8 月 6 日与 9 日，美国先后在日本的广岛和长崎两次投下原子炸弹，随后这

---

* 作者简介：陈康，安徽池州人，安徽大学新闻传播学院科研助理，研究方向：中国新闻史；张培：河南平顶山人，安徽大学新闻传播学院博士研究生，研究方向：传播思想史。

① 中共中央文献研究室、中央档案馆编著：《中共中央关于对美蒋斗争策略的指示》，《建党以来重要文献选编（1921—1949）》（第二十二册），北京：中央文献出版社，2011 年，第 826 页。

一军事行动迅速进入报刊视野，在国内报界引起强烈反响。目前学界对于"核袭日本"议题的研究多倾向于以报刊史料为基础的内容呈现，研究者或从史料出发，摘录出相关的原子弹报道对其进行简要的脉络梳理[①]；或从科学技术史的视角出发，以"核袭日本"事件为中心点，对中国近代核科学发展进程进行了一个历时性的考察[②]，可见学界对此议题的研究多流于基础的内容分析，鲜有从报刊舆论宣传的角度对此议题进行探讨。因此，本文基于《解放日报》《新华日报》等相关报刊史料，拟运用文本分析与综合论述相结合的方式，以中共报刊关于"核袭日本"报道的言论路向为主线，梳理中共党报宣传转变的过程，探讨研究背后的成因，辩清党报舆论宣传的得失，进而分析其在抗战宣传舆论场中居于何种位置。本文从军事事件—媒介事件—舆论宣传这一框架出发来探讨国共两党的报刊宣传活动，不仅是一种对于中共历史宣传方位的省思，也能为当下党报新闻宣传提供一定的启示意义。

二、中共关于"核袭日本"事件报道的总体概况及爆炸初期对于新式武器的舆论聚焦

中共所属不同场域的党报关于"核袭日本"这一事件的相关报道数量较为翔实且集中，通过对这一阶段报道数据的统计，能够呈现中国共产党彼时所持的因应立场，进而凸显彼时中共对于时局判断的大致图景，同时透过共产党涉及该议题报道的嬗变轨迹也能窥见中共党报言论的价值及其取向。

（一）中共所属革命根据地党报及国统区党报的报道统计

中共所属革命根据地报刊及国统区报刊代表报纸即为《解放日报》与《新华日报》。作为共产党党报，两份分属不同场域的报纸对"核袭日本"事件都进行了相关报道与宣传，是对内进行战争舆论动员、对外打压日本军阀嚣张气焰的重要阵地。1945年8月6日与9日，美国先后在日本的广岛和长崎两次投下原子炸弹，这一消息迅速传入国内，引起震动。《新华日报》对"核袭日本"的报道始于1945年8月8日，随后对该事件进行了持续性的报道。

表1　1945年《新华日报》关于核议题的报道统计

月份	报道总篇数	威力、破坏力	原子能管制	科普介绍	其他
8月	26	16	5	3	2
9月	4	0	3	1	0
10月	8	0	7	0	1

---

① 王洪鹏：《中国报界对原子弹轰炸日本的报道》，《出版史料》2012年第2期。

② 王洪鹏：《20世纪40年代原子弹爆炸在中国产生的震荡》，首都师范大学硕士学位论文，2007年。

续表

月份	报道总篇数	威力、破坏力	原子能管制	科普介绍	其他
11月	20	0	20	0	0
12月	3	0	1	0	2
总数	61	16	35	6	5
平均值	12.2	3.2	7	1.2	1

资料来源：本表数据是作者根据 1945 年《新华日报》关于"核袭日本"相关报道和评论文章等整理统计而成。

1945 年间《新华日报》"核袭日本"相关的报道文章总数为 61 篇，每月平均 12.2 篇。其中 8 月份和 11 月份数量较多。8 月为事件初始阶段，报道总篇数为 26 篇，且 16 篇集中在原子弹威力、破坏力的宣传上，占比 62%。这一时期的报道主题强调抗战的同盟关系与优势地位，打击日本军国主义嚣张气焰，以促使日军尽快投降。8 月份之后，相关议题的报道数量逐渐减少，且报道的内容主要集中在原子能的管制上，这一方面是因为爆炸事件热度衰减，相关事实报道减少。另一方面则是出于党内宣传政策的调整与国际政治权势的考量，威胁未来和平之原子能问题成为政治派系的主要关注点。

表 2 "核袭日本"事件中《解放日报》刊登的报道统计

日期	版面	题目	主题
8月9日	1	战争技术上的革命，原子弹首袭敌国广岛	事件、威力、破坏力
8月9日	1	传盟国将发出新公告，促使日寇迅速投降，否则即将以原子弹摧毁日本	威力、战略战术
8月9日	3	杜鲁门宣布，使用原子弹攻日	事件、威力
8月9日	3	英报评原子弹	效用与隐忧
8月9日	3	阿特里及史汀生谈原子弹发明经过	研究来源
8月9日	3	美报评原子炸弹的发明是科学与战争的革命	效用与隐忧
8月10日	3	原子弹又炸长崎，盟国海空军猛炸中部、富山等地	事件、威力
8月10日	3	一个原子炸弹威力的估计，传敌广岛被毁十分之六，死伤可能超过十万	威力、破坏力、杀伤力
8月12日	3	每日先驱报主张公布原子炸弹的秘密	隐忧、管制
8月13日	3	《基督教科学箴言报》说：原子弹不能赢得和平，对它作过高估计是荒谬的	理性看待
8月13日	4	关于原子炸弹	科普、理性看待
9月6日	3	原子炸弹不能解决世界政治问题	理性看待

资料来源：本表数据是作者根据 1945 年 8 月《解放日报》关于"核袭日本"相关报道和评论文章等整理统计而成。

《解放日报》对该事件的记录与报道则始于 1945 年 8 月 9 日，即原子弹爆炸后第三天，比《新华日报》迟了一日。1945 年 8 月，《解放日报》关于"核袭日本"事件的报道共有 11 篇，其中有 5 篇主要宣传原子弹这一新式武器的巨大威力及其恐怖的杀伤力，也有两篇文章聚焦于原子武器之于和平的隐忧。直到 8 月 13 日，该报对于此事件的报道态度突呈急转之势，从此前的威力宣传转而呼吁人们理性看待原子弹的作用。据笔者统计，自 13 日后，《解放日报》刊发"核袭日本"等相关议题的报道逐渐减少。

（二）宣扬与造势：中共党报对新式武器的舆论宣传

1945 年 8 月 8 日，《新华日报》第二版即以大量篇幅报道原子弹的相关消息。二版头条刊载新闻报道了美国轰炸机向日本广岛投下代号为"小男孩"的原子弹，实施核轰炸的事件。报道称："这项具有宇宙间基本力量的新式武器,具有大于二万吨 TNT 的威力。"[①] 翌日，《新华日报》第二版刊载以显著大字《原子炸弹破坏力惊人，广岛大半已遭毁灭，轰炸与招降政策将同时并用》为题的报道，报道了广岛爆炸之后的景象，"全城十分之六都被毁灭了"[②]。同时另一篇报道引用美报的评论观点："有的说，原子弹的使用，可以缩短对日本的战争……原子弹可以摧毁日本的战斗意志。"[③] 同版时评《从原子炸弹所想起的》开篇即提道："原子炸弹的发明和初次使用，震撼了整个世界，科学革命与战争革命在同一发生了。"[④] 同时该版还以极具夸张性的标题《一个像高尔夫球的原子,可以夷重庆为平地》刊出新闻，报道称："一个大小像高尔夫球的原子，等于两万吨炸弹的威力，可以把重庆这样大小的城市夷为平地，并使半径五十英里的建筑物完全破坏。"[⑤] 这种以报纸所在的国土城市为参照物去解释宣传原子弹的巨大威力，对于本地读者来说更具有直观性。是日，《解放日报》头版一则报道宣称这是"战争技术上的革命"，并详细地转发了美国新闻处、合众社、英国路透社等新闻机构发布的八条关于原子弹爆炸情景和破坏力的消息："东京承认广岛所有生物被烧死。该城烟火弥漫，高达四万英尺。敌内阁当日举行会议。"[⑥] 同时，《解放日报》第三版以较大篇幅报道原子弹的相关消息。如《杜鲁门宣布，使用原子炸弹攻日》一文报道："此种炸弹较两万吨的 TNT 的威力还大，较英国顶大的巨弹爆炸力大两千多倍。"[⑦] 同时该版还援引英美各报对于原子弹的评价,尤其在《美报评原子炸弹的发明是科学与战争的革命》的报道中提到过去负责研发原子问题的安德逊爵士的谈话："原子炸弹可能为人类谋利益，也可能是死亡与毁灭。"[⑧]

---

① 《英美对日使用新武器，原子弹首次炸广岛》，《新华日报》1945 年 8 月 8 日，第 2 版。

② 《原子炸弹破坏力惊人，广岛大半已遭毁灭》，《新华日报》1945 年 8 月 9 日，第 2 版。

③ 《美报纷纷评论原子弹》，《新华日报》1945 年 8 月 9 日，第 2 版。

④ 夏衍：《从原子炸弹所想起的》，《新华日报》1945 年 8 月 9 日，第 2 版。

⑤ 《一个像高尔夫球的原子，可以夷重庆为平地》，《新华日报》1945 年 8 月 9 日，第 2 版。

⑥ 《战争技术上的革命，原子弹袭敌国广岛》，《解放日报》1945 年 8 月 9 日，第 2 版。

⑦ 《杜鲁门宣布，使用原子炸弹攻日》，《解放日报》1945 年 8 月 9 日，第 3 版。

⑧ 《美报评原子炸弹的发明是科学与战争的革命》，《解放日报》1945 年 8 月 9 日，第 3 版。

8月10日,《解放日报》第三版转发了美国新闻处、路透社的三条消息,报道称:"我们现拥有人类从未发明之最具毁灭性之炸弹,我们最近发明之原子弹一颗之力量,即相当于二千架超级空中堡垒一次出动所投炸弹之威力,此等恐怖事实,你们须寄以深思。"① 同版也报道了美国在日本长崎投掷第二颗原子弹的事实及恐怖情形。如一则新闻报道:"是否投了一个或多个原子炸弹还不知道,但根据广岛的经验,两个或顶多三个炸弹便会将一切东西(包括百万人中的大部分人在内)都炸毁的。"② 另一篇报道也描述了彼时轰炸后之场景:"东京今天承认一个原子炸弹便炸了广岛一大半,并说被炸死的尸体简直数不清,到处都是废墟。"③ 可见,原子弹这一新式武器的横空出世在共产党报刊阵营也引起了极大的反响,共产党初期对于原子弹的报道基调呈现宣扬之势,重点宣传这一新式武器的巨大威力与积极意义,彼时的党报宣传在一定程度上是基于反法西斯同盟军的立场上的。

三、克制与理性:共产党报刊对新式武器宣传的言路转向

基于反法西斯同盟军的立场,共产党始终坚定不移地抵抗侵华日军。作为美国的同盟军之一,宣传原子弹之巨大威力有利于恫吓日本军阀集团,打击在华战场日军的士气,降低抗战损失。因此,初期中国共产党对于美国"核袭日本"的军事行动颇为赞赏。

然而,爆炸初期共产党报刊对于原子弹的宣传工作遭到了毛泽东的强烈批评。毛泽东严厉批评了时任宣传部部长的陆定一,称其对原子弹威力的大肆渲染"是为美国佬进行义务宣传"④。8月13日,毛泽东在延安干部会议上的演讲再次强调:"美国和蒋介石的宣传机关,想拿两颗原子弹把红军的政治影响扫掉。但是扫不掉,没有那么容易。原子弹能不能解决战争?不能。原子弹不能使日本投降。只有原子弹而没有人民的斗争,原子弹是空的。假如原子弹能够解决战争,为什么还要请苏联出兵?为什么投了两颗原子弹日本还不投降,而苏联一出兵日本就投降了呢?我们有些同志也相信原子弹了不起,这是很错误的。"⑤ 可见毛泽东对于当时党内报刊对于原子弹威力的过度宣传非常不满。胡乔木晚年在回忆毛主席的时候也曾谈道:"宣传上总是有这么一个问题,叫做'长自己的志气,灭他人的威风'。毛主席批评《解放日报》对原子弹的报道,就是这个道理。对原子弹在战争中起的作用怎么评价?实际上,还是起了作用的。问题是不能跟资产阶级的

---

① 《美国广播电台呼吁日寇投降,重建和平的日本国家》,《解放日报》1945年8月10日,第3版。

② 《原子炸弹又炸长崎》,《解放日报》1945年8月10日第3版。

③ 《一颗原子炸弹威力的估计,传敌广岛被毁十分之六,死伤可能超过十万》,《解放日报》1945年8月10日,第3版。

④ 孟庆春、陈冠任:《红色中枢:深层解说中央机关和高层领袖们的风云往事》,北京:中共党史出版社,2012年,第86页。

⑤ 中共中央文献研究室　中央档案馆编著:《抗日战争胜利后的时局和我们的方针》,《建党以来重要文献选编(1921—1949)》第二十二册,北京:中央文献出版社,2011年,第611页。

报纸一样，宣传得太多了，客观上削弱了苏联出兵的作用。"①《解放日报》等党报在整风运动中改版后的关键成果就在于从"宣传他人"到"宣传自我"的转变，然而从其对原子弹报道方向的偏离上亦可以看出党报的改版并非一蹴而就，改版后的宣传工作仍然会犯一些错误，过度宣扬资本主义国家的权势而忽略了自身党派的宣传。彼时共产党党内对于宣传工作的批评也同样从侧面印证了国民党报刊对于原子弹宣传的态度，国民党寄希望于原子弹的宣传以削弱苏联参战的政治影响，淡化苏联参战的积极作用，这也在一定程度上削弱了中国红军的政治影响及其抗战功绩。

当日延安干部会议之后，共产党报刊旋即对于原子弹的宣传策略、宣传内容做了重要调整。当日的《解放日报》第三版即以《原子弹不能赢得和平》为题，转引《基督教科学箴言报》的言论"美英等国对原子炸弹过高的估计是荒谬的，并甚至是有害的"②，并解释英美两国对原子弹的垄断只是一时的，等世界各国都研发出原子弹，其造成后果是无法预估的。另外，《解放日报》的第四版发表了《关于原子弹》的读者来信，把原子弹的制造原理、爆炸威力及在战争中所起的作用，做了比较科学的说明，文中特别强调"原子炸弹绝不是万能的武器"以及"绝不过度夸大原子炸弹的作用"③。据笔者统计，在此之后，《解放日报》相继减少刊发关于原子弹的相关报道，而《新华日报》对于核议题的报道选择上也呈现出明显转向，前文涉及表 1 的论述已有说明，在此不再赘述。由此可见，共产党对于原子弹的报道已发生微妙转变，态度渐趋理性与克制，不再过度宣传原子弹的巨大威力，而是呼吁人们理性看待原子弹的作用，批判其价值理性。

对于毛泽东的批评以及党内报刊态度转变原因的分析可将时间线推至 1946 年 8 月 6 日，即原子弹投掷广岛后的第二周年纪念日，毛泽东接受美国记者安娜·路易斯·斯特朗的采访时首次提出了著名的纸老虎论："原子弹是美国反动派用来吓人的一只纸老虎，看样子可怕，实际上并不可怕。当然，原子弹是一种大规模屠杀的武器，但是决定战争胜败的是人民，而不是一件新式武器……提起美国帝国主义，人们似乎觉得它是强大得不得了的，中国的反动派正在拿美国的'强大'来吓唬中国人民。"④而毛泽东的这一说法一方面表明了共产党报刊对于原子弹报道态度大转变的原因，另一方面也恰恰佐证了国民党等资本主义阵营对于原子弹报道的宣传立场。另外，毛泽东的观点与斯大林在公开场合对于原子弹的表述不谋而合。1946 年 9 月 17 日，斯大林回答《星期日泰晤士报》驻莫斯科记者的提问时谈道："我不认为原子弹像某些政治活动家所说的那样厉害。原子弹是

---

① 胡乔木：《胡乔木回忆毛泽东》，北京：人民出版社，2014 年，第 95 页。
② 《原子弹不能赢得和平》，《解放日报》1945 年 8 月 13 日，第 3 版。
③ 《关于原子弹》，《解放日报》1945 年 8 月 13 日，第 4 版。
④ 中共中央文献研究室、中央档案馆编著：《和美国记者安娜·路易斯·斯特朗的谈话》，《建党以来重要文献选编（1921—1949）》第 23 册，北京：中央文献出版社，2011 年，第 384—387 页。

用来吓唬神经衰弱的人的。"① 由此可见共产党与苏联方面对于原子弹的态度如出一辙，即"战略上忽视，战术上重视"，这也是毛泽东战略思想的重要表达。

由此而论，共产党对于原子弹爆炸的报道态度经历了从对其威力的大肆宣传到理性讨论的转变过程。此种转变的背后一方面体现了彼时共产党所面临的抗日立场与人民利益、党派利益相矛盾的言论危机，是与资本主义阵营一起夸大宣传原子炸弹的威力形成抗战舆论上的宣传合力，还是坚决反对唯武器论、以人民利益为导向对原子弹的隐忧进行理性探讨，是彼时共产党报刊面临的难题。另一方面也体现了国共政争语境下共产党对于国民党建构自身抗战功绩与优势地位的舆论反击。

四、中共党报对于"核袭日本"以及"苏联参战"的宣传分化

中共党报对于原子弹爆炸的初期宣传呈现出赞赏之意，与彼时国民党的舆论宣传并无二致。从 1945 年 8 月 6 日美国在日本广岛投掷下第一颗原子弹起，国民党阵营的报纸就已经开始利用大量版面对原子弹这一新生事物进行持续报道。并着重强调原子弹这一新式武器之于远东战局的决定性作用。随着时局变化以及宣传政策的调整，中共报刊对于同时期"核袭日本""苏联参战"两个事件舆论宣传的偏向大相径庭。一方面有意弱化原子炸弹的宣传，一方面着重宣传苏联参战之于远东战局决定性的作用。

早在 1945 年 2 月 15 日，毛泽东就在中共中央党校的报告会上讨论反法西斯联盟的主力军时提道："苏联是大指头，是主力。你们看欧洲打法西斯，英、美两国只出了八十个师，苏联出了二百多个师。苏联出了很大的力量，没有苏联就不能够胜利……苏联是很大的力量，是决定的力量，是少不了的。"② 苏联对日宣战当日，《新华日报》第一时间新出增张全页刊出新闻《为缩短战争时间减少人民牺牲，苏联今日对日宣战》，引用莫斯科广播的消息，报道了苏联参战的相关事实。当日，延安《解放日报》第一版显著位置刊载《苏联对日宣战，加速结束战争减少各国人民的牺牲和苦难》的新闻，以较大篇幅报道苏联对日宣战所起到的重要作用："这样使战争结束的时间更加接近，减少牺牲者的数目，并加速一般和平的最早恢复。"③ 同版一则电讯引用美参院外委会主席康纳利对苏联宣战后战局的预测："战争就要结束了。"报道称："杜鲁门总统在发表声明时笑容满面，此简短的声明甚至震惊了华盛顿最高级的官员。"同时该文还指出："原子弹的使用已根本改变了太平洋战争形势，但苏联对摧毁日本在亚洲大陆军事力量的贡献，仍然是很重要的。"④ 有意思的是，当日《解放日报》第一版"苏联对日宣战"报道的版面下方即刊登了

① 斯大林：《答〈星期日泰晤士报〉驻莫斯科记者亚历山大 · 沃斯先生问》，《斯大林文集 1934—1952》，北京：人民出版社，1985 年，第 509—510 页。
② 中共中央文献研究室中央档案馆编著：《时局问题及其他》《建党以来重要文献选编（1921—1949）》第 22 册，北京：中央文献出版社，2011 年，第 24—29 页。
③ 《苏联对日宣战，加速结束战争减少各国人民的牺牲和苦难》，《解放日报》1945 年 8 月 9 日，第 1 版。
④ 《杜鲁门及阿特里，庆幸苏联对日宣战》，《解放日报》1945 年 8 月 9 日，第 1 版。

《战争技术上的革命，原子弹袭敌国广岛》的新闻，美国在 8 月 6 日即在日本广岛投下原子弹，而《解放日报》对于原子弹的首篇报道却选择在 9 日苏联对日宣战后刊出，此种报道时间及版面位置的安排，一定程度上也隐隐透露着共产党对于宣传苏联影响的政治偏向。

8 月 10 日，《新华日报》以大量篇幅报道苏联对日宣战的新闻，其中第二版社论提道："苏联的对日宣战大大缩短了击溃日本，争取最后胜利的时间，也将大大地减少同盟国尤其是中国人民的牺牲。"① 当日《解放日报》第一版社论提道："苏联的参战，无疑的将加速反对日本法西斯的战争的胜利结束……对于苏联这一有伟大历史意义的行动，全世界反法西斯人士莫不欢欣鼓舞。"文中尤其强调："苏联的参战，在远东战局具有决定性的影响。"② 另外该报第三版刊登了英报评论《苏联参加对日战争是远东战局转折点》，英国报纸认为苏联参战 "是战局的最后转折点，因为原子弹而成为不可免的日本的失败，已经变成确定的问题了"。其中转引了盟军东南亚最高指挥蒙特巴顿的话："认为原子弹会停止远东战争是一个最大的错误。日军尚未被击溃，而且是供应甚好，装备优良，证明是顽强的军队"，"苏联参加亚洲战争能够担当消灭日军的大部责任"③。可见，中共报刊对于原子弹与苏联参战宣传的偏向已和初期大为不同。

在宣传工作中，中共党报擅长结合媒介事件和社会背景，拟制出独具匠心的题目，在满足读者了解事件进程的同时，也有效地发挥了启发思考和引导舆论的作用。如 8 月 11 日，《解放日报》头版以醒目的大字标题《苏联参战两天后，日寇要求投降盟国》刊出新闻，显而易见的是，该文对 "苏联参战与日本投降" 的因果归置具有强烈的引导意味，日本之所以投降是因为苏联参战。这种隐性的宣传技巧在共产党报刊中比较常见。又如当日《新华日报》第二版刊登的新闻标题《苏联参战造成新形势，毛泽东号召反攻》有着同样的宣传效果，这种引导性的标题在潜移默化中强调了苏联参战对于日本投降的决定性意义。次日，《解放日报》第三版刊载《日寇迅速宣布投降，是苏联参战所促成》的新闻，报道引用伦敦评论家的谈话："苏联宣战，使日本政府加倍急迫地选择全民族自杀或无条件投降。"④《新华日报》社论《从胜利到和平》开篇即提道："苏联宣布对日作战还不过一天日本就要求投降了"，后续分析日本投降、抗战胜利诸多重要的因素，尤其强调："特别是苏联的参加对日作战，更使得这些因素发生了决定的变化，加速了日本的投降，使战争的时间大大的缩短，这是任何人都不能否认的事。"⑤ 毛泽东在 8 月 13 日的延安干部会议上讲演也着重强调："日本帝国主义投降的大势已经定了。日本投降的决定因素是

---

① 《迎亚洲的文明》，《新华日报》1945 年 8 月 10 日，第 2 版。
② 《苏联对日宣战》，《解放日报》1945 年 8 月 10 日，第 1 版。
③ 《苏联参加对日战争是远东战局转折点》，《解放日报》1945 年 8 月 10 日，第 3 版。
④ 《日寇迅速宣布投降，是苏联参战所促成》，《解放日报》1945 年 8 月 12 日，第 3 版。
⑤ 《从胜利到和平》，《新华日报》1945 年 8 月 12 日，第 2 版。

苏联参战。百万红军进入中国的东北,这个力量是不可抗拒的。"① 当日《解放日报》答复读者来信不仅列举了原子弹存在的三种缺陷,还重点强调:"在波茨敦会议时,英美已经制造好了原子炸弹,仍不得不要求苏联参加太平洋战争,从这一点也可以证明原子炸弹在战争中的效用有其一定限度……这次日本迅速投降,主要的是苏联参战及四大盟国团结一致施以重大压力所造成的结果。"②9 月 6 日,《解放日报》第 3 版刊登一则文章,文中谈道:"日本的迅速投降,并不是如像有些外国报纸所说的,以及后来破产的日本帝国主义者所随声附和的,是由于原子炸弹的缘故。"该文接而转引苏联新时代杂志的言论:"第二次世界大战的经验,特别是红军前所未有的胜利战斗,已清楚说明战争的胜利,不是由于一方面的个别武器的发展,而是由于使一切部队臻于完善与技巧的组织与合作而致。"③胡乔木回忆也曾谈道:"苏联出兵后,毛主席很高兴。有两点证明,第一,他对《解放日报》关于日本投降的新闻的批评很严厉,说夸大了原子弹的作用,没有宣传苏联出兵的决定作用。第二,苏联在东北和我们配合默契,实际上帮了我们很大的忙,但是悄悄的,不公开。"④后续共产党报刊对于苏联参战的报道持续了较长的周期,报道焦点仍在于宣传苏联参战的重要意义。

概言之,中共党报对于同一时期发生的两个事件即"核袭日本"与"苏联参战"的宣传初衷并无二致,即积极进行抗日宣传,对内进行抗战舆论动员,对外突破日本侵略者的心理防线。然而中国共产党有其自身的意识形态立场,经过党内舆论精英的指导以及宣传政策的调整,对两个事件舆论宣传的走向已然大为不同,一方面以较少篇幅且主要报道原子弹的负向功能,着重宣传其之于和平的隐忧,从报刊史料亦可窥见中国共产党对于资本主义报刊所持之"唯武器论"的观点更是反复批驳;另一方面则大力宣扬苏联参战对于远东战局的决定性作用,通过一系列的宣传对苏联进行形象构建。

五、结语

抗战胜利前夕中国共产党宣传政策以及宣传内容的适时调整一方面是出于对不断发展的世界战局以及美苏等大国间战略利益冲突与矛盾的适应,另一方面则出于自身党派面对战后重建及国家统一的舆论环境下所做出的政治考量。共产党坚持民主和平建国方针,主张成立联合政府,反对国民党"一党独裁"。在这种纷繁复杂的政治生态下,报刊立言角色的偏向显而易见,舆论格局的分化自然不可避免。

"核袭日本"这一军事行动一经发生,迅速进入国内报刊视野中演化为媒介事件,进

---

①　中共中央文献研究室中央档案馆编著:《抗日战争胜利后的时局和我们的方针》,《建党以来重要文献选编（1921—1949）》第二十二册,北京:中央文献出版社,2011 年,第 611—621 页。
②　《关于原子弹》,《解放日报》1945 年 8 月 13 日,第 4 版。
③　《原子炸弹不能解决世界政治问题》,《解放日报》1945 年 9 月 6 日,第 3 版。
④　胡乔木:《胡乔木回忆毛泽东》,北京:人民出版社,2014 年,第 90 页。

而影响各政治派系报刊舆论的走向。但军事行动到媒介事件并非简单的"展示—反馈"，也涉及党报内部报人关系网络与外部政治权势相互勾连的关系。这种媒介事件的舆论展示与分野呈现了各党派报人群体、舆论精英对于时局的判断。反之，各党派舆论精英及领导层对于某一社会、政治以及军事事件的认知程度、态度及看法也直接决定了党报的言论路向。就中共党报而言，虽然初期其对于原子弹的宣传没有与国民党等资本主义报刊划清界限，但是经过毛泽东等共产党舆论精英迅速地批评指导后，其宣传内容与言论路向逐渐清晰明朗。

　　总体而言，共产党的宣传方略始终基于战后重建与和平建国的发展大战略。在党报出现言路危机之时，党内舆论精英能够迅速及时指出宣传工作的错误，准确地判断时局变化以及根据自身的党派利益对后续的宣传内容进行调整。共产党报刊的宣传工作亦具有较强的针对性与功利性，党内舆论精英对于宣传方向的调试有度不仅让共产党在维护党派利益方面不落下风，也让其在抗战宣传的舆论场上发挥了重要作用。

【传播与文化研究】

隐喻传播论纲：传播学的东西方修辞学传统研究

王　婷①

（贵州师范大学国际教育学院，贵州贵阳，550025；中盐金坛博士后工作站，江苏常州，213200；厦门大学新闻传播学院博士后流动站，福建厦门，361005）

摘　要："隐喻"和"传播"同属人类文明的普遍文化现象，它们都有丰富的东西方历史文化内涵，都有跨文化和跨学科的交叉性特征。将"隐喻"观念和传播学联系起来，探讨"隐喻传播"的可能性和实质含义，可以使我们更透彻地观察"隐喻"在传播活动中的作用和传播学概念中的定位：隐喻是人类赖以传播的有效认知方式和交流方法。通过对中西主要隐喻观念的阐明，我们能够在人类交流向度上对"隐喻传播"进行探讨。对中国传统文化中的隐喻传播之道在现代传播中的创造性转化可以通过"寓言"以及具有"寓言性"的隐喻式作品窥见一斑。由此，隐喻思想在传播学中的整体作用庶几可以得到重要推进。

关键词：隐喻与传播；传播学的修辞传统；认知隐喻；华夏文明传播

基金项目：2024年贵州省教育厅高校人文社会科学研究课题"贵州建设铸牢中华民族共同体意识模范省对策研究"（2024RW168）的阶段性成果。

我们的日常生活和精神世界中隐喻无处不在。人们通过隐喻来传递自己对世界的理解，人们通过隐喻来认知世界和接收信息，隐喻是富有诗意的文学想象，同时隐喻又是有现实所指的社会学想象。隐喻既是重要的修辞工具，又是重要的传播方法，对隐喻概念的系统挖掘、探测、提炼和锻造，既能够彰显出传播学自身的跨学科特点，又能够使传播学学科的发展得到丰富和完善。

一、东西方隐喻观念发展简明回顾

隐喻是人类日常生活不可或缺的表达方式，也是一种普遍的文化现象，用逻辑学家

---

　　* 作者简介：王婷，贵州师范大学国际教育学院副教授，中盐金坛博士后工作站、厦门大学新闻传播学院博士后流动站博士后，研究方向：隐喻与传播研究、中西传播思想史。

周礼全的话说：隐喻是一种具有很强说服力的有效交际理论①。美国学者莱考夫和约翰逊直接将他们关于认知隐喻的研究著作命名为《我们赖以生存的隐喻》，是我们赖以生存的传播方式。中华文明源远流长，其中有大量的隐喻文化资源，反映人类传播中的基本思维。这在下面的中西隐喻发展史中都能得到一些印证。

（一）西方隐喻理论的源头：亚里士多德《修辞学》和《诗学》

隐喻的学术历史久远，最早相关文献可以追溯到古希腊亚里士多德的《修辞学》和《诗学》两本著作里。亚里士多德首次对隐喻进行了较为全面的分析，并给出了定义、种类以及功能等方面的概括。在《诗学》（第21—25章）和《修辞学》（第三卷）里，他是这样定义的："用一个表示某物的词借喻它物，这个词便成了隐喻词，其应用范围包括以属喻种、以种喻属、以种喻种和彼此类推。"②（《诗学》1457b）

亚氏这一隐喻概念此后影响了近2000年西方修辞学对该语言现象的认识。人们将亚氏的隐喻思想概括为"比较论"，后来被古罗马修辞学家昆体良继承并概括为"替代论"。"借"在此就是指替代，借此代彼，也就是用一个词去替代另一个词的修辞现象③。在"替代论"中，隐喻之两造分为喻体和本体，用符号学理解就是能指与所指。通过寻找喻体与本体之间的相似性，施喻者从而创造隐喻。亚里士多德举了一些例子来说明：如"我的船躺在这里"，"躺"替代了"泊"；"用铜剑吸尽其生命"，"吸尽"代替了"割走"。

（二）西方隐喻观念的发展

在亚里士多德的"比较论"或"替代论"后，又陆续出现了"互动论""映射论""概念合成论"④是对隐喻进一步认识，但总的说来都离不开"替代论"这个基础。可以说隐喻一直是西方学术中的显学，特别是20世纪以来学界开始对隐喻展开了交叉学科、综合学科的研究。1980年，美国认知科学家莱考夫和约翰逊在整合前人研究的基础上，将隐喻正式引入认知领域范畴，二人合著的《我们赖以生存的隐喻》一书提出隐喻的本质特征在于人的认知能力。他们认为"日常生活中隐喻无所不在，我们思想和行为所依据的概念系统本身是以隐喻为基础的"⑤，继而提出著名的"隐喻性概念"（metaphorical concept）——隐喻不仅仅是语言的修辞手段，而且是一种思维方式，是人类生存的主要和基本方式。

莱考夫和约翰逊给出了大量的隐喻案例让我们认识到隐喻性表达和隐喻概念系统地

①　周礼全：《逻辑——正确思维和有效交际的理论》，北京：人民出版社，1994年，第489页。
②　[古希腊] 亚里士多德：《诗学》，陈中梅译，北京：商务印书馆，1996年，第149页。
③　束定芳：《隐喻学研究》，上海：上海外语教育出版社，2000年，第3页。
④　王文斌：《隐喻的认知构建与解读》，上海：上海外语教育出版社，2007年，第17页。
⑤　[美] 莱考夫、约翰逊：《我们赖以生存的隐喻》，何文忠译，杭州：浙江大学出版社，2015年，第1页。

建构了人们大部分的日常概念系统（conceptual system），比如管道隐喻、方位隐喻、空间隐喻、结构隐喻等。以空间隐喻为例，他们认为空间概念虽然有来自人们自身经验的身体体验，但"又并不单单只拥有某种类型的身体这么简单，相反，每一项经验都是在一定广泛深厚的文化前提下获得"①。比如 Happy is up（高兴为上）正是"happy"被概念化为方位"up"以后才有了英语表达"I'm feeling up today"（我今天很高兴）；相反，向下"down"则有低落、不高兴，表现为难过、悲伤，I'm feeling down；My spirit sank（情绪到了低谷）。同样，在汉语世界里也有相同的语言经验，比如蒸蒸日上、节节高升，相反，士气低落、萎靡不振，都反映出人类身体的空间体验对应的文化表达方式，它们之所以能够进行联结关键就在于隐喻的"跨域映射"（cross-domain mapping）作用，也就是从一个始源域映射到一个目标域②的符号与意义的交互结果。

在莱考夫等提出的隐喻概念体系下，不难发现人们认识事物的方式基本上离不开隐喻。美国哲学家斯坦哈特在《隐喻的逻辑》中也提到，隐喻经常被用于理论的介绍，并且隐喻在教学上的使用是教授生疏概念最有效的教学技巧之一③。比如：细胞是工厂，原子像太阳，消化系统就是一个车间等。人们如果不通过已知的经验进行隐喻，就很难理解不熟悉或者抽象的新事物，可以说隐喻就是认识新事物的一个重要认知方式。

（三）中国隐喻观念的源流

从上面提到西方的隐喻发展历程来看，不难发现西方隐喻观念从语言学、修辞学逐渐发展到认知科学、心理学和哲学等认识，相比较而言中国的隐喻认识发展过程恰好与西方相反。

虽然隐喻一词在中国历史出现得很晚，但古代有许多用以形容广义隐喻概念的词，如"辟、譬、喻、比、依、况、拟、方"等都可以表示隐喻的意思，它们其名虽异，其意皆同。墨子对隐喻现象做过解释"辟也者，举也（他）物而以明之也"（《墨经·小取》），可以说是中国最早的隐喻定义。

远在先秦时代人们的日常生活还存在大量隐喻的实践，如《诗经》《楚辞》等许多作品汇聚了丰富的隐喻资源。《礼记·学记》中说："不能博依，不能安诗"，东汉郑玄注："博依，广譬喻也。"诗可以言志，诗就是隐喻性语言。孔子又说："不学诗，无以言"，诗的修辞功能是隐喻，换言之如果不懂隐喻就不会作诗，就难以在社会交际中做到"比兴答对酬酢"，更谈不上和人进行有效的沟通与交际。由此可见，尽管古人没有将隐喻专门作为一门类似于古希腊修辞学学科来进行研究，但是古人将诗歌传统与隐喻思维挂钩，

---

① ［美］莱考夫、约翰逊：《我们赖以生存的隐喻》，何文忠译，杭州：浙江大学出版社，2015年，第58页。

② Lackoff, G. The contemporary theory of metaphor. In A. Ortony(ed.). *Metaphor and Thought*. New York: Press Syndicate of the University of Cambridge, 1993. p206-207.

③ ［美］埃里克·查尔斯·斯坦哈特：《隐喻的逻辑：可能世界之可类比部分》，兰忠平译，北京：商务印书馆，2019年，导言，第11页。

是自觉地将隐喻思维作为语言表达的工具。

不仅如此，中国人重视意象思维传统也是一种隐喻思维的体现。早在先秦时期隐喻现象就被哲人们广泛关注，如《易》里的"取象比类"就是典型的隐喻思维，前面提及西方对隐喻思维的认识实则是一种认知的本质。所以，《系辞》里说"近取诸身，远取诸物"也是采取"借此及彼"的方式，与西方的"替代论"有异曲同工之妙。在许多的中国古典文献中有不少关于论述隐喻概念和与隐喻思维的理论，如南朝刘勰《文心雕龙》、钟嵘《诗品》、陈骙《文则》等不少古代修辞、文艺、诗学等理论著作。其中《诗品》上说的"故诗有三义焉：一曰兴，二曰比，三曰赋"可以看作古人对隐喻观念进行的基本分类，开始了对隐喻事物的深层次结构认识。南宋陈骙《文则》作为我国历史上第一部修辞学著作按照语言规律将隐喻概念划分了十个类别，是中国隐喻走向专门化研究的一次进步。到了明清时期中西文化交流频繁，人们对修辞学的认识也在不断进步。值得一提的是明代耶稣会意大利来华传教士高一志也对中国隐喻发展做过贡献，他来华曾从事教授古典学和修辞学工作，著有《譬学警语》（又名《譬学》），由徐光启润笔后分为上下两卷，可以说《譬学》是中西研究隐喻的第一次合作。近代在西方语言学、修辞学影响下，陈望道先生出版的《修辞学发凡》成为我国第一部具有里程碑意义的修辞学著作，也是隐喻研究的一次飞跃，对隐喻的修辞认识更为清晰——从自觉的理论运用发展为系统的理论认识，如《发凡》概括出明喻、隐喻、借喻在形式和内容上的区别。

概而言之，中西隐喻发展方向正好相反，但中西的认识却是一致的，那就是都认识到隐喻不仅仅是语言现象中的修辞手段，可以说是传播自我、认识他者的一个重要的认知工具。正如钱锺书先生曾译赫尔德、尼采、伯格森之语："云义理之博大创辟者（die grössten und kühnsten Theorien）每生于（geboren）新喻妙譬（ein neues Bild, ein auffallendes Gleichnis），至以譬喻为致知之具（Das Erkennen ist nur ein Arbeiten in den beliebtesten Metaphern）、穷理之阶（I'image médiatrice）"[①]。

二、隐喻与传播学的修辞传统

隐喻作为一项修辞传统，与传播一直保持着天然的联系。从早期研究传播学的许多理论来看，传播都可视作一套话语方式，而语言和修辞就是这一学科最基本的观察起点。

（一）传播学的七大传统之修辞传统

施拉姆曾为"传播学"给出一个非常贴切的比喻，他说传播学如同一个十字路口。传播学首先是跨学科性，研究多层次、多元化的学科，因而研究的面向非常广泛，甚至十分庞杂。从哪些方面切入传播学研究，以及寻找一个传播学的总体研究框架一直都是学界共同关注的问题。

---

① 钱锺书：《管锥编》，北京：生活·读书·新知三联书店，2001年，第23页。

美国传播学者罗伯特·克雷格（Robert Craig）基于西方传播学理论将传播学科研究的内容分为七种传播学理论传统①（seven traditions of communication theory）：修辞学（rhetorical）传统、符号学（semiotics）传统、现象学（phenomenological）传统、控制论（cybernetic）传统、社会心理学（sociopsychological）传统、社会文化（sociocultural）传统和批判（critical）传统。李特约翰（Stephen W. LittleJohn）的《人类传播理论》这一经典传播学教程就是按照克雷格的七大传统分类提出了传播学理论框架，清华大学史安斌教授概括为"七横八纵"。李特约翰认为，克雷格的"七种传统"为我们提供了一个从整体上观察和思考"传播"的方式。克雷格所提出的（七大传播）模式旨在阐明，大多数理论都是源自少数几个代表着不同实践取向的传统，从而有助于"简化（传播学）这幅巨大的'图画'"②。而在传播学的"七种传统"的图画中不难发现，修辞传统是与隐喻主题最为密切的一项研究传统。修辞学可以称得上是传播学的源头，许多人甚至把"修辞"视作"传播"的同义词，所以修辞学可以认为传播理论中最重要的传统之一。

广义的修辞就是指人们对符号的运用。早期的修辞学主要关注的是"说服"及其实践，这在亚里士多德的《修辞学》里提到所谓智者都是善于运用修辞技巧实现说服目的的人，修辞在古希腊学者看来就是一种辩论和言说的艺术。中世纪以后，修辞学在基督教神学发展中又再次得以复兴。奥古斯丁作为推崇修辞的天主教思想家，他提出传教士应该做到教化、愉悦和感动受众。在文艺复兴时期，人们重新挖掘了古典时期的修辞文本，认为语言具有一种力量（power），甚至坚信："任何一门学科的基础是语言——而不是哲学，这是因为研究者只有通过语言才能走向人们解释世界的奥秘。"③这是西方对修辞学的深化认识过程。

与西方人对修辞看法不同，中国人对修辞的看法主要在"修辞立诚"的理解之上。如李红教授发表的一篇文章《反求诸己：华夏传播研究的范式》④一文中所强调的"反求诸己"所"求"的就是"诚"，无论是口语传播、文字传播、大众传播还是新媒体传播，中国人始终坚持将"诚"作为评判修辞成功与否的伦理标准。

近代以后修辞学家从传统的演讲论辩式修辞关注转移到了认识论上，他们认为：修辞不仅仅是传播有关世界的信息的一种方式，它本身就是认识世界的一种方式⑤。可见修辞学的转向也代表着隐喻观念发生了转向。修辞、隐喻、言说方式都从传统的语言技巧转向了更为深层次的人类认识世界的方式，从语言的工具扩展到认识的工具，新修辞学有了另一重身份———一种认识论。

---

① Robert T. Craig. Communication Theory as a Field. Communication Theory, Volum 9, issue 2, 1999: 119-161.
② ［美］李特约翰等：《人类传播理论》（第9版），史安斌译，北京：清华大学出版社，2009年，第40页。
③ ［美］李特约翰等：《人类传播理论》（第9版），史安斌译，北京：清华大学出版社，2009年，第61页。
④ 李红：《反求诸己：华夏传播研究的范式》，《山西大学学报（哲学社会科学版）》2020年第2期。
⑤ ［美］李特约翰等：《人类传播理论》（第9版），史安斌译，北京：清华大学出版社，2009年，第62页。

（二）隐喻与传播词源关系的比较

从隐喻的英文单词 Metaphor 来看，由前缀 meta- 和 -phor 词根构成。Metaphor 源自希腊语 metaphora，"meta" 意为 "across"（穿越、超越），而 "phor" 同 "pherein" 意思是 carry（负载、传送）。因此，可以将 "metaphor" 理解为从一个地方转移到另一个地方，是一种由此及彼的运动。从英文构词相似性来看，借用哲学 Metaphysics（形而上学）这个词与 Metaphor（隐喻）进行比较。Metaphysics 是 "物理学之后" 或者 "超越物质的"，所以，我们也可以将 Metaphor（隐喻）理解为：传递之后或超越传送，也就是意义在送达之后的传播，或者是超越传递本身（包括信息或媒介）的一种运动。

从中文构词来看隐喻是由 "隐" 和 "喻" 构成的词组，"隐" 为 "蔽也"（《说文》）、"微也"（《尔雅》）如 "讳莫如深，深则隐"（《榖梁传·庄公三十二年》）；"喻" 同 "谕"，"告也"（《广雅》），"晓也" 如 "君子喻于义，小人喻于利"（《论语·里仁》）、"教之以利，而喻诸德者也"（《礼记·文王世子》）。学者张沛认为："'隐喻' 即意谓借助 '隐'（间接的、外在的方式）来 '喻'（说明）'隐'（深层次、被遮蔽的内容）。"①虽然 "隐" 和 "喻" 看似相反对立，但闻一多先生认为二者尽管（传播）目的不同，手段和效果却是相同的，并且都是为了借一事物 "说明" 另一事物。②

相比而言，传播的定义没有统一的标准。20 世纪 60 年代丹佛大学学者弗兰克·丹斯就对 120 种传播定义进行过归类和区分，但都没有给出一个 "独占鳌头" 的、具有绝对说服力的定义。传播学者格里芬对此打趣道："一谈到传播学的研究对象，原则就是没有原则。"③

从传播学史的发展来看，不同的思想派别、潮流和倾向使得人们在定义传播时的视角、内涵、方式上各有不同，尽管如此，"汗牛充栋" 的定义似乎都较一致地反映了传播是一种运动与过程、实践与效果这样特征的事物。例如，在芝加哥惠顿学院执牛耳 40 年的埃姆·格里芬说："传播是建立和阐释可激发回应的信息的关系过程。"④曾风靡 20 世纪 80 年代英国 "文化研究" 显学一派的代表学者雷蒙·威廉斯则从 communication 词源考察后认为，"communication 是指 '使普及于大众' '传授' 的动作。"⑤也就是一种行为和行动。在中国，不少学者从自身文化出发，也看到了传播的这种动态运动过程，如引传播学入华第一人余也鲁先生在译述施拉姆的《传学概论》中将 "传通" 与 communication 对应，认为传通是一种人们 "传的行为" 来建立起 "共通" 的关系⑥，在 "传通" 这一认

---

① 张沛：《隐喻的生命》，北京：北京大学出版社，2004 年，第 229—230 页。

② 闻一多：《古诗神韵》，北京：中国青年出版社，2008 年，第 47 页。

③ ［美］埃姆·格里芬：《初识传播学》，展江译，北京：北京联合出版公司，2016 年，第 6 页。

④ ［美］埃姆·格里芬：《初识传播学》，展江译，北京：北京联合出版公司，2016 年，第 6 页。

⑤ ［英］雷蒙·威廉斯：《关键词：文化与社会的词汇》，刘建基译，北京：生活·读书·新知三联书店，2005 年，第 73 页。

⑥ 余也鲁译述：《传学新词》，W. 宣伟伯著《传学概论》，香港：海天书楼，1977 年，第 25 页。

识中也正是李彬教授认为，传播最难解决的一个方面就是做到——"传而求通，传务求通"①，实则都反映出传播或传通是一种动态的过程，往往要产生一些功能与效用。

从上述讨论不难发现，传播与隐喻确实有许多概念和意义上的重叠共通之处：

其一，都源自修辞传统，即参与语言的实践活动；

其二，都表现为运动与过程的行为方式：隐喻是传递之后或超越传递的认知行为；传播是信息（思想、主张）交换的人类行为；

其三，都追求实践的功能与效果。隐而能喻，相与为类；传而求通，否则不通。

三、中华文明隐喻传播的学术传统

隐喻作为传播学的一个修辞传统有助于我们更好地理解传播现象，认识传播学。隐喻是一种文化现象，所以不同文化下的隐喻表现是不同的。例如，中国思维尤重视也擅长隐喻，这个在前文已经提到中国人历来有自觉运用"取象比类""近取诸身，远取诸物"的语言传统与社会习俗，隐喻思维是一种根深蒂固的文化基础，也最能表现华夏文明的文化底色。钱锺书先生曾说过："比喻正是文学语言的特点"②，"许多思想系统都建立在比喻上面"③。如果要认识中国文化，了解华夏文明传播，其中的隐喻文化资源是不可不去了解的一项重要材料。

（一）中华文明隐喻传播的修辞传统

南朝刘勰的《文心雕龙》全书共五十篇，是一部可与亚里士多德《修辞学》媲美的皇皇巨著，其中多个篇目涉及隐喻观念，如《隐秀篇》《比兴篇》《谐隐篇》等，可以说是当时隐喻研究的集大成者，触及许多隐喻的本质。他说："诗人比兴，触物圆览。物虽胡越，合则肝胆。"（《比兴》）

《文心雕龙》第四十篇《隐秀》说道："隐也者，文外之重旨者也；秀也者，篇中之独拔者也。"从中可以看出古人如何看待文学的表达形式，就是显隐互动，隐中有显，这种动态辩证关系也就是《宗经》里说的："辞约而旨丰，事近而喻远。"换言之，中国人在创作文章，在排章布局上常常采取"有隐有秀"的方式，其中，隐是婉转曲折，不表直意，即"文外重旨"所讲文字之外还有一层意思；秀是突出于全文中最为出奇、出巧的精警话语。《文赋》在这里解释道："乃一篇之警策。"比如《论语》是儒家的经典，篇章总体表现孔子的深邃精深思想，但我们往往又能从中提炼出简约凝练的秀句，如《学而篇》首句："学而时习之，不亦说乎？有朋自远方来，不亦乐乎"就成为儒家思想传播的著名格言。

---

① 李彬：《传播学引论》，北京：高等教育出版社，2014年，第35页。
② 钱锺书：《七缀集》，北京：生活·读书·新知三联书店，2002年，第43页。
③ 钱锺书：《写在人生边上·人生边上的边上·石语》，北京：生活·读书·新知三联书店，2002年，第85页。

从审美修辞上来看，《文心雕龙·隐秀》里说："隐之为体，义主文外"，在表意上曲意婉转，继而让风格表现得更为含蓄深奥，"是通过一种隐晦的描写来表达一种很深邃的文章之美"①，而这种"不著一字，尽得风流"的美学意境正是中国古代文学的魅力之处，在传播中体现出"秘响旁通，伏采潜发"的传播效果。许多学者认为刘勰的《比兴》篇与《隐秀》篇互为关联，它们表现了"比显兴隐"的关系。以《诗经·关雎》为例：

关关雎鸠，在河之洲。窈窕淑女，君子好逑。参差荇菜，左右流之。窈窕淑女，寤寐求之。求之不得，寤寐思服。悠哉悠哉，辗转反侧。参差荇菜，左右采之。窈窕淑女，琴瑟友之。参差荇菜，左右芼之。窈窕淑女，钟鼓乐之。

这首诗主要采用"比兴"手法。宋代朱熹解释："比者，以彼物比此物也。""兴者，先言他物以引起所咏之辞也。"②有学者认为"比""兴"所发挥的作用与隐喻相似，③继而让我们仿佛从诗中的水鸟、河洲、荇菜、钟鼓等一系列意向图示中看到了一幅和谐明媚的整体图景，表现为比喻与象征，是"比"，通过"显比"让人们眼前跃然出现一位身材曼妙、容貌美好的女子；诗歌首句"关关"为起兴笔法，婉转讲述"君子"和"淑女"之间的浪漫故事，情感抒发中暗示男女追逐爱情的不易和艰辛，是"兴"，通过"情在辞外曰隐，状溢目前曰秀"的表现手法表现出孔子认为《关雎》是"以色喻于礼"，即"乐而不淫，哀而不伤""发乎情，止乎礼义"的礼乐教化思想。

在中国文艺观点中，显与隐两种方式常常互为表里，充盈在言语、对话、句法、篇章与结构之中，也即刘勰说的："文隐深蔚，余味曲包"（《隐秀》）的意境，是一种隐的、暗的、曲折的、深奥的话语方式。比与兴、显和隐的艺术手法成为展现中国特色、民族性格的重要表现手法之一。

（二）华夏隐喻传播的诗学传统

除了《文心雕龙》的文学理论，中国的诗歌文化同样充满隐喻思维特征。古人云："诗言志"（《尚书·尧典》)，就是说诗歌可以表达人的情感和意志。汉代之后又提出"诗教"，《礼记·经解》篇里说："孔子曰：'入其国，其教可知也。'"通过哪些方面了解一个国家的风气呢？《礼记·经解》上说："温柔敦厚，《诗》教也；疏通知远，《书》教也；广博易亮，《乐》教也……"诗歌能够让人"温柔敦厚"，源自人的感性认识，"诗教"是人的情感与艺术结合的产物。如《诗大序》就说得很清楚："诗者志之所之也。在心为志，发言为诗。情动于中而形于言，言之不足，故嗟叹之；嗟叹之不足，故永歌之；永歌之

---

① 李建中：《文心雕龙演讲录》，桂林：广西师范大学出版社，2008 年，第 97 页。
② 朱熹集注，赵长征点校：《诗集传》，北京：中华书局，2011 年，第 2—6 页。
③ 季广茂：《隐喻理论与文学传统》，北京：北京师范大学出版社，2002 年，第 80 页。

不足，不知手之舞之，足之蹈之也。情发于声；声成文，谓之音。"可见诗歌可以采用多种形式来呈现丰富的文化意象，传递言者心声。在朱光潜先生看来，诗歌不是一个历史问题，实则关乎心理学的问题，既是情感的"表现"，又是印象的"再现"。[①] 诗歌在心理发生的作用就是使事物本身形象（form）在人们心中出现的"意象"（image）。[②] 胡河宁根据隐喻概念系统认为，当人们将社会生活中的各类经验和感受以隐喻、提喻、转喻或者讽喻方式表达出来的时候，就形成了一组组的意象图示。[③] 以唐李白著名诗歌《静夜思》为例。该诗不仅在中国是妇孺皆知的唐诗，就连初学汉语的外国人也能轻松背诵："床前明月光，疑是地上霜。举头望明月，低头思故乡。"

　　在这首诗中诗人用多个"换喻"共同组成了一个完整的"隐喻"意象："月光"像是"白霜"，"明月"代指"故乡"；"抬头""低头"是一组对立譬喻，从抬头"望月"到低头"思乡"，就让人们从"床前"的个人空间转换到远在天边的"故乡"，都是一次次空间的转换、身体的转换、意义的转换、感情的转换，由此谱写出中国传统的故乡意象——"望月思乡"。《静夜思》由一个个转喻构成的意象图示，每当人们在特定情境吟诵它，都能对应地呼唤出隐藏在语言文字之外的心情、感受、体验与经历。具体的修辞构成一组组意象图示，凝聚成了对故乡之情的隐喻经典表达，当情志能够通过诗歌隐喻具化后，就为它的流传铺垫了经久不衰的道路。

四、中华寓言故事的传播学阐释

　　讲故事比讲道理更具有说服力，在当代文学艺术界，我们能看到大量的优秀影视作品和小说被评论为时代的"寓言"，在隐喻传播中有一种具体而微的形式就是寓言。在中西近代文化碰撞中，西方寓言尤其是伊索寓言对我国古典寓言产生了非常大的影响，不少学者认为中国现代寓言概念与《伊索寓言》的传入有莫大影响[④]。所以人们难免常常以为寓言只是些关于动植物、略带些神话性质的故事，或许还应该有一定的教育意义，特别适用于青少年的教化与引导。但如此认为似乎窄化了寓言认识，寓言的内涵与外延远比人们认为的要广阔，或可以谓之"寓言式"的表达。不少学者，如王焕镳、张友鸾、

---

　　① 朱光潜：《朱光潜全集》（第三卷），合肥：安徽教育出版社，1987年，第11页。
　　② 朱光潜：《朱光潜全集》（第三卷），合肥：安徽教育出版社，1987年，第51页。
　　③ 胡河宁：《组织意象图式中的组织传播隐喻》，《安徽大学学报》2005年第6期。
　　④ 高培华：《寓言传奇的源和流——从中西上古寓言的比较谈起》，《河南师范大学学报（哲学社会科学版）》1987年第4期；过常宝：《先秦寓言源流及其修辞功能》，《中国文学研究》2007年第3期；常森：《中国寓言研究反思及传统寓言视野》，《文学遗产》2011年第1期；王庆华、杜慧敏：《"寓言"考》，《求是学刊》2011年第4期；陈蒲清：《寓言传》，长沙：岳麓书社，2014年，第362页；田欣欣：《近代寓言观的形成与晚清寓言的发展及嬗变》，《云南师范大学学报（哲学社会科学版）》2017年第2期；张朋：《〈庄子〉寓言正义》，《社会科学》2017第9期。

公木等学者都认为寓言是譬喻（即隐喻）的最高形式，① 换言之，寓言是一种"顾左右而言他"能够"借此及彼"的话语方式。"寓言"体裁最早可以在《墨经》中找到，此后又在《庄子》一书中专门出现了"寓言"这个词语。在《庄子·寓言》篇里讲到《庄子》一书的体例就是："寓言十九，重言十七，卮言日出。"此外《庄子·天下》篇中也提到了"寓言"，唐代陆德明解释为："寓，寄也，以人不信己，故托之他人。"通过借人借事来阐明道理，或借别人的故事表达自己想法，即"籍外之言"。这里同样有"借"的意涵，是"言此意彼"的修辞话语，与亚里士多德隐喻思想中的"替代论"或"相似论"的"借此及彼"观点十分接近。

寓言是一种古老的世界文学形式，当依附在新媒介进行创作后就出现了许多极富生命力、极有传播力的寓言式媒介。寓言首先作为文学体裁，具有譬喻与象征的修辞功能，从结构属性来看寓言具有故事性、虚构性和寄寓性②，通过外在的故事叙述来暗示内在的哲理教训或道德启示，成为一种集对话情境和丰富寓意为一体的传播融媒介。意大利思想家、修辞家维柯在《新科学》里说道："寓言是一种用诗性文字（poetic characters）充满想象力与情感性的古老书写……人们学会的最初的科学应该是神话学或是对寓言的解释；因为，就如我们将看到的，任何民族的历史都肇始于寓言。"③ 借助寓言这一媒介，中国古代先哲，架起了一座沟通传递出世与入世之间，理想与现实之间，应然与实然之间，内与外之间，本与末之间，体与用之间，动与静之间，玄远与俗务之间，极高明与道中庸之间的智慧之桥。从传播的实际效果和运用来看，寓言借日常隐喻玄远，借具象隐喻抽象，言在此而意在彼，借助形象思维说明了抽象道理，从中华文明发展的长期来看，这正是"不离日用常行内，直到先天未画前"的东方智慧在传播上的显现与使用。

（一）庄子寓言

轴心时代的诸子们不仅是伟大的思想家，同时还都是会说故事的寓言家，如《墨子》《孟子》《庄子》《荀子》《韩非子》《战国策》等，这些经典之中都包含了许多传诵至今、脍炙人口的寓言故事。庄子是其中的佼佼者。《庄子》寓言汪洋恣肆，是中国古典寓言的杰出代表。下面以《庄子·天地》篇中"黄帝遗珠"的寓言为例来看：

黄帝游乎赤水之北，登乎昆仑之丘而南望。还归，遗其玄珠。使知索之而不得，使离朱索之而不得，使喫诟索之而不得也。乃使象罔，象罔得之。黄帝曰："异哉，象罔乃

① 王焕镳：《先秦寓言研究》，北京：中华书局出版，1959年，内容提要；张友鸾：《譬喻和寓言》，张钰编：《古典编余录》，北京：文化艺术出版社，2008年，第83页；公木：《先秦寓言概论》，济南：齐鲁书社，1984年，第22页。

② 张友鸾：《古译佛经寓言选》，北京：人民文学出版社，1988年，前言；陈蒲清：《寓言传》，长沙：岳麓书社，2014年，第321页。

③ ［意］维柯：《新科学》（上册），朱光潜译，北京：商务印书馆，1997年，第65—184页。

可以得之乎？"

这则寓言讲的是寻找"玄珠"的故事。"玄珠"象征"天道"或"道"。"知"通"智"代表智慧；"离朱"是古代神话中的"千里眼"，耳聪目明，代表聪明；"吃诟"是言辩之意，代指巧言善辩。但是，它们都无法寻得"天道"，只有"象罔"能够获得到。王叔岷认为"象罔"也就是"罔象"，[①]寓意混沌，若有若无，惚兮恍兮，对比其他三者是最为无形无迹的。

陈鼓应先生对这则寓言概括道："黄帝遗珠的寓言，譬喻道不是感觉的对象，感觉、言辩都无从求得。"象罔得之"，喻无心得道——弃除心机智巧，在静默无心之中领会道。"[②]从相似性来看，"道"与"象罔"最接近。也就暗示读者"道"的表象就是恍兮惚兮，不见形迹，是一个恰如其分的"道"喻，"遗珠寻道"作为一个寓言，整体上通过篇章隐喻揭示了"寻道"的本质与规律。

（二）寓言与现代传播

寓言不仅流行于古代，寓言在现代仍有极强的生命力与传播价值。寓言除了具有文学修辞的基本功能，可以纵横各类媒介广泛运用的话语模式，并且"从中西方的寓言理论及其文学实践来看，寓言远不止是一种叙事文学类型，而是具有人类活动的本体层面意义的文化模式"[③]。比如2019年在国内热映的动画电影《哪吒：魔童降世》以及它的姊妹篇《姜子牙》，在我国的电影界都引起不小的反响，也获得了许多观众的口碑与喜爱。人们喜爱电影，在于这种现代媒介能通过声光音效、服道化等多种方式呈现古代的优秀故事，观众还会被影片中的隐喻话题或寓言式表达所深深吸引，由此引发社会舆论的广泛探讨。

《哪吒》《姜子牙》等影视作品正是因其具有寓言式表达使其获得大众的接受和喜爱。它们首先能为大众提供一个喜闻乐见的故事，同时寓言式电影具有隐喻性、启迪性，就像一个万花筒，给每个观者带来不同的观看体验。同一个寓言能给不同观众带来的不同体验，读者的接受眼光就像鲁迅先生评价《红楼梦》时说的："经学家看见《易》，道学家看见淫，才子看见缠绵，革命家看见排满，流言家看见宫闱秘事……"[④]不同人读到一部隐喻性极强的作品，根据自身的经历与背景，都会产生不同的感受与思考，本身就有寓言式作品能产生多棱镜的传播效果。

借犹太文学批评家瓦尔特·本雅明在其《德国悲剧的起源》中对寓言的重新认识：

① 王叔岷：《庄子校诠》，北京：中华书局，2007年，第423页。
② 陈鼓应：《庄子今注今译》，北京：商务印书馆，2007年，第345页。
③ 赵雅娟，吴亚南：《"观象"与"表征"：庄子与本雅明的寓言理论比较》，《中国比较文学》2017年第2期。
④ 鲁迅：《集外集拾遗补编》，北京：人民文学出版社，2006年，第177页。

"（寓言）不是一种戏耍形象技巧，而是一种表达方式，正如言语是一种表达，而实际上，书写也是一种表达一样。"① 也就是说 "寓言"不再是或者不应只限定于为一种文学样式或修辞手法，而是升格为一种 "寓言式"的话语方式，与各类媒介结合为一类寓言式媒介，渗透于文化交流、社会生活等诸方面。正如 "寓言一般都篇幅短小，便于流传，容易发生社会作用"②，作为一种媒介，在德布雷看来寓言就是一类 "便于在旅行中携带"的 "压缩媒介"，《新约》多采用寓言式的说教，语句简短，抨击有力，适于旅行者。归纳性和精炼性的内容充满活力"③。因而不少研究者逐渐认识到，尽管 "寓言"作为一种古老的文学形式，但它的传播力极强，表现在各项领域，如社会学、人类学、阐释学和文化学等，也正如人际传播中以口语交流为主常常不乏寓言故事；大众传播里结合寓言形式的生产各类媒介作品：寓言式话剧、寓言式电影、寓言式电视、寓言式视频；文字传播中以文字为中心的寓言文本能够作为教育方法实现教化启蒙的功能。一言以蔽之，在人类的传播现象和传播活动中，寓言的使用与传播是十分频繁和广泛的。

结　语

总的来讲，中国人较早认识到了隐喻传播在人类传播中的重要作用，并且结合自身诗学、文学、修辞学、经学、史学传统形成了独特的表达。而中华隐喻传播原理与西方隐喻传播原理相比较，既有共性，又有独特的个性，其独特的个性源于中华文明独特的突出特性，是中华五千年文明代代传承的结果，今天的中国人在物质生活方面与古代早已大相径庭，但是在精神生活方面，古代隐喻传播原理仍然深深融入了我们的文明基因，值得我们去认真总结清理，在守正中创新，在传承中转化。

---

① ［德］瓦尔特·本雅明:《德国悲剧的起源》，陈永国译，北京: 文化艺术出版社，2001 年，第 133 页。

② 陈蒲清:《中国古代寓言史》，长沙: 湖南教育出版社，1983 年，第 10 页。

③ ［法］雷吉斯·德布雷:《媒介学引论》，刘文玲译，北京: 中国传媒大学出版社，2013 年，第 115 页。

跨文化语境中梁启超"象征"概念的语义之变

来庆婕[1] 牛月明[2*]

(1.日照职业技术学院公共教学部,山东日照,276800;
2.中国海洋大学文学与新闻传播学院,山东青岛,266100)

摘　要：梁启超对 symbol 这一外来概念的接受和使用是在跨文化背景下进行的。最初梁启超重视"象征"基本的指代功能,其后随着梁启超转向系统的文学研究,象征的具象属性和美学特征逐渐得到关注和强调,通过与传统美学范畴"兴"的对话与互鉴,"象征"也获得了新的意旨内涵。这个过程中梁启超始终着眼于如何在这一新学语中实现对中国传统文学理论和资源的吸收和内化。最终梁启超通过对这一概念使用语境的拓展和本土化应用实现了概念内涵从抽象到具象的转变、一般象征论到文学象征论的转变以及象征工具论到象征情感论的转变。而通过对"象征"概念在其政论与文学领域的应用情况和语义流变过程的概念史探究,其"象征"观发展的心理与文化深层动因也得以昭显。

关键词：梁启超；象征；跨文化；概念史

基金项目：教育部人文社会科学重点研究基地北京师范大学文艺学研究中心重大项目"跨文化语境中的中国文论概念古今之变研究"(项目批准号：22JJD750013)阶段性成果。

引　言

目前公认 symbol 来源于希腊文 symballein,意为"拼拢、凑成",最初是希腊人用于确保相互辨认的一种方法：两位商人在分手前,把一片碎瓷片分成两半,两人各存一半,当作彼此交易和交往的信物。经过漫长的语义变迁,最终以法国象征派的理论形态开启概念旅行。日本人于 19 世纪下半叶首先接受了西方象征理论,然后使用汉字"象""徵"进行对译。"中江兆民首先将法语的 symbole 对译为'象征'……后经森鸥外、上田敏、

---

* 作者简介：来庆婕,日照职业技术学院教师,研究方向：文学理论；牛月明,中国海洋大学文学与新闻传播学院教授,研究方向：中国文论、概念史。

夏目漱石等的跟进使用而得以流行。"①"象征"与 symbol（symbole[法] symbol[德]）始形成对应关系。中国接受"象征"也是通过西方和日本两条途径，梁启超作为国内最先一批使用"象征"的学者之一，我们有必要探究其"象征"概念的来源、具体使用情况和象征观的形成和发展过程。

一、梁启超的跨文化背景

梁启超幼年时期接受私塾教育，熟读"四书""五经"，醉心训诂文章，在这种教育背景下，梁启超可称传统文化根脉的滋养下成长起来的旧知识分子。少年时期，梁拜康有为为师，决意舍去旧学，研习西学，并以新学论国事。及至成年，维新变法失败之后，梁启超流亡日本，此后又两次赴西方考察其政治制度与社会文化情状，一次是 1903 年赴美，此后写下《新大陆游记》，对于西方的自由、宪政等先进政治思想能否适应中国现实的社会基础和在中国建立共和制的可行性产生了怀疑；第二次是一战结束后赴欧，眼前所见欧洲社会萧条沉闷的社会情状与期望中的大相径庭，梁启超的思想发生了再一次的转折，写下《欧游心影录》，道出正是"科学万能"的信仰使得西方民众的内心秩序失衡，从而引发一系列精神和文化危机，由此梁启超在不废现代独立、开放、包容精神的基础上转而回归中国古典文化，开始寻求一条适应新潮的国学的学术道路。

早年的跨文化交游经历造就了他贯通中西、兼容并包的文学思想和理论品格，欧游结束之后，梁启超全身心投入讲学与著述工作中。"象征"的使用，恰好是在他欧游结束返回国内（1920）前后这段时间开始的，因此我们对于梁启超"象征"使用的研究有必要结合其跨文化交游经历和思想转变轨迹来进行，而在"象征"概念使用较为集中的时期，不同阶段的语义重心以及整体变化趋势也将作为梁启超整体文学思想变迁之片影来加以探讨。

二、梁启超"象征"的使用例证分析

本文通过对梁启超"象征"概念使用例证的分析试图厘清两个问题：其一，根据张品兴编《梁启超全集》的全文检索结果，梁文本中并未出现外文（symbol[英]；symbole[法]；symbol[德]）"象征"字样，中文"象征"也并未直接在西方象征或象征主义的意义上提及，因此不存在梁启超将西方的"象征"移植到国内的直接显性证据。结合梁启超的跨文化背景，"象征"是否是在西方概念传入国内的意义上使用的，需要进一步的资料引证和分析推断；其二，除了探讨作为名词的"象征"的语义变化，作为谓词的"象征"，它连接的两个实体属性发生了怎样的变化，二者之间的关系又随之发生怎样的变动，也需要结合具体实例进行考察总结。而基于以上两个问题的探讨，我们可以

---

① 牛月明：《中日文论互动研究——以"象"根词的考察为中心》，北京：中央编译出版社，2014 年，第 157 页。

推断梁启超的"象征"观在相应的时间段内的建构、转变与最终形态。

（一）政论文本中的"象征"使用及其内涵转变

梁启超对"象征"的使用书证集中在 1920—1927 年。但最早一处使用是在 1918 年的《春秋载记·纪齐桓晋文霸业章第四》：

> 夫统一者进化之象征也，而霸政逆之，毋乃为进化之梗？是又不然。[①]

梁启超的这句话体现了"新史学"中历史进化论的观点：国家统一是政治进步的具体证明和表现。春秋时期，五霸争雄，形成几个强大政权对峙的局面，在梁启超看来，这是中国独有的政治格局，而且是一种政治畸态，不能比之以异时异域的国家政体，但它是否阻碍了国家统一之大势呢？梁启超给出否定的答案，他认为对彼时强国对弱国过于操切激进的侵吞兼并行为起了一定程度的遏制作用，此外体制的速成与民众意识的落后容易加剧政权的不稳固，多方的制衡反而能够减缓两者的不协调所带来的冲突，争取国民性成熟的空间，因此五霸如蓄水之湖，能够上承下注，作为统一进程的缓冲实现政治体制的顺利过渡。

据此，"象征"应为"证明"或"表现"的意思，但细究文本，意义应侧重于前者，因为"统一"被视作历史发展进程的一种社会形态和总体现象，然而任何人都找不到一个与之对应的具体表象或客观实体，它依然是一个隐喻性的概念；"进化"是自然的演化进程，代表着包括人类社会的整个自然界发展的普遍必然规律，它在此处意味着超越人类知性的自然理性与逻辑的整体，而非某种后天的创造精神或伦理实践观念。因此"象征"连接两个抽象名词，其概念所指也带有一定程度的抽象性。

此后梁启超在使用"象征"时开始注重象征物的具体性，如《欧游心影录·欧行途中》（1920）：

> （拜会威斯敏斯特寺）一种庄严朴茂气象，令人起敬，这便是威士敏士达寺了……到今将近千年，累代皆有增修……然而他却没有丝毫觉得不调和，依然保持十分庄严，十分趣味。我想这一个寺就可以算得英国国民性的"象征"，他们无论政治上法律上宗教道德上风俗礼节上，都是一部分一部分的蜕变……勤勤恳恳依着原定的计划，经一百多年，丝毫不乱，丝毫不懈，到底做到成功了。[②]

这也是具体事物作为象征物在梁作品中的首例书证，其"象征"思维也开始起到一

---

① 张品兴编：《梁启超全集·纪齐桓晋文霸业章》，北京：北京出版社，1999 年，第 3497 页。
② 张品兴编：《梁启超全集·欧行途中》，北京：北京出版社，1999 年，第 2993 页。

种综合作用。梁启超将威斯敏斯特寺当作英国国民性的象征。首先，寺院经过历代增修，几百年前和几百年后的东西，常常同时并存，形成一种调和古今的庄严气象，在符合当下审美趣味的同时依然完整地保存着古旧典雅的风貌，这与英国国民性中的容纳与调和具有反思规则的一致性与认知图示的相似性；其次，寺院积淀着整个民族的历史经验和历史情感，这个寺庙同样是英国国民品格的实践成果，按柯勒律治的象征理论：象征以半透明为特征。寺院或者其他物质文化遗产便是一个国家或民族精神文明半透明式的存在，是后者切实的一部分。这在《先秦政治思想史》（1922）中有更明显的体现：

　　儒家之视一都一邑一国乃至天下，其犹一学校也，其民则犹子弟也。理想政治之象征，则"弦歌之声"也，所谓"绝恶于未萌起敬于微眇"，所谓"移风易俗美善相乐"，即儒家政治唯一之出发点。①

"弦歌之声"原指儒家的音乐教育内容，后来延伸为礼乐的道德教化，《论语·阳货》说道：

　　子之武城，闻弦歌之声。夫子莞尔而笑，曰："割鸡焉用牛刀？"
　　子游对曰："昔者偃也闻诸夫子曰：'君子学道则爱人，小人学道则易使也。'"
　　子曰："二三子，偃之言是也，前言戏之耳！"②

　　子游将弦歌之声视作"道"，弦歌既为礼乐制度的借代，那么本身也是梁启超所言"理想政治"的现实组成部分。由此看出，此时的"象征"尤为注重具体器物上所附着的精神文化内容，象征物经过社会语境的浸润上升为一种文化和意识形态表征，其自身的社会历史价值也开始得到重视和阐明。

（二）文学研究文本中"象征"的使用及"象征"观的转变

但情况在梁启超稍后的文学研究中略有不同。自1922年，梁启超开始在古典文学研究著述中集中使用此概念。"象征"首先出现在《情圣杜甫》（1922）中：

　　工部流连风景的诗比较少，但每有所作，一定于所咏的景物观察入微，便把那景物作象征，从里头印出情绪……所以工部的写景诗，多半是把景作表情的工具。③

---

① 张品兴编：《梁启超全集·先秦政治思想史》，北京：北京出版社，1999年，第3684页。
② 杨伯峻：《论语译注》，北京：中华书局，2009年，第181页。
③ 张品兴编：《梁启超全集·情圣杜甫》，北京：北京出版社，1999年，第3984页。

可见，虽然"象征"在前述政论文本中的经验性质得到突出，但梁认为在注重情感体悟和表达的文学文本中，象征只是一种让情感得以在景物中显现的工具，它负责在情景中间起一种传导和连接的作用，而不具备承载情感的功能。这是梁启超的文学思想中对于"象征"的最初定位。而这种象征工具论逻辑上必然造成情景二分，景和情原本都是生动鲜活且相生相成的，但因象征这一符号式的转换和切分，反而僵化，如此便脱离梁对于情感研究的初衷了。

在同年的《屈原研究》中，梁启超依然含蓄地表达了这种观点，但我们可以从具体表述中窥见其"象征"观念的些许推进以及象征思维的内部规律：

屈原脑中，含有两种矛盾元素。一种是极高寒的理想，一种是极热烈的感情。《九歌》中《山鬼》一篇，是他用象征笔法描写自己人格……我常说，若有美术家要画屈原，把这篇所写那山鬼的精神抽显出来，便成绝作。①

梁认为，山鬼是屈原借来表达自我的虚构形象，"山鬼"本身除却对应屈原的精神外，自身是没有价值的，此外可以抽显的人格同样对应着一种机械的象征观。但山鬼是基于"一种极高寒的理想，一种极热烈的感情"的积极艺术创造，而不是自在的存在和被动的发现，即先存在一种情感或精神，然后通过反观将其具体化，而不是在具体形象中见出某种抽象观念。那么这些象征形象是如何得以创造的？梁在《屈原研究》中重又提到"高余冠之岌岌"的象征意味：

屈原从小便矫然自异，就从他外面服饰上也可以见出。他说：余幼好此奇服兮，年既老而不衰。带长铗之陆离兮，冠切云之崔巍。被明月兮珮宝璐，世溷浊而莫余知兮，吾方高驰而不顾。《涉江》又说：高余冠之岌岌兮，长余佩之陆离。芳与泽其杂糅兮，惟昭质其犹未亏。《离骚》《庄子》说："尹文作为华山之冠以自表。"当时思想家作些奇异的服饰以表异于流俗，想是常有的。②

然后梁启超总结道："《离骚》诸如此类，所写都是超现实的境界，都是从宗教的或哲学的想象力构造出来。"③"象征"便具有了与想象力相连的，综合主体与客体、自由与必然的绝对形式。此处的"想象力"并非康德所言的先验想象力（einbildungskraft），但必定是以一种先天图形构造能力为基础的思维能力，也即想象力后天的主动建构与其先天的自然基础和普遍的理念感召都是密切相关的。诸象征活动的开展，无论是自在或自为，

---

① 张品兴编：《梁启超全集·屈原研究》，北京：北京出版社，1999年，第4037页。
② 张品兴编：《梁启超全集·屈原研究》，北京：北京出版社，1999年，第4038页。
③ 张品兴编：《梁启超全集·屈原研究》，北京：北京出版社，1999年，第4042页。

是发现、选择或创建，都有其自然规律和进程。

《中国韵文里头所表现的情感》（1922）是作者在清华校园讲授国史时所用的文学讲稿，作者以表情法的角度对旧文学进行分析，重新对古典诗词曲赋的抒情方式进行梳理和分类。但因付梓仓促，最初作者列出的纲要架构和课程思路并没有在讲授过程中完全实现，原本应在第十章集中论述的"象征派的表情法"未能完成，但"象征"一语在书稿中多次出现，通过对相关文本的分析，可以看到《中国韵文》的问世标志着梁启超"象征"观念的重大转折。

《中国韵文》中对于"象征"的定位既是一种与其他如"奔进的表情法"并举的表情方法，也是一种普遍存在于各种方法中的表情功能特征。因为除未能写就的"象征的表情法"外，在"回荡的表情法""蕴藉的表情法"等章节都提到"象征"。"回荡的表情法"中提到屈原：

《涉江》那段，用象征的方式，烘托出烦闷。《惜诵》那段，写无伦次的烦闷状态，和前文所引的《小弁》，同一途径。《哀郢》那段，把浓挚的情感尽量显出。《离骚》两段，专表他的孤洁和坚强。屈原是有洁癖的人，闹到情死。他的情感，全含亢奋性，看不出一点消极的痕迹。①

《涉江》中"山峻高以蔽日兮，下幽晦以多雨。霰雪纷其无垠兮，云霏霏而承宇"借气象物候的晦暗空寂写屈原哀怨孤独的心境，是一种基本的借景抒情，但"烘托"赋予了象征在情景连接中模糊情景界限及使之融入彼此的可能性，通过烘托，景物也变为情感主体，情感也处在一种不可尽言的神秘氛围。

在"蕴藉的表情法"一节中，梁启超开宗明义地指出："这种表情法，向来批评家认为文学正宗，或者可以说是中华民族特性的最真表现。"②此类表情法又分了四种，"象征"首先出现在第二种，即不直接写自己的情感，而是用环境或别人的情感进行烘托。这是梁第二次指出这种烘托的作用，他首先用《孔雀东南飞》指出象征对情感的不止于表达的深化效用：

古乐府《孔雀东南飞》，最得此中三昧。兰芝和焦仲卿言别，该篇中最悲惨的一段，他却悲呀泪呀……不见一个字。但说："妾有绣腰襦，葳蕤自生光；红罗复斗帐，四角垂香囊……人贱物亦鄙，不足迎新人；留待作遗施，于今无会因。"
专从纪念物上头讲，用物来作人的象征，不说悲，不说泪，倒比说出来的还深刻几

---

① 张品兴编：《梁启超全集·中国韵文里头所表现的情感》，北京：北京出版社，1999年，第3927页。
② 张品兴编：《梁启超全集·中国韵文里头所表现的情感》，北京：北京出版社，1999年，第3939页。

倍。①

可见，梁启超已初步走出象征工具论的桎梏，象征本身的情感功能开始受到重视，但仍不显明。这从梁对杜诗的分析可以略见出。

紧跟《孔雀东南飞》其后，梁继《情圣杜甫》后再次提到杜工部的《羌村》诗，认为这首诗也使用了一种烘托的象征。并将此一种蕴藉法做总体分析道：

> 不写自己情感，专写别人情感。写别人情感，专从极琐末的实境表出……这一类诗，我想给他一个名字，叫做"半写实派"：他所写的事实，是用来做烘出自己情感的手段……用客观的态度观察出来……所以可算得半写实。②

这里完全承接了《情圣杜甫》的观点：

> 以上所举各诗写他自己家庭状况，我替他起个名字叫做"半写实派"。他处处把自己主观的情感暴露，原不算写实派的作法。但如《羌村》《北征》等篇，多用第三者客观的资格，描写所观察得来的环境和别人情感，从极琐碎的断片详密刻画，确是近世写实派用的方法，所以可叫做半写实……这类诗的好处在真，事愈写得详，真情愈发得透。我们熟读他，可以理会得"真即是美"的道理。③

梁首创"半写实"的概念，而半写实又是"物作人的象征"，因此，尽管梁本人没有进行对应，通过文本的前后对比考察，也很容易得出他此时对于象征的理解就是"半写实"。半写实有两点特征：一是事实由观察得来；二是事实要为表情服务，描写越真，情感越真。杜甫的《羌村》三首确实用平实、冷静、客观的笔触对事物情状与人物行动中的细微之处极尽描摹，而真挚质朴的情感便是通过这种实写汩汩流出。

梁启超的"半写实"确实照见这种笔法的本质，但他对于"象征"始终是站在情景相配的外在视角提及，无论是"工具"，还是"烘托"，再到"半写实"，情景关系的若即若离使得"象征"的内涵始终无法稳固，这也侧面表明梁启超此时并没有触及这一概念的深层肌理，没有获取"象征"独有的表情机制。

后文说到第四类的蕴藉表情法，也提到了象征：

> 虽然把情感本身照原样写出，却把所感的对象隐藏过去，另外拿一种事物来做象

---

① 张品兴编：《梁启超全集·中国韵文里头所表现的情感》，北京：北京出版社，1999年，第3941页。
② 张品兴编：《梁启超全集·中国韵文里头所表现的情感》，北京：北京出版社，1999年，第3942页。
③ 张品兴编：《梁启超全集·情圣杜甫》，北京：北京出版社，1999年，第3981页。

征。①

这种蕴藉手法隐藏所感对象，因此梁认为这是"打灯谜似的象征"，因为《诗经》中"多是借一件事物起兴，接着便拍归本旨"，因此很少用这种象征，但是在作品的接受和批评中象征的现象非常普遍："同一篇诗，某甲借来表这种感想，某乙也可以借来表那种感想。"②因此梁启超总结道："《三百篇》的作家没有象征派，然而《三百篇》久已作象征的应用。"③《诗经》的创作者们对于"本旨"的重视使得外物处在微末之地，而接受者却能就此再作文章，这恰恰表明了象征物的情感发散和阐释功能，即象征的情感性。此时梁的象征观通过后文对于楚辞的分析可以较清晰地了解：

纯象征派之成立，起自楚辞。篇中许多美人芳草，纯属代数上的符号，他意思别有所指……这类话若不是当作代数符号看，那么，屈原到处调情到处拈酸吃醋，岂不成了疯子。蕙会变茅，兰会变艾，天下哪有这情理……他怀抱着一种极高尚纯洁的美感，于无可比拟中，借这种名词来比拟。④

梁启超承认"象征"具有符号指代和情感寄寓的双重属性，但在这阶段，两者还没有发生融合，两者并存于同一概念中。这也是对梁启超之前"象征"使用情况的综合和总结。

而从上述"纯象征派"引文中，我们可以提取"象征派"这个名词，探讨梁启超是否是在"西方象征派"的比附意义上提出的。《中国韵文》前言纲要中列举了连续三章的标题，分别为"象征派的表情法""浪漫派的表情法""写实派的表情法"；第九节说道：

欧洲近代文坛，浪漫派和写实派迭相雄长。我国古代，将这两派划然分出门庭的可以说没有。⑤

据此推断，"象征派"的提法，是在西方象征流派传入的背景下形成的。

三、中西化合——"象征"与"兴"的互鉴

稍后，梁启超也通过在象征文本中引入传统美学范畴"兴"，拉开了象征情感论的

---

① 张品兴编：《梁启超全集·中国韵文里头所表现的情感》，北京：北京出版社，1999年，第3943页。
② 张品兴编：《梁启超全集·中国韵文里头所表现的情感》，北京：北京出版社，1999年，第3943页。
③ 张品兴编：《梁启超全集·中国韵文里头所表现的情感》，北京：北京出版社，1999年，第3943页。
④ 张品兴编：《梁启超全集·中国韵文里头所表现的情感》，北京：北京出版社，1999年，第3943页。
⑤ 张品兴编：《梁启超全集·中国韵文里头所表现的情感》，北京：北京出版社，1999年，第3948页。

序幕。

《中国之美文及其历史》（1923—1924）：

十九首第一点特色在善用比兴……到《十九首》才把《国风》《楚辞》的技术翻新来用，专务"附物切情"。胡马越鸟，陵柏涧石……至如"迢迢牵牛星"一章，纯借牛女作象征，没有一字实写自己情感，而情感已活跃句下。此种作法……实文学界最高超的技术。①

在此"比兴"合二为一，兼具他物与此物的相似性和相关性，除《诗经》外，竟也成为《楚辞》的习见手法，"几舍比兴无他技焉"；且将"善用比兴"的表现描述为"附物切情"，借物象征。梁启超又将比兴与象征视作具有强语义相关性乃至可以替换使用的两个概念。

《古书真伪及其年代》（1927）：

（作文时选用文言或是白话）依我的主张，是应采取绝对自由主义……专就讨论，第一，押险韵，用僻字，是要绝对排斥的；第二，用古典作替代语，变成"点鬼簿"，是要绝对排斥的；第三，美人芳草，托兴深微，原是一种象征的作用，做得好的自应推尚，但是一般诗家陈陈相袭，变成极无聊的谜语，也是要相对排斥的……②

"托兴"有了一种象征的作用，而早期被梁氏单单视作象征的"美人芳草"，现在也成了"托兴"的事物。这显然是将"象征"与"兴"进行语义对应。

"兴"的甲骨文字形为 ，《说文解字》中义解为"起也，从舁从同，同力也"，为合力托起的意思。《论语》有云："一言可以兴邦，有诸？"③"君子笃于亲，则民兴于仁。"④可见"兴"在早期用法中有"托起某种具体事物"的意思，多指治国安邦的理想愿望。但《论语》中同样提道："诗可以兴。"⑤这里"兴"的对象，就是虚指的，指对民众道德情感的启发和道德理想的培养，突出一种社会教化作用和一种抽象性，此时虽然在讲文学，但尚未过渡到文学修辞领域。魏晋南北朝时期，钟嵘《诗品》的"三义"说："文已尽而意有余，兴也……"⑥《文心雕龙·比兴》："兴者，起也。附理者切类以指事，起情者依微

① 张品兴编：《梁启超全集·中国之美文及其历史》，北京：北京出版社，1999年，第4396页。
② 张品兴编：《梁启超全集·古书真伪及其年代》，北京：北京出版社，1999年，第4931页。
③ 杨伯峻：《论语译注》，北京：中华书局，2009年，第138页。
④ 杨伯峻：《论语译注》，北京：中华书局，2009年，第78页。
⑤ 杨伯峻：《论语译注》，北京：中华书局，2009年，第185页。
⑥ 郭绍虞编：《中国历代文论选》，上海：上海古籍出版社，2001年，第107页。.

而拟议。"① 从中可看出，兴是感发意志的，是向内的、起情的；唐宋之际，这种感物起情的说法一直得以延续，"兴"也因着这种抽象、暗示和情物相感的特点成为一个重要的古典美学范畴。"兴"也因着这种朦胧性长久地处在一种经验阶段，没有达到概念化和理论化的高度。

梁启超《人生观与科学》（1923 年 5 月）说道："人类生活，固然离不了理智，但不能说理智包括尽人类生活的全内容，此外还有极重要一部分——或者可以说是生活的原动力，就是'情感'。"② 情感在文学创作中始终占据一种主体位置。梁启超通过情感的作用，不仅将象征物和被象征物连接起来，也使得"象征"与"兴"产生语义上的绞缠与融合。这标志着梁文学象征观的一个重大转变和最终成熟。

梁启超早年深受中国传统心性哲学的精神滋养，后又迫切寻求西方思想文化的补益，这也是他游历欧洲的初衷。但在他欧游的过程中，梁启超观察到的民众心灵空虚与羸弱的生存状态使其不得不重新审视彼时西方社会文化样式中潜藏的群体性精神危机的促成因子，那就是科学至上理念在西方大行其道，致使物质—精神生活的失衡。梁启超在《欧游心影录》中曾言："大凡一个人。若使有个安心立命的所在。虽然外界种种困苦。也容易抵抗过去。近来欧洲人。却把这件没有了。为什么没有了呢。最大的原因。就是过信'科学万能'。"③ 据此，内部精神生活的秩序与和谐成为能够矫枉除弊，重振社会风气的良方。梁启超在认同中国传统文化中仍有许多思想资源可供提取借鉴的同时，尽管西方满目疮痍、沉闷凄惨的社会情态给梁氏造成了短暂的忧惧疑虑，但他依旧高度肯定西方文明发展的精神内核，即个性发展与意志自由。由此他找到了柏格森，并于 1919 年与柏格森进行了会面。梁启超在与弟弟梁启勋的家书里这样形容自己对柏格森的仰慕："无论何时本皆纵横自在，独于访柏氏之前，战战栗栗，唯恐不胜，及既见为长时间之问难，乃大得柏氏之赞叹，谓吾侪研究彼之哲学极深邃云，可愧也。吾告以吾友张东荪译彼之《创化论》已将成，彼大喜过望，所赠印本，乞告东荪努力成之，毋使我负诺责也。"④

梁启超对于柏格森等西人的接受已是带有中西文化融合发展的先行倾向，这正是受到柏格森生命哲学的影响。不拘于某民族文化脉络的现实派生条件和时代特征，而讲求出世法与入世法的调谐，以实用精神为主实现文化贯通，追求不同文化中本质精神的一致性，打造普遍适用并且与时俱进的新文化系统，以此助益全人类的幸福。梁氏用近世的西方实用哲学反观中国的古老思想："以最近提倡的实用哲学创化哲学。都是要把理想纳到实际里头。图个心物调和。我想我们先秦学术。正是从这条路上发展出来。孔老墨三位大圣。虽然学派各殊。'求理想与实用一致'却是他们共同的归着点"。因此梁启超

---

① 范文澜注：《文心雕龙注》，北京：人民文学出版社，1958 年，第 601 页。

② 张品兴编：《梁启超全集·人生观与科学》，北京：北京出版社，1999 年，第 4170 页。

③ 张品兴编：《梁启超全集·欧游的影录》，北京：北京出版社，1999 年，第 2972 页。

④ 丁文江、赵丰田编：《梁启超年谱长编·与仲弟书》，上海：上海人民出版社，1983 年，第 881—882 页。

在自己的著述中注重中西语言系统和思想体系的融会贯通。在他 1920—1927 年的学术著作中，梁启超惯于用“象征”来描述中国古代的政治文化现象，比如 1922 年的《地理及年代》、1926 年《〈庄子·天下篇〉释义》和 1927 年《古书真伪及其年代》，其文本语言的组织方式呈现出一种超越地域和思想阻隔的自然高蹈情态。

再者，柏格森关于生命直觉和体验的学说给梁启超很大的震动。柏格森的《创造进化论》吸收进化论的观点，指出代际相传的普遍生命始自一种原始的生命冲力，生命冲动以不断创造和变化的不定形态在物质与精神生命之间，在单一性与多元性之间连续不断地运动。而这种生命冲动靠人的直觉来运作。“直觉将它的光亮投射在我们的个性上，投射在我们的自由上，投射在我们的起源上，也许还投射在我们的命运上。”[1]“直觉就是头脑本身，并且从某种意义上说，直觉就是生命。”[2]非理性的、走向生命本身的直觉被柏格森看作本然的把握世界的方式，这种生命直觉便是梁启超的“情感”流溢所必须依托的本原意识。梁启超 1922 年说道：“我们想入到生命之奥，把我的思想行为和我的生命拼合为一；把我的生命和宇宙和众生迸合为一；除却通过情感这一个关门，别无他路。”[3]而前文中作为表情法之一的“象征”与“比兴”在本质精神上的贯通正是通过“情感”纽带联结在一起。

之所以是文学象征观，是因为梁启超始终将“代表”当作“象征”的基本义。

《〈庄子·天下篇〉释义》（1926）：

> 郭注云：“华山上下均平。”《释文》云：“作冠象之，表己心均平也。”案：战国时人好作奇服以寄象征，如鹖冠子及屈原所谓“高余冠之岌岌”皆是。[4]

“象征”出自《庄子·天下篇》的按语，用以寄托“象征”的变成了“冠”等具体的“物”。为彰显平等的理念而模仿华山的上下均平制作衣饰，服饰和随身器物因此成为品格性情的象征，这则按语便明确启用了“象征”一词来作为“象”的新式表述阐释经典。

同在《古书真伪及其年代》，梁仍然采取“代表”的用法：

> 《庄子·应帝王篇》曾引壶子说：“……是殆见吾衡气机也。鲵桓之审为渊，止水之审为渊，流水之审为渊。渊有九名，此处三焉。”大约因衡气机很难形容，拿这三渊做象征，但有三渊便尽够了。[5]

---

① 张品兴编：《梁启超全集·欧游的影录》，北京：北京出版社，1999 年，第 2986 页。
② 柏格森：创造进化论》，肖聿译，北京：华夏出版社，1999 年，第 228 页。
③ 张品兴编：《梁启超全集·中国韵文里头所表现的情感》，北京：北京出版社，1999 年，第 3921 页。
④ 张品兴编：《梁启超全集·〈庄子·天下篇〉释义》，北京：北京出版社，1999 年，第 4678 页。
⑤ 张品兴编：《梁启超全集·古书真伪及其年代》，北京：北京出版社，1999 年，第 5035 页。

因此，我们可以看到，梁启超"象征"多元的使用策略贯穿象征观的发展过程中，既有稳固的语义作为基础，也有意识地遵行概念移植规律积极进行语义演进工作。

综上，我们可以从梁启超的"象征"观中总结出两种趋势：一是从抽象到具象的转变；二是从象征工具论到象征情感论的转变。关于这两种趋势，从逻辑角度看，两者形成互相映照的关系，正因为象征的具象性，情感才能成为象征本体；情感的渗入也使得象征物成为一种情感的意向物而具有了感性形象；从时间角度看，1920年左右梁启超开始重视"象征"的具象呈现，梁启超的"象征"文本语境在1922年发生转变（政论到文学），也正是这一年，梁的文学象征观念从工具论转到情感论，因此1922年可以看作梁启超前期和后期象征观的分水岭；从主观态度方面看，梁启超1922年前对"象征"的使用带有一定程度的随意性，并没有给予太多重视，及至开展文学研究，出于研究的实际需要才从方法论或本体论上将其逐渐置于意识中心，使用频率逐渐提高，内涵也逐渐得到拓展和丰富。

小　结

综合梁氏前后期的"象征"观，起初所论及"象征"的内容大都关乎社会思想改革和民众教化之类当时中国变法改革极为迫切的命题，此时"象征"表示一种制度或抽象精神的具象指代，也即"代表"的意思，具体与抽象是彼此对应的关系；稍后转向文艺方面的探讨，但关于"象征"的探讨同样不是在一种目标文本中进行的，而是为了阐明某种主体人格和精神，不同的是由于人格化的内容的生成与阐释都源自个体内心的情志感发，从而象征的具象开始脱离与普遍共有意志之间严格的对立关系；在具体文艺作品批评方面，从起初将"兴"等古典范畴同新概念"象征"截然二分，到后来将"象征"在具体手法中的定位同"兴"等传统文学范畴进行关联，由此"象征"获得了一种流动宽泛的界定。同时期，周作人（1926）、梁宗岱（1934）都将"象征"与"兴"做了对应或比较，但梁启超（1922）是最早发现并探究两个范畴之间的相通性的，这对后续学者的研究起了一种先导和参照作用。

梁启超的"象征"观从形上到形下、抽象到具体的使用历程最终确定了古典与现代、中国与西方文学性上相互渗透和依存的意向趋势，一种比较文学研究意识以及中西美学范畴融合趋向的思想萌芽已经进入国内"西学"学者的研究视野之中，同时可从中窥见彼时学者对新概念的接受特征以及通过中西概念对比互释进行旧文学解放和改良的高尚理想和努力。

黄帝受命与谶纬文献中黄帝文本的神化

孙雪晴 *

（山东大学文学院，山东济南，250100）

摘　要：以黄帝受命于天为核心，谶纬文献中的黄帝文本呈现出神秘化的倾向。谶纬文献中的黄帝文本可分为黄帝新主题和传统母题的新变两个维度。其中新主题突出体现在黄帝感生、龙颜、祥瑞等方面，皆是黄帝受命于天的具体表现：感生神话中黄帝与北斗星的联系最为突出；龙颜的描写则侧重在河目广颡上；祥瑞则主要以云、鸟和兽类为主进行铺陈。黄帝传统母题的新变则体现在谱系、战争和黄帝臣故事方面的叙述更加注重天命：黄帝由历史帝王变成具有土德的五方帝之一；战争叙事引入西王母、玄女代表天授予黄帝兵符战胜蚩尤；黄帝臣的职责转向为黄帝解梦和推演阴阳之事。无论是谶纬黄帝叙事的新主题还是传统母题的新变，皆紧扣天命二字，进一步丰富和发展了黄帝文本。对谶纬黄帝文本构建的特征和逻辑予以揭示，有助于推动黄帝文化与谶纬帝王受命研究的进一步深入。

关键词：谶纬；黄帝；天命；感生；祥瑞

黄帝文本与黄帝文化的研究是关系中华优秀传统文化和中华文明发展的重要课题。两汉时期，社会思想中流行着谶纬思潮是不争的事实①。谶纬思潮由董仲舒所创"天人感应"演变而来，②作为儒学宗教化的尝试，谶纬文献以阴阳五行思想、灾异祯祥为中心思想③，对黄帝故事进行进一步演绎和神化。其主要包括谶和纬两部分，其中谶即预言，包括《河图》《洛书》《论语谶》和其他杂谶；纬书④是配合经书的，即"七经纬"，包括

---

　* 作者简介：孙雪晴，山东大学文学院博士生，研究方向：先秦两汉文学与文化。

① 张峰屹：《谶纬思潮与汉代文学思想》，南京：江苏凤凰出版社，2021年，第22页。

② 夏冬梅：《东汉文学思想研究》，成都：巴蜀书社，2020年，第35—41页。

③ 顾颉刚：《秦汉的方士与儒生》，上海：上海古籍出版社，2005年，第93页。

④ 安居香山对纬书的界定则更为广泛，他认为纬书指的是西汉末年至东汉末年之间流行的一批具有神秘色彩的书籍。这些书籍的内容广泛而复杂，涵盖了从天文地理到哲学伦理，再到政治历史、神话传说、民俗风情以及医学知识等多个领域。详参 [日]安居香山，中村璋八辑：《纬书集成》，石家庄：河北人民出版社，1994年，第461页。

《诗》《书》《礼》《易》《乐》《春秋》《孝经》七经之纬①。就目前学术界整理成果而言,日本学者安居香山的《纬书集成》一书是对谶纬文献辑佚整理的集大成之作。

目前学界对谶纬文献中的帝王叙事已有一定程度的研究,对黄帝故事的专题研究则缺乏针对性。1999 年冷德熙《超越神话——纬书政治神话研究》②对纬书中三皇五帝的感生、异貌寿命和圣王神话系谱做出梳理。2006 年曾德雄《谶纬中的帝王世系及受命》③指出了帝王世系及其受命是谶纬的中心思想内容,其要义是论证汉政权之合法正统地位。2018 年陈泳超《从感生到帝系:中国古史神话的轴心转折——兼谈古典神话的层累生产》④指出两汉之时感生神话与帝系神话继续发展,其最大的特点是将政统、道统和血统以各种方式嵌入五行之德的德统之列,不仅为帝系提供了先验的结构原则,而且为各种时势政治提供理论合法性。综上分析,谶纬文献中帝王受命与帝王文本已引起学界的重视,这足以说明其重要价值,然而在细部研究上,对黄帝文本的认识尚不充分,本文将对此进行细化和深入研究,具体将从谶纬黄帝文本的新主题和传统母题的新变两个角度展开。

一、受命于天:黄帝感生、龙颜与祥瑞的神化叙事

帝王受命一直是儒家思想体系中备受重视的议题。王倩指出,从根本上讲,自商周时期以来关于“天”的神话信仰、作为“天人感应”核心内容的五行理念,以及宇宙论中强调的“天命”观,三者的相互作用催生了中国正史中的“天命”神话⑤。在谶纬文献中,黄帝叙事的新变最为显著的特征是以“受命”为核心,具体表现为感生、龙颜和祥瑞这三个方面。黄帝文本在谶纬文献中主要集中于《河图》、《春秋》纬和《尚书》纬等文献。

(一)感生

感生指无性而生,感生神话指通过无性接触而生殖的神话。⑥感生神话如《诗经》所记“克禋克祀……履帝武敏歆”⑦,即姜嫄履上帝足迹生下周人始祖后稷的故事,以此表明

---

① (清)皮锡瑞撰:《经学历史》,北京:中华书局,2004 年,第 70 页。

② 冷德熙:《超越神话——纬书政治神话研究》,上海:东方出版社,1996 年,第 81—116 页.

③ 曾德雄:《谶纬中的帝王世系及受命》,《文史哲》2006 年第 1 期。

④ 陈泳超:《从感生到帝系:中国古史神话的轴心转折——兼谈古典神话的层累生产》,《民俗研究》2018 年第 3 期。

⑤ 王倩:《感生、异相与异象:“天命”神话建构王权叙事的路径》,《安徽大学学报》2020 年第 1 期。

⑥ 感生是“受命神话”的一部分,有神话历史的理论背景。美国学者威廉·H.麦克尼尔(William H.McNeill)发表题为《神话历史:真理、神话,历史和历史学家》演讲,并首次提出“神话历史”一词的概念。麦克尼尔认为,史学并非一门科学,相反,它是一种以主观阐释和叙述为主的哲学或诗学,并且历史也不是真实的,它是真实与虚构的混合体。详参王倩:《感生、异相与异象:“天命”神话建构王权叙事的路径》,《安徽大学学报》2020 年第 1 期。

⑦ (汉)毛亨传,(汉)郑玄笺,(唐)陆德明音义:《毛诗传笺》,北京:中华书局,2018 年,第 381 页。

周王朝是受命于天乃享有天下。黄帝感生故事的叙事逻辑则是黄帝之母附宝有感于天而生，是明显的感生神话。袁珂先生指出，统治阶级不但借感生神话宣扬天命思想，并且自己也创造感生神话。[①] 谶纬中的黄帝感生神话明显属于后者，是汉代人有意构建的。谶纬文献中黄帝感生文本主要集中在《河图》类，整理如下：

表 1　谶纬黄帝感生文本统计

书名	内容
《河图始开图》	黄帝名轩，北斗黄神之精，母地祇之女附宝，之郊野，大电绕斗，枢星耀，感附宝，生轩，胸文曰："黄帝子。"[②]
《河图帝通纪》	黄帝以雷精起。[③]
《河图稽命徵》	附宝见大电光绕北斗，枢星炤郊野，感而孕。二十五月而生黄帝轩辕于寿邱。[④]
《河图握矩记》	黄帝名轩、北斗黄神之精。母地祇之女附宝，之郊野，大电绕斗，枢星耀，感附宝，生轩，胸文曰："黄帝子。"[⑤]
《河图握矩记》	附宝之郊，见电绕斗，轩星照郊野，感而生轩。[⑥]
《诗含神雾》	大电光绕北斗枢星，照郊野，感附宝而生黄帝。[⑦]
《孝经钩命决》	附宝出，降大灵，生帝轩。[⑧]

从表格所列谶纬文献中的黄帝感生故事来看，有以下突出特点：

首先，从各书文本之间的关系来看，这些黄帝感生文本呈现出系统化的神话构建特征。具体表现在感生叙事的核心要素高度统一，如"附宝""大电""北斗""枢星"等关键意象反复出现，显示出有意识的文本编织痕迹。这些意象不仅在黄帝感生神话中频繁出现，而且在其他谶纬文献中也有类似的表述，形成了一种跨文本的神话共通性。

其次，叙事核心是为了凸显黄帝作为帝王降生的非凡。第一，以黄帝其母孕期的过长凸显帝王降生的非凡性。如《河图帝通纪》言"二十五月而生黄帝"，与正常的怀胎十月而生相比，孕期翻倍，这是为了突出黄帝天命不凡。第二，感生结果突出帝王特质，如"胸文曰：'黄帝子'"的天授标记。这种天授标记不仅具有极强的象征意义，而且在后世的帝王感生神话中也多有借鉴。

再次，从文本目的来看，黄帝感生神话的建构凸显天的权威。这表现为：第一，谶纬中的黄帝叙事增加与引入了黄帝的母亲——"附宝"，并赋予了她感生的神圣使命，实

① 袁珂：《中国神话史》，上海：上海文艺出版社，1988年，第94页。
② [日]安居香山、中村璋八辑：《纬书集成》，石家庄：河北人民出版社，1994年，第1105页。
③ [日]安居香山、中村璋八辑：《纬书集成》，石家庄：河北人民出版社，1994年，第1168页。
④ [日]安居香山、中村璋八辑：《纬书集成》，石家庄：河北人民出版社，1994年，第1179页。
⑤ [日]安居香山、中村璋八辑：《纬书集成》，石家庄：河北人民出版社，1994年，第1144页。
⑥ [日]安居香山、中村璋八辑：《纬书集成》，石家庄：河北人民出版社，1994年，第1144页。
⑦ [日]安居香山、中村璋八辑：《纬书集成》，石家庄：河北人民出版社，1994年，第461页。
⑧ [日]安居香山、中村璋八辑：《纬书集成》，石家庄：河北人民出版社，1994年，第1006页。

则是为黄帝以天为父做铺垫。故事剔除了人父少典，即《国语》所云"昔少典娶于有蟜氏，生黄帝"①。第二，感生方式具有浓厚的"天授君权"色彩，凸显了黄帝受命的神圣性和合法性。如"大电绕斗""枢星耀"等天象皆为上天的象征符号，将黄帝诞生与天命正统建立直接关联。

在诸多天的象征符号中，黄帝与北斗星由于中央的位置而联系非常紧密。在五帝感生神话中，青帝伏羲、赤帝神农、白帝少昊、黑帝颛顼均拥有各自的感生故事，但黄帝与北斗星的联结显得尤为独特。这种独特性不仅体现黄帝在《河图始开图》《河图握矩记》中被赋予"北斗黄神之精"②的象征意义，更体现在北斗星作为天空的中心，其地位与黄帝作为中央之帝的形象相呼应。《河图始开画》更是直言"黄帝名轩辕，北斗神也"。③早在《史记·天官书》即述："斗为帝车，运于中央，临制四乡。分阴阳，建四时，均五行，移节度，定诸纪，皆系于斗。"④北斗"运于中央"表明北斗七星在古代被认为处于天空的中心位置，与黄帝处于中央之帝的地位相对应。《鹖冠子·环流》记载："斗柄东指，天下皆春；斗柄南指，天下皆夏；斗柄西指，天下皆秋；斗柄北指，天下皆冬。"⑤一方面，北斗星的斗柄可以指东西南北，说明北斗处于中央位置，另一方面北斗具有观测四季、确定季节的功能，北斗在天文观测体系中处于关键地位。综上，北斗被视为天帝的车辇，主宰着阴阳、四季、五行等诸多重要的宇宙秩序因素，作为北斗黄神之精的黄帝，其地位和象征意义自然也因对北斗的崇拜而进一步抬高，进而体现了黄帝对天地秩序和宇宙法则的掌控。

最后，黄帝感生故事的文辞中的谓语与地点皆庄严而神秘的美学氛围。第一，在叙述的文辞中，频繁使用"降"字，这一词汇在先秦以来的语境中，常常与天作为主语相联系，寓意着庄重而神秘的力量，从而进一步强调了黄帝出生的非凡与神圣。第二，感生的地点设定在郊野，而非室内，不仅凸显了天地间空旷与庄严，还增添了神秘感和神圣性，如《诗含神雾》云："大电光绕北斗枢星，照郊野，感附宝而生黄帝。"⑥

（二）龙颜

在古人看来，凡有形之体，无不有相。天有天象，地有地形，人则有面相、手相、骨相、体相，草木、鸟兽、六畜、刀剑、山川、宅墓，亦各有其相。⑦《白虎通·圣人》

---

① 徐元诰集解：《国语集解》，北京：中华书局，2002年，第337页。

② [日]安居香山、中村璋八辑：《纬书集成》，石家庄：河北人民出版社，1994年，第1105页。

③ [日]安居香山、中村璋八辑：《纬书集成》，石家庄：河北人民出版社，1994年，第1105页。

④ （汉）司马迁撰，（南朝宋）裴骃集解，（唐）司马贞索隐，（唐）张守节正义：《史记》，北京：中华书局，1982年，第1291页。

⑤ 黄怀信撰：《鹖冠子校注》，北京：中华书局，2014年，第70页。

⑥ [日]安居香山、中村璋八辑：《纬书集成》，石家庄：河北人民出版社，1994年，第461页。

⑦ 余欣：《中古异相：写本时代的学术、信仰与社会》，上海：上海古籍出版社，2017年，第3页。

云:"圣人皆有异表。"① 圣人、圣王必有异表,这是一种源远流长的骨相学思想。② 王倩曾用"异相"来表示帝王的面相,在中国正史中,帝王与贵人异相,乃天经地义之事,这是谶纬思想的核心。③ 龙颜,最能体现黄帝的异相的特征。相关文献主要保存于《春秋》纬等。统计如下:

表 2　谶纬黄帝龙颜文本统计

书名	内容
《春秋演孔图》	黄帝龙颜,得天匡阳,上法中宿,取象文昌。④
《春秋元命苞》	黄帝龙颜,得天庭阳。上法中宿,取象文昌。载天履阴,秉数制刚。⑤
《春秋文曜钩》	黄帝龙颜,得天庭,法中宿,取象文昌。⑥
《孝经援神契》	黄帝身逾九尺,附函挺朵,修髯花瘤,河目龙颡,日角龙颜。⑦
《河图》	黄帝广颡龙额。⑧
《河图稽命徵》	龙颜有圣德。

黄帝龙颜的描述,既有神秘性,如《春秋》纬,又有具体的呈现,如《河图》《孝经》纬。如表所示,《春秋》纬的三条叙述如出一辙,这也表明"黄帝龙颜,得天庭阳,上法中宿,取象文昌"⑨是最常见,最重复的表达。黄帝得到上天与阳气的护佑,效仿天上的星宿,参照文昌星,这种叙述凸显了黄帝与上天星宿的关联,展现其神圣性与神秘性。龙颜的具体特征为"黄帝广颡龙额"⑩,"颡,额也"⑪,"广颡龙额"即额头宽大。此外,黄帝龙颜还有以下特征:"黄帝身逾九尺,附函挺朵,修髯花瘤,河目龙颡,日角龙颜。"⑫ 黄帝身高超过九尺,五官挺拔,有长长的胡须,眼睛像河一样,额头像龙一样,额骨中央部分隆起,是典型的龙颜。其中"河目龙颡"一词来源自《孔子家语·困誓》,称孔子"其长九尺有六寸,河目隆颡"⑬。"隆颡""龙"上古属来母东部字,

---

① （汉）班固撰集,（清）陈立疏证:《白虎通疏证》,北京:中华书局,1994 年,第 337 页。
② 冷德熙:《超越神话——纬书政治神话研究》,北京:东方出版社,1996 年,第 103 页。
③ 王倩:《感生、异相与异象:"天命"神话建构王权叙事的路径》,《安徽大学学报》2020 年第 1 期。
④ [日]安居香山、中村璋八辑:《纬书集成》,石家庄:河北人民出版社,1994 年,第 574 页。
⑤ [日]安居香山、中村璋八辑:《纬书集成》,石家庄:河北人民出版社,1994 年,第 590 页。
⑥ [日]安居香山、中村璋八辑:《纬书集成》,石家庄:河北人民出版社,1994 年,第 661 页。
⑦ [日]安居香山、中村璋八辑:《纬书集成》,石家庄:河北人民出版社,1994 年,第 965 页。
⑧ [日]安居香山、中村璋八辑:《纬书集成》,石家庄:河北人民出版社,1994 年,第 1219 页。
⑨ [日]安居香山、中村璋八辑:《纬书集成》,石家庄:河北人民出版社,1994 年,第 574 页。
⑩ [日]安居香山、中村璋八辑:《纬书集成》,石家庄:河北人民出版社,1994 年,第 1219 页。
⑪ （汉）许慎撰,陶生魁点校:《说文解字》,北京:中华书局,2020 年,第 281 页。
⑫ [日]安居香山、中村璋八辑:《纬书集成》,石家庄:河北人民出版社,1994 年,第 965 页。
⑬ 陈士珂辑:《孔子家语疏证》,南京:凤凰出版社,2017 年,第 168 页。

"隆"属来母东部字，二字双声，韵部旁转，可互相通假。皆为来母东韵，音近相通。[①]
无论是身高还是眼睛长、额头宽，人们对孔子和黄帝的评价比较类似；而"日角龙颜"
来自《史记·五帝本纪》谓黄帝"生日角龙颜"[②]，由此可见，谶纬中对黄帝龙颜的建构有
其文献来源。

此外，龙颜可能是黄帝圣德的外在表现形式。《河图稽命徵》记载黄帝"龙颜有圣
德"[③]，《春秋合诚图》又言"黄帝将亡，则黄龙坠"[④]，黄帝死则黄龙坠暗示黄龙是黄帝的象
征。这些证据表明黄帝的举止与黄龙之间存在感应关系，即黄帝的圣德能够与龙相呼应，
龙颜可能是黄帝圣德的外在表现。

同时，在谶纬文献中，"龙颜"在帝王圣人的形象塑造上有共通之处，如仓颉和神农。
对仓颉龙颜的描绘如《春秋元命苞》云："仓帝史皇氏，名颉姓侯刚。龙颜侈哆，四目灵
光。实有睿德，生而能书。"[⑤]又《春秋命历序》"仓帝史皇氏，龙颜"[⑥]，皆表明仓颉在谶纬
中身份上升为仓帝，故具有龙颜的特征。对神农的龙颜形象被描绘为《孝经援神契》所
称"神农长八尺有七寸，弘身而牛头，龙颜而大唇"[⑦]。虽然黄帝与神农皆被用龙颜一词形
容，但黄帝身逾九尺而神农只有长八尺七寸，并且神农头部、唇部有独特性。这说明帝
王虽都具有龙颜特征，但在具体的细节上能够区分，足见谶纬作者的独特用心。东汉学
者王充在《论衡·骨相》中对黄帝龙颜等圣人异相的传说进行综评，并认可了其可信度：
"传言黄帝龙颜，颛顼戴午，帝喾骈齿，尧眉八采，舜目重瞳，禹耳三漏，汤臂再肘，文
王四乳，武王望阳，周公背偻，皋陶马口，孔子反羽。斯十二圣者，皆在帝王之位，或
辅主忧世，世所共闻，儒所共说，在经传者，较著可信。"[⑧]王充认为历史上流传的黄帝龙
颜、颛顼戴午、帝喾骈齿等形象，都是对古代圣者的特征描述，他们的故事在世间广为
流传，为儒家文化所推崇。王充作为最早的无神论者，其以上言辞说明谶纬所建构的帝
王龙颜在两汉时期是为人们所深信不疑的。

（三）祥瑞：云、鸟和兽类

祥瑞是"天"因"人"感召而降示的验证凭信，即"天""人"相接而成的"天人意

---

　　① 隆与龙相通的例子，如《史记·晋世家》："齐伐鲁，取隆。"司马贞索隐："刘氏云：隆，即龙也，鲁
北有龙山。"详参（汉）司马迁撰，（南朝宋）裴骃集解，（唐）司马贞索隐，（唐）张守节正义：《史记》，北京：
中华书局，1982年，第1678页。

　　② （汉）司马迁撰，（南朝宋）裴骃集解，（唐）司马贞索隐，（唐）张守节正义：《史记》，北京：中华书
局，1982年，第3页。

　　③ ［日］安居香山、中村璋八辑：《纬书集成》，石家庄：河北人民出版社，1994年，第1179页。

　　④ ［日］安居香山、中村璋八辑：《纬书集成》，石家庄：河北人民出版社，1994年，第777页。

　　⑤ ［日］安居香山、中村璋八辑：《纬书集成》，石家庄：河北人民出版社，1994年，第590页。

　　⑥ ［日］安居香山、中村璋八辑：《纬书集成》，石家庄：河北人民出版社，1994年，第879页。

　　⑦ ［日］安居香山、中村璋八辑：《纬书集成》，石家庄：河北人民出版社，1994年，第965页。

　　⑧ （东汉）王充著，黄晖撰：《论衡校释》，北京：中华书局，1990年，第112页。

象"。① 在先秦两汉时期,天人关系一直是人们关注的焦点,而祥瑞与人们的象征思维紧密相连。孔子作为春秋时期的伟大思想家,其言论和行为也反映了这种天人感应的观念,如孔子曾言:"凤鸟不至,河不出图,吾已矣夫!"② 由于征兆是上天给予人们的预示,而凤鸟、河出图等祥瑞的出现则是受命于天、天下大治的吉兆,孔子对祥瑞不现深感悲痛和忧虑。与孔子对祥瑞的重视一脉相承,谶纬作者建构了大量关于黄帝的祥瑞故事,集中体现在《尚书》纬和《春秋》纬等文献中,统计如下:

表3　谶纬黄帝祥瑞文本统计

主题	书名	内容
受命将起	《春秋考异邮》	黄帝将起,有黄雀赤头。帝占曰:"黄者土精,赤者火荧,爵者赏萌,余当立。"③
	《春秋佐助期》	黄帝将兴,有黄爵赤头,立于日傍。帝曰:"黄者王也,赤者火荣,爵者赏也。黄爵者赏也,余今当立大功乎,兴于桑乎。"④
	《春秋感精符》	黄帝之将兴,黄云升于堂。文命之候,玄龙御云。天命于汤,白云入房。⑤
	《春秋演孔图》	黄帝之将兴,黄云升于天。帝轩题像,鸾鸟来仪。周公归政制礼,而鸾复见。⑥
黄帝时	《尚书中候》	黄帝时,天气休通,五行期化,凤皇巢于阿阁,欢于树。⑦
	《尚书中候》	黄帝时,麒麟在囿,鸾鸟来仪。⑧
	《尚书中候握河纪》	帝轩提象,麒麟在囿。⑨
黄帝事迹	《礼含文嘉》	黄帝修兵革以德行,则黄龙至,凤凰来仪。⑩
	《春秋合诚图》	黄帝先临,白狐、白虎诸神物乃下。⑪
	《春秋合诚图》	于海滨得白泽神兽,能言,而达万物之情。因问天下鬼神事,自古精气为物、游魂为变者,凡万一千五百二十种。白泽言之,帝令图写,示天下,乃作辟邪之文以祝焉。⑫

祥瑞在谶纬黄帝故事中分为云、鸟、兽三类,并被赋予了特定的象征意义。云类祥

---

① 陆纪君:《祥瑞:汉代天人观念的意象表现》,《北京师范大学学报(社会科学版)》2022年第3期。

② (梁)皇侃撰:《论语义疏》,北京:中华书局,2013年,第215页。

③ [日]安居香山、中村璋八辑:《纬书集成》,石家庄:河北人民出版社,1994年,第780页。

④ [日]安居香山、中村璋八辑:《纬书集成》,石家庄:河北人民出版社,1994年,第805页。

⑤ [日]安居香山、中村璋八辑:《纬书集成》,石家庄:河北人民出版社,1994年,第760页。

⑥ [日]安居香山、中村璋八辑:《纬书集成》,石家庄:河北人民出版社,1994年,第582页。

⑦ [日]安居香山、中村璋八辑:《纬书集成》,石家庄:河北人民出版社,1994年,第400页。

⑧ [日]安居香山、中村璋八辑:《纬书集成》,石家庄:河北人民出版社,1994年,第401页。

⑨ [日]安居香山、中村璋八辑:《纬书集成》,石家庄:河北人民出版社,1994年,第422页。

⑩ [日]安居香山、中村璋八辑:《纬书集成》,石家庄:河北人民出版社,1994年,第494页.

⑪ [日]安居香山、中村璋八辑:《纬书集成》,石家庄:河北人民出版社,1994年,第763页。

⑫ [日]安居香山、中村璋八辑:《纬书集成》,石家庄:河北人民出版社,1994年,第778页。

瑞如黄云,象征着天命的降临,即《春秋感精符》所谓"黄帝之将兴,黄云升于堂"①,《洛书》所称"黄帝起,黄云扶日"②。鸟类祥瑞如黄龙、凤凰、鸾鸟和黄雀等。兽类祥瑞如麒麟、白狐、白虎等。鸟类祥瑞和兽类祥瑞是治世的象征,即所谓"黄帝修兵革以德行,则黄龙至,凤皇来仪"③"黄帝时,麒麟在圃,鸾鸟来仪"④等。

云、鸟、兽三类祥瑞自先秦以来得到了重视。首先,谶纬中云类祥瑞与《竹书纪年》中记载的"黄帝云瑞"相呼应;又《孝经援神契》服虔注云:"黄帝受命,得景云之瑞,故以云纪事。"⑤谶纬中改为"黄云",可能是出于黄帝对应五色中的黄色而改。其次,鸟类祥瑞可追溯到殷商以来的神话传说对鸟的崇拜,即《诗经》"天命玄鸟,降而生商"的传说。关于表格中所呈现的"凤凰、鸾鸟"等瑞鸟,早在《管子·小匡》中便曾有凤凰和鸾鸟两个祥瑞连用的情况,即"夫凤皇鸾鸟不降,而鹰隼鸱枭丰,庶神不格,守龟不兆"。⑥值得注意的是,在鸟类祥瑞中暗含等级,凤凰的地位超过神雀、鸾鸟。王充《论衡·讲瑞篇》提到"神雀、鸾鸟,皆众鸟之长也,其仁圣虽不及凤皇"⑦,《淮南子》中更有"飞龙生凤皇,凤皇生鸾鸟,鸾鸟生庶鸟"⑧的等级说法,龙比凤更尊贵。尽管如此,这些传说中的鸟类都被赋予了神圣的地位,成为沟通天地、人神的使者。最后,关于兽类祥瑞如麒麟、白狐、白虎等,孔子获麟绝笔的故事足证在孔子时代,麒麟早已是太平治世的象征。《管子·封禅》亦指出"今凤皇麒麟不来,嘉谷不生"⑨则不能封禅,则表明了麒麟的出现是天下大治的反映。

此外,如表所示,在谶纬文献中,祥瑞出现的时间阶段分为黄帝受命将兴、黄帝之时和黄帝事迹三个阶段,并具有以下突出特征。首先,《春秋》纬多描绘黄帝将兴之际的祥瑞现象。如黄雀、黄云等祥瑞的出现,预示着黄帝即将受命于天,成为天下的共主。其次,《尚书》纬则多言黄帝时的祥瑞纷呈。以回忆的口吻描叙往昔黄帝之时,凤凰、麒麟、鸾鸟等祥瑞皆现,以此表明黄帝之时乃是治理的盛世。最后,《春秋》纬等文献还描述了黄帝事迹招致祥瑞的现象。如黄帝"修兵革以德行""先临""问天下鬼神事"等事迹的叙述中,都伴随着凤凰、白狐等祥瑞的出现,叙事具有画面感。这些祥瑞不仅具有象征意义,更在叙事中增添了神秘感和庄严感。

① [日]安居香山、中村璋八辑:《纬书集成》,石家庄:河北人民出版社,1994年,第760页。
② [日]安居香山、中村璋八辑:《纬书集成》,石家庄:河北人民出版社,1994年,第1285页。
③ [日]安居香山、中村璋八辑:《纬书集成》,石家庄:河北人民出版社,1994年,第494页。
④ [日]安居香山、中村璋八辑:《纬书集成》,石家庄:河北人民出版社,1994年,第401页。
⑤ (清)阮元校刻:《十三经注疏·春秋左传正义》,北京:中华书局,2009年,第4523页。
⑥ (清)黎翔凤撰:《管子校注》,北京:中华书局,2004年,第426页。
⑦ (东汉)王充著,黄晖撰:《论衡校释》,北京:中华书局,1990年,第728页。
⑧ (汉)刘安编,何宁撰:《淮南子集释》,北京:中华书局,1998年,第371页。
⑨ (清)黎翔凤撰:《管子校注》,北京:中华书局,2004年,第953页。

二、谶纬文献中黄帝母题的新变

黄帝母题的新变显著地体现在谱系、黄帝与蚩尤战争以及黄帝臣故事三个方面，独具谶纬文献的神秘色彩。这些新变体现为对黄帝母题进行了适当的改造。在黄帝的谱系构建上，传统的宗法制血缘关系被五行思想所主导的五方帝体系所取代。在战争叙述中，引入了西王母和玄女等神秘元素，同时融入了符谶元素。在黄帝臣的故事中，天老、风后、力牧的职责发生了显著的转变。

（一）阴阳五行说与黄帝谱系的空间性和伦理性

基于阴阳五行学说，黄帝由历史纵向的帝王转变为空间上的五方帝之一。裴骃指出太史公司马迁依《世本》《大戴礼》，以黄帝、颛顼、帝喾、唐尧、虞舜为五帝[①]，呈现出历史的纵向感。与古史中纵向的历史帝王谱系相比，谶纬中的黄帝谱系呈现在五方帝的空间序列中，如《春秋文曜钩》[②]记"东宫苍帝，其精为青龙"、"南宫赤帝，其精为朱鸟"、"中宫黄帝，其精为腾蛇"（按宋均注："腾，黄色。"）、"西宫白帝，其精为素虎"、"北方黑帝，其精为玄武"与"东方木精，曰岁星""南方火精，曰荧惑""西方金精，曰太白""北方水精，曰辰星""中央土精，曰镇星"[③]等文献，谶纬中的黄帝谱系可归纳如图：

表 4　黄帝五方帝谱系

五帝	苍帝	赤帝	黄帝	白帝	黑帝
五行	木	火	土	金	水
五方	东	南	中	西	北
五兽	青龙	朱鸟	腾蛇	素虎	玄武

谶纬文献中的黄帝谱系是以阴阳五行学说为基础的。顾颉刚曾指出阴阳五行是汉代人思想的骨干，汉代人在宗教、政治、学术等领域皆用阴阳五行的视角来阐释。[④]阴阳是天地变化之遵循，五行则是更具体化，在古人看来，"阴阳者，天地之道也，万物之纲纪，变化之父母，生杀之本始，神明之府也"[⑤]。通过表格的呈现来看，五方帝与五行学说的关系更为直接。其实早在战国时期，受五行思想的影响，黄帝等五帝已经与五行相配。如《孔子家语·五帝》记孔子说："昔丘也闻诸老聃曰：'天有五行，木、火、金、水、土，分时化育，以成万物，其神谓之五帝。'古之王者，易代而改号，取法五行，五行更王，终始相生，亦象其义。故其为明王者，而死配五行。是以太皞配木，炎帝配火，黄帝配土，

① 详参（汉）司马迁撰，（南朝宋）裴骃集解，（唐）司马贞索隐，（唐）张守节正义：《史记》，北京：中华书局，1982年，第1页。

② ［日］安居香山、中村璋八辑：《纬书集成》，石家庄：河北人民出版社，1994年，第676—677页。

③ 岁星即木星，荧惑星即火星，太白星即金星，辰星即水星，镇星即土星。

④ 顾颉刚：《秦汉的方士与儒生》，上海：上海古籍出版社，2005年，第1页。

⑤ 郭霭春主编：《黄帝内经素问校注》，北京：人民卫生出版社，2013年，第53页。

少皞配金，颛顼配水。"①孔子曾聆听老子的观点，苍天孕育五行，五行又缔造世间万物，而五帝掌管这五行的神灵。根据五行学说，太皞、炎帝、黄帝、少皞、颛顼与木、火、金、水、水分别相应。更为重要的是，古代君王朝代更迭更改名号则遵循五行的规律。

汉代儒生在阴阳五行学说的视角下对黄帝与土德的阐释侧重政治伦理。董仲舒《春秋繁露·五行对》指出"土者，五行最贵者也，其义不可以加矣。五声莫贵于宫，五味莫美于甘，五色莫盛于黄，此谓孝者地之义也"②。又班固《白虎通义·号》认为"黄者，中和之色，自然之姓，万世不易。黄帝始作制度，得其中和，万世常存，故称黄帝也"③，更是强调黄帝的黄乃是中和之色，合乎自然，其中也暗含着黄帝的中和的美德。

（二）受天命与黄帝战争叙事重心的转移

以往战争叙事的重心是黄帝与蚩尤斗法的激烈场面，突出黄帝战胜蚩尤的智慧。在谶纬中战争故事的新变不仅强调了黄帝的仁德，还引入了玄女、西王母等人物来着重描写黄帝受符的故事，二者皆是黄帝受天命的体现。

谶纬以仁义为标准，构建了黄帝的仁德，黄帝则以德获得天命。如《龙鱼河图》："黄帝摄政前，有蚩尤兄弟八十一人，并兽身人语，铜头铁额，食沙石子，造立兵仗剑戟大弩，威震天下，诛杀无道，不仁不慈。万民欲令黄帝行天子事。黄帝仁义，不能禁蚩尤，遂不敌。黄帝乃仰天而叹。天遣玄女，授黄帝兵法符，制以服蚩尤。"④叙事的口吻是以黄帝战胜蚩尤后摄政为基调的，黄帝作为人君帝王，自然要符合仁义道德的规范。黄帝仁义的塑造是以蚩尤族的造立兵器、大肆诛杀等不仁不慈的行为衬托的。当黄帝力量不能抵抗蚩尤，为民除难的时候，"黄帝乃仰天而叹"的细节描写更是凸显了黄帝爱民仁德之心。正是因为黄帝仁德，蚩尤不仁，故天遣玄女授黄帝兵法符，从而制服蚩尤。再如对黄帝德行的正面构建，如《礼纬》："黄帝以德行，蚩尤与黄帝战。"⑤在非战争叙事中，谶纬也凸显黄帝以德治天下，如《河图挺佐辅》云："黄帝修德立义，天下大治。"⑥

谶纬引入玄女代表天意，天在谶纬叙事结构上高于黄帝，故黄帝由原始神话中的大神降级为受天命的帝王。其中玄女这一角色，替换掉了原本叙事中的女魃的位置，是女魃这一神话人物的变形。《山海经·大荒北经》描述："有人衣青衣，名曰黄帝女魃。蚩尤作兵伐黄帝，黄帝乃令应龙攻之冀州之野。应龙蓄水，蚩尤请风伯、雨师，纵大风雨。黄帝乃下天女曰魃。雨止，遂杀蚩尤。"⑦《龙鱼河图》言"天遣玄女，授黄帝兵法符，制

① 陈士珂辑：《孔子家语疏证》，南京：凤凰出版社，2017年，第178页。
② （汉）董仲舒著，（清）苏舆撰：《春秋繁露义证》，北京：中华书局，1992年，第316页。
③ （汉）班固纂集：《白虎通义》，上海：上海书店出版社，2012年，第282页。
④ ［日］安居香山、中村璋八辑：《纬书集成》，石家庄：河北人民出版社，1994年，第1149页。
⑤ ［日］安居香山、中村璋八辑：《纬书集成》，石家庄：河北人民出版社，1994年，第533页。
⑥ ［日］安居香山、中村璋八辑：《纬书集成》，石家庄：河北人民出版社，1994年，第1108-1109页。
⑦ （晋）郭璞传，（清）郝懿行笺疏：《山海经笺疏》，济南：齐鲁书社，2010年，第5014页。

以服蚩尤。"①《山海经》与谶纬叙述的不同，我们可以判断该战争神话的叙事发生了从黄帝命天女演变为天遣玄女帮助黄帝的路径。在以《山海经》为代表的原始神话中，黄帝是至高无上的大神，其能命令天女，即表明其在天之上。但在谶纬的叙述中，黄帝是人间帝王，玄女不再是原始神话中听命于黄帝的存在，而是作为天命的使者，是黄帝与上天之间的交流媒介。这种变化体现了谶纬作为政治神话出于其特定的政治目的对原始神话的改造和重塑。

无论是上文所提的"天遣玄女，授黄帝兵法符"②，还是"玄龟衔符出水中"③，这些叙述都突出了符在叙事中的推动作用。符本身具有预言指示的功能，即《尚书中候》所谓的"应乎符瑞，合乎天命"④。如描述黄帝梦到西王母遣道人授"符"的情节，即《春秋》纬："帝伐蚩尤，乃睡梦西王母遣道人披玄狐之裘，以符授之。"⑤《龙鱼河图》对此事的叙事更详细：

> 帝伐蚩尤，乃睡梦西王母遣道人，被玄狐之裘，以符授之曰："太乙在前，天乙备后，河出符信，战则克矣。"黄帝寤，思其符，不能悉忆，以告风后、力牧，曰："此兵应也，战必自胜。"力牧与黄帝俱到盛水之侧，立坛，祭以太牢。有玄龟衔符出水中，置坛中而去。黄帝再拜稽首，受符视之，乃梦所得符也，广三寸，袤一尺。于是黄帝佩之以征，即日禽蚩尤。⑥

《龙鱼河图》这段文字丰富了故事情节，增加了道人对黄帝的提示，道人的提示表明想要战胜蚩尤要依靠的不是双方力量和战斗，而是天象和符信；并且描述了黄帝虔诚地到盛水之侧进行祭祀，之后符信是由玄龟从水中衔出，与黄帝梦中所得符是一致的；最后黄帝按照道人的预感，佩戴上兵符后便战胜了蚩尤。总结来说，叙事重心以符展开，呈现为黄帝梦符、黄帝求符、黄帝配符三个叙事模块。符是黄帝战胜的关键，玄龟代表着祥瑞，玄龟衔符表明天授予符给黄帝，因而黄帝战胜的根本原因仍是天命。

（三）黄帝臣职责的新变：解说梦境与推演阴阳

谶纬文献中有大量黄帝君臣问答，是黄老文献君臣问答叙事模式的延续。其在纬书中的文献分布散见于《河图》《春秋》纬和《诗》纬。在众多黄帝臣中，力牧、风后和天老的角色较为突出。其中，与之前的文献相比，天老在谶纬中出现且具有鲜明的叙事特

---

① ［日］安居香山、中村璋八辑：《纬书集成》，石家庄：河北人民出版社，1994 年，第 1149 页。
② ［日］安居香山、中村璋八辑：《纬书集成》，石家庄：河北人民出版社，1994 年，第 1149 页。
③ ［日］安居香山、中村璋八辑：《纬书集成》，石家庄：河北人民出版社，1994 年，第 1150—1151 页。
④ ［日］安居香山、中村璋八辑：《纬书集成》，石家庄：河北人民出版社，1994 年，第 400 页。
⑤ ［日］安居香山、中村璋八辑：《纬书集成》，石家庄：河北人民出版社，1994 年，第 902 页。
⑥ ［日］安居香山、中村璋八辑：《纬书集成》，石家庄：河北人民出版社，1994 年，第 1150-1151 页。

色。在谶纬中多出现在《河图》类纬书中，与《河图》有密不可分的关系。

首先是天老这一人物在谶纬黄帝臣中的突出。此前黄帝臣中的核心角色是风后、力牧等人，即《史记·五帝本纪》记载黄帝"举风后、力牧、常先、大鸿以治民"①。但是从谶纬文献看，天老确实在黄帝的辅臣中扮演了重要的角色，根据纬书所述黄帝七个辅臣的职责，其中"天老受天箓"②，也表明了天老通天，能解说符箓的特征。天老的职责具体体现在为黄帝解说梦境、阐述河图的内容和建议黄帝斋戒等方面。首先，天老为黄帝解释了黄帝的梦境，并顺便阐释了《河图》的内容，即《河图挺佐辅》云：

黄帝修德立义，天下大治。乃召天老而问焉："余梦见两龙挺日图，即帝以授余于河之都。觉味素喜，不知其理，敢问于子。天老曰："河出龙图，雒出龟书，纪帝录列州圣人所纪姓号，典谋治平，然后凤皇出之。今凤皇已下三百六十日矣，合之图纪，天其授帝图乎？"③

天老将两条龙挺《河图》的梦境解释为"天其授帝图乎"，《河图录运法》中天老亦云"河有河图，洛有龟书，天其授帝图乎！"④意味着这是天授予黄帝的图录，象征着天命所归，预示着黄帝的统治将顺应天意，繁荣昌盛。并且天老将《河图》的内容阐释为"纪帝录列州圣人所纪姓号，典谋治平"，即《河图》记载帝王圣人的姓氏名号和用来治理国家，为太平安定的经典谋略。

其次，天老提出斋戒受图的建议。《河图录运法》天老解梦曰："天其授帝图乎！试斋以往视之。"⑤《河图挺佐辅》记述"帝乃斋住河洛，有大鱼溯流而泛白图，帝跪受"⑥，果然有河出图的祥瑞现象，黄帝对此天意则跪拜接受，表现出人王对上天的尊崇。

其实，黄帝与天老的故事早在《韩诗外传》中即有解说凤凰祥瑞的模板。《韩诗外传》："黄帝召天老而问：'凤像何如？'天老曰：'夫凤像鸿前而麟后，蛇头而鱼尾，龙文而鸡身，燕颔而鸡啄。'黄帝乃斋于中宫，凤蔽日而至。黄帝降于东阶，西面再拜稽首。皇天降祉，敢不承命。凤乃止帝东园。"⑦黄帝向天老询问凤凰的形象，天老详细地描述了凤凰的外貌特征，包括它的头、尾、身体、颈项和翅膀等部位的形状和颜色，黄帝在得到天老对凤凰形象的描述后，斋戒于中宫，以示对天意的虔诚和敬畏。

① （汉）司马迁撰，（南朝宋）裴骃集解，（唐）司马贞索隐，（唐）张守节正义：《史记》，北京：中华书局，1982年，第3页。

② ［日］安居香山、中村璋八辑：《纬书集成》，石家庄：河北人民出版社，1994年，第1071页。

③ ［日］安居香山、中村璋八辑：《纬书集成》，石家庄：河北人民出版社，1994年，第1108—1109页。

④ ［日］安居香山、中村璋八辑：《纬书集成》，石家庄：河北人民出版社，1994年，第1109页。

⑤ ［日］安居香山、中村璋八辑：《纬书集成》，石家庄：河北人民出版社，1994年，第1165—1166页。

⑥ ［日］安居香山、中村璋八辑：《纬书集成》，石家庄：河北人民出版社，1994年，第1109页。

⑦ 张玉春疏证：《〈史记〉日本古注疏证》，济南：齐鲁书社，2016年，第423页。

与天老相对应,力牧、风后原本辅佐黄帝的方式是政治谋划,在纬书中其职责与阴阳五行关系更为密切。如对风后的叙述更侧重推演阴阳之事。在《山海经》中,风伯的职责是协助黄帝在战争中获胜,在《史记·五帝本纪》中他们辅佐黄帝治理民众,然而在谶纬中则突出了风后善推阴阳之事,即"黄帝师于风后,风后善于伏羲氏之道,故推演阴阳之事"①。《河图始开画》亦云:"黄帝问风后曰:'余欲知河之始开。'风后曰:'河凡有五,皆始开于昆仑之墟。'"②黄帝问风后黄河的来源,风后回答说黄河的五条水系都发源于昆仑山的山脚下,黄帝与风后的问答正照应书名《河图始开画》。此外,《汉书·艺文志》所录阴阳象书有《风后》十三篇、《力牧》十五篇,所录五行书有《风后孤虚》二十卷,虽是依托风后、力牧而作,可见在时人眼中二人与阴阳五行关系之密切。

此外,在谶纬文献中,风后、力牧已经晋升为黄帝师。如《春秋内事》云:"黄帝师于风后。"③《论语比考》云:"黄帝师力牧。帝颛顼师绿图……"④其实,帝师的说法由来已久,《战国策·燕策》即言"帝者与师处,王者与友处,霸者与臣处,亡国与役处"⑤,点明了帝王师的辅佐作用。又《潜夫论·赞学》云:"黄帝师风后,颛顼师老彭,帝喾师祝融……"⑥这说明黄帝以风后为师的说法在当时接受比较广泛。与黄老文献中黄帝君臣问答侧重治国谋略不同,谶纬文献侧重从群臣辅佐黄帝解说梦境、祥瑞、斋戒和祭祀等情节,具有政治神话色彩。

三、总结

谶纬黄帝文本的特点可以归纳为以阴阳五行说为基础,以黄帝受命于天为叙事核心,包括谶纬黄帝故事新主题和传统母题的新变两个维度。无论是新主题的引入,如感生、龙颜、祥瑞等,还是母题的新变,都紧紧围绕天命这一核心展开叙事。这些文本与现实政治紧密相连,谶纬作者通过对黄帝天命故事的构建,从而获得了对天命的解释权。在谱系、战争、君臣等母题方面,如以五行学说改造黄帝历史谱系,以仁义来强调黄帝战争的正统性,进而接受天命战胜蚩尤。在黄帝臣中,天老、风后、力牧等人物被突出,尤其是天老。这些新变不仅丰富了黄帝的故事,也反映了东汉社会对帝王符合天命、仁义等观念的强调。

谶纬黄帝文本在黄帝文本自身发展和服务东汉政治等方面具有不可替代的价值。首先从黄帝文本的本身发展来看,谶纬黄帝文本融合了先秦诸子思想、儒家伦理观念、道家阴阳学说、五德终始说和天人感应学说等多种元素,丰富了黄帝形象和黄帝故事的内

① [日]安居香山、中村璋八辑:《纬书集成》,石家庄:河北人民出版社,1994年,第887页。
② [日]安居香山、中村璋八辑:《纬书集成》,石家庄:河北人民出版社,1994年,第1105页。
③ [日]安居香山、中村璋八辑:《纬书集成》,石家庄:河北人民出版社,1994年,第887页。
④ [日]安居香山、中村璋八辑:《纬书集成》,石家庄:河北人民出版社,1994年,第1067页。
⑤ 何建章撰:《战国策注释》,北京:中华书局,1990年,第1111页。
⑥ (东汉)王符撰,(清)汪继培笺,彭铎校正:《潜夫论笺校正》,北京:中华书局,1985年,第1页。

涵和文化价值。其次，谶纬黄帝文本为东汉政治统治提供了合法性支撑。通过宣扬黄帝受天命等内容，暗示东汉皇帝是黄帝圣统的传承者，进而巩固统治秩序。如《汉书·元后传》记载"莽自谓黄帝之后"[①]，王莽一直自称黄帝之后借此巩固政权。最后从思想角度看，谶纬黄帝文本所构建的黄帝仁德、爱民、尊师等德行，因而有天命与祥瑞，体现了对理想统治者的追求，成为后世统治者所标榜和效仿的对象，对中国古代政治思想和实践产生了深远影响。

---

① （东汉）班固著，（唐）颜师古注：《汉书》，北京：中华书局，1962 年，第 4014 页。

家庭支持、媒介接触对老年人健康自评的影响

——基于中国家庭追踪调查（CFPS）数据

朱秀凌　陈洁璇 *

（广东外语外贸大学新闻与传播学院，广东广州，510006）

摘　要： 基于 2020 年中国家庭追踪调查 (China Family Panel Studies, CFPS) 数据，使用 logit 回归模型及 Bootstrap 法检验了家庭支持（精神支持、经济支持和生活照料）对老年人健康自评的独立影响作用，分析了媒介接触（传统媒介接触和互联网接触）作用。研究发现，家庭支持的精神支持和生活照料是影响老年人健康自评的重要风险因素，经济支持则无显著影响；互联网接触在其中发挥了中介作用；而传统媒体接触对老年人健康自评不存在显著的直接影响，同时在家庭支持与健康自评之间也不存在中介作用。

关键词： 家庭支持；媒介接触；健康自评；社会支持理论

基金项目： 本文系 2021 年国家社科基金一般项目"数字时代青少年网络亲社会行为的激励与培育机制研究"（编号：21BXW074）研究成果。

一、引言

随着我国老龄化进程的加速，老年人健康问题日益受到关注。健康自评作为一种主观评价指标，能够反映个体对自身健康状况的认知和感受，是老年人健康状况的重要衡量标准。生物—心理—社会医学模式逐渐成为健康研究的主流范式[①]，研究者开始强调个人主观评价对健康影响，大量研究显示主观自评健康与社会因素、健康行为等有显著关系。

家庭支持作为社会支持的重要组成部分，对老年人健康自评具有显著影响，不仅可以提供物质与生活上的帮助，保障老年人的生活，而且可以提供情感上的支持和安慰，

---

* 作者简介：朱秀凌，广东外语外贸大学新闻与传播学院教授，硕导，专硕中心主任，研究方向为家庭传播、青少年与媒介等；陈洁璇，广东外语外贸大学新闻与传播学院 23 级研究生，研究方向为城市传播。

① 曾毅、柳玉芝、萧振禹等：《中国高龄老人的社会经济与健康状况》，《中国人口科学》2004 年 1 期。

减轻老年人的孤独感和抑郁情绪，促进老年人的身体心理健康，有利于老年人应对生活中的挑战和困难。

与此同时，随着互联网日益渗透进日常生活，根据中国互联网络信息中心（2024）发布的第 54 次《互联网络发展状况统计报告》（CNNIC）显示，中国网民的用户规模已达 11 亿人，互联网普及率达到 78.0%。互联网不仅渗透到了政治、经济和文化生活，而且深刻影响了人们传统的生活、学习及工作方式。国外互联网与健康研究中已经发现，数字不平等与人口健康差异有着紧密的关系，其中数字鸿沟被认为是健康促进和医疗保健方面值得重点关注的新问题[①]。但目前学界对于家庭支持与老年人的自评健康的研究较少，而关于媒体与健康自评之间的关系也主要集中在互联网等新媒介对健康自评的影响，对传统媒介是否对老年人健康自评产生类似影响的研究涉猎较少。

基于上述分析，本文将利用 2020 年中国家庭追踪调查数据，从社会支持理论视角出发，并借助二元回归模型，用实证研究的方法分析家庭支持与健康自评的关系，以及媒介接触是否能够作为家庭支持对老年人健康自评产生影响效应的解释机制，试图探讨以下问题：（1）家庭支持是否会对老年人的健康自评产生影响？如果有影响，那么家庭支持影响老年人健康自评的作用机制是什么？（2）媒介接触是否会影响家庭支持与老年人健康自评之间的关系？如果有影响，是传统媒介影响显著还是新媒介影响显著？对于以上问题的探讨，不仅在党的二十大提出的积极应对人口老龄化国家战略的背景下具有重要的现实参考意义[②]，而且对于丰富和拓展老年人健康传播研究提供了新的研究视角和实证支持。

二、理论基础及文献综述

（一）理论基础：社会支持理论

美国学者 Barrera 指出，社会支持是指来自家庭成员、朋友、邻居以及其他人提供的各种形式的援助和支持的一系列社会互动[③]。自 20 世纪 70 年代被正式提出之后，在健康传播领域研究与实践中受到广泛关注。社会支持通常分为两类：一种是实际支持，包括物质上的援助和直接服务；另一种是主观支持，即体验到的情感上的支持[④]。社会支持模型通常在健康领域的研究有两种解释模型，一种是主效应模型（The main effects model），

① Chou, W. Y. S., Liu, B., Post, S., and Hesse, B. "Health-related Internet use among cancer survivors: data from the Health Information National Trends Survey, 2003–2008," Journal of Cancer Survivorship, vol. 5, no. 3 (2011), pp. 263-270.

② 习近平：《高举中国特色社会主义伟大旗帜 为全面建设社会主义现代化国家而团结奋斗：在中国共产党第二十次全国代表大会上的报告》，北京：人民出版社，第 48 页。

③ Barrera, M., Sandler, I. N., and Ramsay, T. B. "Preliminary development of a scale of social support: Studies on college students，" American Journal of Community Psychology, vol. 9, no. 4 (1981), pp. 435-447.

④ 吴捷：《老年人社会支持、孤独感与主观幸福感的关系》，《心理科学》2008 年第 4 期。

另一种是压力缓冲模型（The stress-buffering model）。主效应模型更加强调的是日常情景下的健康传播效果与社会支持之间的关系，一系列学术研究揭示了社会支持会作用于人的思想、情感和行为，对老年人的自我健康评价产生影响，而个体社会支持的缺失会导致老年人健康状况的恶化①。压力缓冲模型认为社会支持主要是在应激事件出现或心理压力增大时起到缓冲的作用，以维持个体心理健康。鉴于本研究所关注的是老年人日常情境下得到的社会支持，故而采用主效应模型。

家庭支持作为社会支持的核心组成部分，是老年人得到的物质、精神和生活支持的重要来源，指的是家庭的其他成员为某个人（如父母）所提供的帮助，这些帮助基本上可以分为经济支持、生活照料和情感支持三部分②。研究表明，子女日常探视与关心有助于老年人维持并改善自身的健康状况③。本研究将从生活照料、经济支持、精神支持对老年人获得的家庭支持进行实证研究。

（二）家庭支持与健康自评研究

家庭支持（生活照料、精神支持、经济支持）对老年人的生活质量、心理健康以及老年患者的疾病治疗和康复至关重要。学术界主要从生活、经济及精神等方面探讨了家庭支持与老年人健康的关系。学者胡斌等在随机抽取了 18 个社区进行问卷调查后，发现家庭养老支持对老年人健康自评有重要影响，应完善以社区为依托的养老支持体系④。

关于生活照料对老年人健康状况影响有两种观点：一种认为家庭成员对于老年人生活起居的照料能够减轻老年人的生活压力，提升他们的幸福感，对提升健康自评状况起到作用。另一种认为子女的生活照料对老年人健康影响分为两种情况，在日常起居方面对老年人的照顾能改善其健康水平，但在生病情况下子女的生活照料对老年人的健康影响并不显著⑤。

学者刘西国认为家庭成员的经济支持不仅对老人的生理健康有正向影响，同时对老人的生理健康水平提升有积极作用⑥。但也有研究认为来自家庭的经济支持对老年人健康状况的影响是有限的，学者于潇等通过对 CHARLS2018 年的问卷数据进行分析，发现获得子女经济支持越多的老年人，生活满意度越高，进而可在经济层面拥有更多可支配资源，提高老年人的购买能力，为维持自己的健康水平发挥关键作用⑦。张勃等研究发

① 李建新：《老年人口生活质量与社会支持的关系研究》，《人口研究》2007 年第 3 期。
② 刘爱玉、杨善华：《社会变迁过程中的老年人家庭支持研究》，《北京大学学报（哲学社会科学版）》2000 年第 3 期。
③ 张文娟、李树茁：《代际支持对高龄老人身心健康状况的影响研究》，《中国人口科学》2004 年 S1 期。
④ 胡斌、钱香玲、王琦等：《家庭支持对城市老年人健康自评的影响》，《中国老年学杂志》2022 年第 6 期。
⑤ 张文娟、李树茁：《子女的代际支持行为对农村老年人生活满意度的影响研究》，《人口研究》2005 年第 5 期。
⑥ 刘西国：《代际经济支持健康效应检验》，《西北人口》2016 年第 1 期。
⑦ 于潇、辛艳慧：《家庭经济支持对我国城镇老年人健康的影响》，《税务与经济》2023 年第 6 期。

现，子女情感支持对老年人心理健康发挥积极作用，尤其对农村老年人心理改善作用更明显[①]。

因此，本研究做出如下假设：

假设 1：获得家庭支持越多，老年人健康自评越好；

假设 1a：获得生活照料越多，老年人健康自评越差；

假设 1b：经济支持越多，老年人健康自评越好；

假设 1c：精神支持越多，老年人健康自评越好。

（三）家庭支持与媒介接触研究

近年来，国内学者对于家庭支持与媒介接触关系进行了广泛的研究。研究表明，有效社会支持是鼓励老年人互联网接入和使用的重要因素之一，而家庭支持对于老年人互联网接入选择起着重要积极作用[②]。

家庭支持作为社会支持的重要组成部分，对个体媒介接触同样具有重大影响。媒介接触选择研究指出，受众在选择媒介接触时，会受到周围"微型把关人"——尤其是家庭因素的影响，这种特征在媒介选择较少情境下尤为明显[③]。德国苏黎世大学传媒研究所博士 Bon-fadelli 研究发现，社会经济地位较低的人，互联网对其健康自评影响的效果更明显，且受过良好教育的互联网用户对新媒介使用持积极态度[④]。《中老年互联网生活研究报告》指出，老年人网络媒介素养的提高，在于子代或者孙代"手把手"地教父母或者祖父母使用互联网，这种来自家庭的支持在鼓励老年人拥抱新事物的同时，也从物质和精神上创造为老年人互联网接入的必要条件。戴利朝等在选取三代人调查媒介接触后发现，家庭作为个人日常接触最多的场所，可深入影响个体的媒介接触与选择，其中家庭媒介的种类数量与代际的互动沟通对个体媒介选择影响较大[⑤]。

（四）媒介接触与健康自评研究

近年来，越来越多研究关注媒介接触与个体健康自评之间的关系。有研究发现，由于传统媒介更偏向官方权威信息来源，其所提供的真实性信息会增强人们的满意度，从

---

① 张勃、刘聪慧、叶江林：《子女情感支持对老年人心理健康的影响及其城乡差异研究》，《农村·农业·农民（B 版）》2023 年第 5 期。

② Bailey, A., and Ngwenyama, O. "Bridging the generation gap in ICT use: Interrogating identity, technology and interactions in community telecenters," *Information Technology for Development*, vol. 16, no. 1 (2010), pp. 62-82.

③ 丹尼斯·麦奎尔著：《受众分析》，刘燕南、李颖、杨振荣译，北京：中国人民大学出版社，2011 年，第 76—78 页。

④ Bonfadelli, H. "The Internet and knowledge gaps: A theoretical and empirical investigation," *European Journal of Communication*, vol. 17, no. 1 (2002), pp. 65-84.

⑤ 戴利朝、王丽华：《代际分层、社会化历程与个体的媒介接触》，《江西师范大学学报（哲学社会科学版）》2016 年第 4 期。

而影响人们健康信息寻求的积极行为[①]。媒介能形塑健康生活方式，进而提升自评健康水平，其中传统媒介在健康生活方式上的正向效应大于数字媒介[②]。鉴于此，本文做出如下假设：

假设 2：传统媒介接触在家庭支持与老年人健康自评之间有显著的中介作用；

假设 2a：传统媒介接触在生活照料与老年人健康自评有显著的中介作用；

假设 2b：传统媒介接触在经济支持与老年人健康自评有显著的中介作用；

假设 2c：传统媒介接触在精神支持与老年人健康自评有显著的中介作用。

与此同时，媒介接触作为获取信息和社会交往的重要途径，可能对个体健康自评产生积极影响。互联网作为新型数字媒介，具有传统媒介所无法比拟的传播范围与速度，有观点认为老年人的互联网使用增强了其社会联系、拓宽了信息渠道，使用互联网（包括手机等移动终端）获取信息的个人在精神健康、生理健康水平以及用药决策上更有优势[③]。尽管新媒介接触会造成社会孤独，个体孤独感从而降低健康水平[④]，但新媒介在缓解老年人的孤独感、提升幸福感和改善心理健康状况方面效果依旧显著[⑤]。基于以上分析，本研究做出如下假设：

假设 3：互联网接触在家庭支持与老年人健康自评之间具有显著的中介作用；

假设 3a：互联网接触在生活照料与老年人健康自评之间有显著的中介作用；

假设 3b：互联网接触在经济支持与老年人健康自评之间有显著的中介作用；

假设 3c：互联网接触在精神支持与老年人健康自评之间有显著的中介作用。

三、研究设计

（一）数据来源

本研究所使用的数据来源于北京大学中国社会科学调查中心 2020 年的中国家庭追踪调查（China Family Panel Studies, CFPS）。该数据库每隔两年更新调查一次，由于数据库编码梳理工作的烦琐漫长，调查结果公布时间往往较长，所以 2020 年中国家庭追踪调查数据是目前为止的最新数据。中国家庭追踪调查是一项全国性、综合性的社会追踪调查

① 张玲璐：《浅析传统媒介与网络媒介的互动——以"郭美美事件"为例》，《新闻世界》2012 年第 10 期。

② 李武呈：《相映成趣：信息媒介使用差异及其对自评健康的影响》，吉林大学硕士学位论文，2022 年，第 10 页。

③ Chou, W. Y. S., Liu, B., Post, S., and Hesse, B. "Health-related Internet use among cancer survivors: data from the Health Information National Trends Survey, 2003–2008," Journal of Cancer Survivorship, vol. 11, no. 5 (2011), pp. 263-270.

④ Stepanikova, I., Nie, N. H., and He, X. "Time on the Internet at home, loneliness, and life satisfaction: Evidence from panel time-diary data," Computers in Human Behavior, vol. 26, no. 3 (2010), pp. 329-338.

⑤ Miller, A. M., and Iris, M. "Health promotion attitudes and strategies in older adults," Health Education & Behavior, vol. 29, no. 2 (2002), pp. 249-267.

项目，旨在通过追踪收集个体、家庭、社区三个层次的数据，反映中国社会、经济活动、教育成果、家庭关系与家庭动态、人口迁移、健康等的变迁，为学术研究和分析提供数据基础。CFPS 调查问卷分别由四种主题问卷类型组成：社区问卷、家庭问卷、成人问卷和少儿问卷。本文的研究对象限定为 60 岁以上老年人，在剔除缺失严重的样本和不符合条件的样本后，有效样本数为 4813 人。

（二）变量设置

1. 因变量

老年人自评健康是个体对自己健康状况的主观评价，是衡量个体健康状况的关键指标[①]。在 2020 年 CFPS 中问卷设为"您认为自己的健康状况如何"，分别对应五个选项，"非常健康""很健康""比较健康""一般"和"不健康"五个选项，基于样本状况和实际情况的考虑，本文将前四个选项合并为"健康"，赋值为 1，将"不健康"赋值为 0。

2. 自变量

本文的核心自变量为家庭支持，家庭支持主要是指家庭的其他成员为其他成员（未成年人或老年人居多）所提供的帮助，根据前文综述将其分为生活照料、经济支持和精神支持。生活照料主要指亲友对老年人的生活帮扶及子女对其生活上的照顾，对应问卷中（2）"子女是否为您料理家务或照顾您的饮食起居？"经济支持包括来自家人亲友的经济支持，对应问卷中（1）"过去 6 个月，子女是否为您提供经济帮助？"以上选项均设赋值"是"=1，"否"=0。精神支持包括孩子看望与联系，对应问卷中（3）"过去 6 个月，您多久能见到子女"。选项分别为"几乎每天、一周 3—4 次、一周 1—2 次、一月 2—3 次、一月一次、几个月一次、从不"，对应赋值为"1—7"。

2. 中介变量

本文将媒介接触作为中介变量，包括传统媒介接触和互联网接触。传统媒介接触通常是指人们通过电视、广播、报纸期刊等进行信息获取、娱乐、学习等活动的行为，通过问卷"报纸、期刊对获取信息的重要性""广播对获取信息的重要性""电视对获取信息的重要性"，将问卷中回答"1—5"表示为从"非常不重要到非常重要"，考虑到本次使用二元 logit 模型，将回答"不重要""非常不重要"赋值为 0，表示"不接触"；其余赋值为 1，表示"接触"；互联网接触对应问卷中"是否移动设备上网"和"是否电脑上网"生成新变量"是否使用互联网"，选项"是"赋值为 1，"否"赋值为 0。

3. 控制变量

参照以往研究，本文选取以下变量作为控制变量进入模型，包括性别、收入、婚姻状况，城乡、地区（根据社会经济发展水平分为东部、西部、中部和东北地区，其中将

---

① Alpert, P. T. "Self-perception of social isolation and loneliness in older adults," Home Health Care Management & Practice, 2017, 29(4), p. 249-252.

回答为"东部地区"赋值为 1，回答为"中部地区"赋值为 2，回答为"西部地区"赋值为 3，回答为"东北地区"赋值为 4，另外，根据 Stronegger 等研究 [1]，将体育参与、幸福感也列入控制变量（详见表 1）。其中，精神支持、收入、幸福感为连续变量或顺序变量，其余为分类变量。

表 1　相关变量描述统计表

变量名称	赋值定义	样本量	均值	标准差
健康自评	0= 不健康，1= 健康	4813	0.75	0.433
生活照料	0= 否，1= 是	4813	0.42	0.494
经济支持	0= 否，1= 是	4813	0.561	0.496
精神支持	1= 几乎每天，2= 一周 3—4 次，3= 一周 1—2 次 4=一月 2—3 次，5= 一月一次，6= 几个月一次 7= 从不	4813	3.118	2.184
报刊接触	0= 否，1= 是	4813	0.314	0.464
广播接触	0= 否，1= 是	4813	0.410	0.492
电视接触	0= 否，1= 是	4813	0.846	0.361
互联网接触	0= 否，1= 是	4813	0.227	0.419
性别	0= 女，1= 男	4813	0.522	0.500
收入	1= 很低，2= 低，3= 一般，4= 高，5= 很高	4813	3.193	1.162
地区	1= 东部，2= 中部，3= 西部，4= 东北	4813	2.235	1.066
城乡	0= 农村，1= 城市	4813	0.277	1.496
体育参与	0= 不参与，1= 参与	4813	0.353	0.478
婚姻状况	0= 无配偶，1= 有配偶	4813	0.833	0.373
幸福感	0-10 分，0 代表最低，10 代表最高	4813	7.765	2.145

（三）分析方法

由于本文因变量老年人自评健康（健康 =1，不健康 =0）是二分类变量，因此采用二元 logit 回归模型进行回归分析，分析家庭支持对老年人健康自评的影响。

$$\ln\left(\frac{P_i}{1-P_i}\right) = \alpha + \beta_0 X_i + \sum \beta_j Z_{ij}$$

式中 i 表示第 i 个老年人，Pi 表示其健康的概率；Xi 表示第 i 个老年人的家庭支持；Zij 表示控制变量，α 为截距项，β_0 表示的是被解释变量 Xi 的系数。

---

[1]　Stronegger, W. J., Titze, S., and Oja, P. "Perceived characteristics of the neighborhood and its association with physical activity behavior and self-rated health," Health & Place, vol. 16, no. 4 (2010), pp. 736-743.

四、研究发现

(一) Logit 回归结果

1. 生活照料与精神支持对健康自评的影响不同

如表 2 所示，本文构建了三个 logit 回归模型，即模型 1、模型 2 和模型 3，通过不同模型的逐步检验，验证家庭支持、媒介接触和老年人健康自评的相关关系。

在模型 1 中，在控制了人口特征变量之后，首先考虑了家庭支持对健康自评的影响。研究发现，与没有得到生活照料的老年人相比，得到的老年人自评健康取值较低，低 0.246 倍；获得精神支持（"1= 几乎每天，7= 从不"）的老年人健康自评取值比未获得的高，高 0.0553 倍。

模型 1 表明，生活照料与精神支持对自评健康状况影响较为显著（P 值均小于 0.01），且获得生活照料的老年人健康自评比没有的取值低 0.246 倍；获得精神支持的老年人的健康自评比没有的高 0.0542 倍。这一结果证实了假设 1a 和假设 1c，这说明较多的生活干预会影响老年人自身的社交活动，从而缺乏与他人的正常沟通和交流，产生孤独感，降低对自身的健康评估水平[1]；经济支持与健康自评之间没有显著因果效应（P 值大于 0.1），而来自子代的感情维持行为和帮助，能有效减轻老年人的心理压力[2]，提升老年人的健康自评状况。假设 1b 不成立。这是因为比起获得经济支持，对老年人给予情感上的陪伴与支持更有助于老年人的身心健康；同时由于当前老年人对物质需求的降低和医疗保险的普及等影响，来自家庭成员的经济支持对老年人的健康影响愈发不显著。

2. 传统媒介接触对健康自评无显著影响

模型 2 在模型 1 的基础上纳入电视、广播、报刊接触等传统媒介接触变量。结果表明，经济支持、传统媒介接触与老年人健康自评之间没有显著因果关系。这是因为互联网的出现，其便利性逐渐改变了老年人搜集获取信息的来源，传统媒介作为信息来源逐渐不被老年人所使用，因而传统媒体对老年人健康自评的影响逐渐不显著。

3. 互联网接触对健康自评的正向效应

与模型 1 相比，模型 3 在其基础上纳入了互联网接触这一变量，从表中不难看出，互联网接触每增加 1，老年人健康自评取值增加 0.344 倍。这说明接触互联网的老年人比未接触的健康自评状况更积极。这是因为老年人通过手机等新媒介，可增强与家人和朋友之间的互动，扩展健康保健服务途径，增加娱乐选择和终身学习机会等，直接作用于

---

① 刘昊、李强、薛兴利：《双向代际支持对农村老年人身心健康的影响——基于山东省的调查数据》，《湖南农业大学学报（社会科学版）》2019 年第 4 期。

② Thomas, P. A. "Is it better to give or to receive? Social support and the well-being of older adults," The Journals of Gerontology. Series B, Psychological Sciences and Social Sciences, vol. 69, no. 3 (2010), pp. 351-357.

老年人主观情感方面[①]，影响老年人对于自身健康的感知判断。同时，从表中可以看出，模型3在加入互联网接触这一变量后，解释力从49.6%增加到52.8%，这一结果揭示了互联网接触在家庭支持与自评健康之间发生中介作用。

表2　基于 Logit 回归的分析结果

变量名	模型 1	模型 2	模型 3
	系数（标准误）	系数（标准误）	系数（标准误）
生活照料	−0.246***	−0.246***	−0.223***
	(0.0768)	(0.0769)	(0.0771)
精神支持	−0.0553***	−0.0542***	−0.0520***
	(0.0167)	(0.0167)	(0.0168)
经济支持	−0.106	−0.107	−0.0984
	(0.0733)	(0.0734)	(0.0735)
性别	0.519***	0.498***	0.510***
	(0.0699)	(0.0705)	(0.0701)
收入	0.173***	0.163***	0.185***
	(0.0302)	(0.0305)	(0.0303)
地区	−0.0981***	−0.104***	−0.102***
	(0.0322)	(0.0324)	(0.0324)
城乡	0.0494**	0.0490**	0.0494**
	(0.0219)	(0.0220)	(0.0221)
体育参与	0.375***	0.346***	0.299***
	(0.0751)	(0.0759)	(0.0772)
婚姻状况	−0.0509	−0.0606	−0.0634
	(0.0914)	(0.0915)	(0.0915)
幸福感	0.134***	0.129***	0.131***
	(0.0158)	(0.0159)	(0.0158)
报刊接触	—	0.0894	—
	—	(0.0868)	—
广播接触	—	0.0957	—
	—	(0.0796)	—
电视接触	—	0.110	—
	—	(0.0929)	—
互联网接触	—	—	0.377***
	—	—	(0.0919)

---

① 王宇:《智能手机使用对老年人主观健康的影响研究——基于 2016 年中国老年社会追踪调查 (CLASS) 数据》,《人口与发展》2020 年第 6 期。

续表

变量名	模型 1	模型 2	模型 3
	系数（标准误）	系数（标准误）	系数（标准误）
Constant	−0.243	−0.291	−0.310
	(0.188)	(0.195)	(0.189)
N	4813	4813	4813
Pseudo R^2	0.0496	0.0508	0.0528

注：括号中为标准误；* 表示 $p < 0.05$，** 表示 $p < 0.01$，*** 表示 $p < 0.001$。

（二）稳健性检验

虽然经过以上的 Logit 回归模型验证了家庭支持、媒介接触与老年人健康自评之间的相关性，但可能会由于数据所限遗漏一些控制变量，或是变量间存在互为因果的关系而产生内生性问题。为了尝试解决以上问题，本文将采用模型替换法对 Logit 回归模型进行稳健性检验。

本文采用了 Probit 模型进行回归检验（见表 3），研究发现，生活照料与精神支持对老年人的健康自评仍保持在 1% 的水平上有显著影响。回归系数表明，获得生活照料的老年人，其健康自评状况比未获得生活照料的老年人低；获得精神支持的老年人，其健康自评状况高于未获得的；接触互联网的老年人比不接触的健康自评状况更好；传统媒介接触、经济支持依旧与老年人健康自评没有显著因果关系。替换模型后的系数仍然具有显著性，与 Logit 回归模型一致，这说明该模型有较好的稳健性。

表 3　基于 Probit 回归的分析结果

变量名	模型 4	模型 5	模型 6
	系数（标准误）	系数（标准误）	系数（标准误）
生活照料	−0.145***	−0.145***	−0.132***
	(0.045)	(0.045)	(0.045)
精神支持	−0.033***	−0.032***	−0.030***
	(0.010)	(0.010)	(0.010)
经济支持	−0.061	−0.062	−0.057
	(0.043)	(0.043)	(0.043)
	(0.009)	(0.009)	(0.009)
报刊接触	—	0.052	—
	—	(0.050)	—
广播接触	—	0.058	—
	—	(0.046)	—

续表

变量名	模型 4	模型 5	模型 6
	系数（标准误）	系数（标准误）	系数（标准误）
电视接触	—	0.066	—
	—	(0.056)	—
互联网接触	—	—	0.217***
	—	—	(0.052)
Constant	−0.128	−0.158	−0.169
	(0.111)	(0.116)	(0.112)
N	4813	4813	4813
Pseudo R^2	0.0493	0.0506	0.0525

注：括号中为标准误；* 表示 $p \langle 0.05$，** 表示 $p \langle 0.01$，*** 表示 $p \langle 0.001$。

（三）中介检验及结果分析

因果步骤法、系数乘积法是两种基本的中介效应检验的方式。其中因果步骤法是检验中介效应的最基本方式，但目前在学界争议较多，本次将采用系数乘积法。系数乘积法又分为两类：一类是基于中介效应的抽样分布为正态分布的 Sobel 检验法；另一类是基于中介效应的抽样分布为非正态分布的不对称置信区间法，包括 Bootstrap 法和乘积分布法[1]。与其他检验中介效应的方法相比，Bootstrap 法提供了更准确的置信区间估计，统计功效更高，是目前比较理想的中介效应检验法[2]，本研究采用的即是偏差校正的百分位 Bootstrap 法。

1. 传统媒介接触在家庭支持与健康自评之间的中介效应不显著

从表 4 可以看出，生活照料对老年人健康自评影响的直接效应为 −0.043（p=0.000），模型中纳入报刊接触、广播接触、电视接触等传统媒介后，其间接效应分别为 0.000（p=0.683）、0.000（p=0.391）和 0.000（p=0.985），这说明传统媒介在生活照料与老年人健康自评之间并未起到中介作用，假设 2a 未得到支持。

经济支持对老年人健康自评影响的直接效应为 −0.019（p $\rangle$ 0.05），通过报刊接触、广播接触、电视接触等传统媒介接触发挥的间接效应分别为 0.000（p=0.737）、0.001（p=0.691）和 0.000（p=0.924），这说明来自家庭成员的经济支持对老年人健康自评影响不显著，传统媒介在经济支持与老年人健康自评之间也未起到中介作用，假设 2b 未得到支持。

---

① 方杰、张敏强、邱皓政：《中介效应的检验方法和效果量测量：回顾与展望》，《心理发展与教育》2012 年第 1 期。

② MacKinnon, D. P., Lockwood, C. M., and Williams, J. "Confidence limits for the indirect effect: Distribution of the product and resampling methods," Multivariate Behavioral Research, vol. 39, no. 1 (2004), pp. 99-128.

精神支持对老年人健康自评的影响的直接效应为 –0.009（p=0.000），通过报刊、广播、电视等传统媒介接触发挥的间接效应即中介效应分别为 0.000（p=0.283）、0.000（p=0.824）和 0.000（p=0.250），该结果表明，精神支持对老年人健康自评影响的直接效应显著，传统媒介接触在精神支持与老年人健康自评之间并未起到中介作用，假设 2c 不成立。这是因为传统媒介的信息传递方式延迟单一、无法提供个性化需求等特性，使其难以在老年人获得的生活照料、精神支持与老年人健康自评之中产生较大影响。以上中介检验结果表明，传统媒介接触在家庭支持与健康自评之间不存在显著影响。

表 4 传统媒介接触的中介效应检验

媒体接触	作用路径	效应	系数	95% 置信区间下限	95% 置信区间上限	P 值
报刊接触	生活照料—健康自评	直接效应	–0.043	–0.07	–0.017	0.000***
		间接效应	0.000	0.001	0.001	0.683
	经济支持—健康自评	直接效应	–0.019	–0.046	0.888	0.175
		间接效应	0.000	0.000	0.001	0.737
	精神支持—健康自评	直接效应	–0.009	–0.015	–0.005	0.000***
		间接效应	0.000	0.000	0.000	0.283
广播接触	生活照料—健康自评	直接效应	–0.043	–0.071	–0.016	0.000***
		间接效应	0.000	0.000	0.000	0.391
	经济支持—健康自评	直接效应	–0.019	–0.043	0.004	0.110
		间接效应	0.001	–0.004	0.002	0.191
	精神支持—健康自评	直接效应	–0.009	–0.015	–0.004	0.000***
		间接效应	0.000	0.000	0.000	0.824
电视接触	生活照料—健康自评	直接效应	–0.043	–0.070	–0.017	0.000***
		间接效应	0.000	–0.001	0.000	0.985
	经济支持—健康自评	直接效应	–0.019	–0.042	0.005	0.120
		间接效应	0.000	–0.0007	0.001	0.924
	精神支持—健康自评	直接效应	–0.009	–0.015	–0.004	0.000***
		间接效应	0.000	0.000	0.000	0.250

注：* 表示 p〈0.05，** 表示 p〈0.01，*** 表示 p〈0.001

2. 互联网接触在家庭支持与健康自评之间的中介效应

从表5可以看出，生活照料和精神支持对老年人健康自评的影响的直接效应分别为 –0.043（p=0.000）和 –0.009（p=0.000），通过互联网接触发挥的中介效应分别为 –0.004（p=0.000）和 –0.001（p=0.004），且中介效应在总效应中占比分别为 8.5% 和 10%。该结果表明，生活照料、精神支持对老年人健康自评影响的直接效应和间接效应都显著，说明互联网接触的中介效应明显，老年人的互联网接触在来自家庭成员的生活照料、精神支持与老年人健康自评之间起到部分中介的作用，这一结果证实了假设 3a 和假设 3c。

与此同时，经济支持对老年人健康自评影响的直接效应仍然不显著，在纳入互联网接触这一变量后，经济支持与老年人健康自评之间的间接效应也不显著，假设 3b 不成立。通过以上中介检验结果可知，互联网接触在部分维度的家庭支持（生活照料和家庭支持）与健康自评之间发生了显著中介作用。

图1为家庭支持、互联网接触与老年人健康自评关系的中介作用路径图，中介作用检验结果表明，生活照料、精神支持不仅直接影响老年人健康自评，而且通过互联网接触间接影响老年人健康自评，即家庭支持、互联网接触、健康自评关系中存在两条显著中介作用路径：路径 1：生活照料→互联网接触→健康自评，互联网接触发挥部分中介作用；路径 2：精神支持→互联网接触→健康自评，互联网接触发挥部分中介作用。

表 5　互联网接触的中介效应检验

	作用路径	效应	系数	95% 置信区间下限	95% 置信区间上限	P 值
互联网接触	生活照料—健康自评	直接效应	–0.043	–0.066	–0.012	0.000***
		间接效应	–0.004	–0.007	–0.002	0.000***
	经济支持—健康自评	直接效应	–0.018	–0.042	0.006	0.149
		间接效应	–0.001	–0.003	0.001	0.140
	精神支持—健康自评	直接效应	–0.009	–0.015	–0.003	0.000***
		间接效应	–0.001	–0.001	0.000	0.004**

注：* 表示 $p < 0.05$，** 表示 $p < 0.01$，*** 表示 $p < 0.001$。

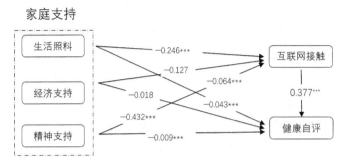

图 1　家庭支持、互联网接触与老年人健康自评关系的作用路径图

五、结论与讨论

目前中国人口正在经历人口结构老龄化和家庭规模核心化的巨大变迁，党的二十大报告提出实施积极应对人口老龄化国家战略[①]。本研究依托于家庭调查数据库的权威大数据，旨在验证家庭支持对我国老年人健康自评的效应，并探索媒体接触在家庭支持与老年人健康状况评价之间的中介作用。

(一) 家庭支持对健康自评的影响效应不同

研究发现，生活照料对老年人健康自评有消极影响，这与已有研究结论基本一致[②]，强调了生活照料过度可能带来的负面效应。首先，过度的生活照料可能削弱老年人的自主性和自我决策能力，逐渐剥夺了他们的独立性，甚至使他们对健康状况的管理能力产生怀疑。其次，长期依赖他人的照料会损害老年人的自尊心和自我价值感，进而降低他们对自身健康的积极评价。尤其是当老年人感到自己在生活中无法做出独立决策时，容易产生对自身健康状况的消极看法。这一结果也表明，在实施家庭照料时应谨慎平衡照料与尊重老年人独立性的关系，避免照料过度引发负面后果。

本研究还发现，经济支持与健康自评之间并未呈现显著的正向关系。有学者认为，随着年龄增长，老年人对健康的需求超过物质需求，他们认为金钱无法买来健康。此外，随着我国医疗保障体系的完善，老年人无论是城市还是农村，大多数都能够通过基本医疗保险得到保障，这使得家庭经济支持的作用相对减弱[③]。实际上，健康管理已经不再仅仅依赖物质支持，更多的是依赖家庭成员的情感关怀、生活照料和社会互动等非物质支

---

①　习近平：《高举中国特色社会主义伟大旗帜 为全面建设社会主义现代化国家而团结奋斗：在中国共产党第二十次全国代表大会上的报告》，北京：人民出版社，第48页。

②　马广博、刘孙丽、许昆：《子女代际支持对农村老年人自评健康的影响》，《南京医科大学学报（社会科学版）》2023年第4期。

③　彭晶晶、邹晓娟、罗晟：《家庭支持对老年人自评健康影响研究——基于CHARLS(2018)的数据》，《市场周刊》2021年第11期。

持。因此，经济支持在老年人健康自评中的作用逐渐被情感和社会支持所取代，这也是我们在研究中观察到经济支持与健康自评之间缺乏显著正向关系的原因。

相比之下，家庭支持中的精神支持对老年人健康自评具有显著的积极影响作用。这一研究结果与李冰水等研究结论一致[1]，进一步验证了情感支持对老年人健康自评的重要性。精神支持能够有效缓解老年人面对生活挑战时的孤独感和抑郁情绪，增强他们的生活积极性和自我适应能力，从而提升他们对自身健康状况的主观评价。家庭中的情感支持和关怀能够提供老年人在面对生活挑战时的情感支持和安慰，降低孤独感和抑郁情绪，促进老年人对生活的积极参与和适应，进而提升健康自评的积极性[2]。在社会支持理论中，情感支持被认为是对个体心理健康至关重要的因素，尤其是在老年人面对身体衰退和社会孤立时，家庭提供的情感关怀成为支撑其心理健康的重要力量。因此，家庭成员的情感支持通过减轻老年人内心的不安和焦虑，显著改善了他们的主观健康评价。

（二）互联网接触在家庭支持与健康自评之间起中介效应

本研究发现，互联网接触在家庭支持与老年人健康自评之间发挥了显著的中介作用。互联网不仅作为信息获取的渠道，还在促进老年人健康自评方面发挥了至关重要的作用。与未接触互联网的老年人相比，接触互联网的老年人健康自评水平显著更高。这表明，互联网通过提供丰富的健康信息和增强社交互动，显著改善了老年人对自己健康状况的主观评价。

在具体作用机制上，互联网不仅为老年人提供了多元化的健康信息和资源，还通过社交平台增强了他们的社会参与感和情感支持。老年人通过互联网不仅能够获得及时的健康咨询，提升健康管理的认知，还能通过网络与亲朋好友保持密切联系，缓解社会孤立感和心理压力。这一机制结果与已有研究一致，即互联网作为信息获取的重要途径，为老年人提供丰富健康知识和资源，对其健康自评可产生显著正向影响[3]。

从社会支持的角度来看，互联网使家庭成员能够跨越空间限制，快速进行情感交流和健康建议的共享。例如，通过即时通信和视频通话，家庭成员可以随时提供精神支持，增强与老年人的情感联系，并进一步促进他们的健康自评。这一发现强调了家庭支持对老年人健康的关键作用，尤其是在数字化时代，家庭成员与老年人之间的互动不再局限于传统的面对面交流，互联网提供了一个更加灵活和高效的沟通平台。

相比之下，传统媒介（如电视、广播、报刊）接触在家庭支持与老年人健康自评的影响之间未起到中介作用。这主要是因为传统媒介的信息传递方式相对单一，缺乏个性

---

① 李兵水、赵英丽、林子琳:《家庭支持对老年人心理健康的影响研究》,《江苏大学学报 (社会科学版)》2013 年第 4 期。

② 李建新:《老年人口生活质量与社会支持的关系研究》,《人口研究》2007 年第 3 期。

③ 陆杰华、汪斌:《居民互联网使用对其自评健康影响机制探究——基于 2016 年中国家庭追踪调查数据》,《中山大学学报 (社会科学版)》2020 年第 3 期。

化和互动性，无法满足老年人对于健康信息的多样化需求，特别是在情感交流和心理支持方面的需求。与互联网等新媒介相比，传统媒介缺少及时反馈和社交互动的功能，难以为老年人提供个性化的健康建议和情感支持，从而限制了其在老年人健康自评中的作用。

因此，互联网接触在老年人健康自评中的作用不可忽视。它不仅改善了老年人的健康知识获取渠道，还通过增强社交互动和情感支持，显著提高了健康自评水平。这一研究结果为进一步探索互联网接触在老年人健康管理中的应用提供了理论依据，并为政策制定者提供了实践启示，尤其是在推动老年人网络素养和数字健康服务普及方面具有重要的实践价值。

（三）研究意义及局限性

本研究基于中国权威数据，系统分析了老年人获得不同家庭支持、媒介接触对其健康自评的影响。从理论价值来看，该研究揭示了互联网使用在老年人获得的家庭支持与健康自评之间起的重要中介作用，强调了互联网接触对老年人健康自评健康管理的重要影响，这对于丰富老年人的健康传播研究具有重要意义。从实践价值来看，这一研究结果有助于引导社会资源向新媒体领域倾斜，提升老年人健康服务的普及性和便利性，推动社会对老年人健康需求的更好满足。

尽管本研究通过大规模数据验证了家庭支持与健康自评之间的关系，但仍存在一些局限性。首先，健康自评作为主观健康指标，可能受到个体认知偏差的影响，如老年人的性格、情感状态等因素可能导致其健康自评的高估或低估。其次，尽管采用了多元回归分析来控制变量，但内生性问题依然存在，未来研究可以考虑采用更为复杂的模型，如结构方程模型（SEM），来进一步检验因果关系的稳健性。

【华夏传播史研究】

"插花"风尚在宋代社会传播的特点与动因分析

陈雅莉　　方萍萍*

（江西师范大学新闻与传播学院，江西南昌，330022）

摘　要："插花"风尚在两宋社会的传播离不开宋代宫廷的重视以及文人士大夫的推崇。一方面，宫廷贵族以绝对的权力赋予插花以一定的合法地位；另一方面，文人士大夫通过撰花谱、作咏花诗以及日常插花实践分别完成了插花科学知识、文化意涵以及"雅致"符号的呈现与传播。"插花"风尚的传播既引领了新的社会消费形态，又体现并丰富了宋人基于日常生活的艺术理念和文化思想。"插花"风尚能够在两宋社会风靡，最深层的原因在于，"插花"从日常生活层面为文人士大夫群体提供了一种象征个体作为社会文化精英的符号系统。这种符号系统相比传统的社会身份象征体系（如服饰、车马）更加开放多元，通过插花实践，士人能够在人际传播等场景中积累更多的文化资本和社会资本，以维持或强化现有的社会身份地位。最后，插花风尚的盛行也不能忽视宋人集体性"尚雅"的主观能动性以及取养于中华优秀传统文化的努力。

关键词：插花；风尚；宋代；插花；传播

基金项目：2023 江西省高校人文社科项目"时尚传播对青年国家文化认同的影响研究"（XW23102）；江西师范大学研究生创新基金项目"传播学视域下宋人插花时尚生活方式研究"（YJS2023118）。

一、研究缘起

宋代是中国传统插花发展的鼎盛期。两宋之际，无论是王室贵族，还是文人士大夫阶层，抑或下层平民都"沉溺"于"插花"[①]之事。诚如北宋欧阳修所言，"洛阳之俗，大

---

*　作者简介：陈雅莉，江西师范大学新闻与传播学院副教授，硕士研究生导师；方萍萍，江西师范大学新闻与传播学院硕士研究生。

①　广义上的"插花"既可指代容器插花（即将花朵放入瓶、盘、盆等容器中安置，肇始于六朝），也可指代非容器插花（即人们采撷花草佩戴于身体的某一部位或头戴"簪花"，肇始于西周和春秋战国）。狭义上的"插花"仅指用容器插花，而本文所研究的宋代插花属广义上的插花。

抵好花。春时城中无贵贱皆插花，虽负担者亦然。"① 南宋《西湖老人繁盛录》也记载当时"茉莉盛开城内外，扑戴朵花者，不下数百人"②。可以说，迨至宋代，原来专属于王室贵胄的插花实现了跨阶层的传播，作为一种"精致高雅"的生活风尚开始波及庶民阶层，且渐染成俗，出现了被后世夸饰为"全民插花"的盛况。

关于"宋代插花"，学界早有关注。学者王莲英将宋代称为中国传统插花艺术发展的"极盛期"或"全盛期"③，台湾学者黄永川则称之为"鼎盛期"④。二人皆认为不论是就参与阶层的广泛性和普及性、花材花器的多样性、市场的成熟度还是文化内涵的深厚性而言，宋代插花都体现出了不同以往的发展与进步。而宋代插花之所以被称为鼎盛期，还在于其为中国传统插花确立了"清雅"的审美旨归并长期垂范于后世。⑤ 其中，宋代文人阶层完成了插花风格的优选，并借助自身强大的社会影响力通过雅集文会等渠道影响了其他阶层乃至后世。⑥ 文人对"清雅"风格的追求还催生了"理念花"，由此真正树立起了宋代的插花特色。⑦ 可以说，宋代文人是宋代插花风格特色的核心传播者。并且，在宋代文人雅士的普遍重视和多方倡导之下，插花艺术的理论基础与地位得以提升，这是宋代插花的又一突出成就。⑧

但细察既有论述，研究多囿于艺术学领域，重在探讨宋代插花的特色与风格。研究时段涵盖整个宋代，导致研究内容和结论较为模糊和笼统，甚少使用比较性视野来动态考察北宋和南宋插花之区别与联系。而且，插花作为一种新的生活风尚在两宋社会的风靡是一个动态传播的过程，但遗憾的是，目前学界尚未有研究以传播学视角来具体探讨其传播特点。

因此，今拟回归具体的历史语境，运用传播学视角首先考察插花风尚在两宋的动态传播与发展，继而探讨插花风尚的传播者有哪些？插花在宋代社会各阶层的传播内容和方式有哪些？插花风尚的传播对当时的社会产生了何种影响？宋人尤其是普通文人和庶民阶层为何会热烈呼应？如此，期望既能丰富延伸宋代插花的研究视角和内容，并深度挖掘中国传统插花的历史文化底蕴，为当下推崇社会风尚以实现人民美好精神向往提供借鉴思考。

① （宋）欧阳修著，王云校点：《洛阳牡丹记》，上海：上海书店出版社，2017 年，第 6 页。
② （宋）西湖老人：《西湖老人繁胜录》，北京：中国商业出版社，1982 年，第 10 页。
③ 王莲英、秦魁杰主编：《中国传统插花艺术》，北京：中国林业出版社，2000 年，第 7 页。
④ 黄永川：《中国插花史研究》，杭州：西泠印社出版社，2012 年，第 75 页。
⑤ 王桂林：《论宋代插花的清雅之美》，《装饰》2015 年第 8 期。
⑥ 徐寅岚：《论宋代文人对中国传统插花艺术风格的优选》，《美术研究》2021 年第 4 期。
⑦ 黄永川：《中国插花史研究》，杭州：西泠印社出版社，2012 年，第 110 页。
⑧ 王莲英：《中国插花艺术发展简史》，《中国园林》2006 年第 11 期。

二、宋代插花风尚的动态传播与发展

（一）插花风尚在社会各阶层的传播："举国上下插花之风亦然盛行"

两宋之际，插花开始作为一种生活风尚流转于社会各个阶层。上至宫廷贵族，下至文人平民皆插花自乐。但是，由于不同阶层进行插花的目的和形式各不相同，由此也呈现出了宫廷插花、文人插花、民间插花等多样风貌。

宫廷插花多是沿袭前代瑰丽的风格，选用名花贵器，用花数量庞大，花朝节前后常常"间列碾玉水晶金壶，及大食玻璃、官窑等瓶，各簪奇品，如姚、魏、御衣黄、照殿红之类几千朵；别以银箔间贴大斛，分种数千百窠，分列四面；至于梁栋窗户间，亦以湘筒贮花，鳞次簇插，何啻万朵"①。

文人插花不以数量取胜，而以"清雅"为美，推崇"小窗水冰青琉璃，梅花横斜三四枝"②的清疏俊丽。同时还十分注重插花的文化内涵，多选用花材品性为上的梅、兰、菊、桂等，借花言志，插花成为表达自我情感和志向的媒介，后人还将宋代文人创造的与理学、禅宗相结合的插花谓之"理念花"，"理念花以瓶花为多，以理为表，以意为里，内外合一，或解说教义，或阐述教理，或影射人格，或嘲讽时政"③，颇有"花枝虽浅淡，幸可托贫家"之意味。诗人杨万里就曾以梅瓶抒情："胆样银瓶玉样梅，此枝折得未全开。为怜落莫空山里，唤入诗人几案来。"④

民间插花较之前代发生较大变化，平民阶层普遍开始欣然将插花之事纳入日常生活，以插花装饰为尚。南宋都城临安茶肆内常常"插四时花，挂名人画，装点店面"⑤，而远离都城的乡间路旁野店也以"青瓷瓶插紫薇花"⑥吸引顾客驻足。诚然，民间插花不像宫廷插花那般华丽，也不及文人插花那般"雅致"，百姓更多的只是将插花视为日常生活的一抹点缀。另外，据记载，北宋时"凡娶媳妇……此檐许口酒，以络盛酒瓶，装以大花八朵、罗绢生色或银胜八枚，又以花红缴檐上，谓之缴檐红，与女家"⑦。南宋《梦粱录》也记载，嫁娶之日，男方迎亲时"各以执色如花瓶、花烛、香球、沙罗洗漱、妆合、照台、裙箱、衣匣、百结、清凉伞、交椅，授事街司等人……前往女家，迎取新人"⑧，表明此时插花在两宋都被民间纳入"聘礼"之列。而凡孕妇足月，初一日，父母家又会以盆盛一束秸秆，用锦绣盖之，"上插花朵及通草帖罗五男二女花样，用盘装送馒头，谓之

① （宋）周密：《武林旧事》，杭州：浙江人民出版社，1984年，第36页。
② 北京大学古文献研究所编：《全宋诗》，北京：北京大学出版社，1998年，第18569页。
③ 王志红：《我国宋代插花艺术发展的特点》，《开封教育学院学报》2015年第1期。
④ 张虎刚点校：《广群芳谱》，石家庄：河北人民出版社，1989年，第559页。
⑤ （宋）吴自牧：《梦粱录》，杭州：浙江人民出版社，1984年，第140页。
⑥ 北京大学古文献研究所编：《全宋诗》，北京：北京大学出版社，1998年，第26512页。
⑦ （宋）孟元老撰，李士彪注：《东京梦华录·卷五》，济南：山东友谊出版社，2000年，第50页。
⑧ （宋）吴自牧：《梦粱录》，杭州：浙江人民出版社，1984年，第188页。

'分痛'"①。足以见得，插花还被民众与幸福、吉祥的寓意联系在了一起，与婚育民俗融为一体。

（二）插花风尚在两宋的动态传播："横跨两宋，愈演愈烈"

宋代肇始，插花从更广泛的受众层面打破了社会等级制度的藩篱，渐入寻常百姓家，可谓"举国上下插花之风亦然盛行，遍及宫廷、官府、寺庙、道观以及茶楼、酒馆、游船等"②。值得注意的是，宋代插花自上而下跨阶层的传播始终横跨两宋，而北宋至南宋，插花风尚亦有愈演愈盛之态势。

其一，南宋宫廷对插花的重视胜于前代。南宋耐得翁在《都城纪胜》中载，当时"官府贵家置四司六局，各有所掌"③，负责各类"宴席排当"，其中"排办局，专掌挂画、插花、扫洒、打渲、拭抹、供过之事"④。又载，四司六局"都下街市亦有之。常时人户，每遇礼席，以钱倩之，皆可办也"⑤。排办局不只是宫廷贵族的专属，下层平民若以钱邀之亦可代办，成为有一定经济能力的平民也可以享受的服务。南宋还有俗谚云："烧香点茶，挂画插花，四般闲事，不宜累家。"⑥也就是说，插花等事，不应该麻烦和劳累主人家。而后，临安又出现了一类"闲人"，"专攻刀镊，出入宅院，趋奉郎君子弟，专为干当杂事，插花挂画，说合交易，帮涉妄作，谓之'涉儿'"⑦。可见，插花在临安已有专门机构和专人负责，并且成为部分平民得以求生计的手艺。

其二，南宋士人在撰写花谱之时突破了农与学之间的樊篱，"更为自觉地创造和传播农学知识"⑧。北宋士人所著花卉谱录多以"品种＋品鉴"的形式出现，通过收录品种和技术达到"穷理"的目的，并用大量的笔触叙风土和民俗，"花卉数量日益增多，品种愈出愈奇，使得插戴花成为宋人日常生活的一部分"⑨。而南宋士人群体大多会亲手种植花卉，根据自己的花卉作谱，颇有"求证田野"之意味，撰谱的过程中更注重花品，梅兰菊等为品性上佳者。另外，南宋诞生了我国现存的第一部梅花专著《范村梅谱》、第一部兰花专著《金漳兰谱》，宋代花谱类著作集大成之作《全芳备祖》也是由南宋人陈景沂所撰。文人士大夫为花撰谱的风气日盛一日，插花也伴随着大量花谱的问世日益趋向专业化和学问化，而南宋士人在花谱中对于道德因素的强调更是进一步丰富了插花的文化意涵。

---

① （宋）孟元老撰，李士彪注：《东京梦华录·卷五》，济南：山东友谊出版社，2000年，第53页。
② 王莲英：《中国插花艺术发展简史》，《中国园林》2006年第11期。
③ （宋）耐得翁：《南宋古迹考（外四种）·都城纪胜》，杭州：浙江人民出版社，1983年，第8页。
④ （宋）耐得翁：《南宋古迹考（外四种）·都城纪胜》，杭州：浙江人民出版社，1983年，第8页。
⑤ （宋）耐得翁：《南宋古迹考（外四种）·都城纪胜》，杭州：浙江人民出版社，1983年，第8页。
⑥ （宋）吴自牧：《梦粱录》，杭州：浙江人民出版社，1984年，第185页。
⑦ （宋）吴自牧：《梦粱录》，杭州：浙江人民出版社，1984年，第183页。
⑧ 郭幼为：《传统博物学视域下两宋花卉谱录与士人群体考察》，《历史教学》（下半月刊）2024年第3期。
⑨ 郭幼为：《一花一世界：日常生活史视域下宋朝"花生活"》，《古今农业》2020年第3期。

三、宋人插花风尚的传播特点

插花在宋代社会各阶层的蓬勃发展，体现了宋人对花事的推崇与热爱。但"国兴花荣"的哲理也暗示着宋代插花实现"极盛""鼎盛"的背后离不开时代因素的推动。诚如学者王炎龙等人所说："媒介起到的是一扇门的作用，其物质形式不过是门上所绘制的花纹与花色，研究媒介时只专注于'门'的花色是不够的，还需要推开它看到背后精彩的文化世界与丰富的意义空间。"[①]关于宋代插花这扇"门"的花纹与花色相关研究比比皆是，但将其放置于整个时代发展的轨迹，以传播学视角打开这扇"门"的研究却几乎从未有过。于是，接下来本文将尝试从传播学入题，触碰"插花"这扇门背后的文化意义空间，来探讨插花风尚在宋代社会的传播特点。

（一）插花风尚的倡导者

1. "上有所好，下必有甚者"：宋代宫廷对插花的重视

两宋宫廷都十分热衷赏花、插花。有如北宋太祖年间，四月丁亥宫中"召开封尹光义、天平军节度使石守信等赏花、习射于苑中"[②]，南宋淳熙六年，太后赏牡丹花之时"又别翦好色样一千朵，安顿花架，并是水晶、玻璃、天青汝窑、金瓶"[③]。且南宋官方对于插花的重视不仅限于设立排办局，《武林旧事》又载"禁中赏花非一。先期后苑及修内司分任排办"[④]，表明修内司等机构也负责宫廷的花事。

尤其是节庆佳日，宫廷插花异常繁盛，适逢端午"以大金瓶数十，遍插葵、榴、栀子花，环绕殿阁"[⑤]；逢重阳又"于庆瑞殿分列万菊，灿然炫眼，且点菊灯，略如元夕"[⑥]；逢淳熙六年太上圣寿更是"采（牡丹）数千朵，插水晶玻璃、天青、汝窑、铜瓶中"[⑦]。

诚如司马光所言："宫掖者，风俗之原也；贵近者，众庶之法也。故宫掖之所尚，则外必为之；贵近之所好，则下必效之，自然之势也。"[⑧]这种来源于官方的重视直接推动了插花风尚在社会中下层阶级的盛行，可谓"上有所好，下必有甚者"。"民间插花普遍受宫廷以及士大夫和寺院的影响，花季或者节庆最为流行。"[⑨]

花朝节前后，北宋"洛阳之俗，大抵好花。春时城中无贵贱皆插花，虽负担者亦

---

①　王炎龙、郝金华：《以"刺"为媒：作为身份象征的明清名片及其媒介功能》，《新闻与传播研究》2023 年第 3 期。

②　（元）脱脱等撰：《宋史·卷三》，北京：中华书局，1977 年，第 39 页。

③　（宋）周密：《武林旧事》，杭州：浙江人民出版社，1984 年，第 120 页。

④　（宋）周密：《武林旧事》，杭州：浙江人民出版社，1984 年，第 36 页。

⑤　（宋）周密：《武林旧事》，杭州：浙江人民出版社，1984 年，第 42 页。

⑥　（宋）周密：《武林旧事》，杭州：浙江人民出版社，1984 年，第 45 页。

⑦　（明）田汝城撰：《西湖游览志余》，杭州：浙江人民出版社，1980 年，第 43 页。

⑧　（宋）赵汝愚编：《宋朝诸臣奏议》（上）卷一百二《财赋门·理财中》，上海：上海古籍出版社，1999 年，第 1095 页。

⑨　黄永川：《中国插花史研究》，杭州：西泠印社出版社，2012 年，第 90 页。

然"①。适逢重阳,都城内的"酒家皆以菊花缚成洞户"②制造节日氛围吸引顾客;南宋西湖"茉莉盛开城内外,扑戴朵花者,不下数百人"③。每至端午"城内外家家供养,都插菖蒲、石榴、蜀葵花、栀子花之类"④。

其实不独设立专门机构专管插花之事,宋代宫廷还将"簪花"这一非容器插花的表现形式与宫廷典仪联系起来,使之进一步规范化。可以说,"簪花"在宋代宫廷承载了一定的政治伦理功能。

北宋宫廷就已有"御宴簪花"的礼仪,即在宫廷宴会之上,以皇帝之名御赐群臣宫花,官员于幞头簪戴,以示荣宠。北宋天禧四年,祖士衡上言:"大宴将更衣,群臣下殿,然后更衣,更衣后再坐,则群臣班于殿庭,候上升坐,起居谢赐花,再拜升殿。"⑤将群臣行谢赐花之礼的场所改为殿庭,进一步规范了作为宫廷礼仪的御宴簪花。

然御赐簪花行之久矣,也出现了不受大臣重视的情形,随意将赐花扔予随从。于是庆历七年,御史有言:"凡预大宴并御筵,其所赐花,并须载归私第,不得更令仆从持戴,违者纠举。"⑥这种带有强制性的簪戴规定进一步彰显了赐花被赋予的政治功能⑦,即使是小小的簪花,也有相应的赐花与谢答之礼,以示皇恩浩荡。而群臣按规定必须头戴簪花返回私宅,以示众人,这又何尝不是一种"太平盛世"的隐喻呢?

此外,处于中央集权制度之下的御宴簪花同样渗透着严格的等级制度,根据官员等级,"赐花有差"。如"罗花以赐百官,栾枝,卿监以上有之;绢花以赐将校以下"⑧。而从南宋嘉定四年起,宴会上唯独皇帝不簪花,大臣皆簪花,"此举旨在凸显皇帝九五之尊的身份,特意将皇帝与大臣区别开来"⑨。纵使御宴簪花依旧难摆脱统治者为彰显自身权力以及"维护"国家安定的目的,但也正是凭借某种程度上的"合法化","簪花"现象在两宋社会愈演愈烈,尤其是以文人士大夫为首的"男子簪花"这一如今看来怪诞的现象在当时却是常态。又因"京师者风俗之枢机也,四方之所面而内依仿也"⑩,与都城宫廷一样,洛阳、扬州两地也出现了"洛阳风俗重繁华,荷担樵夫亦戴花"⑪"扬之人与西洛不异,无贵贱皆喜戴花"⑫的"簪花"风俗。

---

① （宋）欧阳修著,王云校点:《洛阳牡丹记》,上海:上海书店出版社,2017年,第6页。
② （宋）孟元老撰,李士彪注:《东京梦华录·卷八》,济南:山东友谊出版社,2000年,第88页。
③ （宋）西湖老人:《西湖老人繁胜录》,北京:中国商业出版社,1982年,第10页。
④ （宋）西湖老人:《西湖老人繁胜录》,北京:中国商业出版社,1982年,第10页。
⑤ （元）脱脱等撰:《宋史·卷六十六》,北京:中华书局,1977年,第2686页。
⑥ （元）脱脱等撰:《宋史·卷一百一十三》,北京:中华书局,1977年,第1809页。
⑦ 杨倩丽、郭齐:《论宋代御宴簪花及其礼仪价值》,《江西社会科学》2015年第12期。
⑧ （元）脱脱等撰:《宋史·卷一百五十一·舆服五》,北京:中华书局,1977年,第3570页。
⑨ 杨倩丽、郭齐:《论宋代御宴簪花及其礼仪价值》,《江西社会科学》2015年第12期。
⑩ （宋）王安石著,曾枣庄、刘琳主编:《全宋文》卷1405《风俗》,成都:巴蜀书社,1994年,第11页。
⑪ （宋）司马光:《司马温公集编年笺注》,成都:巴蜀书社,2009年,第505页。
⑫ （宋）王观著,王云校点:《扬州芍药谱》,上海:上海书店出版社,2017年,第27—28页。

2."尚清博雅"：宋代文人士大夫对插花风尚的推崇

宋代文人士大夫在插花风尚的传播中起着重要的引导和推动作用。具体而言，宋代插花"由于文人士大夫阶层的倡导与推崇，更加普及与大众化，且早已脱离了单纯佛教供花的藩篱，呈现出高雅化、精致化、学问化的特征"①。

学者扬之水认为："花瓶成为风雅的重要点缀，完成于有了新格局的宋代士人书房。"② 推其缘故，应是宋代居室内的陈设艺术已完成了从以席、床榻为中心到以桌椅为中心的嬗变，桌的出现为向来崇尚古器的宋代文人提供了安置文房四宝以及其他文房清玩的空间，而"与这些精雅之具相配的则是花瓶，或是古器，或其式仿古，或铜或瓷，而依照季节分插时令花卉。这是以文人雅趣为旨归的一套完整的组合"③。南宋诗人葛绍体书斋中便有"新糊窗纸旧胡床，铜鸭烟昏砚墨香。淡翠屏风小瓶亚，芙蓉红皭菊花黄"④ 的陈设。

后来，"桌椅组合作为室内陈设中心至宋代趋于成熟，这一格局得到文人群体的认可，且在民间也广泛普及"⑤，而鲜花插瓶作为家具陈设也不仅仅在文人阶层盛行，自然也作为雅致化的符号出现在寻常人家的居室内，体现着主人高雅的审美取向及其对于朴素淡雅的艺术风气的追求。

而宋代文人所推崇的"理念花"表明在传统的"天人合一"思想的指导下，花卉被看作和人类一样有灵性的生命，插花将花卉的品格和作者的品德操行相结合，用清疏外形书写理之内涵，达到"花即是我，我既是花"的境界，插花作品也就显得更意味深长。另外，大量以花谱为代表的花学专著的产生，同样表明插花在文人的倡导下趋向专业化。

如果说，宋代宫廷对于插花的重视是在宏观上直接推动了插花在社会各阶层的流行，引领了文人士大夫的簪花热潮以及民间插花风尚。那么，作为插花风尚主要参与者的宋代文人士大夫阶层则是在更微观的层面通过撰写花谱、作咏花诗以及日常插花实践完成了插花"学问化"和"雅致化"特征的传播。

（二）宋代插花风尚的传播内容与形式：以文人士大夫为主要参与者

1.花谱：作为传播插花科学知识的媒介

何谓花谱？花谱是指专门用于记载花之产地、形态、种类、特性等的谱录，偶尔还涉及花卉的插作方式，而宋代是中国花谱历史上的第一个高峰期。⑥ 花谱作为当时记载与传播插花学问的文本，主要通过文人士大夫"自我塑造"的生成机制完成创作，并通过该群体的人际网络和社会影响力传播至社会其他阶层。

① 方忆：《宋代文人插花侧记——以诗词中的花瓶解读为中心》，《杭州文博》2021年第1期。
② 扬之水：《宋代花瓶》，北京：人民美术出版社，2013年，第2页。
③ 扬之水：《宋代花瓶》，北京：人民美术出版社，2013年，第2页。
④ 北京大学古文献研究所编：《全宋诗》，北京：北京大学出版社，1998年，第37967页。
⑤ 喻颖、魏勇：《论宋代陈设艺术的文人化转型》，《艺术设计研究》2021年第5期。
⑥ 吴洋洋：《知识、审美与生活——宋代花卉谱录新论》，《中国美学研究》2017年第11期。

花谱针对不同花卉的产地、花型、习性等进行介绍，使得时人插花能够更好地应时而作，因形择优。南宋范成大的《范村梅谱》记载了十二种梅花的产地、花色、形态、香味和果实等，指出江梅"花稍小而疏瘦，有韵，香最清，实小而硬、凡山间水滨，荒寒清绝之趣，皆此本也"①；在后序中，范成大还提出选摘梅花的标准"梅以韵胜，以格高，故以横斜疏瘦与老枝怪奇者为贵"②。

花谱文本中亦记载了当时花卉的栽种技术。有如北宋欧阳修在《洛阳牡丹记》中提到花卉嫁接时要"花之本去地五七寸许，截之乃接，以泥封裹，用软工拥之，以叶作庵子罩之，不令见风，日唯南向，留一小户以达气，至春乃去其覆，此接花之法也（用瓦亦奇）"③。嫁接后的珍稀品种"姚黄"和"魏花"可直钱五千。

可以说，花谱对于花卉相关知识的记录与传播进一步提高了宋代插花的专业性与科学性，表明插花既成专学。④

2. 咏花诗：作为传播插花文化意涵的媒介

宋代还出现了大量的咏花诗。咏花诗中"瓶花""小瓶"等意象，有时候也成为诗人表达喜怒哀乐的媒介，即作为"物"的插花成为诗人情感的载体，与诗人的内心世界交融在一起，而这些情感又会随着诗句的传颂在更广范围内引起共情。

有如，北宋黄庭坚在收到王充道的水仙花后，写道："含香体素欲倾城，山矾是弟梅是兄。坐对真成被花恼，出门一笑大江横。"⑤瓶中水仙由倾城的女子到粗狂的男子的形象转变其实表达的是诗人当时内心的烦闷与矛盾。北宋诗人梅尧臣则以"今年重阳公欲来，旋种中庭已开菊。黄金碎翦千万层，小树婆娑嘉趣足。鬓头插蕊惜光辉，酒面浮英爱芬馥。旋种旋摘趁时候，相笑相寻不拘束"⑥表达与友人宴饮赏菊、簪菊欢聚的欢喜。南宋周密又以"深深门巷老翁家，自洗铜瓶浸杏花。唤起承平当日梦，令人转忆旧京华"⑦表达了对故乡的思念之情。于是，诗中的插花意象成为诗人情感的隐喻，向读者传播着作者的内心情感，同时也从侧面反映出插花被赋予的文化内涵。

3. "游于艺"的日常插花实践：作为传播插花"雅"之符号的媒介

插花的"雅"究竟从何处来？扬之水先生有言："宋人从本来属于日常生活的细节中提炼出高雅的情趣，并且因此为后世奠定了风雅的基调。"⑧也就是说，宋人已经"有意识地赋予日常生活某种观念和仪式以获得超越性的满足感"⑨。这与插花的"清雅"审美取向

---

① （宋）范成大著；刘向培整理校点：《范村梅谱》，上海：上海书店出版社，2017年，第2页。
② （宋）范成大著；刘向培整理校点：《范村梅谱》，上海：上海书店出版社，2017年，第6页。
③ 金锋主编：《唐宋八大家文集·洛阳牡丹记》，北京：九州出版社，2004年，第276页。
④ 黄永川：《中国插花史研究》，杭州：西泠印社出版社，2012年，第94页。
⑤ 程龙、宋宝军：《花卉诗注析》，太原：山西教育出版社，1990年，第498页。
⑥ 北京大学古文献研究所：《全宋诗》，北京：北京大学出版社，1995年，第3328页。
⑦ （宋）周密：《日记选上册·志雅堂杂抄》，上海：北新书局，1934年，第216页。
⑧ 扬之水：《宋代花瓶》，北京：人民美术出版社，2014年，第136页。
⑨ 吴洋洋：《宋代文人的艺术化交游——以花为媒介》，《社会科学家》2015年第4期。

是在宋代文人主导下而形成的不谋而合，正所谓"士生于世，可以百为，唯不可俗，俗便不可医也"①。换言之，插花的清雅标准是由宋代文人士大夫一手制定和传播的。

"宋代文人相对安逸，又基于崇雅的理念，追求日常生活的文人化和精致化，更把诗酒相得、谈文论画、宴饮品茗的日常交谊视为生活基础，文会雅集就是这种生活的集中体现。"②而在谈诗论画、宴饮品茗的雅集中，瓶花既是宴桌上的装饰，也是文人歌咏的对象。文人常常会"迭桌二张，置瓶插花，以供清赏"。而雅集本身就是"尚雅之人以雅情行雅事的聚会"③，置于其中之插花自然也是高雅的。总之，宋代文人士大夫通过日常的人际传播将"插花"与文艺活动相融合，以突显插花之"雅趣"。凡此种种"游于艺"的躬身实践皆成为文人士大夫阶层日常生活艺术化、精致化的表征，被下层平民当作一种"雅致"生活的符号，进而影响着平民关于"风雅"的日常生活呈现。

承前所述，宋代文人士大夫作为两宋插花风尚的主要参与者，其通过撰写的花谱和咏花诗文本以及日常人际交往的插花实践向社会其他阶层传播了插花的科学技巧以及高雅情趣，在更广的社会范围内实现了插花功用和内涵的传播。也正是在这样的传播过程中，插花的理论基础得以提升，"清雅"的时代风格得以确立。

（三）插花风尚对宋代社会的影响：接合了消费文化和高雅文化

在宋代宫廷和文人士大夫的倡导以及平民的热烈回应之下，插花在宋代社会成为生活风尚，还与"挂画、点茶、焚香"一同被称为"生活四艺"。当时辽、金、西夏地区也深受宋代插花的影响，有不少佛教画像中都有瓶花的踪迹。后来甚至在一向仰慕中华文明的东邻日本，宋代插花也充满着迷人的魅力，并对日本花道产生深远影响。而观宋代插花之影响，也断断不能仅停留于环境装饰和美化方面，更重要的是，插花风尚在传至社会下层平民的过程中，弥合了不同阶层之间的文化鸿沟，结合了当时的消费文化和高雅文化，出现了以插花为中心的新消费形态，同时拓宽了高雅文化的受众范围，启蒙并丰富了更多宋人的审美意识和生活美学思想。

1.插花风尚引领新的消费形态：花卉花器的消费生产

"时尚引领消费，消费推动生产"④，插花风尚的形成最直接的影响便是造就了一个庞大的花卉消费市场，带动了社会经济的发展。"在宋代的许多城市开有专门的花市"⑤，北宋汴京"牡丹、芍药、棣棠、木香，种种上市。卖花者以马头竹篮铺排，歌叫之声，清

---

①　徐利明：《黄庭坚书论〈书嵇叔夜诗与侄木夏〉》，南京：江苏美术出版社，2008 年，第 283 页。

②　邓小南等：《宋：风雅美学的十个侧面》，北京：生活·读书·新知三联书店，2021 年．第 253 页。

③　邓小南等：《宋：风雅美学的十个侧面》，北京：生活·读书·新知三联书店，2021 年．第 254 页。

④　范金民：《"苏样""苏意"：明清苏州领潮流》，《南京大学学报（哲学．人文科学．社会科学版）》2013 年第 4 期。

⑤　丁建军、华仙：《一个面向市场的新型种植行业：宋代的花卉种植业》，《中国经济史研究》2006 年第 1 期。

奇可听"①;在扬州,"无贵贱皆喜戴花,故开明桥之间方春之月拂旦有花市焉"②;南宋临安,"卖花者以马头竹篮盛之,歌叫于市,买者纷然"③,"小楼一夜听春雨,深巷明朝卖杏花"④。《梦粱录》还记载临安"四时有扑带朵花,亦有卖成窠时花,插瓶把花、柏桂、罗汉叶"⑤,表明当时全年都已经有不同的插花成品在出售。

插花风尚同样催生了合事之器。因为宋人对于插花的养护意识逐渐提高,所以花器也变得颇为讲究,进而刺激了古董花器的收藏以及新式花器的生产,以延长插花的保鲜时间,增强其实用性和审美性。学者贾国涛曾指出:"青石、陶瓷作花器由来已久,以古铜器或以旧铜再加工新造仿古器贮养花木却是宋才流行的风尚。"⑥因为"古铜器入土年久,受土气深,以之养花,花色鲜明如枝头,开速而谢迟,或谢则就瓶结实",且"古铜器灵异"——"多能辟异祟,人家宜畜之,盖山精木魅之能为祟者,以历年多耳"⑦。此外,新式的兼具功用与审美的花器开始出现,楼钥有诗云:"垂胆新瓷出汝窑,满中几茎浸云苗。"⑧且大多都是仿古制器。例如,北宋的三十一孔花器,仿五代占景盘而成,用于防止根部腐烂。还有仿占景盘而成的官窑碗状花器,呈八瓣莲花状,中有通空管柱,用以穿插支柱,资花材支绑时之用。⑨

2.插花风尚丰富宋人生活美学:日常生活的艺术化

插花的盛行于潜移默化中丰富并体现了宋人的生活美学思想。首先,插花作为一门艺术,自然与审美是分不开的。宋代插花崇尚的"清雅"风格在一定程度上体现并强化了宋人"简约雅致"的艺术审美倾向,"求高求雅"成为更多时人的追求。而在文人的推崇之下,下层平民看到了日常生活艺术化改造的可能性。纵使迫于文化鸿沟,他们或许无法直接复制文人在雅集等特定场所所进行的插花或咏花实践,但显然他们已经学会了插花之样式,竞相效仿在生活场所进行插花装饰,以附庸风雅。前文所提及的杭州茶肆和乡间野店皆用插花吸引顾客,民间节日插花渐成风俗、作为家居陈设的瓶花普及皆是例证。

其次,插花风尚"下沉式"的传播促使宋代平民的文化素养和审美能力逐步提高,为日常生活艺术化改造奠定了一定的思想基础。值得注意的是,"宋代日常生活和世俗人生的审美化和艺术化,与近年来全球范围内所兴起的大规模的'日常生活审美化'不同,

---

① （宋）孟元老撰,李士彪注:《东京梦华录·卷七》,济南:山东友谊出版社,2000年,第79页。
② （宋）王观:《扬州芍药谱》,台北:商务印书馆1983年,第9-10页。
③ （宋）吴自牧:《梦粱录》,杭州:浙江人民出版社,1984年,第15页。
④ 罗荣本,罗季编:《西湖景观诗选·临安春雨初霁》,杭州:浙江工商大学出版社,2013年,第8页。
⑤ （宋）吴自牧:《梦粱录》,杭州:浙江人民出版社,1984年,第122页。
⑥ 贾国涛:《宜花宜人宜风雅——释证宋代青铜琮瓶初始功用及符号义涵的叠加性》,《装饰》2019年第8期。
⑦ （宋）赵希鹄:《洞天清录》,杭州:浙江人民美术出版社,2016年,第26—27页。
⑧ 北京大学古文献研究所编:《全宋诗》,北京:北京大学出版社,1998年,第29483页。
⑨ 黄永川:《中国插花史研究》,杭州:西泠印社出版社,2012年,第127页。

后者基于一种'现代性'社会语境……而两宋的日常生活和世俗人生的审美化,乃是在宋代经济、文化蓬勃发展的基础上,一种源自传统文化内部的诗意生活、艺术人生愿望的实现"[①]。

因此,插花风尚在宋代的传播在某种程度上映射的是时人取养于中华优秀传统文化的努力。诚如学者傅乐成所言:"宋代各项学术都不脱中国本位文化的范围,对外来文化的吸收,几达停滞状态。这是中国本位文化建立后的最显著的现象,也是宋型文化与唐型文化最大的不同点。"[②] 而其时插花崇尚古器亦反映出时人以"汉文化为本位"的心态。当时宋王朝深受辽、金、西夏等少数民族政权的侵扰,使得宋人天生就具有一种"以天下为己任"的家国情怀,在文化方面则体现为一种"文化自觉",自觉担负起复兴儒学的重任,以此在思想上凝聚社会共识。"汉文化本位"的心态催生了时人对于以儒家为代表的中华优秀传统文化的自信,以花传情的"理念花"便可视为这种文化自信指导下的实践。迨至元代,游牧为生的少数民族普遍轻视插花艺术,也甚少谈爱美之事,这与中华民族自古以来追求美的心态是相背离的,故而插花在元代陷入了沉滞期。

四、插花风尚在两宋社会的传播动因分析

然而宋代究竟何以造就"民众热烈响应"并形成"举国上下插花之风亦然盛行"的场面呢?换言之,插花风尚在两宋社会持续风靡的传播动力是什么?文人士大夫阶层为何会积极倡导插花风尚并为之树立"清雅"的时代风格?宋人为何会热烈呼应雅致的插花风尚?

法国社会学家布尔迪厄认为:"趣味(也就是表现出来的偏好)是一种不可避免的差别的实践证明。当趣味要为自己提供充足的理由时,它就以全然否定的方式通过对其他趣味的拒绝表现出来。"[③] 而宋代文人士大夫对于"清雅"风格的优选即彰显了该社会阶层的趣味。他们在传播插花的科学知识和文化意涵的过程中总是会极力强调花材和花品,致力于以上等花品打造"清疏""素雅"之风的插花,并将插花视为表达内心情感的媒介。

这种对于花材品第和文化内涵的强调以及将插花之事与道德品质、个人命运以及国家兴亡的道理联系起来的行为,进一步彰显了彼时作为文人群体生活风尚的插花所起到的"区隔"作用。诚然,这里的"区隔"更多是相较于庶民阶层,文人士大夫插花倚重"雅",以求用"雅"的风格区分"俗"。因为在某种程度上,"雅"和"俗"的品位是个人或阶级社会身份地位的隐喻,"高雅"的插花风格更能表明文人士大夫恪守封建伦理道德的社会政治精英和文化精英身份。况且,纵使宋代有许多文人凭借科举制度实现了阶

---

① 吴洋洋:《宋代审美风尚视角下的花卉空间》,《文艺评论》2015年第11期。
② 中国通史教学研讨会编:《中国通史论文选》,台中:华世出版社,1979年,第350页。
③ (法)皮埃尔·布尔迪厄著:《区分:判断力的社会批判》,刘晖译,北京:商务印书馆,2015年,第93—94页。

级的流动，一跃跻身于社会中上层的士大夫群体，但原先的庶民出身和现处的社会文化
精英身份难免会使得新兴的文人士大夫面对内心"雅"与"俗"的矛盾。于是，为了维
持既有地位，他们必须在社会风尚中极力强调与自身阶层相匹配的"高雅"品位，自觉
以人格理想来规范自身行为，努力拉开与"俗"的距离。而插花这项原本属于王室贵族
的风尚便在无形中帮助他们完成了新的阶级身份的表征，为之标榜"文化精英"之身份。

《宋史》记载："士庶之间，车服之制，至于丧葬，各有等差。"① 也就是说，宋代社会
各阶层之间仍有严格的尊卑等级之分，统治阶级对于被统治阶级的"车马服制"均有严
格规定。可以说，"车马服制"在很大程度上已经被合理化、法定化为当时个体社会身份
地位的外在符号。通过这些符号表征，个人的社会资本几乎能够一览无余。而插花作为
一种传播至各个阶层的社会风尚，一方面打破了封建社会等级制度的藩篱，但另一方面，
宋代插花"清雅"时代风格的确立从侧面反映出了宋代文人士大夫阶层试图通过"雅致"
插花完成自身阶层社会身份地位的再造与再生产。诚如布尔迪厄所言："个人或家庭倾向
于通过再生产策略，即表面上非常不同的一系列事件，有意无意地保持或增加他们的财
产，并相应地维护或提高他们在阶级关系结构中的地位。"② 与之类似，宋代文人士大夫
阶层在某种程度上选择脱离传统的身份地位象征体系，转而以一种更不被人察觉的方式
从生活层面将插花风尚纳入自己生产的新的身份象征符号体系内，并通过对插花"清雅"
风格的强调，不断积累文化资本和社会资本，以求在同一种社会风尚中亦能维持或强化
既有的社会中上层地位。

然而，平民阶层又为何会逐渐接受并热衷效仿插花呢？插花作为宋代社会风尚，亦
可谓之"时尚"，而"时尚传播作为一种由审美而来的重要的社会文化现象，本身就蕴
含着价值判断"③。宋代插花风尚的风靡，不论性别，体现的都是宋人关于生活审美趣味
的高标准以及对于美好精神生活的向往。有宋一代，爱美之心，可谓人皆有之。或者说，
在宋代，爱美是平等的，这从官员簪花、文人插花这些以男子为主导而进行的插花活动
便能窥见一斑。黄永川先生有言，今之国人对插花的误解之一就是认为插花是女子的专
利④。其实不然，封建社会的男子尤其是文人雅士深谙插花，毫不掩饰对插花的崇尚与热
爱，直接打破了今之国人对于插花在内的诸多艺术的偏见，因为艺术本就无关性别，人
人都有追求美、崇尚雅的权利。诚如邓小南所言："我觉得世界上所有追求风尚，对审美
追求的提升，都是一种向往美好境界的联想。"⑤ 可以说，在追求生活审美和品质方面，宋
人的思想领先世界，他们早已懂得如何从形而下的日常插花实践中再形而上地串联插花

① （元）脱脱等撰：《宋史·卷一百五十三·舆服五》，北京：中华书局，1977 年，第 3575 页。
② （法）皮埃尔·布尔迪厄，刘晖译：《区分：判断力的社会批判》，北京：商务印书馆，2015 年，第 271 页。
③ 马庆、李一涵：《论时尚传播价值的实现》，《贵州社会科学》2023 年第 2 期。
④ 黄永川：《中国插花史研究》，杭州：西泠印社出版社，2012 年，自序页。
⑤ 邓小南等：《宋：风雅美学的十个侧面》，北京：生活·读书·新知三联书店，2021 年．第 235 页。

风尚与生活美学思想。换言之,对"雅"的追求已经成为社会集体性的选择。

最后,中华民族自古以来"花"文化中花卉的隐喻成为宋人以插花为雅的思想根基。早在西周和春秋战国时期,先民们就开始以花喻人,例如屈原曾在《离骚》用中"纫秋兰以为佩"[1]以示高尚情操。而宋代文人在花谱和咏花诗中对花品的强调更是直接反映出了当时以花卉寄托道德品质的文化特色,宋人以花的等级次第喻人格的高低贵贱,但不同主体对于花卉的审美取向又有所不同,正所谓"水陆草木之花,可爱者甚蕃。晋陶渊明独爱菊;自李唐来,世人甚爱牡丹。予独爱莲之出淤泥而不染。"[2]在这里,莲花便成了理想化的清高无染的人格的隐喻和载体。而范成大又认为"梅,天下尤物"[3],梅花以韵味取胜,学圃之士应以种梅为首选。以花喻人,寄托崇高的道德品质成为宋人的共识。加之花卉业在宋代成为一个独立的种植行业[4],其时先进的花卉种植业为插花风尚的传播和效仿提供了必要的物质基础。由此,插花对于宋人而言,是一种成本相对低廉但文化意涵足够丰富的日常文化实践,引得"富者炫耀,贫者效尤"[5]。

五、结语

在整个中国传统插花艺术发展史上,处于鼎盛期的宋代插花无疑是璀璨的一页。宋代插花在宫廷的重视和文人群体的推崇下,传播至更广泛的下层平民。不同于以往插花的阶级性和随意性,借助大量花学专著和文人的日常化插花实践,宋代插花在向社会不同阶层传播的过程中呈现出"专业化""雅致化"的特点。

宋人尤其是文人士大夫既注重插花的内涵,又注重科学养护,以此奠定了中国传统插花理论的基础。宋人也深知插花绝非仅有"装饰"之用,显然他们对于"何为风雅"有着更为敏锐的观察力以及独特的感受力,十分擅长从日常生活的细节中提炼出高雅的情趣,即所谓的"寄风雅于平常"。于是,便有了文人士大夫群体创造性地将插花与日常文化生活相结合,为社会带来了新的消费形态,也丰富了宋人崇美尚雅的生活美学思想。

插花之所以风靡两宋社会,和当时浩瀚的"花海"有着直接关联,赏花风俗也助推了插花现象的蔓延,而花卉的隐喻更是插花得以被宋人尤其是文人士大夫大力推崇的深层动因。文人士大夫通过对插花文化意涵的极力强调,既完成了自身品位和下层庶民的区隔,同时也使得"清雅"的插花风格在生活层面上成为用于彰显士人社会身份地位和文化资本的崭新符号。值得注意的是,这种符号脱离于传统的身份象征体系,以一种流动的、较为浅层的形式嵌入士人的风雅生活之中。

---

① 文怀沙:《屈原离骚今译》,上海:上海古典文学出版社,1956年,第44页。
② (宋)周敦颐;陈景沂编:程杰,王三毛点校:《爱莲说》,杭州:浙江古籍出版社,2018年,第265页。
③ (宋)范成大著;刘向培整理校点:《范村梅谱》,上海:上海书店出版社,2017年,第1页。
④ 丁建军、华仙:《一个面向市场的新型种植行业:宋代的花卉种植业》,《中国经济史研究》2006年第1期。
⑤ 顾炎武:《日知录集释·卷一三》(宋世风俗),石家庄:花山文艺出版社,1990年,第596页。

此外，"全民"插花风尚的形成更多地归因于宋人内心对于美好意境的向往，这是一种形而上的发掘审美意识的主观能动性。久而久之，这种向往还演变了一种社会共识。也正是由于这种"尚雅"的集体选择，插花风尚才得以在社会各阶层盛行。还需关注的是，中华优秀传统文化在插花风尚的传播过程中也发挥了凝聚共识和制定"雅"的标准的功能。因此，宋代插花能成为一时之尚，既是时代风气所致，更是时人集体主动寻求生活美学的结果，而这种美学思想更源于宋人基于"汉文化本位"的心态对于中华优秀传统文化的审慎思考。

作为传播媒介的明代绘画：审美共享与文化功能拓展

许云瀚*

（北京大学中国语言文学系，北京，100871）

摘 要：在华夏图像传播史中，纸质媒介可以拉近人与图像的互动距离，具有天然的传播优势。明代绘画利用了纸质媒介的优点，同时借助出版业发展的便利，由此实现了图像讯息的大规模传播。根据绘画图像服务人群的不同，明代绘画实现的传播效果也有所不同。明代的文人画传播构建了士人公共审美空间，官僚画传播实现了艺术的政治功能，通俗文学插画的传播则引导了大众文化风尚。受中国传统"图—文"辩证观念的影响，明代绘画题跋文可以脱离图像本身，以抽象的形式传播图像信息，并且寄托一定的思想内涵，这是明代绘画图像传播的鲜明特色。

关键词：明代绘画；纸质媒介；传播；社会功能

引 言

在当前华夏传播史研究中，古代各类实物的传播效应及相关"媒介域"渐渐受到学者的重视。曾有学者提出"传播史上的青铜时代"①概念。如果青铜器可以作为传播史上某段时间的媒介象征，那么推而广之，其他带有文化功能的物质媒介也可视为某段传播史的代表。在青铜器、竹简之后，纸质媒介的出现是中国古代传播史上最有代表性的事件。目前文献学领域已对"纸本时代的兴盛"以及相关书籍抄本、刻本的传播进行了较多探讨。但是书籍并不是纸本媒介的唯一代表，绘画也是重要的纸质传播品。不同于青铜器（青铜＋符号）、书籍（纸＋文字）的传播特性，绘画以其"纸＋图像"的结合方式独树一帜。而在"纸＋图像"的文化实践中，宋代较大程度地利用了纸的传播功能，扩大了山水画及文人画图像的传播范围。明代绘画在宋代的基础上，不仅对各类图像传播的社会功能有进一步划分，而且实现了图像传播的商业价值，为近世以来的商业图像传

---

* 作者简介：许云瀚，北京大学中文系博士生，研究方向：中国古代文学与文化。

① 潘祥辉：《传播史上的青铜时代：殷周青铜器的文化与政治传播功能考》，《新闻与传播研究》2015年第2期。

播奠定了基础。因此对华夏图像传播史进行研究，明代绘画是不能跳过的一环。

明代绘画"纸＋图像"的传播特点，与传统的器物传播和文字传播有所不同。如果理解器物传播的信息，需要对器物存在的社会环境、历史背景有一定了解，对器物承载的文化符号进行破译。如果是文字传播，更需要受众具有一定的文化素养和理解能力。相较于此，绘画图像可以直观地传递出信息，不需要受众太高的教育水平和文化修养，图像艺术对民众是"敞开"的状态。而且纸质媒介承载的图像内容便于复制。与书籍大规模的传抄、复刻类似，文人画可以进行摹本绘制（关于赝品真伪的定义则是另一话题），小说插图可以不断重复刊印。这种可复制性使绘画图像不再是上层社会昂贵的附属品，从而实现了大众视觉艺术的自由，使各个社会群体可以在图像库中寻找自己审美偏好。当大众具有图像选择权时，审美评判标准也会发生一定程度的改变。在中国传统审美理论中，艺术的最高境界是返璞归真，对"美"的追求常被视为"雕饰""繁缛"。而在商业社会发展的明代，画家和书商可以根据市场需求进行各种创造性的审美尝试，审美话语不再被文人士大夫所垄断。总之，明代的开放环境有助于大众参与图像传播，为各类绘画的繁荣创造了条件。以文人画、官僚画、通俗插图为主的明代绘画，尽可能地实现了图像传播的社会功能，这既是一次"雅俗共赏"传播路径的成功实践，也揭开了华夏传播史的新篇章。

一、明代绘画的媒介发展与传播特性

唐宋以来，壁画的大规模创作逐渐向文人画的繁荣过渡，由此绘画作品开始以纸绢作为主要的传播媒介。关于"壁画的式微"[1]，已经有学者做出充分讨论。更值得注意的是为何纸质画作（主要以卷轴画和小说插图为主）独受欣赏者青睐。首先，在卷轴和书籍形制的流行下，文人画和小说插图都为私人审美场域的形成提供了条件。在欣赏大规模宗教壁画时，审美主体需要与画作保持一定距离，在接受视觉讯息时呈现出类似"瞻仰"的状态。而在欣赏卷轴画和小说插图时，观赏者可以近距离地把玩、细赏，这也为题画诗文创作和绘制摹本创造了条件。其次，卷轴画和小说插图的传播具有超时空性。壁画依赖于建筑而存在，其地点较为固定。如果观赏者想要接收图像信息，就必须亲临现场。但是卷轴画和书籍插图突破了这种限制。按哈罗德·伊尼斯所述，某种媒介"更加适合知识在空间中的横向传播……尤其是该媒介轻巧而便于运输的时候"[2]。由于其便于携带，所以可以自由地在市场上流通交易，也便于后代继承。在这种超时空便利性的影响下，纸质画为大众评判艺术作品提供了公共的话语空间。由于纸质画为题跋文写作预留了空间，而且易于流通，所以题跋文上的文艺观点可以轻松地实现跨区域共享，不同地区的文人可以就同一作品形成审美共识。这种审美交流也可以跨越时间，在同一画作上往往有不

---

① ［英］柯律格：《明代的图像与视觉性》，黄晓鹃译，北京：北京大学出版社，2011年，第23页。
② ［加］伊尼斯：《传播的偏向》，何道宽译，北京：中国人民大学出版社，2003年，第27页。

同朝代文人的题跋，由此绘画作为一种传播媒介最大限度发挥了其价值。当然，便于携带的代价是易于损毁和制造赝品，由此便产生了鉴别古董真伪的难题。但即便如此，绘画作为有实体物品支撑的跨时空媒介，相对于传抄、改易的文学文本，还是具有一定稳定性。

纸质绘画的流行也影响到其传播的内容与文化意义，为解读图像留下了更多的空间和自由度。在上古时期，青铜器或玉器的图像符号有明确所指，承担了祭祀祖先与礼敬上天的社会沟通功能；汉代墓穴的画像砖、帛画虽然已有较高的艺术水平，但其目的仍是为了将死者引渡至彼岸或升仙而去；南北朝的佛教造像除了有宣传佛教的作用，也促使大众在庞大的佛像集群中寻找精神避难所，从而更顺从现实的苦难。各种社会信仰的传播，促使相关图像艺术不断发展。在满足社会需要的同时，绘画图像的超功利性审美功能也逐渐凸显，并最终与其社会功能并驾齐驱。在兼有实用功能与审美功能的情况下，图像作品进一步追求思想内容的表达，这促使中国画的传播逐渐分为文人画与画工画两途。画工画主要追求"形似"，以及想象力中"神明"的再现与形似，其目的在于为宫廷贵族创作艺术娱乐作品，或激起民众的宗教信仰，从而创造更大的世俗价值。而文人画与诗文相辅相成，其起源在于审美表达后的理趣思考。自魏晋玄学至宋明理学，士人的抽象思维能力不断得到发展，关于"形"与"神"、"理"与"物"的二元思考逐渐成熟。与此相呼应，绘画艺术逐渐追求"画外之意"，纸质绘画的"留白"艺术也逐渐出现。在造纸术未得到发展之前，"留白"显然是一种传播资源的浪费，是工具利用率低下的表现。但是在纸质绘画流行之后，在文人画或小说插图中都留有大量的空白。即便是文人创作的主题状物画，也不以色彩的堆积为追求，而是在动物羽毛或植物纹理中有意无意地留下空隙。从实际用途来说，"留白"确实为画作题跋、批注留下了空间。而从艺术传播来看，"留白"使鉴赏者解读图像有更多可能性，这无形中促进了图像的传播，也为一种新的美学话语形成奠定了基础。

前文已经提到，绘画传播的必然趋势是兼顾社会功能与审美功能。但客观上存在审美功能，并不代表人们就承认图像艺术与文字艺术同等重要，或者认为图像具有不可替代的传播作用，或者认为画师可以与文学家并驾齐驱。在称赞一幅绘画作品时，题跋文往往先称赞被摹写者本身的特殊性，最后才略略提及一下艺术家技巧的高超，依旧有许多画师不配流传自己的姓名。而如果一个文人类似于苏轼，可以做到诗、书、画三绝，那么纪念他的文字会最先提到他的科举事业，然后是文学成就，最后才是绘画艺术。或许有艺术家暗想艺术作品百世流芳的前景，但是在士大夫将画视为"末技"的语境下，也较少有人会将艺术成就作为毕生追求直接提出。真正盛赞绘画的艺术评论往往在专业的画谱或笔记故事中才能找到。更为尴尬的是明代通俗文学插图的处境，即便其传播量极大，读书驳杂的明代文人也很少给予关注度。这种现象使西方学者颇为困惑，他们只好解释这是因为"书中的图画太常见了，因其比比皆是，故而司空见惯；各类书籍中都收入插图是理所当然的"①。这种"常见的忽视"也可能与印刷媒介天然的排斥性有关。按麦克卢汉的"热媒介"理论所述,"古代的印刷物和版画同现代的漫画和连环画一样,给表现对象提供的具体时间和空间情况都非常之少,考察这一点相当重要……作为热媒介的印刷术远不如手写本要求读者卷入的程度高"②。印刷术的普及消解了读者参与图像的积极性,不像文人画能给人自由的鉴赏空间,这或许是明代士人较少评判小说插图的重要原因。但不论士大夫对各类绘画图像的态度如何,图像传播的趋势已经不可遏制,在社会交流中具有独一无二的功能,我们将在下文予以论述。

二、明代绘画的多层次传播与社会功能

尽管图像传播的积极效应难以得到士大夫的官方承认,但明代绘画依旧在兢兢业业地完成自己的社会媒介职能。明代绘画作品大都由具体的审美动机或商业动机驱动,艺术家以完成自身艺术旨趣或指派任务为首要目的。文人画致力于满足士人的审美标准,为士人的艺术交流提供休憩的空间;官僚画为官僚服务,力求满足政治任务的要求;小说插图则尽力促进通俗小说销量的提升。相较于官方邸报追求的新闻时效性,史学文学著作追求的历久性,绘画作品并不以自身的广泛传播为首要目的,或者说促进绘画图像传播的任务另有其人完成,这与现代广告设计与招贴画有鲜明不同。即便是发行量较大的明代小说插图,其本身也是为了促进小说销量而产生。而当一幅艺术作品由于某种动机诞生时,它便不仅仅只属于作者,而带有一定的社会性,被各类主体进行欣赏和传播。在这种"被动传播"的影响下,除了关注艺术家本身的创作动机,人们还会关注这幅图像有没有完成自己应尽的任务,或引起大多数人的审美共鸣。在下面的讨论中,我们将涉及绘画"被动"传播的种种功能,这种功能的覆盖面基本包括了官僚、文人、市井等明代各个社会阶层,展示出明代图像传播的多维面向。

(一)明代文人画的传播与士人审美空间构建

在明代各类绘画作品传播中,文人画占有重要地位。明代文人画秉承宋元余绪,致力于士人公共审美空间的构建和公共审美话语的传播。这种公共审美空间的构建,与明代文人画的体系化教育有密切关系。"在题材上,明清文人画教育多以'高山''渔隐''梅兰竹菊'等为表现对象,这些绘画题材也渐成体系,成为文人画教育内容的一部分……明清时期的文人画习画者可以通过临习画谱掌握中国传统文人画中常见的程式化语言。"③这种对题材、程式化语言的统一理解,使文人画形成了天然的受众群。而这种专业的受众传播也并未局限在艺术精英的小圈层内,而是对整个中国艺术史有重大意义。以文人

---

① [英]柯律格:《明代的图像与视觉性》,黄晓鹃译,北京:北京大学出版社,2011年,第35页。
② [加]马歇尔·麦克卢汉:《理解媒介:论人的延伸》,何道宽译,南京:译林出版社,2019年,第198-199页。
③ 杨宝莹:《"技道合一":中国古代文人画教育脉络论析》,《美术教育研究》2024年第6期。

画为代表的审美话语直接影响了华夏艺术的价值判断与传播形式，使人们逐渐接受以卷轴、绢本为主的图像承载形式，也开始认同绘画作品倡导的空灵意境与格物之美。

在讨论明代文人画的传播与接受时，沈周《桃花书屋图》是一个值得分析的例子。沈周《桃花书屋图》是文人画作的经典，这幅画作既是文人建构公共审美空间的典型，也是跨时空传播的代表。根据相关文献对其传播路径的记载，此画有两个版本，其中一幅为中国国家博物馆藏沈周《桃花书屋图》，另一幅为汪砢玉藏沈周《桃花书屋图》。当然，在图像的传播之外，此图更大的象征意义在于展示出明代内阁官员为江南文人画作题诗的社会现象，由此反映出两个社会阶层的交流。此图本在1470年完成，陈宽与徐有贞在其上题字。陈宽题诗为："结屋东（林胜小）山，读书（终日掩）柴关。桃花千树无人看，（一片）风光春自闲。"徐有贞题诗为："小（隐新）成水北湾，桃花千树屋三间。读书不作求名计，时复牵帷只看山。"可见二人题诗主题较为类似，都展示了对隐士生活的欣赏，也与本画作表达的隐逸情怀类似。而徐有贞的题诗更有文化意义。徐有贞本是"正统—天顺"时期极为活跃的政治家，在拥戴明英宗复辟后，因为政治投机失败遭受贬谪。失势之后徐有贞常与江南文人往来，从上文《桃花书屋图》题诗可看出，徐有贞既是为艺术作品题字，也是在寄托自己远离官场的遁世之志。作为一种文人交际活动，徐有贞题诗既能拔高此画及艺术家的社会影响，也能为自己寻找向下兼容的空间。徐有贞曾任职内阁，代表中央权力；而沈周是明中期吴中士人群体翘楚，代表流行的文化审美趋势。两位社会阶层代表心有灵犀，都对山林高士的隐逸主题产生兴趣，这展示出明代不同圈层的文人已经通过《桃花书屋图》产生某种审美共识。但是这种文化互动并未结束。在《桃花书屋图》完成的五年后，题诗的徐有贞已经逝世，沈周弟弟也已去世。沈周再度展画，心中伤感，又补充题记云："桃花书屋吾家宅，阿弟同居四十年。今日看花惟我在，一场春梦泪痕边！此桃花书屋图也！图在继南亡前两年作。呜呼！亡后又三易寒暑矣！今始补题，不胜感怆！乙未九日，沈周。"沈周目睹斯人已逝，在悲伤中写下"今日看花惟我在"，似乎与徐有贞等人的题诗形成了隔空对话。由此文人式的交际升华为对生命、时间的思考，在图画的衬托下更富有感染力，这种感染力几乎是文人画媒介所独有。后世此画不断作为古董流通，又使这种文人交际的传播效应得到最大化。清代钱载曾著录《桃花书屋图》，并且注释沈周《桃花书屋图》的题文。站在清代人视角，钱载对当时"桃花书屋"的诗画雅集有更为客观的认识："对于沈周《桃花书屋图》，钱载并未采取鉴赏家式的著录，而是以文人视角回望近三百年前的那次诗画雅集。钱氏对此图之品鉴仅是寥寥数语：'粗文细沈吴下语，沈画多粗笔，是幅乃中年之入细者。'而更多的文字则是对沈周中年失弟、晚年丧子以及徐有贞官场沉浮的慨叹。"①从以上著述可以看出，只要文人画能保持流传，便可以形成不断嵌套的审美空间，每个评论者也是被评论者。

①　李雪，于成龙：《沈周〈桃花书屋图〉流传考略》，《中国国家博物馆馆刊》2016年第2期。

而且在促进审美交流的同时，文人画还可以促进艺术评论的经典化。由于绘画题字空间本就稀缺，这迫使文人落笔必须深思熟虑，以简明扼要的文字传递出自己的思想，这也是中国古代艺术传播的鲜明特色。

（二）明代官僚画的传播与政治功能实现

与自我抒怀的文人画相比，为各类官僚创作的画作大都有较强的目的性，图像传播的政治性也较强。绘画在官僚群体中的传播，与通常理解的大众传媒有所不同，其传播路径也颇为奇特。例如明代皇帝就曾向下属索要名臣的画像自己收藏。按李东阳《沈学士民则像赞（有跋）》所记，明孝宗"宣索其家，得其遗像卷。因抚而叹曰：'沈先生出世矣。'……留内府不复降出。"①此画上还有明初名臣杨溥著传，另有杨士奇和杨荣的像赞，可以说是明初内阁政治的纪念象征，兼有政治意义与文物意义。明孝宗掠美收藏，这幅画像的原主人只好重新临摹一份，并将原来的赞语重新抄录（明代官僚画多有摹本传播，笔者在后文详细论述）。而当大臣收到皇帝的画时，也会毕恭毕敬地进行奉承。例如杨荣《恭和御赐春山图诗》就称："臣荣不胜感激，谨拜手稽首，恭和圣制，而谨识于其后。庶几子子孙孙，永世弗忘所自也。"②此类题文明显是在表达对皇权的拥护，画的政治价值大于观赏价值。而且明代官员的求画理由也十分奇特。杨士奇就曾描述镇守武昌地区的官员无暇欣赏当地美景，因此特地请人作画。杨士奇《武昌十景图诗序》称："而士之仕于是者，职务之烦，寝食不暇，凡前所谓是邦之胜，常旷岁不能一造，岂其志弗尚乎此哉？"③后文又称："而是邦之胜，六年之间或一二至焉，或过之不远十数步，不能一至焉，或徒得于远望焉，间求善画者图为十景，又求善赋者分咏之，又求余序之，将于退食之暇，时自览适。余闻张弛者文武之道也，张而不弛，文武不能，则剸繁理剧之余，其有所适于性情也诚宜。"④此画包括了该地著名景点，而且每景还分别题诗，可见主人公对此画的重视性。而且该画还能为工作之余的官员提供放松作用，与历史上宗炳"卧游山水"的雅兴颇为一致。从这一事件可看出，该画已经颇类似于今日的"摄影"。绘画采取广角镜头的视角，将当地的风景名胜一并囊括于画幅，其实也是在变相地对官员的政绩表示肯定。

另一幅颇类似于"摄影"的画作是《杏园雅集图》，只不过《杏园雅集图》是摹写一群官员的"会议合照"，这也展现出绘画作品包含的政治交际功能。该画现存两个版本。其一在镇江博物馆，另一在纽约大都会博物馆。此二幅画作在一些细节上颇有不同。镇江博物馆所藏《杏园雅集图》，中央人物背后是石屏风。根据杨荣后序所记："……遂用

---

① （明）李东阳：《李东阳集》，周寅宾，钱振民校点，长沙：岳麓书社，2008年，第1102页。

② （明）杨荣：《恭和御赐春山图诗》，《文敏集》卷1，《景印文渊阁四库全书》，台北：台湾商务印书馆，1986年影印本，集部，第1240册，第26页。

③ （明）杨士奇：《东里文集》，刘伯涵，朱海点校，北京：中华书局，1998年，第40页。

④ （明）杨士奇：《东里文集》，刘伯涵，朱海点校，北京：中华书局，1998年，第40页。

着色写同会诸公及当时景物。倚石屏而坐者三人……傍杏花而坐者三人……徐行后至者四人……而十人者，皆衣冠伟然，华发交映……图其事以纪太平之盛，盖亦宜也。"① 而大都会博物馆所藏《杏园雅集图》，中央人物背后则是树木。如此来看，此画的摹本甚至比照片还要"高级"，因为传播出去的摹本还有各自细节上的不同。此后该画甚至实现了一种量产式的传播。根据李东阳所记，此画被摹写多本收藏。李东阳《书杏园雅集图卷后》称："《杏园雅集图》一卷，乃正统初馆阁诸老西杨公而下九人，会于东杨公之第，各赋一诗，二公为前后序图，则谢庭循所作也。当时此本，盖家有之。予始见于西杨之子太常少卿导，再见于西王之孙顺天训导纶，三见于南杨之孙尚宝卿泰，其规置意象，皆出一轨。"② 李东阳后来也感叹："今越六十年，而诸家子孙犹能什袭珍视不失其旧，尤足以见功泽之深，交献之相传未泯者。"③ 这幅画被官员的子孙珍藏，是因为它反映了明初"三杨"在政坛上的领导地位，是家族荣誉的象征。而此画在后世不断传播，被各类记文著述，表明后世之人依然认可"三杨"的政治地位和政治成就。

（三）明代通俗文学插图传播与大众文化效应

无论文人画还是官僚画，其传播范围都是有限的，接受信息的群体也较为固定。而明代出现的多种版画与小说插图则最大限度实现了图像的传播，满足了群众对图像的精神需求。相较于文人画和官僚画集中表达某一确定的主题，插图版画最大的特点是为市场需求服务。板刻作为信息载体和传播工具，可以根据群众需要大批量地复印、传播多种纸质内容。作为图像的载体，板刻书籍图册的丰富性和便携性也胜于卷轴画。版画插图既借助通俗文学进行传播，又在无形中提升了通俗文学的销量，从而拉动了明代书籍市场的活力。④ 明代插图小说探索了"图＋文"的艺术形式，插图与通俗文学相互呼应，极大促进了小说的传播与接受，同时也为后世图文媒介创作提供了典范。例如明代《李卓吾批评忠义水浒传》为每个经典情节配有插图。其经典人物形象鲁智深，或祖胸坐于房闱，或脱衣倒拔垂杨柳，其本身就是对僧侣宗教形象的戏谑性解构，使这一文学形象成为一种大众文化符号。从这里也可看出，小说插图及版画使"阅读图像"成为一种消遣娱乐方式，人们不必深入感知图像营造的意境，或追求图像背后的隐藏意涵，或者对图像产生敬畏之心。只要一幅插图能对回目的情节作出精准概括，那么它作为绘画作品便是合格的。而且明代小说插图并非全为粗制滥造的大众快消品，其艺术绘制也借鉴了文人画的各种技巧。在精美的小说插图中，可以看到绘制者在有限版幅内对空间感的营造，也能看出其对烟云、树木等风景的精工描绘，这种艺术成就使小说插图真正成为雅

① （明）杨荣：《杏园雅集图后序》，《文敏集》卷14，《景印文渊阁四库全书》，台北：台湾商务印书馆，1986年影印本，集部，第1240册，第204—205页。

② （明）李东阳：《李东阳集》，周寅宾、钱振民校点，长沙：岳麓书社，2008年，第1109页。

③ （明）李东阳：《李东阳集》，周寅宾、钱振民校点，长沙：岳麓书社，2008年，第1109页。

④ 程国赋：《明代小说读者与通俗小说刊刻之关系阐析》，《文艺研究》2007年第7期。

俗共赏的大众文化产品。而且出版者别具匠心地进行上图下文，或圆或方的版式设计，也开阔了受众对图文结合传媒形式的认知。在艺术成就和版式创新的双重影响下，中国古代小说开始向海外传播。根据日本的商船舶来书目记载，绣像《水浒传》曾传入日本，由此中国版画的流行也影响到日本的浮世绘艺术。可见只要传媒能满足大众需求，且能尽量减少读者和文本之间的阅读距离，其扩散和传播便是自发且迅速的。

而从反面来看，通俗文本带来的图像繁荣，也引起了明代士人的道德焦虑，似乎视觉带来的享受本身就带有"原罪性"。纸页上的图像虽然有便携性，但也伴随天然的轻浮感，与卷轴的严肃感截然不同。"在书中收入插图似乎本身就是鄙俗之事……因为插图让人联想到的是这样的一群市民读者，光有文字对于他们而言是不够的。"[①] 因此，"视觉愉悦，观看之欲，在明代文本中是不提的，除非是作为反面例子，作为应被禁止、避免的淫邪行为"[②]。而且小说图像很可能激起人的模仿欲："把图像视为实际知识的来源和需要效仿的典范……与文人画世界中所奉行之道大为不同。"[③] 不过文人士大夫批判此类现象也有悖论性。如果文人士大夫亲自下场批判这种插图现象，那么就反证他们已经处在这种传播域中。传播自由带来的道德焦虑也引起了明清两代的禁毁书运动。而中和这种焦虑的方法就是用通俗文本形式宣传官方意识形态，例如明代刊行的《圣谕图解》便是以图画的方式，尽可能阐释清楚官方圣谕思想。这种对大众图像传媒的"双刃剑"效果的认知，反映出明代在古代文化和近世文化间徘徊的现实。

三、明代绘画的抽象传播形式——绘画题跋文的流行与其思想蕴含

明代绘画不仅能通过图像展示，还能通过题跋文的方式继续传播。或者说当第一次题跋完成，便已经实现了一次传播，因为题跋者是图像的第一个观赏者。以长篇韵文或散文形式对绘画进行介绍并形成一种独立的文学文本，这在世界艺术中也是较为少见的现象，可以说是中国艺术的鲜明特色。远古时代的甲骨、青铜器，媒介与负载的信息呈深度绑定状态。其刻文、铭文内容简单，需要依赖器物的宗教性和社会性补充其意义。而在纸本时代来临之后，信息与实物媒介可以互相分离存在。在实际创作中，文人可以先构拟出题跋，然后再题写在具体的图像上；而当画作已经消亡时，题跋文好像绘画的"灵魂"，可以继续在作家文集中流传，由此使读者想象画的原貌。因此题跋文也可以视为一种"虚拟"图像。事实上，由于绘画较难保存，我们对古代图像的了解和其传播，有相当一部分都是通过题跋文介绍。在图像技艺受到轻视的古代，如果题跋文被收入文集，那么画本身也就获得了合法性，因为它证明了画作有被文本化和经典化的可能。此外，题跋文还有更多现实功能。如果一位名人为一幅作品题字，那么这幅画将实现升值，

① ［英］柯律格：《明代的图像与视觉性》，黄晓鹃译，北京：北京大学出版社，2011 年，第 35 页。
② ［英］柯律格：《明代的图像与视觉性》，黄晓鹃译，北京：北京大学出版社，2011 年，第 40 页。
③ ［英］柯律格：《明代的图像与视觉性》，黄晓鹃译，北京：北京大学出版社，2011 年，第 40 页。

更有利于其传播和交易。而且题跋文记录了图像的创作主题和流传过程，有辅助古董鉴别的作用，也可以使后来者注意到一些易被忽视的作品。绘画作品不再是符号，而被转变成长文本，这种方式固然有优点，因为"储存信息也就是加快信息传输，因为储存的东西比尚待搜集的东西更易于提取"①。但是图像信息变成文字，在书籍中大规模复印传播，会使图像的存在"非常随意且平淡无奇。它只不过是一种图画似的表述，可以清楚而无限制地加以重复——至少在印刷品表面延展的范围之内"②。因此明代绘画题跋文的传播促使人们思考华夏传播中"图与文"的辩证关系问题。中国古代有"诗中有画，画中有诗"的论点，似乎诗画两种艺术本就可以相互促进传播。但诗可以无画，画却不能无诗。如果一幅近古的画作没有题跋和落款，那么其为赝品的风险将大大增加，或者会被视为不知名画工所作。所以题跋对绘画作品是画龙点睛般的存在。

在明代绘画题跋文的传播中，我们经常见到作家对某一作品"虚拟"的描绘。在这种"再创作"中，作家会利用五言诗、七言诗等多种文学形式，展示图像的内容。由于此类题跋文有较高的修辞水平，它们成功地营造出艺术作品的意境。在明代题画诗文中，我们可以看到其对"鲜活""动态美"的追求。这种充满文学偏好的描绘，在传播中形成了艺术鉴赏的固定审美话语系统，也为艺术家的创作提供了标准。而相较于图像所在的二维平面，同样扁平的文字似乎更有想象力。明代题画诗文以豪放不羁的想象力著称，丘濬、黎淳等人以其夸张的比喻和辞藻，渲染出画面的动态效果，各类生物和风景仿佛即将跃纸而出。但其弊端是图像也渐渐隐去在夸张的诗歌中，因为读者已经从文字中获得了足够的视觉信息，而且文学作品也能提供更多的思维空间。

画像题跋文传播的讯息不仅限于图像内容，同时也具有升华艺术作品内涵，传播士人精神的作用。在上文提及的《武昌十景图诗序》中，杨士奇从官员欣赏画图的行为引申出为政的理念："而士君子于一视一听，必有所监省，又非独以自适也，秉文从容公退，展图兴思，如睹大别则思大禹之劳勤乎民；睹南浦则思屈原之忠尽乎君……岂不尚有裨益哉？岂特性情之适而已。"③杨士奇认为观看这幅画作内的相关景物，便可以联想到大禹、屈原等人的高尚品格；官员不仅需要时时自省，也需要有"先天下之忧而忧"的济世情怀。而在题写其他风物画时，明代文人也注重人格美的阐发。由于明代内阁政治变幻无常，所以明代作家常为松、竹、梅画作题辞，来表达坚定不移的品格和对冰雪之操的向往。在为明代官员的肖像题辞时，作家也展示出对士人精神的期许，类似"金相玉质"④（李东阳《沈学士民则像赞（有跋）》）、"持国之宪，掌邦之工"⑤（李东阳《题南京工部侍

① [加]马歇尔·麦克卢汉：《理解媒介：论人的延伸》，何道宽译，南京：译林出版社，2019年，第196页。
② [加]马歇尔·麦克卢汉：《理解媒介：论人的延伸》，何道宽译，南京：译林出版社，2019年，第198页。
③ （明）杨士奇：《东里文集》，刘伯涵，朱海点校，北京：中华书局，1998年，第40页。
④ （明）李东阳：《李东阳集》，周寅宾，钱振民校点，长沙：岳麓书社，2008年，第1101页。
⑤ （明）李东阳：《李东阳集》，周寅宾，钱振民校点，长沙：岳麓书社，2008年，第1102页。

郎沈公小像》）的文字随处可见。由此可见题跋文对绘画的正面传播作用，以及绘画图像广阔的阐释空间。

结　语

文化理论认为，"文化"是"指称那些通俗音乐、出版、艺术、设计及文学的广泛流传的形式"[1]。在华夏精神不断形成的过程中，民众需要通过文化实践产生审美交流与观念共识，进而产生归属感与认同感。明代作为古代文化的重要转型期，绘画图像艺术展示出共享包容的近世精神。大众通过图像反映世界，进行价值观交流，不仅建构出公共的审美空间，也丰富了华夏人民的情感表达方式，使华夏艺术呈现出多元化和普及化的特点。

以图像符号和社会结构的关系来看，明代绘画扩展了华夏文化的图像符号库，为各类人群提供了多样的文化象征。新兴社会群体在视觉艺术中寻求意义，表现了社会结构的变动与阶层更替。"被符号权力教化后的行动者的身体不再仅仅是个体的躯壳，而是场域中集体历史的产物。"[2]明代绘画作为一种文化权力表现，为各类社会群体提供了一定的语言表达空间，使其能够创造属于自己的历史记忆。

明代绘画是华夏图像艺术发展的结晶，也是古代晚期图像传播的成功实践。明代绘画承继魏晋、唐宋以来的绘画艺术，吸收传统山水画、人物画的线条艺术和空间形式，展现了华夏图像符号的特殊魅力。明代绘画借用纸质传媒的优长，探索出多种传播形式，满足了士人群体、官僚群体以及民间百姓等各类人群的文化需要，使视觉艺术真正融入大众生活。而明代绘画从艺术作品中升华出的精神信仰和崇高气节，不仅展示出明代士人的自我修养，也对后世的道德培养有激励作用。探究明代绘画艺术繁盛的原因，可以帮助我们了解古代大众文化传播背后的心理动机，也能使我们对明代文化史和华夏传播史有更深刻的认识。

---

① ［英］斯图尔特·霍尔：《表征——文化表象与意指实践》，徐亮，陆兴华译，北京：商务印书馆，2003年，第2页。

② 张意：《文化与符号权力：布尔迪厄的文化社会学导论》，北京：中国社会科学出版社，2005年，第177页。

论明代书业广告的发展形态与实质

魏宝涛　董丽雪*

（辽宁大学新闻与传播学院，辽宁沈阳，110036）

摘　要： 明代是中国古代书业广告发展的成熟阶段。明代书业广告在形式、内容等多个方面上的发展形态，发生了较大的变化。这些变化不仅体现了明代书籍出版行业的商业经营活动的日渐成熟，也反映了广告发展的实质。本文将依据翔实的文献资料探讨明代书业广告的发展形态变化，深入剖析这些发展变化背后所展现出的书业广告发展实质，从而反映出明代的政治、经济、文化等各方面的社会风貌，以及明代书业广告的重要研究意义和价值。

关键词： 明代；书业广告；发展形态；发展实质

基金项目： 2022年度辽宁省普通高等教育本科教学改革研究一般项目"'首席营销官（CMO）特训营'产教融合、协同育人应用型人才培养模式创新研究与实践"。

中国古代书籍浩如烟海，早在西汉时期便已有了著名的书市"槐市"，尤其是自印刷术普及之后，各类书籍数量迅速增长。在此过程中，书籍的商业化程度逐步得到了提升，书业广告也随之繁荣起来。明代是我国古代商业性出版事业最发达最活跃的时期，书业广告受到强烈刺激也有了长足的发展。[①]尤其是到了明朝中后期，刻印技术得以改进，官刻、坊刻、家刻蓬勃发展、三足鼎立。这为书以及书业广告的大量刊印提供了技术与生产上的支持，推进了出版印刷业进入兴盛阶段。古代的书业广告主要是指图书出版行业人员借助一定的媒介，向大众传递书籍的相关信息，开展营销活动。书业广告作为明代书业鼎盛发展时期的重要组成部分，其发展形态迈向了空前繁荣阶段，变得更加丰富多彩。当时，书业广告中出现了多种具有创造性的广告及商业手段，这也使其成为当时封建制度之下商业活力和创造力的表现之一。探讨明代书业广告的发展形态特征，能进一

---

* 作者简介：魏宝涛，北京师范大学文学博士，辽宁大学新闻与传播学院副教授，硕士研究生导师，沈阳市广告行业协会专家咨询委员会执行主任；董丽雪，辽宁大学新闻与传播学院传播学硕士研究生。

① 袁逸：《中国古代的书业广告》，《编辑之友》1993年第1期。

步了解明代的政治、经济、文化等各方面的生活，对于当代书业广告的实践也有一定的启迪，非常具有研究价值与意义。

一、书业广告形式之演变：丰富多样

与之前的朝代相比，明代书业广告发展形态的重大变化之一就是形式变得更加丰富了，更加趋向于多样化的发展。当时，书业广告的形式可以依据其传播载体划分为两类，一类是广告与书籍结合的形式，一类是广告与书籍分离的形式。

（一）以书籍为载体的书业广告

这类广告主要依托于印刷媒介，以书籍为载体。自宋元以来，这一类型书业广告便已开始逐渐形成系统，尤其是到了明清时期，出版业和印刷技术的繁荣发展，为以书籍为载体的书业广告提供了良好的条件支持。书业广告形式也变得更加明确多样，常见的主要有书名广告、扉页广告、牌记广告、插图广告等多种形式。它们主要附着在书籍之上，所以更能精准地传递书籍的具体信息，将一些关于本书的广告信息以更有深度的方式传递给目标受众，而且制作这类依托于书籍的书业广告，出版商也几乎不用投入额外的广告制作费用，是成本比较低的广告形式。具体可细分为以下几种形式。

一是书名广告。出版者通常会在书名之前加一些前缀，这样虽使书名变得比较长，却也增加了书名的附加广告价值。在书名广告中，通常用新刊、新刻、新编等词语来宣传书籍是刚刚刊印的新版本，用京本、古本、密本等词语来宣传书籍来源和印刷装帧方式，用按鉴、通俗、演义等词语来宣传书籍的编辑方式等。例如，《新刻汤学士校正古本按鉴演义全像通俗三国志传》（建阳熊冲宇种德堂万历刻本），共有 21 字。"新刻"揭示了这本《三国志》为最新刊印的，值得大众购买。"汤学士校正"点明了校对人的身份为学士，增加了书籍的质量保障。"古本"点明了这本书的来源，迎合大众的喜好，激发大众的阅读欲望。"通俗"则点明了此书的编辑方式。二是扉页广告。"扉页亦称护页、副页，是夹在书衣和书名页之间的空白页子，其作用是保护书页，防潮防蛀。"[①]在读者买书的过程中，扉页往往是最先接触到的，且扉页的面积比较大，方便出版商进行广告创作，所以是一处非常不错的书业广告刊登处。同时，由于其位置的特殊性及所占面积之大，扉页广告很容易引起读者的注意，具有良好的广告宣传效果。明代出版者充分利用扉页刊语，广作宣传，吸引读者。三是牌记广告。"牌记又名墨围、碑牌、墨记、木记、木牌、书牌子等，是在书前、书尾、序后、目录后或卷末所刻印的图记，记录刻书者姓名号、时间地点、版本源流、内容简介等，似于现在的版权页。"[②]"牌记之作用有二：一是申明

---

① 曹之：《中国古籍版本学》，武汉：武汉大学出版社，2007 年，第 39 页。
② 曹之：《中国古籍版本学》，武汉：武汉大学出版社，2007 年，第 516 页。

版权，二是广告宣传。"①明代时期的牌记广告分布较为灵活，没有固定的位置。例如，明弘治十六年（1503）刘氏薄济药堂刊本《类编经验医方大成》牌记："古今医方汗牛充栋，虽良医有不能尽阅，阅之有不能尽用者，文江孙氏允贤世为需医，每用一方，有验者必集而类编之。意使今之医者，虽行万里，不必抉他医书，而治病之要了然在目，其于活人之心，视杏林阴德不营过矣。"②这则广告将内容集中在叙述和彰显这本书的有效性和实用性上，表明这本书是有经验的人编的，非常实用。即使是要去很远的地方，只要带上这本书便足够了。这也使消费者深信，这本书是做郎中的必备之书。这一广告具有很强的鼓动性和诱惑性，来循循善诱吸引读者去购买。四是插图广告。"据统计，现存历代插图古籍有4000余种，明本就占一半。"③明代书业广告之中，插图广告是最流行的形式之一，甚至在明代出现了"双面式""月光型"等新的插图样式。这些精美的插图广告相较于以往的纯文字形式的广告，更具有审美意义和价值，作为广告形式也对读者更加具有吸引力。

（二）与书籍分离的书业广告

与书籍分离的广告是书业广告发展到一定阶段的重要产物。这些广告摆脱了书籍载体，形式变得更加丰富，也拥有了更多投放到市场的渠道，可以面向更多的受众群体，不会受到载体的限制，传递广告信息的速度也进一步提升，但是也在一定程度上提升了出版商运营时的广告成本。具体可细分为以下几种形式。

一是店铺广告。明代书坊林立，很多文人墨客都会出没于书坊之中，书坊便会借此机会，在书坊之中设置店铺广告来吸引受众前来购买。有些店铺广告是为书坊打广告，例如，宣传店铺中书籍种类齐全、质量有保障等，来招揽顾客。也有一些店铺广告是商家专门来为某本具体的书进行广告宣传。甚至很多时候有些书籍还未完成编纂，商家便会提前造势，设置店铺广告来进行宣传。二是陈列展示广告。这种广告形式主要出现在书市当中，以陈列、展示的方式对书籍进行宣传，受众在观看的过程中能以更加便捷的方式获取相关的书籍信息。明代书市非常繁荣，陈列展示广告也变得更加普遍，尤其是在北京、南京、杭州、苏州、建阳这五大中心级书市。三是招贴广告。这类广告主要贴在墙上，内容较为冗杂。例如，宣传书坊开张、书籍刻版印刷、收购旧书等。这种招贴广告往往是利用人们的好奇心理，来吸引受众的光顾。四是书船广告。在江南水运便利的地方，很多书商会驾船进行长途贩运，穿梭于市镇之间，相当于是水上流动书店。这些船上通常会有关于兜售书籍的相关商品和广告信息，商家甚至会直接根据读者的需求送货上门。

---

① 曹之：《中国古籍版本学》，武汉：武汉大学出版社，2007年，第520页。
② （明）《类编经验医方大成》，刘氏薄济药堂刊本，1503年，第2页。
③ 江丰：《武林插图选集·代序》，杭州：浙江人民美术出版社，1984年，第3页。

二、书业广告内容之演变：异彩纷呈

明代的书业广告在发展形态上的变化，还体现在内容的演变上。与以往朝代相比，明代书业广告内容更加缤纷多彩，主要表现为广告所包含的信息丰富、商业性质更加明显、内容更加复杂等。书籍出版商在制定书业广告的时候，也更加注重在广告内容上革故鼎新，来吸引更多的读者，为书坊带来更好的商业效益。

（一）涵盖信息丰富

在明代书业广告当中，所涵盖的信息相较于以往也变得更加丰富，可谓包罗万象。很多书业广告在内容上都会交代编刊起源、刻书起源、图书价格、印刷质量等基本情况，强调书籍版本完善、校对精准、内容全面、图文并茂、历史价值等书籍所具有的独特优势。有时还会有与其他书坊的内容信息进行对比，来进一步突出自身优势。明万历十九年（1591）金陵周曰校刻本《新刻校正古本大字音释三国志通俗演义》的牌记广告云："是书也，刻已数种，悉为讹片，辄购求古本，敦请名士，按鉴参考，再三雠校，停句读有圈点、难字有音注、地理有释义、典故有考证、缺略有增补、节目有全像。"[①] 这一广告囊括了众多信息，仅从书名中便已经包含了许多的信息，让受众对这本书的基本情况有了大概了解。书籍出版商没有简单地将书定为原名《三国志》，而是在其中掺杂了很多的广告信息，吸引受众的目光。在书名中，出版商交代了这本书是"新刻"的，是对于"古本"的"校正"，有"大字音释"，是一本"通俗演义"，这些都是关于这本书的重要广告信息。尤其是有"大字音释"这一突出优势，可以表明此书籍能够满足不同文化层面人的需求，扩大了受众面。紧接着在牌记广告中，出版商在广告内容中又着重强调了这本书不同于其他的版本，以往的版本有很多的"讹片"，而本次所出版的书是经过名士"再三雠校"的，校正和刊印都很精良，印刷质量有保障。然后，还在广告中具体介绍了本版本在句读方面做了圈点、难字方面设有注释、地理方面也有释义、典故进行了全方位考证、对于缺略也有补足等书籍的突出优势。这些广告内容信息齐全，进一步满足了读者各方面的需求，对于读者来说也更加具有吸引力。

（二）商业性质明显

明代中后期经济快速发展，呈现出商业经济繁荣的样貌，商家之间的商业竞争也变得更为激烈，很多商业广告快速发展起来。书业广告作为商业广告的重要组成部分，其商业性质也表现得更加明显，来更有效地传播商业文化信息，推动书籍的销售。在很多广告中所呈现出来的内容更具商业交易的意味，同时也能看出当时书业竞争之激烈。此时的书业广告除了展现书籍的基础信息以外，还会出现明确标榜书籍价格、贬低其他书商来彰显自我等情况。一是有部分书商会在广告内容中进行明码标价，来引导受众购买。

当时各地的书籍价格不尽相同，如明代郎瑛所说："我朝太平日久，旧书多出，此大幸也，亦惜为福建书坊所坏，盖闽专以货利为计，但遇各省所刻好书，闻价高即便翻刊，卷数、目录相同，而于篇中多所减去，使人不知，故一部止货半部之价，人争购之。"[①]建阳地区的书商经常会偷工减料来降低书的成本，然后以低价宣传的策略来吸引读者购买。二是明代书业广告商业竞争性质更为凸显，在书业广告的内容上体现得尤为明显，很多甚至具有攻击性。很多出版商为了抬高自己，会刻意在书业广告内容上去贬低其他书商。例如，明万历建安余氏刻本《万用正宗不求人全编》，书前牌记云："坊间诸书杂刻，然多沿袭旧套，采其一，去其十；弃其精，得其粗。本堂近锓此书。名为《万用正宗》者，分门定类，俱载全备，展卷阅之，诸用了然。"[②]在这则广告中书商将自己标榜为"正宗"，贬低其他书坊的书都是"沿袭旧套"，从而来凸显自己书坊的书独树一帜。这些贬低他人来抬高自己的自吹自擂的竞争手段，显然是不公平的，甚至存在着一定的虚假宣传的可能性。但是这种状况恰恰反映了当时书业行业的竞争激烈，体现了明代书业广告商业性质的增强。

（三）内容更为复杂

明代中后期，随着朝廷对于书籍刻印管理的放松，以及印刷技术的提升，书籍的种类和数量快速增加，书业商品市场发展迅速。与此同时，书业广告等内容也变得更加丰富，不再像过去一样只是简单地反映图书的一些基本相关信息，而是变得更加复杂，以此来让读者对书籍有更多了解，创造更多的商业效益。这种复杂性主要表现以下几个方面。一是在很多广告内容中出现了商标和插图，增加了书业广告内容的复杂性。为了让自己在市场竞争中脱颖而出，并与其他人的商品区分开，明朝不少出版商在书业广告中增加了商标要素。有的直接在商标中以图画结合的方式，来吸引读者的兴趣，进一步强化宣传，形成品牌形象，以防其他出版商假冒。例如，万历间建阳著名书商余象斗，直接以自己的形象作为广告内容，成为古代版本的"广告代言人"，来以自己的人格和声誉为书籍的品质做担保。在其出版的《海篇正宗》《诗林正宗》等书的前面，均印有《三台山人余仰止影图》，此图被生动描述为："图绘仰止高坐三台馆中，文碑捧现，婉童烹茶，凭几论文之状，榜云'一轮红日展依际，万里青云指顾间'。"[③]这种宣传方式相较于以往朝代来说是有所创新的，是一种独辟蹊径吸引顾客的方法，在后续朝代乃至当今时代都得到了延续。二是广告内容中有了更多关于征稿信息的发布。虽然征稿广告的形式在元代就已经兴起了，但是到了明代这类广告内容尤为丰富。这种征稿方式的广告可以让读者更有参与感，读者可以在书籍上发表自己的文章，这也进一步激发读者阅读的欲望，

① （明）郎瑛：《七修类稿（卷四十四事物类）》，1566年，第1338页。
② （明）《万用正宗不求人全编》，建安余氏刻本，1588年，第2页。
③ 王重民：《中国善本书提要》，上海：上海古籍出版社，1983年，第61页。

从而来购买书籍。三是广告内容有对书籍续作的宣传和炒作。有些出版商会借助已经取得成功的书籍作品来打广告宣传书籍的续作，从而引发读者内心的期待，来创造更具连续性的效益。四是在一本书中为书坊中生产的其他书做广告，以此方式来推销书坊中其他的书籍，增强书房的声誉度。除此之外，在内容上还有其他丰富的变化，这些都在一定程度上增加了明代书业广告内容的复杂性，体现了明代书业广告中一些较为明显的演变。

三、广告人意识之演变：日渐成熟

在明代书业广告激烈的竞争之中，很多书籍出版商都会采取一些行之有效的手段来宣传书籍，提升商业效益。在这个过程中，很多出版商的广告意识日渐成熟起来。与以往的朝代相比，明代出版商的广告意识也更加强烈，呈现出日渐成熟的趋势，甚至一些具有商业和广告意识的广告人出现了。其中比较出名的有毛晋、余象斗、胡文焕等人，他们尤为擅长各类书业广告宣传手段。通过研究他们的广告意识，可以进一步增加对明代书业广告的发展形态的了解。其中，明朝著名的书商余象斗就是创新书籍宣传形式的代表人物之一。

一是余象斗具有了初步的反盗版广告意识。他善于利用"识语"来突出自家书籍的特色和长处，维护自家书籍的版权，招揽读者前来购买书籍。例如，他在《八仙出处东游记》刻本的识语中云："不佞斗自刊《华光》等传，皆出予心胸之编集，其劳鞅掌矣，其费弘巨矣！乃多为射利者刊，甚诸传照本堂样式，践人辙迹而逐人尘后也。今本坊亦有自立者固多，而亦有逐利之无耻，与异方之浪棍，迁徙之逃奴，专欲翻人已成之刻者。袭人唾余，得无垂首而汗颜，耻之甚乎！故说。三台山人仰止余象斗言。"[①] 在这段"识语"当中，余象斗先讲述了自己编纂这本书是有多么艰辛，然后指出有其他书商为了利益生产盗版书籍的行为是很无耻的，以此来维护书籍的版权以及相关合法权益。二是余象斗创设了具有商业性质的"评林体"。这种体式在每页上分为三栏，上栏是评语栏，可以来点评人物、诗词等；中栏是插图栏，可以放一些与正文中情节或人物相关的插图；下栏是正文，可以掺杂一些评述。他利用这种"评林体"对英雄进行赞美、对奸臣进行唾骂等，符合当时人们的道德审判标准，迎合读者的阅读心理，吸引读者的眼球，从而推进书籍的销售，获取商业利益。三是余象斗注重书坊整体形象的宣传。他以自我的品行来代言自己的书坊，将自己的画像印在书籍上，从而构成一幅良好的书籍形象广告，宣传书坊形象，塑造品牌价值。四是余象斗注重书业广告的实际效果。他所制作出的书目类书业广告条理清晰，进行了细致的分类，对于一些新版书籍还进行着重强调，非常具有实用性，尤其是对于参加科举考试的学子来说。整个书目类书业广告的罗列也非常注重

---

① （明）吴元泰，《八仙出处东游记》（余文台刊），余象斗编，上海：上海古籍出版社，1994年，第2页。

技巧，注重保障整体的清晰度，来提升宣传的实际效果。综合来讲，余象斗是明代书业广告人的重要代表，他所做出的这些创新之举，正是明代广告人的广告意识成熟的重要表现。

四、明代书业广告的发展实质

书业广告不仅是书籍商业属性的体现，也是一个时代文化符号的代表，能够折射出这个时代经济、政治、文化生活等各方面发展状况。深入探究明代书业广告发展形态繁荣的实质可以发现，其发展形态的演变是在明代政治、经济、印刷技术等各个方面因素推动之下的必然趋势。

（一）政策支持为书业广告繁荣提供政治保障

明代书业及书业广告的快速发展离不开统治阶层的推动和官方所推行的政策支持，这在很大程度上带来了政治层面上的保障。明朝几乎历代皇帝都对书业发展有着浓厚的兴趣。明代历时270多年的时间，自洪武至崇祯历十七帝，从明太祖到明成祖，再到宣宗等几代皇帝对图书事业都有着浓厚的兴趣，整个王朝基本上对图书业采取保护、扶持的政策。[①]甚至有帝王、贵妃等身份显贵之人为书籍作序进行宣传。例如，明成化十二年（1476）内府刻本《续资治通鉴纲目》二十七卷前便有明宪宗御制序。[②]不少书商会直接将此应用于书业广告的内容，来进行广泛宣传。明朝官方为了推动书业的发展，还颁布了一系列的有力措施。在赋税方面，《明会要》记载："明朝免除了书籍税，以及笔、墨等一系列与书业及书业广告相关的赋税。"[③]对于元代所遗留下来的书坊，官方也鼓励继续经营下去。对于书坊经营者所发布的各类书业广告官方也不会进行过多的管制，使书商的经营活动以及书业广告等各类书籍营销活动处于较为宽松的环境之中。这些都为整个书业的发展带来了活力，同时也促进了明代文化事业的发展。除此之外，明代还推出了在教育、商业、手工业等各方面发展的一系列政策，这些其他领域政策的执行对于书业的发展以及书业广告的繁荣也起着不可估量的推动作用。正是在统治者的倡导以及强有力的政策保障之下，明代人普遍以买书、藏书作为风雅之举，书商、刻书者等与书业有关的从业者，也以从事此行业为荣，形成了良好的社会风气，进而助力书业及书业广告的繁荣，为其发展提供政治保障。

（二）商业发达为书业广告繁荣奠定经济基础

基于唐宋等前朝的发展基础，明代社会经济产生了重要变革，传统的经济结构有了裂缝，工商业、手工业等快速发展，出现了早期的"资本主义萌芽"。这段时期明朝的

---

① 周春霞、易芳南：《试论明代图书发行流通兴盛的政治原因》，《长沙大学学报》2007年第1期。
② 周春霞、易芳南：《试论明代图书发行流通兴盛的政治原因》，《长沙大学学报》2007年第1期。
③ 龙文彬：《明会要（卷五十七）》，北京：中华书局，1956年，第1085页。

城区出现扩散，人口呈现增长趋势，商品流通渠道多样，工商买卖繁荣，尤其是在北京、南京、苏州、杭州等商业中心。《松窗梦语》卷四描述："米资于北，薪资于南，其地实音而文侈。然而桑麻遍野，茧丝绵兰之所出，四方咸取给焉。虽秦、晋、燕、周大贾，不远数千里而求罗绮增币者，必走浙之东也。"① 由此可见当时商业发展之盛况，除了这些商业中心，还有很多市镇的商业发展也呈现蓬勃之势。书业市场也主要是围绕这些商业繁荣区域分布，形成书业中心。这样空前的商业发达盛况为书业广告的盛行与繁荣奠定了坚实的经济基础。商业贸易的繁荣以及商品经济的发展，使得商家之间的竞争日益激烈。为了获取更多的商业效益，不少商家致力于商业广告的研究，以让自家的广告更为出彩，进而获得更丰厚的商业效益。商业的迅速发展为商业广告的崛起奠定了良好的经济基础，在很大程度上刺激了商业广告的成长，有了一定水平的提升。明代的商业广告呈现出了更为丰富的发展形态，书业广告作为商业广告的重要组成部分，在商业发展的推动之下也呈繁荣之势。

（三）印刷技术进步为书业广告繁荣提供驱动力

技术进步是广告形式、创意等各方面变革的重要驱动力，印刷技术的发展为明代书业广告的发展提供了强大的驱动力。中国古代印刷技术起源于唐代雕版印刷，北宋毕昇发明活字印刷，使印刷技术有了进一步飞跃。但是在应用的过程中仍有许多技术问题待突破。直至到了明代，雕版和活字印刷技术走向了更为成熟的阶段，进一步推动了印刷技术的商业化。印刷技术以更价廉质优的形式出现于各大书坊之中，明代刻书业呈现出空前繁荣景象。明代胡应麟云："吴会、金陵擅名文献、刻本至多，巨帙类书咸会萃焉。海内商贾，所资二方十七，闽中十三，燕越勿与也。然自本坊所梓外，他省至者绝寡，虽连楹丽栋，搜其奇秘，百不二三，盖书之所出，而非所聚也。"② 由此可见当时印刷技术应用之广泛、书业市场发展之盛况。为了在激烈的商业竞争取胜，出版商会基于印刷技术来更新广告呈现形式，不仅会在书业广告中采取图文印刷并存的方式，还会运用饾版、拱花等新印刷技术使基于印刷媒介的书业广告，形式更为精美，版式更加多样，质量更有保证。同时，印刷技术的进步，也进一步压缩了印刷成本，不仅使书籍及造价下降，也压缩了书业广告的宣传成本，进一步扩大了书业市场。尽管当时也有一些出版商存在滥刻诗文、校正不准的情况，但是这样的乱象只是少数情况。整体来说，技术的发展所带来的优势超越流弊，印刷技术进步所带来的优势都在很大程度上推动了书业广告繁荣。

（四）文学人口壮大为书业广告繁荣创造前提

"文学人口是指参与到作为消费产品的文学的整个生产过程并接受其成果的文学群

---

① （明）张瀚：《松窗梦语（卷四）》，北京：中华书局，1985 年，第 83—84 页。
② （明）胡应麟：《少室山房笔丛（卷四）》，北京：中华书局，1958 年，第 69 页。

体，即它不仅指文学作品的创作者，还包括传播者及作为产品链条上重要一环的阅读者，中国历史上文学人口最多的时代是明清时期。"[①] 明清时期，伴随着社会经济的发展以及较为完整的教育体系的建立，科举制度发展，民众的受教育水平普遍得到了提升。社学、族学、私塾、家塾等基层学校提供的基础教育，有了重大发展，这进一步提升了平民的阅读能力。[②] 越来越多人具备了书籍阅读能力，文学人口进一步壮大。此外，明代市民阶层壮大，文学重心出现下移，通俗文学处于兴盛状态，明代通俗文学人口增长速度是高雅文学的十倍左右。明代各类通俗演义小说盛行，整个社会中几乎都对通俗文学呈现追捧的现象。上至将相王侯士大夫，下至普通市民百姓，都被各类刻本通俗小说所吸引，不少上层文人和下层文人投入通俗文学创作、传播、阅读之中。这些因素都与明代文学人口发展壮大有着密切的关联。文学人口的壮大产生了巨大的书业消费需求，书业也呈现出更加繁荣之势。文学人口的壮大意味着明代人识字率有所提升，扩大了书业广告的受众范围，为书业广告的繁荣创造了前提。

五、小结

"明代是我国古代书业广告的繁荣时期，其形式之繁，内容之富，技巧之新，远轶前代。"[③] 明代书业广告内容丰富、形式多样，且书籍出版商初具广告意识，开始拥有了广告人的身份认同。这些演变既体现了明代书业广告茁壮成长的状态，也离不开发展实质的重要支撑。明代书业广告并非凭空繁荣起来的，而是伴随着明代的社会经济、政治、文化、技术等各方面的需求和进步发展起来的。尤其是在商业经济发展的需求之下，书业出版商需要更加丰富多彩的传播载体，来为自家的书籍做宣传，而书业广告正是这样的载体。政策之支持、商业之发达、印刷技术之进步、文学人口之壮大，这些都是当时推动明代书业广告繁荣的重要发展实质。明代书业广告虽然相较于前几个朝代更为成熟了，兼具商业与文化双重属性，但是与学者方卿、姚永春在《图书营销学》对现代的书业广告进行定义时所提到的广告主、媒体、信息、广告费四个构成要素比对[④]，其要素仍然是不齐全的，也没形成一定的体系，没有广告代理，无须支付广告费用，是一种松散的、自发性的传播行为。但是，不可否认的是明代书业广告是研究明朝时期的商业经营活动以及其他方面的经济、政治、社会以及文化生活有重要的史料。在研究广告的过程中，我们不应只向外观看，有时也应转头回望我们自己的历史中可借鉴的广告策略和技

① 李玉宝：《明代文学人口的壮大与书业生产的繁盛》，《上海师范大学学报（哲学社会科学版）》2022年第1期。

② 张海英：《明清时期"商书现象"之分析》，《明清论丛》2017年第1期。

③ 王海刚：《明代书业广告述略》，《中国出版》2008年第8期。

④ 方卿、姚永春：《图书营销学》，太原：山西经济出版社，1998年，第341页。

巧，在中国的历史传统中汲取经验。[①] 正如学者谢清果所言："我们博大精深的文化传统，虽然历经五千年的演绎与变迁，其精神风骨依然代表着人类的发展方向，洋溢着人类命运共同体的旨趣，是作为中国广告学和广告业发展的不可多得的资源。"[②] 书业广告作为中国古代广告的重要组成部分，是华夏传播研究的宝藏，历经百年千年依旧熠熠生辉，是中国本土化广告研究不可多得的资源。总结明代书业广告的发展形态演变与发展实质，既能更全面了解明代的社会发展，也能为当代书业广告提供借鉴。在扎根中华传统书业广告土壤的基础上，打造书业广告新的实践路径，让今日书业广告之发展有源来寻、有根可依。

---

① 陈谦：《中国古代宣传策略与现代广告——以几个古代宣传案例为中心》，《中华文化与传播研究》2017 年第 2 期。

② 谢清果：《新时代公益广告与中华文化的传承与创新》，《中华文化与传播研究》2021 年第 1 期。

谁为夷狄：契丹影响下五代"华夏"认同的嬗变

任笛天　肖爱民[*]

（河北大学宋史研究中心　河北保定，071000）

摘　要："夷夏之辨"作为一种二元结构，在中国古代以一种"非此即彼"的形式长期存在。但由于其以文化为判定标准，故而夷夏之间亦存在相互转化的路径。五代时期，契丹作为中国北部对中原王朝的新兴势力，其"夷狄"色彩远浓厚于沙陀、粟特这些久居汉地的胡族，因此成为这一时期华夷文化语境中"夷"的代表；相应地，无论是否为汉族所建立，中原五代王朝都成为"华夏"的代言人。同时，契丹在早期也主动渲染自身的"夷狄"属性及南部政权的"汉儿"身份，推动了这一时期"华夷"文化语境的形成，正是在这种语境的影响下，促进了沙陀等民族与中原汉人的民族交融。

关键词：五代；契丹；夷夏之辨；民族交融；文化语境

基金项目：河北省高等学校人文社会科学研究项目"辽朝皇帝尊号、谥号与庙号研究"（JCZX2023009）

习近平总书记在以"铸牢中华民族共同体意识"为主要内容的二十届中央政治局第九次集体学习中强调"自古以来，我国各族人民共同创造了璀璨夺目的中华文明，铸就了伟大的中华民族"[①]。因此，如何利用好历史文化宝库，探究中华民族是如何在不断交融中实现自身发展的历程具有不言而喻的重大意义和现实价值。"夷夏观"作为在中国古代历史中长期存在的一种民族意识，分析其得失能够为我们提供有效的历史借鉴，尤其是其中"以夏变夷"的内容，更是阐释了中国古代民族交融的历史路径。因此，在中国古代历史中，"华夷"语境出现重大变化的时期往往民族关系也会产生相应的变动，具有重要的研究价值。

正如钱穆所说"制度决非凭空从某一种理论而产生，而系从现实中产生者。惟此种

---

　　* 作者简介：任笛天，河北大学宋史研究中心硕士研究生，研究方向：北方民族史、辽金史；肖爱民，河北大学宋史研究中心教授、博士生导师，研究方向：辽金史、北方民族史。

　　① 习近平：《铸牢中华民族共同体意识　推进新时代党的民族工作高质量发展》，《求是》2024 年第 3 期。

现实中所产生之此项制度，则亦必然有其一套理论与精神。理论是此制度之精神生命，现实是此制度之血液营养，二者缺一不可"①。作为中国古代的一个过渡时期，伴随着唐王朝的崩解，五代既是中古时代问题的一次爆发，也是孕育下一个时代关键因素的温床。具体到华夷观念，邓小南便指出："在唐末到宋初这段时期中，民族问题的解决是与政治问题的解决缠绕交错在一起的，而政治斗争始终是更为凸出的主线。"而也正是这种强化"政治"，淡化"民族"的情况，最终促成了五代宋初"胡/汉语境"的消解②。

胡和汉作为相对的两面，这一语境的消解实际上可以被拆解为两部分，即对"胡"鄙视的消失和"汉"身份的放宽。从后者的角度而言，一方面是胡人对于"汉"身份的重视乃至自我认同，另一方面则是汉人对于"华夷之辨"的放松。简言之，便是被视为"汉人"的条件放松了，而这也给予了五代更多胡人能够融入"华夏"的机会。但这很明显与唐宋时期"严夷夏之防"的大趋势并不相符。以唐朝的角度而言，由于"安史之乱"具有"以夷变夏"的色彩，因此在这次叛乱后，唐朝内部的"夷夏之防"便越发趋于严格。甚至如傅乐成先生所说，由于"胡化的特征，是卑视文教，崇尚武力"，而作为汉地代表的唐王室则"盛倡科举，崇奖文辞"，导致"河北藩镇与唐室中央所直接控制的地区，在精神文化既已形成两个截然不同的敌对地区"，正是在这种夷夏区隔下，"唐帝国名义上虽仍是一统，实际上已是分裂之局"③。宋代更是伴随着来自契丹、党项和女真压力的增大，"残缺帝国"的心理时刻在宋人的心中作祟，相应地也越发强调正统与华夷。

五代在"华夷之辨"问题上的变化，可以说是对唐宋大趋势的一次反动，尤其在政权认同上，汉人对沙陀三王朝的承认无疑有极强的时代色彩。正如樊文礼所言，许多史料都能证明"汉族士人群体对于沙陀'夷狄'建立的政权，从一开始就予以认同并积极参与"④。对于这种民族认同观念的剧变，以往的研究往往从中原内部入手，以藩镇割据局面下长期的胡汉交融作为对这种华夷观念松懈的解释。但我们应当注意到还有更为直接的原因——来自北方契丹的压力。大体来说，可以分为两点：一方面，契丹作为五代时期影响中原环境的一大重要因素，自身也是中原的巨大威胁，其"夷狄"色彩也远胜久居汉地的粟特、沙陀等民族，这样一个新的"他者"的出现，使得"华夷之辨"出现了新的主体，尤其是在石晋"父事契丹"后，这种新的"华夷之辨"更加趋于激烈，并最终以幽云将领挺身南归乃至安重荣之叛等形式表现了出来；另一方面，契丹早期一直便将自身视为"夷狄"，这一点在其内部制度与对中原的交往中均有体现。尤其是在与中原五代政权交往时，无论中原此时由谁掌握，契丹始终认为南部五代是"南向汉儿"，也正

①　钱穆：《中国历代政治得失》，北京：生活·读书·新知三联书店，2001 年，第 48—49 页。

②　邓小南：《论五代宋初胡/汉语境的消解》，《文史哲》2005 年第 5 期。

③　傅乐成：《唐代夷夏观念之演变》，《汉唐史论集》，台北：联经出版事业公司，1995 年，第 364 页。

④　樊文礼：《"华夷之辨"与唐末五代士人的华夷观——士人群体对沙陀政权的认同》，《烟台师范学院学报（哲学社会科学版）》2004 年第 3 期。

是在这种互相塑造中，"汉"的界限被逐渐放宽，最终使得以往的"胡人"如沙陀、粟特等得以融入其中。

一、非此即彼："华夷"语境的二元结构

华夷观念或者称夷夏观，作为一种思想长期存在于中国古代。早在上古时期，《尚书·舜典》便记载舜因"蛮夷猾夏，寇贼奸宄"而令皋陶"汝作士，五刑有服，五服三就。五流有宅，五宅三居。惟明克允！"可见此时，中原政权便已然将自己称作"夏"，并将"蛮夷"的骚扰与"寇贼"作乱相比拟，把其视作需要用刑法严惩的存在，已经具有鄙视的意味。进入春秋时期，儒家进一步对夷夏观进行了发展，"华夏"的优越感进一步以崇尚尊卑秩序的自我标榜凸显出来，如孔子便提出"夷狄之有君，不如诸夏之亡也"①，并且认为二者应当相互隔离，实行"夷夏之辨"，做到"裔不谋夏、夷不乱华"②。自此之后，"夷狄"和"华夏"便成为以文化为标准的对立概念，具体而言，便是华夏有"礼"，而"夷狄之人，不能行礼"③。

正是这种非此即彼的结构，致使日后探讨华夷问题时往往首先会对讨论的对象进行定性。例如在正史书写中，往往会于列传中设有对"四夷"的记述。以《史记》为例，在《东越列传》中，司马迁便首先确定"越虽蛮夷"，然后肯定了"其先岂尝有大功德于民哉，何其久也！"④的历史功绩。而一旦被确定为"夷狄"，便自然会被视为在文化上处于劣势，夷狄之间相互比较的，便是以"华夏之礼"为判定标准，谁的风俗与之相去更远。换言之，即在"华夏"的视角下，谁更"野蛮"。正是在这样的判定标准下，诸夷有近于华夏者，往往会被强调出来，如唐人在讲述吐谷浑的风俗时，便称其"其俗丈夫衣服略同于华夏"⑤。但这种极度的自我中心也直接带来了对于异域的偏见，例如即便是文明古国如波斯，也因其婚俗与唐人不同，而被评价为"诸夷之中，最为丑秽矣"⑥。

而这种对立也为后世所继承和发展。在思想上，不断涌现出基于"华夷之辨"来处理华夷关系的方案，其大体上可以分为两种，即"尊王攘夷"与"王者无外"。

其中，前者主要强调的是"夷狄"对"中华"的威胁，要求"严夷夏之大防"。尤其在古代的各类记载中，"夷狄"一方往往处于一种"失语"的状态，因此"尊王攘夷"的主张，往往见于二者冲突较为激烈甚至华夏处于政治上相对弱势的时期。以这种思想诞生之初为例，齐桓公与管仲之所以打出"尊王攘夷"的旗号并能以此称霸，很大程度上

---

① （清）阮元校：《十三经注疏 清嘉庆刊本》卷3，北京：中华书局，2009年，第5356页

② （清）阮元校《十三经注疏 清嘉庆刊本》，《春秋左传正义》卷56，第4664页。

③ （汉）班固撰集：《白虎通疏证》卷3《礼乐》，北京：中华书局，1994年，第111页。

④ （汉）司马迁：《史记》卷114《东越列传》，北京：中华书局，1982年，第2984页。

⑤ （唐）令狐德棻：《周书》卷50《列传四十二》，北京：中华书局，1971年，第913页。

⑥ （唐）令狐德棻：《周书》卷50《列传四十二》，第920页。

是因为当时的中原已经陷入"南夷与北夷交侵，中国不绝如线"①的困难境地之中。而管仲本人也在"华夷观"的判断下大受褒扬，最为典型的便是孔子评价"微管仲，吾其被发左衽矣"②。

　　而后者，则更多是基于"天下观"对华夷关系的一种安排，认为华夷虽然有别，但在一定秩序下，二者亦可以进行合理的交往。这种主张，多见于华夷关系趋于缓和、作为话语体系主导的"华夏"在政治局势上也占据主动的时期。这种思想仍将"华夏"视作当之无愧的中心，以"四夷来朝"作为其最终目标。从现实角度讲，持此种观点者往往要求"华夏"的君主向圣王学习，做到"推行道德，调和阴阳"，以此达到"夷狄安乐，来朝中国"③的目的。其中，最为典型的便是唐朝前期的状况，在北定突厥，被尊为"天可汗"后，唐太宗讲出了代表唐朝前期开放性的名言："自古皆贵中华，贱夷、狄，朕独爱之如一。"④到了玄宗时期，他更是以一种"天下共主"的心态，认为自己"王者无外，不隔遐方"⑤，要求"万邦述职，无隔华夷"⑥。

　　但我们仍然可见，在华夏主导的话语体系下，无论是以哪种方式处理华夷关系的构想，"华夏"始终都将自己视作核心，而其目的则在于捍卫自身的文化自尊，抵御"夷狄"对自身无论是政治上还是文化上的侵扰。并在自身条件允许的情况下，以文化开化"夷狄"，即"以夏变夷"。

二、唐、五代的华夷语境与转换途径

　　作为五代华夷语境的直接来源，唐代的夷夏观念前后经历了一次巨变。在唐朝前期，如前文所论及，由于在政治军事上处于优势地位，以唐太宗为代表的几位帝王在处理夷夏关系时均表现出了一种"王者无外"的气度，以极其开放的心态接纳异域的文化与人群。这种盛世下的开放，长期受到学者的关注与称道，也正是在这样的环境下，胡人大量进入唐王朝生活，以往学者普遍认为唐代非汉人口能在10%左右，甚至最高有接近20%的判断⑦。

　　然而伴随着"安史之乱"的爆发，唐朝的王气渐趋黯然，思想也趋于保守。而且由

---

① （汉）班固：《汉书》卷73《韦贤传第四十三》，北京：中华书局，1962年，第3126页。

② （清）阮元校：《十三经注疏 清嘉庆刊本》卷14，第5457页。

③ （汉）班固撰集：《白虎通疏证》卷3《礼乐》，北京：中华书局，1994年，第110页。

④ （宋）司马光：《资治通鉴》卷198，唐太宗贞观二十二年五月庚辰，北京：中华书局，1956年，第6247页。

⑤ （宋）王钦若编：《册府元龟》卷第965《外臣部十·封册第三》，南京：凤凰出版社，2006年12月，第11178页

⑥ （宋）宋敏求编：《唐大诏令集》卷129《蕃夷·册文·册疏勒国王文》，中华书局，2008年4月，第1版，第695页

⑦ 王育民的统计结果为10%（王育民：《中国人口史》，南京：江苏出版社，1995年，第213页），而赵文林和谢淑君则认为能达到19%（赵文林、谢淑君：《中国人口史》，北京：人民出版社，1988年，第158页）

于这次叛乱的首领均为粟特人，导致这次叛乱具有了"以夷变夏"的色彩，极大地刺激了唐代士人的心理。同时这次叛乱后，胡人或胡化的藩镇崛起，进一步使得唐朝的胡汉关系趋于紧张，并直接以古文运动的形式表达了出来。正如陈寅恪所说：

> 唐代古文运动一事，实由安史之乱及藩镇割据之局所引起。安史为西胡杂种，藩镇又是胡族或胡化之汉人，故当时特出之文士自觉或不自觉，其意识中无不具有远则周之四夷交侵，近则晋之五胡乱华之印象，"尊王攘夷"所以为古文运动中心之思想也。[①]

于是，重新审视与以往已经大量进入中原的胡人的关系成了这一时期的重要议题。正如前文所叙，中国古代"华夷语境"的判定标准是文化而非血缘，因此华夷之间一直都存在着转化路径，即韩愈所讲的："孔子之作春秋也，诸侯用夷礼则夷之，夷而进于中国则中国之。"[②]简言之，对于夷狄而言，只要其在生活中遵行华夏的礼仪与生活方式，就可以摆脱自身"夷狄"的身份，成为汉人的一分子，进而摆脱中原社会的歧视。正是在这一转化前提下，为了面对唐代中后期华夷语境趋于紧张，甚至出现汉人仇杀胡人的情况，大量胡人如荣新江所说，开始借用各种概念的漏洞尝试以改变籍贯与郡望等形式，为自己构建"汉人"式的出身，来隐藏自己胡人的身份。或者迁居河北地区，在对胡人优容的地区与不愿意改变自身属性的胡人聚居。[③]可见这一时期华夷语境渐趋严格，甚至已经在以现实压力强迫胡人做出选择，要么放弃自身的文化身份融入汉人，否则就要背井离乡远离"汉人"聚居的中原。说到底，是为了实现将夷夏区隔开来，以"严夷夏之大防"。

但在胡汉交融中，有一个问题需要我们加以注意，即被认为是"汉人"的标准，也是时刻在发生变化的。例如，在顺治皇帝刚刚入关时，晚明遗儒等强调的"夷夏之防"和晚清中国为列强所侵辱时所讲的"夷夏之防"有着全然不同的意义，在后者中，清政权已然是当之无愧的"华夏"。具体来说，这种观念上的变化可以被拆解为两个方面，即概念体系下的变化与话语体系下的变化。概念体系关注的是新概念的产生与不同概念之间的区别，例如在西周时，楚国可以自称"我蛮夷也"，而到了南北朝互称"岛夷"和"索虏"时，"荆楚之人"作为生活于南朝腹地的居民，起码在南朝的"华夏"定义下绝不再是蛮夷，汉人的定义也早就比周代的中原之人所容纳了多得多的内容。而话语体系的变化则是指在不同的时空下，对于同一概念或者语句字符解释的不同及变化。例如所谓的"礼"在孔子时所指的就是周代的礼乐制度，但到了荀子时，便已经成了"法之大

---

① 陈寅恪：《论韩愈》，《金明馆丛稿初编》，上海：上海古籍出版社，1980 年，第 293—294 页。
② 韩愈：《原道》，《昌黎先生文集》，宋蜀本，第 286 页。
③ 荣新江：《安史之乱后粟特胡人的动向》，《暨南史学》第 2 辑，广州：暨南大学出版社，2003 年，第 102—123 页。

分，类之纪纲也"，成了一个极为宽泛的"规则"的概念。至于再往后，二程更是将"礼"发展成了"礼，即理也。不是天理，便是人欲"①，将"礼"和理学中作为绝对存在的"天理"视作同一个东西，可见"礼"这个字符在儒家话语体系下进行的长期变化。回到华夷语境，我们应当看到，被视作"汉人"的条件本身就处于不断地变化中，时而放宽，时而收紧，而"汉人"或"华夏"作为一个概念本身的内涵，也存在变化的可能，而五代时期，便是华夷语境的一次巨变。

语境的转化实际上是话语体系使用者集体意识的一种转变，在中国古代，对于华夷语境而言，实际上这一转变的主体即华夷观念的缔造者——儒家知识分子。唐王朝崩解后，由于"天下分裂大乱"，大量的士人对时势极度不满，因此"贤人君子皆自隐于深山大泽之间，以不仕为得"②。大量士人的退隐使得话语体系出现了松动，而仍然选择参与到政治中的人却也因动荡的时局失去了以往稳定的入仕渠道。这使得这一时期出仕者只能成为节帅、武将的依附者。史弘肇一句"安朝廷，定祸乱，直须长枪大剑，若'毛锥子'安足用哉"③表达的，不仅仅是他个人对文人的鄙视，更是当时武人对文人的态度。而王章反驳他，也只能告诉他"毛锥子"能为他"集军赋"，这看似不卑不亢的抗争，实际上更表明了文人自身也明白自己仅仅是军队的依附者。换言之，五代时期的军队首领掌握了话语权，也就获得了对自身进行塑造的机会。以李克用为例，他早年便向昭宗抱怨"且朝廷当阽危之时，则誉臣为韩、彭、伊、吕；及即安之后，则骂臣为戎、羯、胡、夷。"④一个"骂"字便表达了他身为沙陀人对自身"夷狄"身份的不满，而在以代北集团为基础掌握政权后他便打出了"中兴唐室"的旗号，成了当之无愧的"中华正统"。其余的几个沙陀政权也进行了相应的效仿，以后晋为例，根据罗亮的研究，石敬瑭之所以父事契丹，本质上仍是希望靠耶律阿保机的一句"我与河东先世约为兄弟，河南天子吾儿也"⑤来获得继承后唐法统的合理性。⑥至于后汉，则更是在后晋"少帝蒙尘""契丹乱政"后，因"中原无主"而在"群情所属"⑦下俨然以使中原免受契丹"蕃人"扰乱的保护神的身份建立起来的。

可见五代沙陀政权正是利用对话语权的把握，使自己在华夷语境下的定性由"夷狄"转为"华夏"。而也正是华夷语境的二元结构，使得这一过程变得极为简单。然而只是内部塑造往往会有一种"自说自话"的嫌疑，南北朝的"岛夷"和"索虏"便是都只有己

---

① （宋）黎靖德：《朱子语类》卷41《论语二十三》，北京：中华书局，1986年，第1065页。

② （宋）陆游：《南唐书》卷4《宋齐丘传论》，《五代史书汇编》第九册，杭州：杭州出版社，2004年，第5498页。

③ （宋）欧阳修：《新五代史》卷30《汉臣传第十八》，北京：中华书局，1974年，第332页。

④ （宋）司马光：《资治通鉴》卷258，唐昭宗龙纪元年十月乙酉，第8409页。

⑤ （宋）薛居正：《旧五代史》137《外国列传第一》，第1830页。

⑥ 罗亮：《权力与正统：五代政治史论稿》，北京：中国社会科学出版社，2022年，第174页。

⑦ （宋）薛居正：《旧五代史》卷26《汉书二·高祖纪上》，第1324页。

方承认下的尴尬情况。而五代时期，来自北方的契丹，成了华夷之辨中"夷狄"位置的接替者，这为五代自身"华夏"身份的塑造提供了更为强有力的合理性，同时也促进了五代内部的进一步整合。

三、契丹——新夷狄的出现与南北之间的互相塑造

契丹作为兴起于北方草原的一股势力，在唐王朝崩解后迎来了快速的发展。公元907年（后梁太祖开平元年），耶律阿保机被尊为契丹可汗，916年（后梁贞明二年）建国号大契丹，建元神册。直至天祚皇帝被俘（1125，辽保大五年，北宋宣和七年）亡国，契丹享国219年。在此期间，契丹先后与五代政权及北宋形成南北对峙的格局，一度成为中原王朝的首要"假想敌"。

终契丹一世，如何处理内部大量汉人与本族的关系始终是一个影响重大的课题。对此概括最为准确的，便是《辽史》所言的"至于太宗，兼制中国，官分南、北，以国制治契丹，以汉制待汉人。国制简朴，汉制则沿名之风固存也"①。然而，这样的建制实际上表达了契丹对于自身华夷身份的看法。

首先，与大部分以往被古代中原政权认为是"夷狄"兄弟民族不同，作为一个已经建立政权的族群，契丹是有能力对自身政权内部的话语权进行把握的，简言之，在内部系统中，契丹即便将自己视为"华夏"也绝不会有任何异议。但契丹在建制中，将"契丹"视为"国人"而不是"汉人"，通过之前的论述，我们知道华夷语境作为一种"非此即彼"的二元结构，"非汉"便只能是"夷狄"。更为直接的体现是在法律上。早在辽太祖耶律阿保机时，为了解决政权内部不同族群混杂的问题，便下诏制定《治契丹及诸夷之法》，而"汉人则断以律令"②。可见，在法律对于人群的判定上，"汉人"是一面，而"契丹"和"诸夷"则是对等的属于另一面，突出反映了契丹在政权建构逻辑上便视己为"夷狄"。

这种契丹政权内部的"夷狄"认同，可以说贯穿了有辽一代。以晚期辽道宗为例，曾经"有汉人讲论语至'北辰居其所而众星拱之'，帝曰：'吾闻北极之下为中国，此岂其地耶？'又讲至'夷狄之有君'，疾读不敢讲。（帝）又曰：'上世獯鬻、猃狁荡无礼法，故谓之'夷'，吾修文物，彬彬不异中华，何嫌之有？'卒令讲之。"③针对这段史料，以往多解释为契丹人对中华文明的仰慕，以及汉化程度之高，这一点是毋庸置疑的。

然而当我们在对第二段问答进行细致分析时，我们应当认识到：汉人讲师不敢讲"夷狄之有君"的根本原因在于他知道本朝尤其是面前的皇帝是自认为"夷"的。而辽道宗能很快意识到讲师的顾虑更说明这是一种共识。另外，道宗本人的回答也颇值得玩味，

---

① （元）脱脱：《辽史》卷45《百官志一》，北京：中华书局，1974年，第685页。
② （元）脱脱：《辽史》卷61《刑法志上》，第937页。
③ （宋）叶隆礼：《契丹国志》卷9《道宗天福皇帝》，北京：中华书局，2014年，第106页。

他认为辽朝"不异中华"。但我们应该意识到,"不异中华"的本质仍为"不是中华"。这样的描述与南北朝时期北朝鲜卑人自认为"华夏",而自己起兵入主中原是结束五胡乱华"拨乱反正"①的心态是有所不同的。我们知道,在华夷语境的二元结构下,"不是中华"那便只能是"夷狄",而道宗皇帝实际强调的是契丹与"獯鬻、猃狁"等"上古之夷"的区别,即契丹人是"知礼"的。换言之,道宗实际上否认的是"夷狄不知礼"这一以往的华夷判定标准,而夷狄一旦"知礼",便告别了"野蛮"的属性。即道宗并没有否认契丹的"夷狄"身份,但认为夷狄也有"知礼与否"的差别,对于"荡无礼法"者,仍应予以否定;而对于契丹这样"不异中华"者,"夷狄"一词应当做到"去贬义化"。

而这时我们再回看讲师与道宗皇帝的第一次问答便又会有新的发现。既然道宗是自认为"夷"的,但他认为辽朝所在的"北极"便是"中国"。换言之,在道宗看来,"夷狄"是可以做"中国"之主的。这时我们再将两对问答结合起来,便可发现:道宗实际表达的,是一种"华夷一体,天下一家"的观念,即无论华夷,都应当在"礼"的旗帜下团结为一体,与真正的"野蛮""无礼"做抗争。这种"王者无外"的气度,已然与盛唐风韵有几分相像。

让我们把视角拉回五代。对于五代政权而言,来自契丹的威胁一直存在。早在耶律阿保机时期,契丹就已经在通过入寇、结拜、军事联盟等方式尝试干预中原政局了,李克用留给李存勖的三支箭中,便有一支是要"击契丹",因为"阿保机与吾把臂而盟,结为兄弟,誓复唐家社稷,今背约附贼,汝必伐之"②。到石晋时,石敬瑭更是为获辽太宗耶律德光的支持而"称儿"于契丹,并且将燕云十六州献给了辽太宗。至于后来的少帝,更是因得罪契丹而导致洛阳陷落,自身被俘,这时契丹对于中原的影响才真正达到一个高峰。而后来契丹由于难以统御中原外加太宗去世后的内部混乱,再一次退回了北方,后汉后周两朝也借此机会重新掌握了中原政局。

如前文所述,在五代政权利用对话语权的掌控塑造自身"华夏"的身份时,契丹作为北方的一股势力,也将自己视作与中原汉人对峙的"夷狄",于是在双方的互相塑造中,五代时期的华夷语境结构也就随之浮出水面。

从契丹的角度讲,不论南方中原政权是由谁掌控,契丹都认为对方是"汉儿"。唐明宗李嗣源在得位后曾派遣姚坤致书契丹,在抵达后,阿保机与姚坤交谈中,首先便质问姚坤"闻尔汉土河南、河北各有一天子,信乎?"③其中,"尔汉土"三个字便说明了在契丹人心中,"汉人"实际上是一种他者,而这里"汉土"所代指的,则是由沙陀人创建的后唐政权。后面阿保机在与姚坤论及庄宗死因时,则又提到"今汉土天子,初闻洛阳有难,不急救,致令及此",更是将"汉天子"这一称谓直接冠在了身为沙陀人的李嗣

---

①　（北齐）魏收:《魏书》卷 111《刑罚志七》,北京:中华书局,1974 年,第 2873 页。
②　（宋）薛居正:《旧五代史》卷 26《唐书二·武皇纪下》,第 363 页。
③　（宋）薛居正:《旧五代史》卷 137《外国列传第一》,第 1831 页。

源头上，更是直接证明了在契丹人看来，无论南方中原政权的族属如何，其都是"汉人"政权。

到了辽太宗耶律德光时期，早在晋少帝初嗣位时，辽太宗之母述律太后就曾因辽晋交恶，但又不愿兵戈再起而对臣僚表示："南朝汉儿争得一向卧耶！自古及今，惟闻汉来和蕃，不闻蕃去和汉，待伊汉儿的当回心，则我亦不惜通好也。"① 可见在太后心中，契丹是"蕃"而南方中原政权则是"汉"。在辽太宗攻克汴州后，由于搜刮过狠，导致盗贼蜂起，太宗也曾叹息道："我不知中国之人难制如此！"② 可见在他心中，"我"同"中国之人"仍然并非一体，换言之，契丹仍然是"夷狄"而非"中华"。

而五代政权则更是利用这一外部因素来强化对自身"华夏"身份的塑造。在双方礼节性的交往中，五代政权俨然一副"华夏"正统的模样，来处理同作为"夷狄"的契丹的关系。例如在耶律阿保机去世时，唐明宗便下诏，认为要以此次悼念阿保机为契机，实现"恭修帝道，务安夷夏，贵洽雍熙"，并为此废朝三日③。而当契丹与五代政权关系趋于紧张的时期，"尊王攘夷"的心态则更加使得五代之人强调自身与政权的"华夏"身份，这一点尤其以后晋时期最为明显。石敬瑭为获得契丹支持而称儿于契丹在当时大部分人看来，都是在"以华夏事夷狄"，而"朝野咸以为耻"④。在被割让的幽云十六州中，更有如云州大同节度判官吴峦者，振臂高呼"吾属礼义之俗，安可臣于夷狄乎！"⑤ 这些行为无疑最终使得石敬瑭被以"儿皇帝"的恶名被定于历史的耻辱柱上。

也正是石晋将契丹引入中原这一历史进程，极大促进了"华夷语境"的简化，最终促成了五代内部"胡汉"矛盾的消解，并最终促使二者形成了新的"华夏"群体。甚至于，无论一个人的族属出身如何，只要你是"反契丹"的，也就成了"夷狄"的对立者，从而便可进身于"华夏"之属。郭崇威的经历便是一例明证。郭崇威本人并非汉族，其"父祖俱代北酋长"⑥，但他在担任应州马军都指挥使时，因"耻臣契丹"而"挺身南归"⑦。可见身为沙陀人的郭崇威对自己的定义是"汉人"，而契丹则是相应的"夷狄"。同样可以作证的还有安重荣。虽然他是出于想要称帝的野心而最终走上了"反石"的道路，但他给出的理由则是石敬瑭"诎中国以尊夷狄，困已敝之民，而充无厌之欲，此晋万世耻也！"⑧ 可见，出身昭武九姓的安重荣也是将自己视为"中国"的，并且将"尊王攘夷"作为自己起兵的旗帜，可见在他看来将自己视作"华夏"是一种极具号召力的行为。而

———————

① （宋）薛居正：《旧五代史》卷137《外国列传第一》，第1834页。
② （宋）司马光：《资治通鉴》卷286，后汉高祖天福十二年二月辛巳，第9346页。
③ （宋）薛居正：《旧五代史》卷37《唐书十三·明宗纪三》，第512页。
④ （宋）司马光：《资治通鉴》卷281，晋高祖天福三年八月辛酉，第9188—9189页。
⑤ （宋）司马光：《资治通鉴》卷281，晋高祖天福三年二月辛酉，第9169页。
⑥ （元）脱脱：《宋史》卷255，《列传第十四》，北京：中华书局，1985年，第8901页。
⑦ （宋）司马光：《资治通鉴》卷281，晋高祖天福三年二月戊子，第9169页。
⑧ （宋）欧阳修：《新五代史》卷51《杂传第三十九》，北京：中华书局，1974年，第583页。

安重荣对五代政权更替的经典评价"天子，兵强马壮者当为之，宁有种耶！"[①] 又何尝不能理解为在看到了石敬瑭得到契丹援助后得国的一句"气话"。正如王夫之所评论的，安重荣的一系列行为，实际上的底层逻辑都是"欲为天子，而思反敬瑭之为，拒契丹以灭石氏者"[②]，说到底，仍然是对五代时期"礼崩乐坏""以胡乱华"格局的失望，而这种失望，毫无疑问只能滋生于自认为是"华夏"的人群当中。可见无论是沙陀人还是粟特人，这些本属于"胡族"的人群，在契丹这样一个新的，更有"夷狄"性的"他者"出现后，便开始了与契丹长期的互相塑造。在这一过程中，进一步强化了自己属于"中国"的认同，并且最终将五代政权等同于"华夏"的观念打造成了中原地区的共识。应当说契丹崛起给中原地区带来的危机意识增进了中原胡人对自身"汉人"身份的标榜，并最终瓦解了中原地区的华夷语境，促成了中原地区以认同为基础，由政权做保障的各方势力的整合与民族交融。

结 论

五代时期作为中国古代的一次重要转变时期，中原内部的民族认同观念也发生了巨大的变化。一方面，由于统一政权的瓦解，割据之军阀成为时代舆论的掌控者，而其族属则混杂不一。正是在这种情况下，大量以往的"夷狄"获得了打破夷夏"二元结构"，跻身"华夏"的机会。

另一方面，这一时期崛起于北方的契丹对中原地区华夷语境的瓦解与民族交融起到了不可忽视的作用。作为游牧的族群，契丹长期以来将自己视为"夷狄"，同时不论南方五代政权建立者的族属均将其视为"汉人"。在这样的相互塑造下，中原政权等同于"华夏"的观念在以一系列政治事件为线索的南北交往中被确定下来。尤其是在后晋以降，由于对契丹势力的忧惧与对石敬瑭"父事"耶律德光的不满，在"尊王攘夷"的思维模式下，"华夏"认同的标准被极度简化为"反契丹"，最终促使沙陀、粟特等其他原本便生活于中原的胡人融入了"华夏"的大家庭。

同时，我们应当注意到，"华夷之辨"作为一种中国古代的民族观念，有着明显的局限性，尤其表现为一种利用自身话语权优势的排他性。但同时，我们更要认识到，"华夷之辨"作为一种以文化为族属判定标准的二元概念，其内在天然孕育了民族交融的思想与路径，而且其具体标准还会伴随时代变迁产生相应的变化。另外，我们应当认识到，今天我们研究"三交史"时，"交往、交流、交融"本身就是一种"华夏传播"，而在以"华夷之辨"审视民族关系的中国古代，这种传播的对象就是作为"华夏"对立面的"夷狄"，而媒介就是以"礼"为代表的中华传统文化，即实现前文所讲的"以夏变夷"的目标。尤其当我们看到，即便是自认为"夷"的契丹，也认为作为"中国"之人应当"知

---

① （宋）薛居正：《旧五代史》卷98《晋书二十四·列传第十三》，第 1302 页。
② （清）王夫之：《读通鉴论》卷30《五代下》，北京：中华书局，1975 年，第 923 页。

礼"时，更应认识到中华文化对历史上各个民族的强大凝聚力。正是各个民族对"中华文化"这面旗帜强大的向心力，启示我们应当时刻注意"讲好中国故事"对铸牢"中华民族共同体"意识无可比拟的重要性。

【中华文化海外传播】

“内敛—外显”机制塌陷：泰国中华文化传播趋向式微的危机

彭伟步*

（暨南大学，广东广州，510000）

摘　要：泰国华侨华人众多，中华文化曾有厚实的基础，但泰国政府在过去数十年对华文教育、华文媒体的压制，再加上新媒体冲击，导致华文教育衰落，华文传统媒体失去受众基础，与此同时，作为重要的社区文化传承与再生产场所，唐人街成为观光旅游场所而失去了以往的文化传承功能，同时追求流量与商业利益的新媒体又未能承担华文传统媒体的文化生产功能角色，中华文化在泰国的传播面临失去台基的困境。虽然华人社团仍在努力维系中华文化，但是泰国华人社会面临结构性的文化衰减现象，华人失去母语的身份焦虑不断凸显，共同记忆逐渐模糊，华人将逐渐成为消失的族群。

关键词：母语危机；报纸式策；身份认同瓦解；泰国华文报业

基金项目：此文为国家社科基金重大项目“后疫情期间海外华文媒体铸牢华侨华人中华民族共同体意识研究”（项目编号：20VMZ003）的阶段性成果。

泰国生活着将近600万华人，其中尤以粤籍华人居多。他们在泰国的政治、经济与文化各个领域发挥着显著的作用，在中泰交往中发挥桥梁与纽带作用。20世纪初大量华人移民泰国，华文学校、社团与报刊相继开办，唐人街形成，促进了中华文化在泰国的传播，凝聚了华人的力量，在推翻清政府统治、援助中国军民抗日等方面进行了有力的政治动员，然而，自20世纪20年代开始，特别是二战时日军进入泰国期间、20世纪五六十年代两次大规模压制华文教育与华文报纸的政府行为，几乎摧毁了华文教育，导致懂华文的华人越来越少，华人社会出现了母语危机。与此同时，新媒体对华文传统媒体造成了强烈冲击，中华文化在泰国的传播面临渠道减少，文化传承难以持续的严峻问题。

* 作者简介：彭伟步，暨南大学新闻与传播学院教授，暨南大学铸牢中华民族共同体意识研究基地研究员。研究方向：海外华文媒体、国际传播。

一、中华文化在华人社区的传承与再生产机制

一直以来，华文教育是延续中华文化的基础、维系华人的身份认同、培养华人文化价值观的手段。华文媒体是维护华人权益、生产华人社会的舆论，传播中华文化的渠道。华人社团则肩负宗族、地域经济文化管理与确定议事议题，以及制定社团内部的经济互助规约等责任。唐人街是中华文化再生产的物理空间。华文教育、华文媒体与华人社团长期被当作华人社会的三件宝，互为倚重，相互支持，但又各自独立运作。

唐人街是华文教育、华文媒体、华人社团三者的物化空间，例如因为唐人街的华人聚集度比较高，规模效应比较好，无论是文化传播效率，还是经济收益，都要比零散的华人生活区高效，因此，华文教育学校、实习班等均会在唐人街或者华人社区中开办，甚至中国各地的地方性寺庙，例如观音堂、土地公等也会设在唐人街当中。由于唐人街是一个物化空间，华文报纸的发行与销售主要发生在唐人街。它们要么放在中餐馆、华人超市、寺庙等门口摆卖，要么免费派发，吸引华人的注意，以获取华人商家或者当地主流社会商家的广告。

华人社团也设立在唐人街当中或者附近。例如泰国最大的华人社团"潮州会馆"在唐人街附近，距离市中心约 4 公里。由于泰国潮州人众多，"潮州会馆"分设 10 个同乡会：潮安同乡会、潮阳同乡会、揭阳会馆、普宁同乡会等。辖下有两所华文学校和一所泰文中学，各校学生均有 1000 名。还有 2 所幼儿园，3 个山庄（公共墓地）和 3 座庙产。"潮州会馆"不遗余力推广华文教育方面，定期举办各种文化活动和传统庆典，如潮剧表演、舞狮表演、传统音乐演奏等。

早期华人社团在泰国市中心购买地皮或者楼房，以社团的组织方式运转，或把大楼出租获取稳定的租金，或开设中餐厅和商行，维持社团的日常运转，并提供可持续性发展的资金，例如开设华文学校、资助寺庙开展各种文化活动。华文媒体面向华人传播，自然与华人社团关系紧密，对华人社团定期性或非定期性活动都会予以报道。由此可见，华文教育、华文媒体与华人社团之间以文化传播为联结点，并实行内部互动，构成一个华人社会文化传承发展的内敛系统，例如通过文化传承、生产与传播，帮助华人强化身份意识，产生文化区隔效应，而唐人街则把这种内敛系统物化，形成具有经济运转与文化传承的外显空间，为华人创造经济运转、互助、吸收外来资本的环境，帮助中华文化展示给其他种族，也因此形成了旅游观光经济。两者实行互补，互为推动（见图 1）

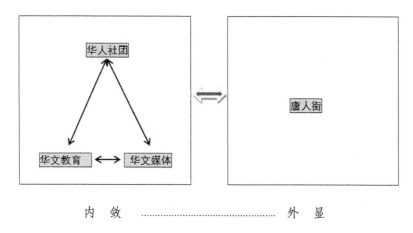

图 1 华人社会文化传承与再生产机制

　　由华文教育、华文教育与华人社团构成的内敛系统，为外显空间提供文化观念、文化展演活动方式等，由此构成华人社会的中华文化海外传播体系。其中某个环节崩塌、缺失均会对文化传承与再生产造成损害，甚至冲垮整个体系，使中华文化传承发展难以为继。

二、泰国华文教育的基础性解体

　　语言文化是身份认同的基础，文化教育是延续母语文化、增强身份认同的基础性工作，它们不仅是文化传统的重要传承方式，而且是促进个体对文化的吸收以及对传统文化传承的重要力量。因此，教育关系到一个民族（族群）的文化传承与再生产，以及族群历史的延续，是实现文化可持续性、避免族群解体的关键性因素。

　　法国小说家阿尔丰斯·都德在其小说《最后一课》认为："灭绝一个民族最恶毒、最有效的手段，就是迫使该民族放弃自己的母语。"[①] 作为泰国华侨华人社会的文化基础，华文教育多次受到政府几乎是毁灭性的打击。在过去的 100 年当中，泰国政府数次采取压制华文教育，取消华文报纸的做法，使华人社会面临严峻的中华文化传播危机。许多华人新生代放弃了学习华文的机会，越来越多的华人因为缺乏学习环境而无法接受华文教育，丧失阅读华文报纸能力，如今第三代、第四代及之后绝大部分新年代华人已不晓华文，由此产生了华人的母语代际危机。泰国华人的身份认同弱化，对中国的情感远不如受过华文教育的老华人。

　　除此之外，泰国皇室为加强华侨华人的政治归属感，使他们放弃对中国的政治认同，出台许多政策迫使华侨华人放弃对中国的认同。例如 1913 年，泰国国王拉玛六世正式颁

---

　　① [法]阿尔丰斯·都德：《世界著名作家短篇小说精选系列·都德短篇小说精选》，北京：群众出版社，2016 年，第 1—7 页。

布第一份国籍法，规定凡在泰国出生者均为泰籍，这是泰国政府实行同化华侨华人政策的一个重要举措，此后"泰国当局（从拉玛六世开始）采取一系列强制同化的方针政策，强化移民的泰性、弱化华性，如，1921 年，颁布《强制教育条例》，规定在泰国出生的儿童，7 岁到 14 岁必须接受四年的泰文初级教育，对于考核不及格者需延长学习时间。1933 年将华文规定为外语，严格限制教学时长。1935 年，查封多所华文学校"[①]。当时华校林立，然而民校条例公布之后，华校必须依照条例规定设置泰文课程，减少华文授课时间，极大降低了许多华人的华文使用能力及中华文化的认知水平。许多华校选择停业。这是泰国政府着手加强归化、同化华人的开始。

1938 年，泰国总理銮披汶上台后，采取亲日排华策，强力推行华人融入政策。二战后，1948 年至 1957 年，銮披汶再度执政期间，执行亲美排华政策，关闭泰国大多数华文中学和华文小学，华文中小学的数量由 1000 多家锐减到 100 多家。銮披汶限定继续开办的华文小学每天只能教华文 2 小时，叫停所有的华文补习班，关闭倾向中国的华文报纸，对华人新移居泰国的人数大加限制，由每年 1 万人减至每年 200 人。銮披汶政府之后的沙立政府和他侬政府均继续执行銮披汶的排华政策。

华文学校被大举关闭，导致中华文化的传承和华文报纸的后续人才培养遭到毁灭性打击。华人子弟不得不进入泰文学校接受教育，懂华文的年轻一代越来越少。1990 年泰国学者江白潮曾做过一项调查，对泰国民众中识中文者的人数和年龄进行一项统计，结果发现："懂华文的华人，年龄在 50 岁以上的占了 53.1%，30 岁以下的青年一代所占比例仅为 24%，并且年纪越小，所占比例也越小。"[②] 华文教育的衰落，成为华人社会整体性身份认同瓦解、族群语言消失的重要原因。

华文教育经历了大约半个世纪的断层。在这一个阶段，大多数华文学校或资本不足难以为继，或生源过少，或教师素质不够，导致华文教育一片惨淡，华文学校数量逐年减少。即使剩下懂华文的华人，随着受众群人口构成的变化，受众群"老龄化"逐渐向"年轻化"转变，年轻的受众获取信息的方式也不再局限于纸质媒体，"通过网络获得信息的方式占到了大多数 61.5%"[③]。

泰国的第三、第四代以及之后的华人对华文的掌握程度明显下降，能够阅读华文报纸的华人中，75 岁以上的人占了大多数。在泰国华人各个年龄结构当中，会讲华语的年龄层明显老化，假如这种情况继续发展下去，随着时间的推移，泰国中华文化的航轮将驶向后继无人、逐渐消亡的终点站。

---

① 黄海珠：《泰国华文纸媒研究》，北京：中国社会科学出版社，2013 年，第 5 页
② [泰] 江白潮：《泰国华侨华人现状的探讨》，《泰中学刊》2002 年版，第 6 页。
③ 任晓萌：《泰国华文报纸的受众分析—以〈星暹日报〉为中心》，山东大学硕士学位论文，2014 年，第 29 页

三、传统华文媒体的传播中介功能退化

在全球化、民族意识重新崛起的今天，媒体成为价值观念相互激烈竞争的空间，不仅国家越来越倚重媒体的传播功能，而且少数族群媒体也影响少数族群的观念意识、身份认同。因为在某一特定的时空当中，少数族群媒体能够重构社会关系，展现影响公共议题，发挥文化传承发展的社会作用。

作为泰国的少数族群，华文媒体具有重要的文化传承与发展的功能，但是华文教育的塌陷，直接导致泰国华文媒体出现严重的受众流失现象。泰国境内虽然有六家华文报纸《星暹日报》《中华日报》《世界日报》《京华中原日报》《新中原报》《亚洲日报》在运作，但发行量与社会影响力均与20世纪五六十年代不可同日而语。"1958年《京华日报》创刊不足一年，销量超过2万份，是当时华文报纸当中销量最大的报纸，每天出版三大张，采用六部平板印刷机仍然供不应求。1979年10月6日，泰国发生政变，华文报纸只有《京华日报》才获准继续出版，其他报纸一律停刊。华人读者非常关注政变与后续发展情况，纷纷购买唯一出版的《京华日报》，导致其每天印报超过十二万份，创造泰国华文报业有史以来最高的纪录。"[1]据笔者于2017年7月在泰国的调查，截至2018年9月30日，六家报纸总发行量大约在1万至2万，报社面临严重的财政危机。泰国六家华文报中规模最大的是《世界日报》，设备与人才都较充足，但每日销量最多3000份，其读者群在20世纪80年代之前主要为在泰国经商的台湾商人及其家属，但是之后开始面向当地华人以及在泰国工作学习的留学生、经商者与游客。如今随着社交媒体的迅速发展。阅读华文报纸的读者非常稀少。华文报纸的发行量总共不超过5000份。

由于20世纪华文教育没有得到良好发展，懂华文的华人数量越来越少，阅读华文报纸的读者的年龄越来越高，年轻一代的华人不懂华文，看不懂华文报纸，也缺乏意愿学习华文，虽然懂华文可以为他们带来很显著的现实利益，例如在中资企业谋得一份不错的差事，或者从事与旅游业有关的工作，做导游、导购，甚至做代购等，都可以帮助他们增强竞争力，但是由于泰国缺乏使用华文的环境与氛围，而且学习华文的难度很高，如果没有一个比较好的使用华文的环境，华文水平的提高绝非一件易事，因此看到学习华文的难度很高，许多年轻华人放弃了学习华文的教育机会。华文报纸自然缺乏后续的读者以及从事华文报纸的工作人才。

目前，六家华文报纸的编辑与新闻采写人员有三分之二为六十岁以上的老报人。他们心中有强烈的传播中华文化的使命感，也正是因为如此，他们在岁数如此高的情况下还坚持报人活动。虽然这些老报人的华文水平较年轻华人高，但是由于他们的观念仍然停留在运营纸质报纸的意识层面上，无论是版面编排，还是新闻写作的方式，以及新闻

---

① 《泰国〈京华中原联合日报〉由来》，泰华网，2018年9月29日，http://www.thaicn.net/news/hwmt/2013-10-29/7929.html。

内容的表现手法，已经无法满足年轻华人的心理阅读习惯。这些由老报人主持的报纸暮气沉沉，与年轻读者的新媒体阅读心理拉开了非常大的距离。比如《京华中原联合日报》每期刊登金庸、琼瑶、郭戈、倪匡、温瑞安、古龙、孙自筠等港台作家的小说与自传，文化栏目偏重于刊登大陆作家和文化人的作品，对于走红的影视明星，以及体现消费时尚的内容则篇幅比较少，因此报纸的格调虽然比较高，但是却离年轻读者比较远。

媒体的语言传播系统具有文化识别功能，并成为受众展示身份认同与情感归属的重要符号承载物，但随着华文报纸的逐渐消亡，媒体的语言传播系统瓦解，其作为文化识别与情感归属的符号功能不再受到受众的重视。隐藏在语言传播系统中的文化隐喻也就无从扩散，潜意识地影响华人的文化手段不复存在。华人社会当中华文教育、华人社团、华文媒体的三足共同支持中华文化的局面被打破，只剩下华人社团一只脚，长远来说，这只脚也将随时间流逝而逐渐弱化，中华文化的传播也就彻底告别了华人社区。

四、华文新媒体加剧华人母语文化传播危机

泰国华人出现系统性、结构性的母语危机之后，不仅华文报纸逐渐失去了读者群，唐人街由于过度承载商业功能，导致文化传承的功能不断被弱化，虽然华人社团仍在努力维系中华文化传统，例如开展民俗文化活动传承中华文化，但中华文化传播已不可避免走向式微。

在新媒体的影响下，年轻读者纷纷转向新媒体，华文报纸受众不断流失，只能由老年受众来支持，严重影响广告客户的投入意愿，加剧了华文报纸的财政窘况。中国企业进军泰国，大量中国游客赴泰国旅游，本可以为华文报纸提供广告，缓解它们的财政危机，但是却因为新媒体迅速发展，华文网站和微信公共号以及其他自媒体大量涌现而分流甚至拉走了华文报纸的广告。华文报纸营收不仅没有上涨，反而出现较大程度的跌幅。例如 2010 年大宗广告：汽车、房地产、酒店等在《世界日报》时有刊登，但是 2010 年之后，这些大宗广告越来越少，2020 年后几乎见不到有大宗广告。

从理论上讲，由于文化主体的生存压力和利益驱使，要让年轻华人心甘情愿地传承母语文化，保持母语叙事与母语抒情的完整性和体系性，不是一件容易的事情。这种原因的产生，一是年轻华人习惯通过新媒体来表达自己的情感；二是年轻华人必须融入泰国主流文化才能获得生存，这使华人在现实面前要花更多的精力学习泰文，学习华文的成本不断上涨，如果付出得不到回报，就会成为"沉没成本"，这使许多华人放弃学习华文的念头。

中国新移民在泰国定居，曾经使华人社会看到中华文化传承与维系的希望，但是新媒体传播的便捷性与商业化营运，使新移民更青睐于从新媒体获取信息。"新移民的到来使华文报纸潜在的受众增加，但事实上新移民的到来并未使华文报纸受益，原因在于新移民获取信息的途径比较广泛，反而觉得华文报纸对他们并不重要。他们获取信息还有

另外一个重要途径，那就是便捷的互联网。"① 华文报纸的读者和人才流失严重，广告严重萎缩，财政收入锐减，但业主又不愿意放弃这个具有文化使命的媒体，结果报纸处于苦苦维持境地，"靠企业资助才能维持下来"②。除了《星暹日报》与《南方都市报》采取密切合作，危机有所缓解外，其他五份报纸均面临读者流失的窘境，只能办给老年华人阅读。当老年读者不断离世，这些报纸的读者就不断减少，形成了"一个老华人去世，报纸就少一个读者"的现象。

泰国华人无论在经济领域还是政治领域，人才辈出，掌握泰国的经济命脉，出任总理和议员。华人融入泰国的程度很深，说明泰国政府高度接纳和帮助华人融入主流社会同化华人的政策非常成功。故此，泰国华人虽有 600 万之众，但是由于越来越多华人不谙华文，对华人社会的文化传播与节日也日益缺乏兴趣，中华文化传播因此缺乏后续动力。

新媒体的兴起，推动了信息传播的发展，降低了内容生产、传播的成本，但是由于过度的商业化而缺少文化传承的功能。因此，新媒体的发展，非但没有促进中华文化在泰国的传承，反而冲击了以往的文化传播格局。商业化的新媒体使中华文化传承失去了原有的韵味。

文化变迁与融入深刻地影响了华人社会，母语危机呈现的身份焦虑与认同使相当一部分华人产生了强烈文化失落感。就目前而言，从小接受泰国文化教育的华人，已经失去了中华文化的传统，对祖籍国文化缺乏接受与学习的兴趣与动力，泰国华人逐渐成为消失的文化族群。

五、唐人街旅游观光经济削弱文化传承与再生产的功能

作为中华文化的传承与再生产空间，泰国唐人街物化了中华文化，对中华文化的传承与发展具有显著作用，但随着旅游观光经济的发展，资本的再生产驱走了中华文化传承的功能，使唐人街只具有展示中华文化功能而缺乏再生产能力。

泰国唐人街坐落于曼谷市区西部，是城区最繁华的商业区之一，其规模及繁华程度，在东南亚各地的唐人街中名列前茅。唐人街长约 2 公里，由三聘街、耀华力路、石龙军路三条大街以及许多小街巷连接而成，已有近 200 年历史。唐人街由数以千计的骑楼式、竖井式商铺组成，过去的经营者几乎都是华人、华侨，但现在越来越多的非华裔出现在经营者行列当中。

唐人街保留着典型的中华传统文化和华人社区习俗的特点，店铺前都供奉着福、禄、寿三位官人像，一些店铺还供着关公像，门上、门旁挂有匾额，对联往往写的是"忠厚传家久，诗书继世长""生意兴隆通四海，财源茂盛达三江"等吉祥语。然而，几乎华裔

---

① 陈建荣：《泰国新移民的群体特征——曼谷地区新移民个案研究》，《东南亚研究》2008 年第 4 期。
② 陈建荣：《泰国新移民的群体特征——曼谷地区新移民个案研究》，《东南亚研究》2008 年第 4 期。

新生代已加入泰籍，并取泰人姓名，能够在店铺说上几句华语的华裔新生代已罕见。对于新生代的华裔而言，泰国才是他们自己的国家，才是他们的根，泰语才是他们真正的母语。

虽然唐人街仍存在中华文化的符号与空间，例如土地神庙、红灯笼、华语招牌等，但是从"文化接触"的角度来看，就当前唐人街的文化互动而言，唐人街是一个文化区隔典型例子。唐人街成为当地社会种族区分、文化识别和文化展示的地域场所，以及发展旅游观光经济的物理空间，这跟过去唐人街既商又文的华人社区形成显著的差异。

唐人街本来是中华文明与泰国文明重要的"接触地带"，但是随着唐人街文化色彩的淡化，旅游观光经济的崛起，唐人街的"接触地带"功能只剩下文化展示、文化消费的商业功能，而失去了传承与再生产能力。

唐人街是早期华人为适应移民国社会而形成的聚集区，华人在唐人街当中生活、工作，"作为一种社会经济结构，在不丧失民族性的情况下，唐人街为移民到海外的华人提供种种方便和机会，促进海外华人的奋斗和发展"①。法国社会学家布尔迪厄认为，旅游是一种文化资本，是文化资本转变为经济资本最具效率的方式。唐人街所拥有的社会竞争资本，成分最高、最多的就是旅游观光资本。

在经济资本的驱动下，唐人街的文化资本正逐渐被解构并重构，从文化传承与生产场所转变为旅游观光场所，旅游者进入唐人街，被显性的文化现象所感染，而缺乏对文化内涵的深度认知与解读。布尔迪厄认为，在社会竞争中，经济资本、文化资本和社会资本是处于动态的相互转换中，转换的动力来自对资本总量最大化的追求。因此，为了迎合外来旅游者的文化想象，唐人街的文化展演出现了异化现象，更偏向商业资本的撷取，从而出现商业文化收编传统文化的现象，偏离了中华文化本身的文化属性和发展轨道，加剧了唐人街文化区隔。

六、母语危机与文化身份瓦解的历史终结

美国著名学者本尼迪克特·安德森从民族情感与文化根源来探讨不同民族属性的"想象的共同体"。他认为："所有的社会安排以及文化的创造，都在为这种联结而做着自己独特的贡献，例如教育、宗教、出版、交通、媒体，由此人们虽相互并不认识，但因为有共同性的民族观念的存在而彼此实现了一种认同。这种认同无疑是通过一种超越感受性之上的想象才能被制造出来的，它的基础在于人首先知道并印刻了彼此因为一体国家的原因而有的一种共在，否则我们就难于理解超越于亲情之上的那些对陌生人的关怀、帮助与友善。"②他提出，想象共同体的构建有赖于报纸的存在与发展，正是报纸把世界中彼此本不相关、没有联系、相互不认识的人之间扭结成为一种坚实的共同体。与此同时，

---

① 周敏：《唐人街：深具社会经济潜质的华人社区》，鲍霭斌译，北京：商务印书馆，1995年，第27页。
② 赵旭东：《想象的共同体：现代"民族"是如何诞生的？》，《新京报》2016年10月9日B3版。

安德森还认为，为了形成想象的共同体，社会精英还必须挖掘共同的神话故事，并用本民族的话语来构建叙事框架。故此族群故事、原乡想象、母语叙事、文化辨认、身份识别，是促成不同个体联结成为一个共同体的关键。

作为华人社会当中重要的信息中介，以及强化华人身份的工具，华文报纸面向华人传播，通过印刷媒体联结泰国华人个体，并形成身份认同的景观。华文报纸显示出在联结泰国甚至周边国家，如柬埔寨、缅甸、老挝等国家的华人的身份认同与共同记忆所承担的不可复制的角色与功能。在一百多年的华文报业史中，以及二战前后短暂的办报热潮充分反映了当时拥有强烈中华文化情怀的报人，利用一个神秘的起源图景，通过制造大量英雄神话，勾勒出一个共同的文化景观，实现民族的历史化、现实化，并赋予其厚重的文化符号，再现一个历史悠久、文明璀璨的中华文化古国，为华人对故国的想象与身份认同提供文化平台和想象空间。

例如，抗日前夕，华文报纸大量刊登关于中国抗日的新闻、评论、文艺作品，进行抗日宣传、思想与政治动员，极大地调动了华人的民族感情，并为其参加抗日活动提供平台和渠道，使身份认同拥有了厚实的基础。《华侨日报》的"华侨文艺"、《国民日报》的"新时代"、《中华日报》的"椰风"、《时报》的"水平线"和《中原报》的"南辰"等副刊为主要阵地，发表了大量义愤填膺、饱含激情的抗日救国优秀作品。[2]

二战后，华文报纸在其副刊，刊登了大量反映泰国华人社会的伦理与精神生活的文艺作品，以思考华人社会的文化发展。"在副刊发表的作品，特别是着力于描绘华社有代表性的新老两代人物的精神风貌、人生坐标，颇具功底和力度。众多读者从这些现实主义的作品中，可以感受到一代代华侨华人在泰国荒原上披星戴月流汗洒血的创业维艰，可以目睹到泰华社会中下层人士悲欢离合的遭遇和寄人篱下的心态。"[1]华人通过共享华文报刊的信息，而产生共时性的意象，并基于一种共同的文化情感发展成对文化母体的眷恋与热爱，自发地以各种实际行动来维护族群、文化和国家认同，保护想象中的母国的利益。

然而，泰国政府对华文教育的扼杀，以及强制性、系统性地强制性驱使华人融入主流社会，使得中华文化传播的基础出现塌陷的危机，身份认同所必需的承载物面临破碎与死亡的困境，使母语文明体系不断坍落，老一华侨华人充满了失去母语后的身份焦虑。"1995年10月，香港《南华早报》记者赴曼谷唐人街采访，写了一篇题为'曼谷唐人街的新语言'的文章，记述曼谷唐人街各方面的变化，该文作者认为，曼谷唐人街的最大变化之一，便是大多数年青的华人不懂说华语了。"[2]唐人街由此变成一个历史符号，内在的文化功能因为语言的消失而失去了往日的中华文化色彩。同样，随着时间的推移，当

---

① 李君哲：《泰国华文文学的历史与现状概略》，《华侨华人历史研究》1998年第4期。
② 曹云华：《变异与保持》，北京：华侨出版社，2001年，第163页

老一代的华人去世之后，由于没有合适的记录者与叙事者，泰国华侨华人的故事变成历史符号和模糊的文化印记。族群的共同记忆将从此湮没在历史当中，泰国华人的奋斗历史将被年轻华人所遗忘，消失的文化族群将成为现实。泰国华人缺乏中华文化的滋养，文化纽带被斩断。华人操着流利的泰语，生活完全泰国化，华人身份彻底被瓦解，消失在文化进化的历史中。

泰国华文报纸有一百多年的历史，如今却陷入生存困境，一方面说明经营媒体不易，另一方面也说明中华文化传播需要新的载体，需要华人社会去探索、去寻找，因应时代和环境的变化进行转型，才能解决当前华文报纸最为迫切的课题。

七、总结

华文教育夯实文化传播基础，华人社团出钱出力传播中华文化，华文报纸、唐人街则对族群记忆进行追述，深锚中华文化人文精神，深度书写母语文化，是"内敛—外显"文化传承与再生产的独特品质和价值。华文报纸的文本叙事，书写了泰国华人的文化史、精神史和心灵史。华人街是华人宝贵而独特的资源，在传播中华文化、开展民间外交、展示中华文化、服务游客方面具有显著的作用。

然而，华文教育的低落、华文媒体的塌陷、新媒体的冲击、唐人街的商业化，逐渐瓦解了华人的母语意识和身份认同，续写历史的能力不断弱化。华人重构精神生活的空间，延续族群意识的可能性逐渐减少，因而在老一代华人当中出现了母语危机的焦虑。

如何解决这一历史性难题，一方面需要华人社会的共同努力，例如华人社团有意识地维护文化传承空间，例如开展各种形式的民俗文化活动，强化年轻华人的文化记忆，增强文化再生产能力，另一方面中国通过加强与泰国政府的政治关系，加强对中华文化在泰国的输血造血能力，帮助华文报纸向新媒体转型，并提供技术支持，提升文化传播能力，拓宽文化传播渠道，延续中华文化在泰国的传承，促进中泰两国的文化互动，实现两种文明的互鉴互融，增进两国的友谊。

新世纪"黄河影像"电影的国际传播与路径研究

郗巧梅[*]

（中国传媒大学，北京，100024）

摘　要：21世纪以来，"黄河影像"电影进入了新的发展阶段，无论是时代语境的变化还是新媒介时代的到来，都催促着"黄河影像"电影以一种新的面貌通过新的传播渠道走向世界。而"黄河影像"电影目前面临着内容质量的乏力、民族吸引力不足、中西外话语体系差异、传播渠道闭塞等诸多困境，这与在党的"二十大"报告中提出的"加快构建中国话语和中国叙事体系，增强中华文明影响力和传播力"这一目标出现严重断裂。由此本文从"黄河影像"电影国际传播过去现在和未来的对话出发，探讨"黄河影像"电影"走出去"的可行路径，分别从内容的质量打造、民族性的回归与重建、黄河文化的符号编码、共同价值的对话以及多元传播桥梁的搭建，探讨作为民族话语的"黄河影像"电影国际传播的新思路与新方法。

关键词：黄河影像；国际传播；民族话语；新媒介时代

基金项目：本文系山东省艺术科学重点课题"中国古典美学与中国电影的审美体验研究"（编号：L2024Q05100106）的阶段性成果。

引　言

"黄河影像"电影亦即以黄河为背景或主题的叙事电影，从广义上来讲指发生在黄河流域的黄河故事都可纳入本文所研究的"黄河影像"的研究范畴，重要的是黄河在影片中具有文化属性，充当文化符号，从影片中，观众能窥探到黄河所具有的价值旨意。进入21世纪以来，《美丽的大脚》（杨亚洲，2002）、《黄河行歌》（杨凤良，2003）、《黄河边上》（郭郅，2005）、《黄河喜事》（高峰，2009）、《黄河滩》（赵云波，2009）、《山河故人》（贾樟柯，2015）、《百鸟朝凤》（吴天明，2016）、《河对岸是山》（张跃龄，2017）、《黄河入海流》（王明军，2018）、《侠路相逢》（邵亚峰，2018）、《天下黄河老牛湾》（赵

　　[*] 作者简介：郗巧梅，山东青岛人，中国传媒大学艺术研究院艺术学专业博士研究生，研究方向：艺术批评学。

国桦，2019）、《初心照黄河》（王明军，2019）、《家在黄河边》（王明军，2021）、《我来自北京之福从天降》（卢卫国，2021 年）、《义薄云天》（张建萍、王雪鹏，2021）等，均以黄河（流域）为叙事空间，以黄河流域日常生活为故事内容。"黄河影像"电影以空间为标识，是对黄河流域自然形象、黄河文化、黄河精神的艺术表达，由此，对"黄河影像"电影的考察以自然地理为主，但民族、历史、文化也是判断其的重要依据。

在国际传播中，最重要的乃是"中国"，讲的是"中国故事"，传递的是"中国声音"，因此中国的民族特色就显得格外重要。"黄河"作为浸润着中华几千年古老历史、承载着中华儿女集体记忆的母亲河，无疑成为展示中华民族特色的重要载体，彰显中华文化的国际话语自信。而电影在视觉形象的建构、叙事方面强大的话语生产力和文化与精神交流输出方面占有独特优势。综上，可见作为民族话语的"黄河影像"电影成为国际传播中文化软实力的"国家名片"。因此新世纪民族话语的"黄河影像"电影的国际传播研究，对于中国民族电影"走出去"、"讲好中国故事"、增强中国文化话语具有巨大的社会现实意义和学术价值。

观今宜鉴古，谈"黄河影像"电影的国际传播不得不提到《黄土地》，这部站在全局观的角度审视中国历史的民族自省电影，将黄河所蕴含的人文情感、民族的历史沧桑，以及中华民族寻求民族复兴的集体渴望进行影像化的艺术表达，以一种"'熟悉的陌生'——他们熟悉的电影语言、人道主义价值观与他们陌生的东方时空、中华生活方式、中国人生存状态"[①]打通了与世界电影衔接的枢纽。以史为镜，站在今天这一新的时代背景、新的全球化语境下回望历史，新世纪之前的"黄河影像"电影的国际传播纵然有诸多可借鉴之处，但重要的是讲述话语的时代，本文的目的是在"前辈"的经验之上，讨论新世纪后创作的"黄河影像"电影的国际传播现状与可能。

近几年，中国电影一直在致力于"走出去"，互联网的强势发展所带来的"云化"在使传播更为便利、直接和高效的同时，多元媒介更改变了长期支配西方的单点视觉体系，重塑社会环境和受众的认知和行为，多权力关系导向"多元"格局，进入"双向去中心化的交流的第二媒介时代"[②]。

本文将对新时代（改革开放以后）至 21 世纪之前，以及 21 世纪后的"黄河影像"电影的国际传播进行考察析理，进行"黄河影像"电影国际传播过去现在和未来的对话，重点在于为新时代语境下的以"黄河影像"电影为例的中国民族电影如何走出去的持续发展提供路径探析。

---

① 尹鸿、陶盎然：《从走向世界到影响世界——改革开放以来中国电影的国际传播》，《南方文坛》2021年第 5 期。

② 马克·波斯特：《第二媒介时代》，范静晔译，南京：南京大学出版社，2000 年，第 18 页。

一、"民族话语"与"国际传播"的"相遇"

随着全球化的日益加深，各民族文化在相互运动中此消彼长，相互渗透，不免出现某一文化的强大同化另一文化的情况。多元文化的差异在理论上受到尊重，但当占经济优势的一方通过附加文化增殖的商品向弱势国家输出价值观念、文化理念和艺术准则时，接受方的民族文化不可避免地受到了侵蚀，改变原有的文化特点，甚至趋同于强势文化，造成一元文化的霸权。"确立文化全球化中的民族话语权，不是暂时的意气之争，而是保证民族文化持续发展的必要条件。"[1]

在抵制文化霸权的同时，本民族文化的挖掘与输出更不宜被忽略，民族文化输出的过程，也是一个自我价值确认、避免被同化的过程，是一个国家自身在全球价值占有份额增大的过程。因此在国际传播中，保证中华文化的地位、增强民族话语有必要而为之，且是一个路漫漫其修远兮、需不断求索的实践之路。

黄河，哺育着中华民族，也同样是中华民族值得骄傲和展示的民族特色，是国际传播中具有标识度的"国家名片"。"黄河影像"电影（特别是第五代导演的"黄河影像"）把电影艺术的触角延伸到民族的本体意识，正视和反思民族本性，表现民族性格的本质，并从中寻找一种民族文化精髓，打开了以地域文化探寻民族本性的大门，于过去的影片来说是一种新的探索。并且这种探索成功地完成了在文本叙事中文化符号的编码，使"黄河"成为中华民族集体记忆的文化符号，成为古今中外中华文明的象征体系，成为国际影像中中国的象征符码之一。黄河民族文化符号的输出、"黄河故事"的国际传播对于建构民族特色的中国形象、确立民族文化身份、建构中国国际话语权具有建设性的意义。

二、酌古斟今："黄河影像"过去与现在、未来的对话

为21世纪"黄河影像"电影走出去提供发展路径，最有效的方式要回过头去看看前辈们的"走出去"经验，再结合当今21世纪"黄河影像"发展现状，酌古斟今，以提供切实可行的国际传播建议倡导。

（一）21世纪"黄河影像"电影国际传播现状

进入21世纪后，时代语境的变化、传统文化的忽视、民族意识的削减、创作主体的变更、艺术性和思想性表达等诸多原因，"黄河影像"电影只有极少数能够走出国门，并且电影节依旧是民族类电影对外输出的主要路径。《百鸟朝凤》获得第1届丝绸之路国际电影节最佳故事片奖、法国 tours 电影节观众最喜爱影片奖、新时代国际电影节金扬花奖百年百部优质电影。《山河故人》获得第63届圣塞巴斯蒂安国际电影节公众大奖，提名第68届戛纳国际电影节主竞赛单元金棕榈奖，在烂番茄网站上专业影评人好评达到90%，普通观众69%，IMDb 网站评分6.9分，大多数专业影评人给到了8分以上。有国

---

① 杨俊蕾：《文化全球化中的民族话语权》，《天津社会科学》2002年第3期。

外观众称《山河故人》是现代大师的又一部伟大的电影","在简单的人类身上找到强大的戏剧性,贾樟柯创作了一个动人的中国昨天今天和明天的故事"。从专业的影展到海外网络平台观众的反馈,《百鸟朝凤》和《山河故人》都在国际传播取得了或多或少的成功,可见这种民族性的中国故事依旧能博得海外的青睐。

而其他的"黄河影像"则呈现出"墙内不开花墙外也不香"的惨烈局面,不仅在国外没有激起丝毫波澜,在国内也是未能进入到主流电影的行列,观众关注度和社会反响差强人意。

第一,现实题材类"黄河影像"在内容质量和国际传播都稍显逊色。为了探讨国外受众对中国电影的审美接受和审美期待,暂且将所搜集到的21世纪的"黄河影像"电影分为两大类型,现实题材类和历史记忆类,见表1:

表1 21世纪"黄河影像"电影分类表

现实题材类	乡村振兴类	《黄河入海流》《天下黄河老牛湾》《初心照黄河》《家在黄河边》《我来自北京之福从天降》
	悬疑或犯罪片	《黄河行歌》《黄河滩》《河对岸是山》《侠路相逢》
历史记忆类	—	《美丽的大脚》《黄河边上》《黄河喜事》《山河故人》《百鸟朝凤》《义薄云天》

综上可见,虽然21世纪的"黄河影像"的国际传播不尽如人意,但单从走出去的两部影片《山河故人》和《百鸟朝凤》的海外传播效果可大体窥见海外观众对于中国历史文化的审美期待。

而反观现实题材类的影片,无论是响应国家号召大力发展乡村振兴的"主旋律"影片,还是悬疑犯罪片,首先从内容质量上看,大多数影片都是为了贴近时代主题,甚至刻意制造噱头而拍摄的泛泛之作。纵观这些关于"黄河""乡村振兴""悬疑犯罪"的影片,我们能看到这些"黄河影像"电影在试图进行现代性的转化,但是时代语境的变化看到的却是"黄河影像"电影家国同构的民族意识逐渐消解,影片仅仅停留在个体叙事层面,主题表达深度捉襟见肘。从主题性来说,这几部影片,应以黄河为叙事底蕴,显露出新时代黄河所承载的民族性和时代性。很遗憾,在21世纪以来关于黄河的大多数影片情节牵强,表现形式与文本意义割裂,哲学的思考滞留在生活的表层,艺术汁液未能渗透进生活本质、历史源流和民族灵魂,不但达不到对民族文化主题的探索,相反带来民族文化的平庸,失去文化主题自身应有的价值和意义。

第二,从国际传播角度,大部分21世纪的"黄河影像"电影并未将海外观众纳入影片的消费群,仅将视角放在国内,因此海外票房和口碑全无,由此本文对其海外传播力与影响力的研究并无多大意义,一并在下述"前辈"的成与败中探析"黄河影像"电影的国际传播。

（二）"前辈"之成与败

改革开放以前，中国电影的国际传播几乎是一片空白，直至中国对外开放，中国电影迎来了走向世界的曙光，世界电影版图中出现了中国电影的身影。《黄土地》是一部特殊的影片，它开启了中国电影以电影节生存走向世界的路径，向世界展示了一个对于西方而言神秘而充满想象的东方世界，博得了国外诸多关注，不失为刚改革开放时期中国在世界电影"百花绽放"时"走出去"的范例。但随着全球化以及中国电影实践的发展，《黄土地》等所提供的"走出去"经验范本也暴露出诸多弊端，为21世纪的"黄河影像"电影的国际传播提供了既可借鉴又可规避的经验。

1. 民族性是世界电影舞台的瑰宝。《黄土地》在香港国际电影节所引发的'冲击波'仅仅是一个开始，此后在1985年这一年当中，该片相继获得瑞士第38届洛迦诺国际电影节'银豹奖'（8月8—18日）；英国第29届伦敦国际电影节伦敦电影研究'萨特兰杯奖'（11月14日—12月1日）；美国第5届夏威夷国际电影节东西方文化技术交流中心和东方人柯达有些制片技术奖（11月26—12月7日）；法国第7届南特三大洲电影节'摄影奖'（11月26—12月3日）"[①]，其创造了民族影像走向世界的摹本。继《黄土地》在香港电影节崭露头角，各大报社对《黄土地》进行报道。威廉·诺斯曼回顾时说"我们这些研究中国电影的美国人当年发现我们正面临着中国酷似历史通俗剧的一系列重大事件"，觉得有"义务为中国新电影摇旗助威"。[②]从《黄土地》到《老井》《黄河谣》再到《黄河绝恋》，中国导演们在古老的黄河文化中探寻、发现、反思，古老的黄河文化承载着中华民族的巨大魅力，让人喜悦、沸腾、沉思。《黄土地》为代表的中国民族电影令外国观众振奋，可见世界期待着中国电影的出现，期待着带有中国特色的电影的出现，中国"黄河影像"电影的走出去应当充分挖掘和输出中华民族优秀的文化伟力和魅力。

2. 充满想象的奇观中国与"神秘他者"的被凝视姿态。在《黄土地》《黄河谣》等中国"黄河影像"走向世界，被西方人所关注的一个非常重要的原因在于民族奇观的呈现。《黄土地》占据视觉画面三分之二的千沟万壑的黄土地、传统的婚嫁仪式、激情的"安塞腰鼓"、粗犷的"信天游"以及那上万人的"求雨仪式"，通过奇特的民风民俗的外在视觉上的展现强化了影片新奇的文化感，这种视觉上的民族奇观展现跨越了语言，不受语言限制的隔阂，达到民族文化输出的效果。烂番茄网站关于《黄土地》的评论中，《悉尼晨报》David Stratton评论道："《黄土地》将我们带到了一个陌生的地方和时间，但通过它宁静的图像和对歌曲和音乐的运用，它开阔了我们所有人的视野。"[③]IMDb网站关于《黄河谣》评论："这部电影有两点突出之处：视觉上的震撼。商人们沿着黄河的河床长途跋

---

① 田星：《〈黄土地〉：跨文化话语场中的一个历史文本》，《电影新作》2015年第5期。
② 威廉·诺斯曼：《结语》，张英进著：《影像中国：当代中国电影的批评重构及跨国想象》，胡静译，上海：上海三联书店，2008年，第51页。
③ 参见烂番茄网站：https://www.rottentomatoes.com。

涉。自100年前黄河改道以来，黄河一直处于干涸状态。这风景拍得很好，商人们还会唱一些极好的歌曲，这些歌曲反映了他们的生活本质以及他们与河床的关系。"① 周宪分析《英雄》的成功中说道："第一，中国电影走奇观范式的路线是有前景的；第二，中国乃至世界观众对这种东方式的奇观电影是认可和接受的。"② 民族民俗奇观以陌生化的视觉震颤体验建构"他者"想象，这种神秘的陌生化的东方异域风情以民族奇观为载体，带给非本民族观众以视觉震撼，从而传递了不同民族的文化内涵。

中国民族电影"走出去"的策略所取得的成功是毋庸置疑的，利用民族奇观的猎奇心理使海外观众从电影中获得一种与周围真实生活相对不同的陌生化体验，以满足西方国家对中国的想象。但这种方式也颇具一些西方人对东方的猎奇色彩，或者说是"东方主义"性质，包括《黄土地》之后通过电影节方式进行的民族电影的生产，也带有刻意迎合"他者"想象的意味。

电影《黄土地》在国际电影舞台上崭露头角，这种利用中国特色的、神秘的美学模式提供给了大陆导演一个登上世界舞台的摹本。挖掘和加工中国本土化民俗，甚至"存在臆造繁缛的伪中国仪式的倾向"③ 满足西方对神秘东方的想象，但是这种越来越"自我民族志"的姿态使中国越来越陷入了一种"他者凝视"的地位当中，令中国始终以"神秘他者"的姿态进入西方视界，这种"他者"姿态的逻辑背后正是中国与世界的对话处于一个并不平等的状态。在全球市场中，银幕上的中国似乎无法避免被诠释为"他者"的命运。

3. 中西外话语体系差异。尽管影像以其视觉特性在跨文化传播中占有得天独厚的优势，更容易让人接受视觉表达的文化和信息，但是由于中国与外部世界话语体系差异，文化壁垒的存在是毋庸置疑的。《纽约时报》影评人 Walter Goodman 评论《黄土地》时说道："《黄土地》的画面很震撼，以及提供给我们另一个视角就是背负了来自中国共产党的文化的压力。"包括很多的外国观众都觉得这是一部宣传片。"《画面与音响》杂志把它（《黄土地》）形容为'共产党的艺术宣传品'，1985年夏天在美国科罗拉多州电影节放映《黄土地》，部分美国观众表示不能理解该电影的内容。"④

文化背景和地域差异的影响，使得民族文化和情感在外输出时被大打折扣，很难实现良好的传播效果，这也成为黄河叙事电影在国际传播的一大瓶颈。黄河的奔腾汹涌、西北的婚嫁礼仪、安塞腰鼓、求雨仪式以及陕北民歌成为西方人驻足观看的视觉展品，但真正让西方人认同中国人的情感、价值观，感受到黄河的力量又有多少？在本土观众

---

① 参见 IMDb 网站：https://www.imdb.com。
② 周宪：《论奇观电影与视觉文化》，《文艺研究》2005 年第 3 期。
③ 马然：《转变中的中国都市一代电影：全球化时代的中国"电影节电影"》，《当代艺术与投资》2011 年第 5 期。
④ 丘静美：《〈黄土地〉：一些意义的产生》，《当代电影》1987 年第 1 期。

看来,《黄土地》是对中国封建制度文化的落后反思与中华民族沉郁中迸发的创造力与生命力的矛盾内省,《老井》透露出的中华民族的伦理秉性,《黄河谣》表达的是中国人如黄河般奔腾不息的顽强生命力,这些影片在别国所理解到的又是什么?中外语境文化的差异成为中国精神、中国价值在国际传播输出的一大壁垒。

三、继往开来谱新篇:"黄河影像"电影国际传播的路径探寻

在全球化趋势和中国国家化程度日益加深的趋势下,中国文化必定要接受其他文化的传入,而中国想要在这场无声的硝烟中生存下来,只有加强自身文化体系建构,主动出击,讲好中国故事,积极建构国家形象,才能提升中国文化话语权,打好这场"文化战"。在新时代背景下,如何深化民族色彩的黄河影像的国际传播,在民族色彩的外溢中把握好民族文化传播与自身艺术性和思想性表达的平衡,让世界看到黄河影像的力量,以及深藏在黄河影像中的民族文化,从而讲好中国故事,建构中国国家形象是需要深入思考的重要命题。

(一)影像的"品控"与民族性的回归、重建

1."黄河影像"电影的国际传播关键是内容。纵观笔者搜集到的关于21世纪以来的"黄河影像"电影,不乏像《山河故人》《百鸟朝凤》在国内国外都好评不断的影片,但大多数影片无论在院线还是网络关注度都极低,甚至很多影片,诸如《黄河行歌》《黄河滩》《黄河边上》《黄河入海流》等,豆瓣暂无评分。《黄河入海流》试图进入国外市场,参加2019年的威尼斯电影节和丝绸之路电影节,并通过国际在线"世界你好,我是渭南"全球多语种传播平台向世界推介,但因本质内容的诟病,最终沉入海底。

"黄河影像"电影要想走出去,被国际认可,首要的就是影片本身质量要经得起审判,优质的内容品质是国际传播坚实的地基,打好地基是能够走出去的第一步。回望过去国际上引起关注的影片,内容扎实的中国故事才是能够获得青睐的首选。因此"黄河影像"电影要稳扎稳打,沉心专注于影片质量,电影创作的主题意蕴表达切忌停留在生活表层,要实现表现形式与文本意义的融合,挖掘深层的哲学思考,以深刻的思想性、艺术表达的创造性和文化表达的自省性用心沉淀打造好"黄河影像"电影的内容质量,把中国故事讲好,让"黄河影像"电影的国际传播的第一步迈得踏实稳当!

2.民族性的回归以及重建。从中国电影在国际传播情况而言,海外观众更青睐于展现民族特色与民族魅力的影片。在国际传播中,最重要的乃是"中国",讲的是"中国故事",传递的是"中国声音",因此在国际传播中展现出"黄河影像"电影的民族属性是重中之重。

第一,现实向题材个体与民族命运的集体书写。"黄河影像"电影的国际传播,所传播的是中国故事,因此个人的命运应与整个中国、时代紧密相连,"黄河影像"电影作为

民族话语不应仅聚焦于个体叙事，而应从全景式、宏观的国家层面、民族层面书写个人命运与生命意识，将黄河作为生命之河，在个人命运书写中建构黄河文化精神以及对本民族文化之根的探寻和体验，以此观照中国人乃至全人类共同的情感表征。

在塑造特色个体形象的同时也要塑造好民族形象，将"黄河"融入人物的内在生命体验，以个体彰显民族伟力，将个人命运与家国叙事有机结合，塑造多维度、立体化、饱满的人物，显现浑厚深沉的民族禀赋和复杂长远的历史性。通过个体的生命体验将黄河故事与家国书写融合，致力于整个民族形象的建构，在诠释中国价值、中国力量、中国精神中讲好黄河故事。

第二，民族文化的价值生产。电影的文化价值的生产不免依靠影像视觉的表达，视觉的"通约性"在国际传播中有利于展示国家民族的文化魅力，能够最直接地抓住各国观众的眼球，这些奇妙的景观是电影召唤人们内心观看欲的原初动因，通过视觉，文化得以更直观地被感知，弥合了文字抽象表达的距离感，黄河文化、黄河力量、黄河精神的诠释得以具像化地呈现。

因此有必要做好视觉文化的价值研究，中华民族无论地理的还是文化的，都充满了无限的视觉魅力和欣赏价值，但是在国际传播中，避免单纯地过分利用民族奇观而成为"他者"民族文化消费的产物。外国观众对于民族奇观的迷恋实则是对于中国传统东方美学的迷恋，中国东方美学的标识首先是中国功夫、中国熊猫、长城等这些显而易见的中国符号元素，而更深层的则是中国电影所传达出来的中国意境之美。因此"黄河影像"电影要将对奇观的展示转化成深层的对中国传统美学的展示，不能只停留在符号层面，而是对元素背后的内容进行中国美学意境的整体意韵生成和能够触动国外观众内心灵魂的挖掘，实现由视觉向心觉的不断深入与内化，由"象"到"境"的转化。

第三，时代性和民族性的融会贯通。黄河文化是中华民族的根和魂，在新的历史时期，中华民族的根和魂不能丢，要保住根，守好魂，就要将黄河文化的民族性与现代性进行承接，进行时代现实的深刻书写。黄河故事的更迭必然要跟随着时代语境的变化，在新的时代语境下，黄河故事的内涵也有了时代性的变化，而外国观众对于黄河的印象还停留在《黄土地》时期，因此注意培养国外观众的现代式审美，努力打破国外观众对黄河电影的刻板印象，《黄土地》《黄河谣》《老井》等已成为过去式，在当时的时代语境下，他们书写着当下的时代记忆，而今过去几十年，新世纪的时代记忆应怎样融入"黄河影像"的书写中，进行黄河文化的再创造，生产出"鲜货"是这个时代的创作者应不断探索思考的。

在几千年的历史长河中，黄河传统文化蕴含了深厚的历史和中华儿女的精神和智慧，不论过去还是现在，都有永不褪色的价值，亟待发掘和讲述。黄河精神、黄河气质都在因时代历史的变迁无息而变，但民族文化基因与内在精神特质没有变，要在这种变与不变中寻求属于时代的民族的黄河气质，在保持民族美学与民族文化的基础上进行现代性的转化。黄河故事的新时代书写，要继承并汲取各个历史时期的黄河叙事，承继民族文化基因，并完成当代延续和转化，"黄河影像"电影只有根植于中华民族文化基因和内在精神的血脉，扎根于中国社会现实的时代需求，才能经得起历史的沉淀和淘洗，才能经得起国际人民的审视，让世界看到一个崭新的但依旧焕发魅力的中国。

（二）黄河文化的符号编码

"黄河影像"电影的国际传播是一个创作者对文化符码进行编码、接受者进行解码的过程，特别是在跨文化传播中，接受者的符号解码不免受到"文化折扣"，甚至解读错位的现象。黄河对内是生命体，但在外国的认知中就可能是贫穷、古老。符号解读的错位，致使文化传播可能产生相反的效果，因此如何解决文化解读错位的问题，是中国电影在跨文化跨语境传播下需要思考和解决的问题。

黄河文化符号在对外输出时是把双刃剑。在传播符号的过程中，价值观的注入容易使国外产生偏见，黄河在《黄土地》《老井》等影像中呈现出桎梏、苦难的文化符号表征，容易在对外形象传播中形成偏颇刻板的印象，因此在对外输出文化符号的过程中，应注意当代中国文化价值观的注入，注意国家形象的多面、立体展示。我们需要赋予黄河以更多元的中国价值与文化，在影像中对黄河进行文化赋值、情感赋值，使其更立体饱满，不断注入新时代中国文化的符号意义。

先"从文化符号的走出去，中国影像美学走出去，逐渐过渡到中国文化精神走进国外观众的内心"。[①]越是简单的符号，越容易达成文化认同，而黄河文化融注着中华千年文明，文化内容较为丰富庞杂，对于不同"文化模子"的国外观众来说，容易造成传播符号内涵的丢失或扭曲，从而会造成价值误读。因此可以试图通过简单、具象化的符号拉近与观众之间的距离，北京冬奥会的"冰墩墩"就是以简单、具像化符号传播的最佳例证。以非语言式、具象化的文化符号作为黄河文化的标识，从而再不断深化黄河文化的符号意义，在不同文化圈层创造出共情的亲近性，淡化国家、民族、意识形态的界限，更易被海外观众接受理解。

（三）打破文化壁垒，进行共同价值的对话

世界文化交流存在诸多差异，一味地追求民族特性容易陷入自说自话的俗面。"传播的意义构建的终极目的就是实现共享价值，使人们之间达成共识，并建立共同的理解、感受和认识。"[②]"黄河影像"电影想要赢得世界不同民族的关注，就要在不同文明的存在中探寻全人类共同价值的可能。IMDB 网站关于《老井》，国外观众评论道："这个关于失去的爱重新找到并为村庄做出牺牲的故事很好地吸引了国际影迷。"在文化壁垒面前，情

---

① 肖怀德：《从电影大国到电影强国——中国电影走出去战略问题初探》，《未来传播》2019 年第 2 期。
② 姚君喜：《社会转型传播学》，上海：上海交通大学出版社，2008 年，第 59 页。

感是人类共通的，发掘情感共同价值，利用本土形象与情感共鸣的结合，加强交流互鉴，在保持本民族文化特色的基础上寻求文化"最大公约数"，以中国方式来阐释人类的共同价值。

黄河电影想要"走出去"，必然要寻找与世界的共通性，寻找具有普世性意义的价值观。如《黄河绝恋》则站在人类命运共同体的高度，阐释中华民族的舍生取义的大国气质。安洁和黑子几次都将欧文从死亡边缘拉回，第一次将被日本飞机袭击的欧文救治，第二次从日军的包围中救出，第三次安洁不顾父女之情将欧文救走，第四次则是安洁和黑子牺牲生命将欧文送到黄河对岸。这四次对欧文的救命之恩彰显了中华民族的民族大义与民族忠义气节，以及黑子与欧文价值观的碰撞所代表中西双方文化的交流与融合，通过与他者的交流达成共同的民族价值认同以伸向世界，抓住中国与世界的关系。因此在保持黄河民族文化发展的同时，更要参与到全球价值的形成当中。在文化差异中寻找黄河文化、中华文化的价值，将几千年黄河文明、黄河精神和黄河文化的内核转换为易于世界接受的文化，在适度保持特色的同时更以共通的认知进行传导，进行文化的对话，在多元文化中寻求理解、共识并达成沟通、共生。

在"黄河影像"电影的传播中，要发掘黄河文化在世界中的价值，将黄河价值进行世界主流价值丰富而生动的诠释，由黄河价值到世界共同价值的位移，打破文化认知壁垒，以命运共同体的价值高度谱写人性光辉，使人民认同，使世界认同，彰显中华民族的民族大义。

（四）传播桥梁搭建：短视频、电影节和"一带一路"

1. 本土短视频平台 TikTok（抖音国际版）、Kwai（快手国际版）的海外强势传播为"黄河影像"电影的国际传播带来利好机遇。

截至 2022 年，TikTok 覆盖了 150 多个国家和地区，下载量超过 30 亿，成为全球最大的独立站点之一。而 Kwai"以南美洲和东南亚为核心进军目标……2021 年 4 月，海外市场 MAU（月活跃用户）进一步增长至 1.5 亿以上"[1]。广泛的受众以及国外用户的使用活跃情况打破诸如 YouTube、Instagram、Likee 等西方媒介对于海外市场的垄断地位，增强了中国传播话语地位，在海外受众颇广的本土媒介 TikTok、Kwai 无疑成为中国文化国际传播的媒介机遇。

抖音、快手等已经建立了完整的影视内容生态系统，电影的官方传播、明星传播、大众的二次创作都为电影的营销推广提供了非常有力且有效的推广，并且通过话题可直达正片观看或购票渠道，在引流的基础上快速实现变现。以国内抖音为例，关于黄河的主话题播放量超过 17 亿，关于黄河文化的话题超 7 亿，有关《黄河绝恋》的话题播放量

---

① 环球网：《国际化加速，快手首次披露海外市场 MAU 超 1.5 亿》，2021 年 5 月 24 日，访问地址：https://baijiahao.baidu.com/s?id=1700633654911656204&wfr=spider&for=pc，2023 年 2 月 24 日。

超 6337 万的播放量,迄今二十几年的影片重现短视频平台获得不小的成绩,可见其发展潜力。国内通过短视频平台进行电影的营销宣发已渐成趋势,《唐人街探案 3》《你好,李焕英》《人生大事》等都是电影借助短视频平台营销成功的案例,通过短视频平台获得了大量的曝光,并取得不菲的票房成绩。

由此"黄河影像"电影的国际传播可借鉴国内电影营销成功经验,利用短视频平台进行病毒式营销推广。充分利用话题营销,宣发团队深挖自身电影亮点,洞察市场热点和观众需求,进行热点话题营造;把握好传播节奏,持续不断的热点营造只会造成观众的疲劳,因此在宣发过程中,应针对电影的定位、社会热点的变化进行分级、分阶段投放,进行精准把控,达成最佳传播效果。

但短视频平台内容参差不齐,"黄河影像"电影在利用好短视频平台优势的同时,切勿遵循唯数据论,不顾内容生产的质量,陷入无用文化传播的窠臼。

2. 合理利用电影节传播和本土国际电影节。电影节不仅是电影在国际传播中对于院线发行、网络上映的重要补充,而且根据历年中国电影在电影节的获奖经验,如《霸王别姬》《大红灯笼高高挂》《三峡好人》《白云之下》《撞死了一只羊》等,电影节展对于本土化符号的民族性展示与现代性探索的艺术影片格外受青睐,无疑,国际电影节是民族电影传播文化的重要桥梁。

在利用电影节进行"黄河影像"电影的国际传播中,要注意针对不同电影节的定位进行针对性的参展规划。不同电影节有不同的调性,要"精准打击","广撒网"只会有损影片的艺术独特性。

另外,要充分利用本土国际电影节的在地优势。国内也有很多本土的国际电影节,如北京国际电影节、上海国际电影节、平遥国际电影节等,以国内的国际电影节为出口,与国际进行接轨,同样可以被海外"看到",进行中外电影的交流互通。充分利用本土国际电影节推介中国电影,也不失为进行海外传播的重要渠道。

3. 借助"一带一路"实现与共建"一带一路"国家的沟通交流。2015 年,国家将电影项目纳入"一带一路"发展政策,并举办"丝绸之路国际电影节",大力发展"一带一路"沿线电影的"走出去"。"黄河影像"电影应充分利用好国家的政策支持,由经济驱动带动文化传播。根据中国电影在东南亚的传播情况的调研数据,黄会林指出东南亚相对于其他国家而言"文化折扣"较低,是中国电影进军的有力市场,说明中国电影在"一带一路"国家的文化传播大有可为,但是基于共建"一带一路"国家众多,要具体国家具体分析,并且要从国家层面做好译制工作。虽亚洲国家之间更具近亲性,但同样要做好文化认同与融通,寻求中国与丝路国家之间的共有文化基因。通过"一带一路"开展与不同国家之间的交流合作,在促进本土电影发展的同时,促进亚洲电影的蓬勃发展。

（五）传播效果愿景期盼——在文化共融中彰显黄河文化魅力

电影的国际传播归根结底是文化的传播，中国电影不仅传达着电影文化，更是缔结着中国的文化形象，电影"走出去"，思考的是应当承载着什么样的中国形象，想要传达中国的何种文化价值，单以视觉"奇观"的润色、符号的填充远远达不成文化传播的效果。面对悠久的中国历史文化和博大精深的中国文化价值，以传播中国形象、文化为诉求，构建整体的电影全盘观念，以此达到文以载道的传播效果。

当中国"黄河影像"电影进入国际传播的不同文化场域中，"黄河影像"所追求的不是趋同，而是求异，在世界多元文化中寻找中华文明的潜在价值，在"美美与共"的同时，更要"各美其美，美人之美"，和谐共生中求同存异，民族性与世界性的双赢才是黄河影像及中国电影实现国际传播的价值之路、长久之路。

结　语

面对当今世界百年未有之大变局，疫情的反复促使国际传播生态呈现并不向好态势，在此背景下，黄河文化以及中华文化的国际传播亟须转变传播策略：从电影精品的打磨和民族性的回归、文化符号的编码、共同价值的对话、多元传播桥梁搭建等路径入手，达成在文化共融中彰显黄河文化魅力的传播效果。"黄河影像"电影的国际传播并非简单的元素、符号拼接，而是由传播主体、客体、讯息、路径等诸多要素共同集合的系统工程，需要多元主体协同努力，总结时代经验，不断进行策略调整，以辩证发展的眼光展望新形势、新样态，共同增强黄河文化的凝聚力、传播力、影响力，再谱时代华篇。

文化记忆视阈下文博类节目的国际传播和认同建构

周　琼[12]　甘佳霭[2]　林　媛[3*]

（1 复旦大学，上海，200433；2 浙江工业大学，浙江杭州，310014；
3 杭州市委网信办，浙江杭州，310014）

摘　要：文博类节目作为聚焦中华优秀传统文化的传播形式，立足于文化公共领域，在社会化和媒介化的过程中塑造文化记忆。这些传统文化因素在媒介化以及再媒介化的进程中重现历史，使我国在文化传承的过程中不断地重构与其他国家以及海外受众的关系，使更多的海外受众了解和认同中国的文化魅力，打造让世界接受中华文化的平台，重塑中华文化的海外传播格局。本文从文化记忆、文化延续、文化认同三个层次深入分析互联网时代国家形象重塑下的文化内核，"与古为新"传播逻辑下的文化传承和认同建构，以及文化折扣下的创意表达和文化自信。

关键词：文化记忆；文博类节目；国际传播；文化创意；认同建构

基金项目：此文系国家社科重大研究项目"网络与数字时代增强中华文化全球影响力的实现途径"（18ZDA311）和浙江省社科规划之江青年专项课题"文明交流互鉴视阈下全球传播新格局建构的可行性研究"（24ZJQN094Y）的阶段性成果。

一、研究背景与问题

党的二十大报告提出，要"加快构建中国话语和中国叙事体系，讲好中国故事、传播好中国声音，展现可信、可爱、可敬的中国形象。加强国际传播能力建设，全面提升国际传播效能，形成同我国综合国力和国际地位相匹配的国际话语权"[①]。而提高国际传播能力是文化资源转化的"战略枢纽"，提升国际传播能力是提升国家文化软实力的重要途径和关键环节。

---

* 作者简介：周琼，复旦大学新闻学院博士后，浙江工业大学人文学院副教授，研究方向：文化传播，网络传播，新媒体与社会；甘佳霭，浙江工业大学人文学院新闻传播学研究生，研究方向：网络传播；林媛，杭州市网络安全应急指挥保障中心助理研究员，研究方向：网络舆情、网络传播。

① 习近平：《高举中国特色社会主义伟大旗帜 为全面建设社会主义现代化国家而团结奋斗：在中国共产党第二十次全国代表大会上的报告》，北京：人民出版社，第46页。

国家"十四五"规划和 2035 年远景目标纲要中明确指出，要"传承弘扬中华优秀传统文化，加强文物古籍保护、研究、利用，强化重要文化和自然遗产、非物质文化遗产系统性保护"①。作为优秀传统文化的文化遗产承载着一个民族的文化基因,折射着 ·个民族的精神特质。中华文化的博大精深在文物身上得以复盘，文博类节目在国内的发展演变镌刻着时代的印记，其对国民文化记忆的打造能够产生强大的传播生命力。

在此背景下，以文化传承为宗旨的文博类节目成为各大卫视以及平台热衷的节目形式，涌现了一大批备受观众喜爱的文博类综艺，如《国家宝藏》《典籍里的中国》等，这些借助媒介传播的节目成为文化记忆传承的重要载体，而综艺多样化、重视观众体验的特点不仅让外国民众更易接受，来吸引其更好地了解和体验中华文化，在为跨文化传播提供了可能的同时，也为国际传播话语体系开辟了新的路径。

在新的国际传播时代，文化因素也被视为一种可以跨越国界和地区界限的流动因素，文博类节目作为打造中华文明历史文化记忆的载体，随着在互联网时代的到来，节目形态和传播效果又呈现出怎样的特点？在"与古为新"的传播逻辑下对于文化记忆的塑造和文化认同建构有何意义？文博类节目中文物作为传统文化的典型符号将对中华文明的海外文化传播带来怎样的契机？这些问题都值得我们探讨。

二、文献综述

（一）文物叙事建构文化记忆

20 世纪 20 年代，法国社会心理学家莫里斯·哈布瓦赫首次提出"集体记忆"的概念。至此，心理学中记忆的概念被引入人文社科领域，并得到充实和发展。哈布瓦赫认为，记忆是试图在过去和现在之间制造一种连续性，但是其过于重视集体记忆的存在，忽略了个人作为主体的意识和客观能动性。②随着理论的不断发展，学者诺拉对"集体记忆"进行了深入探索，提出"记忆场"的概念，他认为"记忆场"便是存在于记忆与历史之间的场域，记忆是绝对的，历史是相对的。历史是对过去事物的不完整重构，而记忆则是对生活和鲜活事物的承载，是不断发展的，其表示要在文化－社会史语境中回溯历史，探讨形塑"国民意识"的记忆之场。③

20 世纪 70 年代，德国哲学家扬·阿斯曼夫妇提出文化记忆的概念，对"集体记忆"和"社会记忆"等概念进行界定，并在此基础上认为文化记忆是"包含某特定时代、特

---

① 中华人民共和国中央人民政府:《中华人民共和国国民经济和社会发展第十四个五年规划和 2035 年远景目标纲要》，新华社，2021 年 3 月 13 日，访问网址：中国政府网。

② [法]莫里斯－哈布瓦赫，毕然，郭金华译:《论集体记忆》，上海：上海人民出版社，2002 年，第36—41 页。

③ [法]皮埃尔－诺拉著，黄艳红译:《记忆之场：法国国民意思的文化社会史》，南京：南京大学出版社，2015 年，第 3 页。

定社会所特有的、可以反复使用的文本系统、意象系统、仪式系统，其'教化'作用服务于稳定和传达那个社会的自我形象。文化记忆的核心就是记忆，它既可以被理解成一个过程，又可以被理解为一个结果，文化记忆是通过文化的形式得以延续的。文化记忆包括记忆（对过去的指涉）、文化的延续以及认同（政治想象）这三个方面"[①]。不同的个人和文化通过语言、图像和重复的仪式等方式进行交际，从而互动地建立他们的记忆（阿莱达·阿斯曼，1998）。过去不是自然而然形成的，它是文化建构和再现的结果，过去总是由特定的动机、期待、希望、目标所主导，并且依照当下的相关框架得以建构（扬·阿斯曼，1992）。

文物作为一种文化载体和文化媒介，经过时间的洗礼成为历史的见证，承载着厚重的文化记忆，在展示历史的同时，建构了集体认同，书写了文化记忆（彭松、夏梦，2019；胡玲玲，2019）。以文博类节目的视觉叙事方式将文物带到观众的面前，复刻其历史，传递中华民族几千年历史中创造和延续的中华优秀传统文化，对文化进行重新建构，是一种创新之举。

文化记忆与过去和未来均有关联，文化记忆既可借助文字表达，也可以借助仪式、神话、图像和舞蹈留存下来（林青、高秀华，2020）。文化记忆是一种被重新建构的结果，把发生在久远过去的历史事件以现时的纪念方式重新呈现（林青、高秀华，2020），它是在媒介化、再媒介化和公共领域的呈现这三者的持续互动共同创造的（阿斯特莉特·埃尔、安·瑞格妮，2021）。

中国有着独特的传统文化，独特的历史命运，独特的基本国情，注定了要走适合自己特点的道路，用歌剧艺术、纪录片、电影等具有重要社会认知、文化传播、艺术欣赏、历史资料价值的节目形式，来打造我国积极的对外形象（田闻之，2013；鞠向玲，2013；陆绍阳，2014；蔡晓，2015），而影视艺术是"讲好中国故事"的重要形式，是最能直观形象表达中国历史和现实的艺术（刘方林、郭潇颖、陈莹莹、李凌达，2016）。讲好中国文物故事，发挥好文物、博物馆作用，对于帮助人们了解中华民族的历史和文化，增强文化自信，传承和弘扬中华优秀传统文化，具有积极意义（田卉，2019）。

（二）文化记忆强化跨文化群体认同

认同（identity）一词最早源于拉丁文"idem"，主要有两层含义：一是逻辑学意义上的同一性；二是在时间跨度中所体现出来的一贯性和连续性[②]；三是使等同于；四是身份认同。社会学家韦克斯（Jeffrey Weeks）把认同定义为基于社会成员一种个人归属感，也给予个体的特征以稳固的核心。文化记忆是身份认同和文化认同的重要生成机制，然而

---

　　① [德]扬–阿斯曼：《文化记忆：早期高级文化中的文字、回忆和政治身份》，金寿福、黄晓晨译，北京：北京大学出版社，2015年，第15页。

　　② Richard Jenkins, Social Identity, London, UK: Routledge, 1996, pp.3-4

文化记忆的召唤并不是自然而然发生的，往往需要情感因素来点爆文化记忆场的引力和惯性，从而达到重构文化遗产精神价值的作用（张顺军、廖声武，2019）。

19世纪就有学者指出，即使是最完美的艺术复制品也会缺少一种成分：艺术品的即时即地性，即它在问世地点的独一无二性（瓦尔特·本雅明，1935年）。有了过去文化的记忆，这种记忆行为的结果促成了关于过去文化的呈现，由此才能形成文化的延续，也只有在文化的延续中达成社会对集体文化的认同。有了集体文化认同，共同的社会身份才能得到认同（余宏，2019）。传统文化的保护与传承可以留存集体记忆，强化集体认同，即便在迅速变迁的现代，人们所生活的物质环境发生了巨变，但是传统文化中最为根本的社会框架一直都在，这就使得人们得以共享一种集体记忆，使得传统文化表面看似"形散"，其实质仍然"神聚"（程敬华、庄龙玉，2019）。文化记忆是一个不断回忆和遗忘的过程，共同的文化记忆能够构建和塑造个人的文化身份，个人和群体在这个过程中不断重构他们与过去的关系，根据已有的或新出现的记忆场来重新定位自己（阿斯特莉特·埃尔，安·瑞格妮，2021）。与此同时，个人也可以通过文化记忆来确认自己的文化身份，形成文化认同，增强民族自信心与凝聚力（胡玲玲，2019）。

当一种文化成为其他国家或国际社会的主流文化或基本价值时，这种文化的发源国家和社会自然就获得了更大的文化"软权力"（侯立松，2012）。在全球化语境下，文化"软实力"表现为文化的对外传播能力和影响力，以国家软实力建设提升国家综合实力成为普遍共识（贺卫华、朱春阳，2019）。在建构新的传播秩序的时代，要逐步打造以中华优秀文化为引领的传播格局，消解文化隔阂，打造本土文化和外来文化共生共荣的局面。在某种意义上，文化柔性外交有助于消除"一带一路"推进中的误解、质疑甚至责难和抗议，通过文化交流和互学互鉴，使各国人民增强相互信任，增进彼此感情（范周、周洁，2017）。

跨文化传播追求不同民族和国度受众认知和态度的改变，但传播效果只能以受者准确理解传播意义为前提。对于中国当下的国际传播而言，先做到意义共享，从了解到理解，再从理解到认可，进行动态构建（陈力丹、许若溪，2017）。在跨文化传播的过程中，传者必须对受众原有认知结构、兴趣需要以及习惯有相当的了解才能有效传播，文物作为文化信息的译者也不例外（王建荣、郭海云，2010）。跨文化传播作为一种沟通和建立不同文化中人与人之间共存关系的文化交往活动，涉及各种文化符号的扩散与理解，视觉符号能够以更为直观、感性的方式消解语言和文化障碍，成为不同文化之间沟通思想和情感的重要中介（李冰玉、孙英春，2020）。

任何国家都希望通过意识形态渗透与传播来影响其他国家及地区的民众，以期达到维持民族文化的目的（石义彬、杨喆、贺程，2013）。在当下的跨文化传播中，中国文化传播者应当采取策略，应该是运用西方所熟悉的"分析性思路"和"个人主义"思想来传播中华文化（郭庆光，2011）。与此同时，不仅需要在国家内部建构民族文化的认同，更需要在与"他"文化的交流与冲突中制定和谐有序的传播战略，从而保持中华文化的优良传统。

（三）文化资源建构国际传播新路径

长期以来，西强东弱的国际传播局势让中国在对外交流过程中处于劣势地位，并且西方大国对国际传播资源的控制随着发展中国家综合实力的提升也越来越紧（李娟，2023）。党的十八大以来，我国越发重视国际传播能力建设，力求向世界展示真实、全面、立体的中国，在新方针的指导下国内传播学界也积极探索国际传播的新路径。以题材多样化著称的中国电视剧在以满足海外观众对中国的文化想象为基础带动中国价值观和文化认同（杨越明，2021）。其中仙侠剧依靠其独特的叙事主题和风格，将取材自中华优秀传统文化中的人文精神、美学、哲学进一步提高了海外受众对中国文化的认同（田雯丹、石嵩，2024）。而国产电影的"出海"也必须在文化差异的背景下建立起文化糅合的环境，避开或减弱文化折扣才能最终获得海外受众的文化认同（王秋硕，2015）。作为国产电视剧和电影在进行国际传播时是国家层面的主流叙事的有力补充，但也难免有过度娱乐化、脱离实际或者产品结构单一等问题。而社交媒体的参与性、复向传播性、圈子性和对话性等特点，能够提升国际传播的覆盖率、认同感、黏合度和亲和性，也为"李子柒"这样的非官方账号成为对外传播中国形象的重要渠道，进一步实现中国文化的国际认同感（辛静、叶倩倩，2020）。

近年来，综艺节目的全球化流通也引起了学界的注意。从早期中方媒体机构"克隆"、购买版权学习借鉴外国综艺节目形式到打造国产原创综艺节目（刘霞，2019），国产综艺节目在挑战与机遇中不断提升制作水平和原创能力，积极将中国文化融入综艺节目，把美学作为人类的共通连接点，将优秀传统文化进行现代化、国际化和通俗化的转变，从而吸引更多海外观众了解、认同中国文化（冷淞、程紫鄢，2023）。具有较高文化内涵的中国纪录片因其强烈的浓烈的政治意识形态等因素，在国际传播中面临的渠道困境（王鑫，2018）、文化折扣也令人深思（张瑶，2023）。而文博类节目，将文博资源作为表现对象进行创造性转化和创新型发展，在轻松愉悦的节目氛围中将深刻的文化内涵传递给海外观众（宋琼花，2023）。但这些学者更多的是将关注点放在综艺节目产品的生产制作或者传播路径上，忽视其传播效果是如何让海外观众产生文化认同并激起海外观众进一步了解中国文化的意愿。

目前的文化传播研究中针对文博类节目从文化记忆的研究视角相对缺乏，而文博节目无疑是打造和传播中华文化记忆的优秀载体。所以本文将深入分析以文物为载体的文博类节目在文化传播过程中发挥的作用，以及中华民族共同的文化记忆在互联网时代遇到的传播契机，来考察中华文明的记忆传播与文化认同建构。

三、从文化记忆视阈看文博类节目的海外传播

表 1 典型文博类节目一览表

节目名称	传播时间	传播渠道	传播内容	传播方式	传播特点	传播数据
《我在故宫修文物》第三集：书画的修复、临摹和摹印	2017 年	YouTube 央视纪录片频道	重点记录故宫书画等稀世珍奇文物的修复过程和修复者的生活故事	注重对人物细节的挖掘，通过纪录片对匠人精神进行情感传递	通过文物修复的过程，使人了解古人的精湛工艺，展示文物背后凝聚的汗水与智慧	YouTube 观看次数 20 万次
《从长安到罗马》	2020 年	YouTube 央视纪录片频道	中国和意大利导演联合打造的综艺式纪录片，将镜头在中国西安市和意大利首都罗马两座古城之间横向切换	结合历史文物、古迹，展现人类历史不同文明兼容并蓄、交流互鉴的巨幅画卷	采用"双城记"的结构，通过对比、追问发现不同与大同。	YouTube 观看次数 10 万次
《国家宝藏》第一季《万岁通天贴》	2019 年	YouTube 中国自媒体"第艺流"个人频道	央视与九大博物馆合作，梳理中华文化宝库中的文物，明星演绎文物背后的故事与历史	融合运用纪录片和综艺两种创作手法，以文化的内核、综艺的外壳、纪录的气质，创造全新的表达	打破固有思路，以情景剧的话语体系、年轻人喜欢的讲述方式	YouTube 观看次数 26 万次
《如果国宝会说话》之立狮宝花纹锦—大唐新样	2022 年	YouTube CGTN 频道	通过一集 5 分钟的时间讲述唐代晚期织锦纹样这件文物，介绍国宝背后的中国精神、审美和价值观，使人感受到唐代辉煌灿烂的文化	用通俗易懂的语言，先进科技呈现手法，以融媒体传播，让文物"活"起来	时长短，接地气，适合短视频传播，生动好玩的科普纪录片穿越历史时空	YouTube 观看次数 1479 万次
《中国的宝藏》	2019 年（英）2020 年（中）	BBC、YouTube CGTN 频道	英国 BBC 艺术节目主持人阿拉斯泰尔·苏克寻访中国各大博物馆了解文物背后的故事，以及传统文化在现代中国的传承	以国际合作方式，力求精品化、国际化、时尚化、年轻态，孵化具有全球影响力的纪录片精品	画面流畅，内容有吸引力，品质专业精良，直观展示中国文物的美与独特	全球 200 多个国家和地区的 4.65 亿户观看

续表

节目名称	传播时间	传播渠道	传播内容	传播方式	传播特点	传播数据
《登场了！敦煌》	2020年	YouTube爱奇艺频道	国内一档聚焦敦煌的原创人文探索类节目，不同维度全面发掘解读大敦煌的多元与丰富	节目结合纪实与真人秀拍摄手段，数位嘉宾一起探索敦煌千年文化	节目通过音乐、美食、艺术、飞天、匠心、运动、潮流、风俗、边塞、文书这十个维度，全面探索并致敬敦煌	YouTube单集观看次数3.8万次
《典籍里的中国》第六集《孙子兵法》	2021年	YouTube CGTN频道	通过历史再现和专家解读，深入探讨了《孙子兵法》的历史背景、作者孙武的生平以及这部典籍对后世的影响	节目针对新媒体平台进行深度开发，设计网络衍生综艺、短视频、新媒体互动产品等，实现大小屏联动的"叠加刷屏"	节目利用环幕投屏、AR、实时跟踪等舞台技术，展现千年历史中经典书籍的诞生源起和流转传承	YouTube观看次数15万次
《典籍里的中国》第五集《论语》	2021年	YouTube CGTN频道	讲述孔子和其弟子的故事，生动地展现了《论语》中贯穿始终的"仁"的思想，致敬这位万世师表的思想之光，让书写在典籍里的文字"活"起来	以"文化节目＋戏剧＋影视化"的方式，展现典籍里蕴含的中国智慧、中国精神和中国价值	节目在舞美、服装、道具、表演上呈现出电影级质感，在镜头前与古人进行思想的碰撞和对话	YouTube观看次数1万次

（一）文化记忆：互联网时代国家形象重塑下的文化内核

文博类节目将国人的传统文化记忆融入综艺的节目形式中，让文物不再尘封于博物馆内仅供参观，而是铭记于华人心中。文博类综艺节目，作为目前年轻人喜闻乐见的传播方式，通过全球传播平台，以文化综艺的形式走出国门，走向世界，以期得到海外各国的文化认同以及海外受众的共鸣。《国家宝藏》"文物＋综艺＋纪录"的方式真正让中华民族灿烂悠久的文化遗产活起来，并成为每一个中国人的文化自信之源。[①] 该节目内容立足传统文化传递、弘扬民族精神品格，在洞悉观众收视需求的情况下，为观众呈现一场极具中国特色的文化盛宴。节目以国家重器"文物"作为传输对象，首先由馆藏馆主

———————

① 孙静：《〈国家宝藏〉：文博综艺类节目的新标杆》，《中国广播电视学刊》2018年第5期。

向观众介绍国宝的基本情况，富有仪式感的介绍方式增添了国宝的分量，这些国宝中蕴含着几千年的历史，包含着民众对时代的记忆。随着节目组安排演员演绎国宝的前生今世，时代的记忆通过再现的形式重新呈现在观众面前。在《国家宝藏》对外传播过程中，有一个值得注意的现象：央视官方账号 CCTV 中文在 YouTube 上上传的《国家宝藏》系列片的播放量相对较少，但 YouTube 平台的自媒体账号上传的该文博节目的视频却获得了较高的观看量。这也许印证了国际传播中，带有强烈意识形态的媒体并不总是能够直接获得海外观众的青睐，而自媒体平台因其灵活性和亲和力，可能更易于吸引国际观众的关注。

相较于《国家宝藏》节目对国宝的演绎，《典籍里的中国》则是选择了另一种表现方式，带领观众走进极具中式哲学和文化的神秘的历史文化典籍，以独特的叙事手法，将观众带入一个充满东方哲学和文化的世界。节目通过戏剧化的演绎和影视化的表现，让古籍中的故事和智慧穿越时空，与现代观众产生共鸣。通过"古今对话"的形式，节目构建了一个跨越时空的交流平台，让古代智者的思想与现代观众直接对话，展现了中华文化的连续性和深远影响。据悉《典籍里的中国》自 2021 年 3 月被上传 YouTube 后，近一个月时间观看量破 2.5 亿次①，这进一步证明了中国传统文化节目在国际传播中的巨大潜力和影响力。

此外《典籍里的中国》在 YouTube 平台上的单集观看量差异也十分明显。其中《孙子兵法》的观看量有 15 万次，《论语》《道德经》观看量只有 3 万至 4 万次，《尚书》观看量为 1.6 万次，《徐霞客游记》只有 5584 次。由此可见在对外传播过程中，典籍本身的知名度是影响改编节目传播量的重要因素之一。换言之，那些在全球文化记忆中具有较高知名度的典籍，如《孙子兵法》自 18 世纪逐渐流传至欧美国家②，是国外知名度最高的中国典籍之一，拥有较大范围的文化认知和群体集体记忆，因此由其改编的影视作品更容易吸引海外观众的注意力，从而获得较高的观看量。相对而言，那些在国际文化场域中知名度较低的典籍，如《徐霞客游记》，其节目的观看量则相对较少。这表明，文化产品主题的普及程度和国际认知度在很大程度上决定了典籍类节目的国际传播效果。因此，为了提升历史典籍相关的文化产品的国际影响力，可以采取更具针对性的传播策略，如增加背景介绍、文化解读和创新演绎，以播种、激活和传承这些优秀传统文化记忆，使其在全球范围内得到更广泛的关注和认可。

国家形象是在国与国之间相互建构的过程中形成的，人们对他国国家形象的认知是建立在对本国国家形象的认知基础上。③当"他塑"的形象在国外受众心中占据主导地位时，传播的隔阂也就显而易见。在国际传播语境下，中国面临着西方国家掌握媒介话语

---

① 慎海雄：《我们为什么要策划〈典籍里的中国〉》，《求是》2021 年第 5 期。
② 朱中博：《主孰有道：〈武经七书〉与中国古代大战略》，《孙子研究》2024 年第 3 期。
③ 匡洁：《论刻板印象与电影中的国家形象建构》，《电影文学》2014 年第 22 期。

权以及国家形象长期处于被动"他塑"的窘境，纪录片作为大众叙事媒介所蕴含中国梦的叙事话语，对于国内本土受众的民族凝聚力与自豪感，以及异域国家受众对于中国梦的评价与全球想象的海外跨文化传播具有新闻传播媒介、文字印刷、对外宣传所无法实现的说服传播效应。①中国传统文化若想广泛传播，仅仅单凭中国的一己之力难以达成。中国目前正处在转型期的重要历史阶段，因此，要全面认知和准确定位优秀传统文化，在适应时代发展的基础上，采用现代化的方式对我国的传统文化进行创新性的诠释。

目前，中国在世界秩序治理体系中的地位在不断提升，这就意味着不仅要突破国家的文化软实力，积极重塑国家形象，同时还要把中国在文化上的优势发挥出来，为世界文化治理贡献中国路径和东方智慧。中华文化如何走出去，最具可操作的是制作精良的具有历史价值的文化产品走出去。若想让中华优秀传统文化成为重塑国家形象的助力，应尽可能地让中国文化的内在精神力量和基本价值观获得海外受众的认可。文化是中国软实力的底蕴，也是最坚韧和强大的力量，而打造具有普遍价值和情感共鸣的文化记忆是重塑国家形象的文化内核。优秀的传统文化在新媒体时代更需要进行积极的弘扬和发展，要改变传统的文化输出形式，就要创新表达手段，文博类节目所进行的叙述方式的转变就是一种创新的尝试，用具有文化价值的产品来塑造全球观众的文化记忆，实现跨越种族、地域、时空的文化认同。全球化与本土化、传统与现代之间的"自我"与"他者"矛盾并非不可调和，共鉴、共融才是中国文化发展的主要途径。②

美国未来学家托夫勒认为，在当今世界，知识的控制是明日世界争夺权力的焦点，谁的文化成为世界主流文化，谁就是国际权力斗争中的赢家。③只有积极重塑国家形象，提升国家整体文化软实力，使文博类节目能够葆有持续发展的支撑力量，海外受众才能有契机感受中华文化的魅力，并通过各种媒介渠道、社交平台去寻求、探索、解密中华文化的东方神韵。在全球文化思潮的作用下，在全球的共享意义上诠释中华文明，并采用有创意的文化输出和传播的方式，让全世界对中华传统文化有更好的解读和认可，才能最终实现以文化引领的愿景。

（二）文化延续："与古为新"传播逻辑下的文化传承和认同建构

"与古为新"是文学上的通用概念，"古"作为一种典范，隐含了"德行"与"高贵"，代表着一种价值观念，是中国古代政治治理、文化意识形态合法性与正统性汲取的来源。从古代衍生发展而来的中华优秀传统文化，蕴含着世界观、伦理观、价值观、人生观等意识形态，代表了中国古人面对生存时代、处理历史经验与集体记忆的一种观念与态度。在文化浪潮的冲击下，公众面对来自千百年前的文物和历史风貌，久远的时间与背景知

① 沈悦、孙宝国：《"一带一路"视阈下中国梦的多维建构与全球想象——以纪录片跨文化传播为视角》，《云南社会科学》2019年第2期。

② 晏青：《中国文化全球传播的媒介逻辑与社交融入创新》，《南京社会科学》2019年第7期。

③ 沈壮海：《软文化真实力——为什么要提高国家文化软实力》，北京：人民出版社，2008年，第6页。

识的缺失，带来疏离感与陌生感，成为其文化传承和集体认同的沟壑。

　　由此，"与古为新"的传播逻辑是在继承和发扬传统文化的基础上，结合中国式现代化的文化需求和审美观念，进行创新和发展，以适应时代的变化和更替。变通转换的整个过程称之为"转译"，这种转译不是简单的信息传递，而是通过对历史文物或风俗的解构性阐释，搭建公众与传统文化具象化呈现的桥梁。本文探讨的文博类节目的创新，无疑是历史传承借助媒介进行现代性转译的方式之一。文脉贯通，斯文在兹，通过深入浸润历史和文化，公众才能更深化民族身份和集体认同，构建共同的文化记忆。

　　文博类综艺节目在 2017 年底以《国家宝藏》为起点形成井喷式增长，《国家宝藏》和《典籍里的中国》作为文博类节目的突出代表，在文化延续传承方面发挥着不可替代的作用。《国家宝藏》节目不仅只是国宝的大型推荐会，更是将国宝与当下的现实生活联系起来。在今生故事的模块，其宗旨就是守护与传承，节目会邀请素人嘉宾，譬如民警、文物工作者、科技工作者等，虽然他们是普通人，但是却与国宝紧密相连。文化的传承看似是一个很宽泛的概念，但其实践却与每个个体息息相关，这不仅仅是国家的战略计划，而应根深蒂固存于每个国人心中而得以传承。

　　《国家宝藏》秉持初衷，将国宝情感化地融入综艺的仪式场域中，在现场设置宣誓仪式环节，增加文化的仪式感，营造庄严的氛围，将文化内核上升到新的高度。电视以及社交媒体平台的数字化传播，让观众在电子荧屏上直接接触国家宝藏，从而增加观众的凝聚力和文化认同感，使观众深刻体会到传承中华优秀传统文化的责任和历史使命。仪式传播并不是为了传递信息，而是为了传递一种特定的情感，是对"想象的共同体的建构"①，《国家宝藏》节目在仪式感的建构过程中实现文化的延续。

　　《国家宝藏》更加注重文物的普及，而《典籍里的中国》则侧重于在文化深度上的挖掘。

　　《典籍里的中国》每集以一部中华典籍为线索贯穿全场，借以全方位、多角度、舞台式的表演，让典籍中的文字活起来，着力展示中华典籍的美学价值和现实意义，节目综合运用环幕投屏、增强现实（AR）、实时跟踪等新科技手段，呈现出典籍里的哲学思想，更挖掘典籍富含的时代精神，生动演绎了中华典籍精华的源远流长。

　　衡量文博类节目是否成功，一要看能否发挥出社会教育价值，提升受众文化历史内涵以及民族凝聚力；二是重视其商业价值，让这类节目得到持续发展。不断迭代的媒介技术为节目的海外传播提供了全新的媒介渠道和信息载体，互联网成为宣传节目的最佳途径，社交化的传播更容易受到赞助商青睐，提高节目的附加价值，使节目得到更长远的发展，让文化记忆得以延续。目前，我国的文化产业正欣欣向荣，不仅要提高文化产品的品质，更要注重文化产品的内涵和品位，文化产业需要推陈出新，创意为佳，通过

---

　　①　张兵娟：《全球化时代：传播、现代性与认同》，北京：中国广播电视出版社，2010 年，第 75 页。

富含中国元素的文艺作品的记录、传播和传承，成就中华民族独有的精神气质。

文化创意团队在提高节目质量的同时，也可以开发相关的衍生品以获得经济效益。文博类节目的文创产品可以通过各种海外平台销售，文创产品的售卖、评价、流通等也能够促进文化的多层次传播。通过网络营销等手段来实现文化的跨区域传播，以文物周边产品为载体来促进文化的延续。台北故宫博物院文创是文创产业的优秀代表，在对市场进行精准定位的基础上推出一系列文创产品，将文物所蕴含的文化内涵与商业相结合，延续文化记忆。如台北故宫博物院推出的"朕知道了"系列胶带文化创意产品，在趣味中展现康熙的帝王形象，而这四个字的提炼是创作者从 15.8 万余件工作密档朱批中认真遴选出来，这是对传统文化的二次创作，展现了独特的艺术创作思维。国内的"故宫淘宝"利用文物元素也是做得风生水起。

文创产品是建立在对传统文化深入挖掘的基础上，在此过程中传统文化被赋予了成为产品传播的可能，在商业与艺术的完美结合中得以延续发展。文博类的电视综艺节目衍生品的开发，对文博类综艺节目走进受众群体具有重要意义。但是节目是否能够实现观众和消费者之间角色的转化，关键在于节目的情感积累以及衍生品能否符合观众的喜好，能否以其需求为基础来开发节目周边及衍生品。2018 年年末，《国家宝藏》开设天猫官方旗舰店，发布了十余款国宝 IP 文创新品，产品立足于传统文化，同时具有艺术设计感，精致且富有文化内涵。

此外，2018 年 5 月，故宫和腾讯地图合作推出"玩转故宫"小程序，以轻应用玩转大故宫，以新方式连接新公众，这也是故宫博物院文化传播的新探索。2019 年 9 月，故宫博物院与腾讯共同签署深化战略合作协议，未来三年双方将聚焦科技应用与学术创新，通过"数字化 + 云化 +AI 化"，在文物数字化采集与文化研究等领域开展"数字故宫"建设，通过技术化的手段吸引更多的年轻人，将游戏融入传统文化的交流互动之中，巧妙实现文化的延续发展，加深全民文化记忆的形成。中华优秀传统文化的发展必须立足于一条完善的文化产业链，只有这样，文化才能得到长久有效的传承和发展，这也是文化出海的必备之策。

（三）文化认同：文化折扣下的创意表达和文化自信

"文化折扣"的概念在普通经济学中是指在确定娱乐产品的经济价值时必须被考虑到的文化差异因素。[①] 文化折扣（culture- discount）的概念首次出现，是被希尔曼·埃格伯特用于指向少数派语言和文化版图的文化特性的保护中，认为这些少数派语言和文化版图应当得到更多的关注。1988 年，"文化折扣"这一概念被加拿大学者霍斯金斯和米卢斯运用于影视节目贸易研究中，认为电视节目、电影或录像之所以在国内市场能够吸引大量观众，是因为其中包含的风格、价值观、信仰、历史、神话、社会制度、自然环境和

---

① 薛华：《中美电影贸易中的文化折扣研究》，北京：中国传媒大学，2009 年。

行为模式与本国观众的文化取向相同。[①] 每一种文化产品都植根于特定的文化背景，跨文化传播过程由于受传者的认知不同所产生的文化隔阂使得信息传授的有效性大大降低。

从跨文化传播视角来看，导致"文化折扣"的因素繁多，主要集中于文化价值观、文化背景、语言几个维度。相较而言，文博类节目对于打破文化折扣现象进行了创新尝试。文化的创意性传播的目的是通过塑造国内外受众的集体记忆，从而在传统文化的传播中建构文化记忆，通过文化记忆唤起文化共同体的价值认同，是文博类节目基本的内容支撑与文化载体。

在新的技术加持下，社交媒体在传播传统文化方面可谓不断出彩。在 2018 年 5 月 18 日国际博物馆日，中国国家博物馆、湖南省博物馆、南京博物院、陕西历史博物馆、浙江省博物馆、山西博物院、广东省博物馆共七家国家一级博物馆集体入驻抖音，并合作推出"博物馆抖音创意视频大赛"。其中《第一届文物戏精大会》由抖音联合七大国家一级博物馆共同策划推出，抖音通过技术手段将"98K电眼""拍灰舞""千人千面"等备受年轻用户欢迎的流行元素与国宝进行有机融合，进行拟人化的重新演绎，让原本静止在展台上的七大博物馆镇馆之宝"动起来"。据统计该视频累计播放量突破 1.18 亿，点赞量达 650 万，分享数超过 17 万。这次抖音与博物馆的合作，是传统文化在技术加持下与社交媒体之间的融合创新之举，既提高文物的认知度和普及度，又对文化记忆的传承具有重要意义。

《如果国宝会说话》中将文物用通俗易懂的语言与观众平等对话，运用先进的科技呈现手法，如环幕投屏、增强现实（AR）、实时跟踪等，让文物"活"起来，走进大众视野。节目的短时长和接地气的特点，非常适合碎片时间观看，使得科普变得生动有趣，带领观众穿越历史时空。在第三季的第八集讲述的是从宁夏固原南北朝时期的墓葬中发掘而出的鎏金银壶，其遍布壶身的异域特征和刻画其上的希腊神话故事，成为丝绸之路贸易往来和文化交流的信息载体，展现了中华文明与世界文明的交融。讲述文物背后的故事，激活了海外观众的文化记忆，使海外观众达到情感共鸣。节目的跨文化传播策略，结合了传统文化与现代技术的融合创新，提高了文物的认知度和普及度，对文化记忆的传承具有重要意义。这样的节目不仅让文物中的文化元素在当代社会中得以复活，也为全球观众提供了一个了解和感受中华文化的窗口，实现了文化记忆的传承与传播，增强了不同文化之间的交流和理解。

《国家宝藏》节目利用"文物"这个符号载体，承载着炎黄子孙共同的历史记忆，通过文化综艺节目的形式呈现在观众面前，将节目与中国的匠人精神以及当代民族价值巧妙融合，场景再现的情景剧可以让海外观众消解掉语言的障碍，在动态的演绎过程中体

---

① [澳]考林·霍斯金斯，刘丰海、张慧宇译：《全球电视和电影产业经济学导论》，北京：新华出版社，2004 年，第 45 页。

会源远流长的中华文明，惊叹于悠久的文化历史，从而在拥有文化记忆的基础上实现文化认同。

2018年，《国家宝藏》受邀参加戛纳电视节，并推介了一系列的海外版权，得到了海外媒体的关注。并和恩德莫尚集团达成合作协议，共同打造节目国际版。2019年，《国家宝藏》节目组和BBC世界新闻频道合作，推出纪录片《中国的宝藏》，透过文物，以国际视角讲述现代中国和国人生活。在这两大国际媒体巨头的助力下，中华历史文化底蕴和艺术之美走向更广阔的舞台。该节目的海外传播让世界震惊于中国深厚文化和宝贵文物，借力BBC国际传媒平台，中国的传统文化能够更为广泛地传播，激发世界各地民众对既古老又现代的中国的兴趣。全球观众都可以通过节目了解中国，以文物牵线搭桥，激发海外受众对中华大地的向往，产生对中国的文化认同感。在节目播出后，索福瑞媒介研究有限责任公司对美国、澳大利亚和印度三个国家的观众进行了调查，调查结果显示有近九成的观众表示"我很喜欢纪录片《中国的宝藏》"，最为认同的观点是"直观展示了中国文物的美与独特"和"深入展现了中国历史文化的博大精深"。观众对"画面清晰流畅""内容有吸引力""制作品质专业精良"尤为称赞，高达96%看过节目的观众表示非常愿意把它推荐给朋友。

《从长安到罗马》由中国和意大利联合打造的纪录片，采用"双城记"的结构，将镜头聚焦在长安（丝绸之路的起点）和罗马（丝绸之路的终点）这两座古城，叙事方式不仅从中华民族的根源文化出发，而且从国际视野聚焦中华文明与中国文化，把中国故事与世界故事放在一起讲述，内容题材、观察视角的创新，提升了文博类节目的丰富性和新颖性，提升了跨文化传播的普适性，其中也蕴含了文化传播的自信。

中国在跨文化传播中做出诸多努力，如最初的国家广告、宣传片、影视文化作品，以及"一带一路"倡议背景下文化输出。但是由于各国受众之间的文化差异，"文化折扣"的现象依然存在。在跨文化传播中，受众个人在秉承个人价值观的基础上引领更多海外受众感受中国传统文化精华，使得在不同文化场域下的受众共同感受到的美好与温情，消除制度化传播带来的抵触心理，以愉悦轻松的方式实现文化认同。

五、结语

中华上下五千年的优秀传统文化积淀着中华民族最深层的精神追求，代表着中华民族独特的精神标识，成为我国文化输出的重要组成部分，对于塑造全民文化记忆，形成全球文化认同具有实践意义。2013年，国家领导人提出共建人类命运共同体的伟大实践，在共建、共商、共享的原则下，文化外交成为不可或缺的存在。每一种文明都延续着一个国家和民族的精神血脉，既需要薪火相传、代代守护，更需要与时俱进、勇于创新。

对于我国国民来说，文化自信，是更基础、更广泛、更深厚的自信。文化自信的实现离不开对于优秀传统文化的传播，而文博类节目作为文化记忆形成的重要载体，成为近几年广受关注的综艺形式。目前这种类型的节目是以大众传播的形式进行广泛传播，这种去差别的受众传播主要为了提升民族自信心和认同感以及教育大众。而对于节目的海外传播对象而言，传播内容不仅需要满足受众的收视期待和收视心理，还需要通过节目的文化传输激起他们参与到文化记忆形成的过程中。受众细分日渐明显，由于受众不同的文化背景、社会环境、生活方式，形成了不同的观影和接受习惯，所以我国文博类节目的传播要因地制宜，根据受众的需求进行节目整合传播，进行有差别的产品设计，以达到理想的传播效果。

文博类节目通过挖掘优秀传统文化的文化基因，借助新媒体手段实现再媒介化，将文物所带有的私人情感上升到以供流传的标准，以影像化的手段将个人的力量汇集成集体的力量，将时代记忆升华为中华民族的文化记忆，唤起每位中国人乃至全球华人的民族记忆，激发对于传统文化的尊崇感和敬畏感，进而上升为对中华民族的好感和认同感。以文化软实力作为中华民族伟大复兴的基础，在全球化的进程中，不断提升中国文化的影响力和地位，积极争取话语权和民族认同，让世界主导文化中有中国文化的位置，不断提升中国文化的全球影响力。

作为文化输出的节目类型，推动中华文明创造性转化和创新性发展也很关键。创作主体需要激活优秀传统文化的生命力，把跨越时空、超越国度、富有永恒魅力、具有当代价值的文化精神弘扬起来，让收藏在博物馆里的文物、陈列在广阔大地上的遗产、书写在古籍里的文字都活起来，让中华文明同世界各国人民创造的丰富多彩的文明一道，为人类提供正确的精神指引和强大的精神动力。总之，传统的单向文化内容的输出已经难以引起全球观众的兴趣，顺应时势转换传播形式、打造新型的文化传播模式，将成为文化柔性外交的手段，文博类节目也将在这一过程中发挥更多的作用。

文明冲突与自我拯救：电视剧《三体》中的科幻与现实

刘雪姣 *

（浙江师范大学人文学院，浙江金华，321004）

摘　要： 电视剧《三体》凭借扎实的"硬核科幻"故事内容以及精妙的艺术表达形式，成为 21 世纪以来我国科幻题材电视剧创作的里程碑式作品。该剧以宏观视野下的宇宙文明冲突以及人类在危急时刻的自我拯救为叙事框架，以科学幻想的超越性与现实性为精神内核，彰显出中国科幻作品的文化价值。这种带有普遍性价值的宏大主题，也为中国故事跨越国界、在世界范围内寻求受众口味的最大公约数提供了绝佳的载体和契机。文章梳理了 21 世纪以来我国科幻题材电视剧创作的基本发展脉络，将《三体》的突破性放置在上述脉络中加以定位，从而对其艺术地位有更为清晰的认识。

关键词：《三体》；科幻剧；文明冲突；人类命运共同体

改编自刘慈欣同名科幻小说的电视剧《三体》于 2023 年 1 月 15 日在央视八套和腾讯视频同步播出。该剧以 20 世纪六七十年代我国特殊历史时期的人物故事为切入点，从遭遇历史磨难的科学家叶文洁在"红岸基地"试图引来"三体"文明改造人类文明的"地球往事"出发，讲述了地外文明"三体"在得知地球坐标之后试图入侵地球，并通过扰乱地球基础科学研究的方式阻止地球科技的发展，继而引发科学界的恐慌动荡，人类科学家以及政府力量带领全人类协同应对"三体危机"的故事。该剧通过一系列悬疑叙事将原著中的细节串联起来，运用影视技术将文字中的想象化虚为实，借助无处不在的危机感不断回应着关于宇宙的宏大叙事。

从 21 世纪以来我国科幻题材电视剧创作的发展历程来看，早在 21 世纪初，科幻题材电视剧《AI 特警队》（2005）就对人工智能的应用及其社会影响进行了较为深入的探讨，该剧融合了网络虚拟世界和人工智能技术等元素，故事围绕虚拟世界和现实世界两个维度展开，对未来人类社会在科技高度发达的时代背景下可能会面对的种种问题进行了深刻思考。2015 年集中出现了一批较有深度的科幻剧集，如《我是机器人》（2015）、

---

　　* 作者简介：刘雪姣，文学博士，浙江师范大学人文学院博士后，研究方向：电视剧叙事艺术研究。

《隐秘动机》（2015）、《天才J》（2015）、《掩体》（2015）等。2015年后，国产科幻题材电视剧创作开始走下坡路，随后出现的一些相关题材剧集大多借"科幻"的外壳讲述传统题材的故事内容。近几年，国产科幻剧创作融合了人工智能的相关元素，在剧情设定上有所突破，表现出对当下科技发展可能产生的负面影响的深刻思考，如《你好，安怡》（2021）探讨了拥有人类情感的"芯机人"流入市场之后所引发的社会危机，虽然缺乏"硬核"的科幻剧情，但其落脚点却并不狭隘，背后隐含着创作者对人类命运的严肃思考。从上述简单回顾中可以发现，相比于其他题材电视剧创作而言，21世纪以来我国在科幻题材剧创作方面可谓乏善可陈，构成了我国电视剧创作领域的短板。剧版《三体》的出现打破了这种局面，很大程度上弥补了上述短板，并且为我国电视剧拓展国际市场提供了具有竞争力的新类型。

一、宏观视野下的宇宙文明冲突

如果说以往的国产科幻题材电视剧作品大多将叙事的核心放置在中国本土空间范畴（包括地理空间和文化空间）之内，借"科幻"的外衣探讨人伦道德与社会问题的话，那么，《三体》则聚焦"人类命运共同体"在面临地外文明威胁时的末日景象，在此基础上构建起极为宏观的叙事框架，并且触及了多个方面的现实议题。

从人类与宇宙关系的角度来看，《三体》是一部典型的以"人类命运共同体"为主题的电视剧。具体而言，该剧通过对人类命运的前瞻以及对人与自然环境之间关系的反思，表达了对当前人类社会所面临的新挑战的深刻思考。例如，资源枯竭、环境污染、核战争威胁等问题日益凸显，这些都促使对时代社会有着敏感意识的人文知识分子开始思考人类社会所面临的共同挑战，以及如何克服这些挑战。

从剧情设定上来看，叶文洁坚信科技高度发达的文明必然会产生与之相应的社会道德风尚，因此，她坚定地认为让三体文明改造人类文明是有助于人类社会发展的"正义之举"。而科学家汪淼与警察史强联合对抗"科学边界"组织的行为，则凸显出知识分子与国家政权联合起来共同对抗异质文明的现实意义，由此引申出剧中对"落后文明"如何与"先进文明"进行对话的思考。事实上，"落后文明"的真正问题不在于科学技术的差距，而在于"落后文明"对自身历史和传统有无信心，以及有没有追赶"先进文明"的决心和能力。随着剧情的发展，当"拯救派"得知三体文明的真相后，他们原先设想的美好未来随之破灭，他们面对的"是一个比人类文明的'普世标准'更为野蛮和集权、为了生存空间可以毫不犹豫毁灭其他文明的文明"。

在现代人类文明是否值得守护和完善这个根本问题上，汪淼与"科学边界"成员之间产生的矛盾分歧使这一问题得以具体化。说到底，导致人类文明危机的根本原因并不在于三体文明的威胁，而在于人类文明自身内部力量的分裂。汪淼与叶文洁最大的区别并不在于他们对待"科学"与"文明"的态度方面，而在于他们所处的时代环境的不同。

这也构成了该剧最有意味的设定之一。换言之，《三体》中不同力量群体所面对的问题并非那么虚无缥缈，而是紧紧根植于具体的人类历史进程之中。在这个意义上，所谓的"三体文明"更像是人类反观自身的一面镜子，借以映照出人类文明的问题所在。例如，地球三体组织成员之间在对待三体文明和人类文明之间关系方面存在的巨大分歧，也让人看到了人类社会内部的分裂，伊文斯和潘寒等降临派成员将个人对于人类文明的绝望情绪改头换面伪装成"主"的意志，便十分典型地说明了这一点。因此，从某种程度上来说，《三体》所展现的其实是以科幻寓言的形式来表达政治哲学观念的具体样本，是对现代性危机的深刻诠释。

20世纪中期以前，在西方思想文化领域占统治地位的仍然是文艺复兴影响下的人文主义，它是洛克、笛卡尔以及康德等古典主义哲学家所建立起理性主义思想的核心，认为人是一个有灵魂的、理性的先验主体。自此以后，后现代主义思潮在二战后逐渐形成波澜壮阔之势，在阿尔都塞、拉康、德里达、福柯等后现代学者的影响下，人文主义思想受到强烈冲击，他们不再认为人是先验主体，而是一个被建构起来的主体。换言之，人在科技力量的帮助下逐渐增强自身的能力，与此相应，个体与自我、他人、世界的关系也随之发生变化，"人"的意义逐渐与科技力量（广义）的发展发生密切关联[①]。在这个意义上，"科幻影视正是以直观生动的视觉形象，将未来想象直接地呈现给大众，从而给大众以生动的后人类体验。可以说，科幻影视为思考后人类状况提供了最为直接的经验资源"[②]。

从艺术价值来看，任何科幻作品无疑带有特定的文化价值形态，但严肃、成熟的科幻思维却具有超越国界的属性，它体现出人类智慧的独特魅力，它既可以引领人类文明向更广阔的宇宙深处探索未知的世界，也可以从宇宙的高度俯瞰人类文明自身的问题。就此而言，"科幻电视剧应该具有预见性，它所表现的内容，应该是人类科学实践所未曾达到的领域，但又是在目前科学条件的基础上所做的合理推断与假设，在未来有成为现实的可能。这样，才能给人以震撼与启迪，激发人们去进行新的探索"[③]。

二、危急时刻的自我拯救

一部优秀的科幻影视作品会激发观众不断思考影像背后所暗含的对于现实生活的种种启示，在其超越性想象中完成对"异世界"的建构，归根结底仍然是对人类文明未来发展方向的理解。在这个意义上，科幻影视作品的现实关怀所展现出的是一种更为宏观、

① Ihab Hassan.Prometheus as Performer:Toward a Posthumanist Culture? In The Georgia Review，Vol.31，No.4(Winter 1977)，p.843. Robert Pepperell.The Posthuman Condition:Consciousness beyond the brain.Exeter:Intellect Books.1995,p.176.

② 高丽燕：《后人类影像中的身心关系及其反思》，《当代电影》2018年第12期。

③ 张智华：《论科幻剧的主要叙事特征》，《电视研究》2006年第11期。

更为深刻的批判性反思，它使我们能够从人类文明以外的视角反观自身所面临的困境，从而获得一种超越性的批判视野，以此作为在危急时刻进行自我拯救并推动人类文明进步的独特方式。

匈牙利哲学家、文学批评家卢卡奇在论述古希腊的时代文化特征时使用了"史诗"这一概念，他认为，在古希腊史诗时代，人和世界是统一的整体，生活和本质是同一的概念，那个时代所产生的史诗都是"从自身出发去塑造完整生活总体的形态"，其描写对象"并不是个人的命运，而是共同体的命运"[①]。借用这一论述方式，电视剧《三体》所展现出的正是这样一种"史诗性的宏大叙事"，它超越了特定种族、宗教和文化区隔，从"整体性"角度出发探讨了人类命运在危急时刻何去何从的大问题。

在科幻剧创作中，几乎所有的作品都试图在当下与未来之间建立起有机关联，创作者通常会将主人公与其他重要人物放置在极端的生存处境中加以塑造，以此作为考验人性与价值抉择的绝佳方式。如在面临外星人入侵的危急关头，究竟采取何种应对措施，便可以反映出人物在关键时刻的人性善恶与思想层次。换言之，"科幻作品同样需要体现人文关怀，也比现实题材电影更适合进行具有假定性的'人性实验'"[②]。这些作品使读者/观众在认识到人类自身局限性的同时，重建生存下去的信心和勇气，才是科幻文学与科幻题材电视剧作品的当代价值所在。从剧中众多高级知识分子对人类文明的悲观与绝望态度上可以看出，该剧将批判的焦点指向人类文明中存在的种种不合理现象，正是这些丑陋之处，在全球范围内引发了普遍的悲观情绪。显然，电视剧《三体》所要传达的并非狭隘的民族主义思想，它所展现的是全人类共同面临的问题。

相比三体人"思考＝言词"的"透明"思维方式，地球人战胜三体人的关键之处在于，地球人悠久的谋略历史和文化成为地球人在面对科技领先的三体人时唯一可以与之抗衡的力量。从这个设定来看，作者站在宇宙文明不同形态的角度思考了科技进步与文明特点的关系问题，其中透露出对"唯科技主义"思维模式的批判意识，同时也使我们看到人类文明的特殊性所在，这中间所渗透的人文关怀与宗教意识是显而易见的。叶文洁等人在经历过一系列斗争与矛盾冲突之后，在对待三体文明的态度上逐渐趋于一致，他们认识到科技的发达并不必然产生文明的进步，也不意味着道德水准的提高，社会精英同样无权用自己的道德标准去要求和支配全体人民的生死存亡，而科学家自身所坚持的价值判断有时也可能只是少数人的见解。

这里不得不引入对史强这一人物形象的分析。表面上来看，他是个粗鄙无文的野蛮警察，在文质彬彬的汪淼面前显得尤为粗野，但实际上，他身上所体现出的顽强的生命意志和朴素的生存智慧不仅在关键时刻挽救了精神崩溃的汪淼，而且在摧毁地球三体组

---

① [匈]卢卡奇:《小说理论》，燕宏远译，北京：商务印书馆，2013年，第59页。

② 万蒂妮、包磊:《国产科幻影视改编误区刍议——以〈三体〉的"第一次触电"失败为例》，《上海广播电视研究》2021年第3期。

织的过程中起到了关键作用。在这里，史强所代表的显然是扎根人类社会历史演进过程中的文化力量，一句"邪乎到家必有鬼"道出了至简大道，也让迷失在科学推理世界中的汪淼重新获得打开局面的灵感。再如，史强为了缓解汪淼的焦虑不安，主动制作计时装置挂在胸前，表现出彼此之间的关怀、信任与支持。这类看似不起眼的细节，却处处透露出剧中所传达的人文气息，它们让人物在冰冷的数字与公式、定理面前不再那么孤立无援，同时也体现出该剧在科幻故事的背景下，对人性的探寻与关怀。此外，真实可感的日常生活也使汪淼重拾生活下去的勇气，同时也给剧中的科幻世界提供了坚实的生活基础，让易于悬浮的剧情始终建立在现实的根基之上。

三、科学幻想的超越性与现实性

刘慈欣曾在谈到中国科幻文学的创作时说："科幻在国内的不景气，通常被归咎于科学氛围的淡薄，但宗教感情的缺失可能也是一个还没有被评论者注意到，但更加深刻的因素：一个对大自然丝毫没有敬畏感的人，大概很难对科幻产生兴趣。"[①]他所说的"宗教"并非通常意义上的世俗宗教，而是强调人类必须建构高于自身的总体视角，充分发挥科学幻想的超越性，进而帮助人们把握宏观世界的未来走向。[②]这无疑指出了以往中国科幻文学创作中存在的重要不足。科幻文学创作如此，取材于前者的科幻影视剧创作亦复如此。

如何让科幻题材电视剧创作摆脱以离奇故事为噱头的创作模式，是推动国产科幻剧走向成熟的必要前提。从目前我国科幻影视剧的"内核"来看，借用"科幻"名义讲述现代故事的"软科幻"居多。有研究者将这种"科幻"称为"日常科幻"，指的是"世界建构在时间和空间上都强调近在的科幻亚类，即在近未来日常生活空间中聚焦人与各类人或人与智能技术关系的世界拟构与思想实验"[③]。这类"日常科幻"通常围绕现实生活中的局部问题展开叙事，关注点往往并不那么宏观，但这并不必然意味着其审美内涵的狭隘，一些优秀剧作凭借恰当的叙事角度以及以小见大式的思想表达方式，同样可以传递出深刻的思想观念。《三体》通过多线叙事的方式，将远景宏大叙事的审美趣味与"日常科幻"的微观展现巧妙地结合在一起，既有对产生自日常生活的具体科幻问题的表现，也有从宇宙文明的角度探讨人类文明未来命运的深刻探讨，为观众呈现出一幅由微观到宏观的全景式科幻画卷，彰显出宏伟壮观的科幻景象。

事实上，任何严肃的科幻题材电视剧，其终极目标并非通过绚丽多彩的视觉画面、

————————

①　刘慈欣：《纳须弥于芥子——从〈死鸟〉看科幻的宗教感情和宏大叙事》，《世界科幻博览》2007年第6期。

②　刘慈欣：《SF教》，《中国科幻文论精选》，北京：北京大学出版社，2021年，第209—215页。

③　程林：《"日常科幻"在未来想象文化中的重点、潜能与困境——以近期机器人叙事为例》，《中国图书评论》2022年第2期。

超出想象的剧情设定来博得观众的喜爱，而在于对人类未来前途与命运等宏观问题的探索，同时也是对人性问题的深刻追问，二者统一于我们如何理解自身以及如何面对未来这个问题之中。刘慈欣在《三体》小说获得雨果奖之后不久写的《重建科幻文学的信心》一文中指出："现在，科幻文学面临的最大威胁不是科幻的缺失，而是科幻的泛化。科幻作为一种文化，已经渗透到社会生活的方方面面，在社会生活的各个领域都能看到科幻的符号大量存在，这反而冲淡了科幻作为一种文学的色彩浓度，这也就要求我们更加坚持和强调科幻文学的核心理念，使科幻文学成为一种具有鲜明特点的存在。"① 对于科幻题材电视剧的创作而言，同样如此。大量奇幻剧、冒险剧和悬疑剧纷纷打着"科幻"的名号炮制出不伦不类的情节套路，除了满足部分观众的猎奇心理之外，实在无法构建起严肃的问题意识。加之商业化制作模式对固定套路的反复演绎，使得观众对"科幻"题材的预期大大降低。在这种情况下，重提具有深刻思想内涵的"传统的、核心的科幻"，无论对科幻文学创作，还是对科幻题材电视剧创作而言，都具有十分重要的意义。

另一方面，从艺术风格上来看，《三体》小说原著中的现实主义色彩是十分鲜明的，这自然离不开作者在小说中所融注的独特审美价值观念。有研究者将这种现实主义精神归结为一种"希望辩证法"，即"一方面他作品中的科学元素和想象让人印象深刻；另一方面作品表现了人在现代社会中的创伤、抚慰和对生命意义的追寻。总体上看，刘慈欣科幻创作的成熟模式是一种'希望辩证法'，即外部敌对势力与人内在的伤痛造成严重危机，人类与之对抗的科学技术表面上可以破解难题，却经历了一次次失败，正面人物陷入两难困境，但也正是这种困境逼迫主人公打破原有的视域，突破世界的极限，在更遥远的时空流浪、漂泊和寻找希望"② 而电视剧《三体》之所以能够赢得观众的认可，很大程度上与该剧以现实主义的创作手法精准再现了原著中的主题思想。导演杨磊在谈到该剧的创作基调时说："请大家暂时忘记我们正在拍的是一部科幻剧，我们要拿拍现实主义的态度来对待这件事情。因为这是《三体》第一部的核心——以现实主义为基础来看待科幻。"③

毋庸置疑的是，《三体》所展示的，很大程度上还是人类社会内部的斗争，"科学边界"组织看似是三体人的代表，但他们在具体行动中，却表现出人类特有的心理特征与行为方式，这就足以说明人类文明在面对三体文明的同时，首先要处理的恰恰是自身内部的矛盾斗争。此外，四位"面壁者"中除罗辑之外的三位相继失败自杀的事实也让人意识到，在真正对抗三体文明之前，采取何种人类社会公允的方式来使计划得以实施才是重中之重。他们的"失败"很大程度上源于他们的计划违背了人类现存道德和法律标

---

① 刘慈欣:《重建科幻文学的信心》,《文学报》2015 年 8 月 28 日。

② 孟庆枢:《科幻现实主义的多重意涵》,《中国文学批评》2022 年第 3 期。

③ 李静:《〈三体〉导演杨磊：我是带着一个粉丝捍卫原著的心态站出来的》,《中国新闻周刊》2023 年 2 月 6 日。

准。并且，从人类文明现有的"维度"上来看，要想使他们的"计划"取得全体人类的认可，几乎是不可能实现的事。然而，按照宇宙"黑暗森林法则"，"生存才是宇宙文明的第一需要。在生存面前，人文和道德原则必须放在第二位"。因此，"罗辑与他的同志们是在以自我保存为最高价值的人性观支配的现代社会开展他们的英雄事业"①。这种建立在"宇宙社会学"基础之上的"黑暗森林法则"何尝不是人类社会自身的真实写照。正是在这个意义上，"刘氏小说的'希望'亦向'未来'敞开可能——这种'未来'不仅仅是科幻赋予文本的时间属性，更意味着设立一种破除文学层面'现实主义'与世俗层面'现实'凌暴的异度空间"②。

四、彰显中国科幻的文化价值

在"后工业"时代，科幻电影、电视剧成为衡量一个国家影视剧艺术作品水准的重要标尺之一。相比于欧美国家的科幻影视剧创作，我国同类题材的作品长期处于模仿阶段，这无疑与我国科技水平仍相对落后于前者有关，但最根本的原因在于缺乏足够"硬核"的科幻剧本。《三体》的出现不仅将中国科幻小说创作提升了一个档次，更让全世界看到了中国科幻文艺力量的崛起。虽然该剧通过具体生动的人物群像构建起故事的基本框架，但它并未以讲述个体命运为主，而是通过展示不同人物的选择来揭示整个人类的命运走向。从该剧所呈现出的终极目标上，不难看出其对人类命运的深刻思考，而剧中对这一核心内涵的呈现，则是基于对中国特定历史时空的再现与重构。因此，有研究者认为："《三体》的魅力是思想性的，这其实是一部以科幻小说面目出现的思想小说，它展现出现代社会一些根本的思想难题。"③

但另一方面，它毕竟是一部建立在中国历史与现实根基之上的科幻作品，剧中的故事情节、人物经历以及价值诉求等，无不体现出中国独有的特色。就此而言，《三体》可以说是一部讲述中国人在人类文明危机面前重建文明根基的科幻剧。无论是在故事内容层面，还是其所蕴含的时代价值，均体现出当代中国在参与解决世界危机方面所扮演的特殊角色。在某种程度上，对历史的叙述便是对历史的重构。就电视剧《三体》所展现的审美特点而言，从中国特定历史阶段出发，无疑使该剧从根本上体现出从中国人的视角理解世界、理解人类的独特立场。这不仅是中国科幻力量崛起的标志，更是对中国人视角下科幻景观的深刻诠释。

如果我们将眼光放长远一点，科幻这种题材从晚清时期就曾引起本土知识分子的高

---

① 陈颀：《文明冲突与文化自觉——〈三体〉的科幻与现实》，《文艺理论研究》2016年第1期。
② 宋炳悦、国家玮：《新世纪中国科幻小说对鲁迅思想命题的"重写"——以刘慈欣、韩松为中心》，《鲁迅研究月刊》2022年第7期。
③ 黄平：《〈三体〉算不算"伤痕文学"？》，澎湃新闻2023年1月17日。访问地址：https://www.thepaper.cn/newsDetail_forward_21593931

度重视。无论是梁启超的《新中国未来记》，还是鲁迅翻译的《月界旅行》，抑或吴趼人的《新石头记》、包天笑的《世界末日记》等，尽管这些早期的科幻文艺作品中包含着强烈的民族救亡意识，旨在通过科学幻想的形式为未来的"大同世界"提供理想蓝图，但不可否认的是，这些早期文艺实践体现出我国知识界对科幻题材的浓厚兴趣，同时也透露出我国知识分子对未来世界的大胆想象。新中国成立后，我国科幻文学创作融合了社会主义建设阶段的文化元素，展现出独特的艺术风貌。如王国忠的《渤海巨龙》讲述的是为了解决资源问题决定围海造地；郑文光的《火星建设者》则描述了一支具有多民族共同体意识的国际青年探险队前往火星建设"青年星球"，以便实现人类在宇宙中自由生活的故事。这些科幻文学作品带有社会主义建设时期特有的积极昂扬的精神状态，表现出理想主义与浪漫主义的创作风格。进入新时期后，我国的科幻文学创作越发多姿多彩起来。在这个意义上，我国当代科幻文艺的发展并非完全是在西方影响下的产物，而是有着自身的历史资源。

近年来，随着我国经济发展水平的不断提高和科学技术的不断进步，我国在国际社会中扮演的角色越来越重要，与此相应，需要广大文艺工作者在打造中国形象、讲述中国故事方面提供与之相匹配的文化支撑。作为展现国家科学技术发展水平、塑造国家形象的重要艺术载体，科幻题材影视剧的创作在构建国家文化软实力方面具有重要价值。从世界范围内来看，美国在科幻题材领域长期保持绝对优势，这不仅使其从国际市场获得了巨大经济收益，并且也在源源不断的文化输出过程中构建起其科技强国与"人类文明救世主"的形象。这显然是一种文化霸权的表现形式。有论者指出，以美国为代表的西方世界的科幻作品借助资本力量的横行，给全球读者和观众造成潜移默化的影响，而这种对未来幻想的垄断则会让传播力不足的国家在现实层面无法更好地参与到未来世界的建构中来[①]。在这个意义上，提升本国科幻作品的艺术水平、推动科幻作品的国际化传播，也是提升本国文化竞争力以及把握建构未来世界主导权的重要途径之一。

这里借用陈旭光对科幻电影艺术特点的概括来说明科幻影视作品所体现出的文化价值："一个国家的科幻电影是对各自民族传统、文化记忆和想象方式的表现和叙述。就此而言，任何科幻电影都是一种现代神话的重构，都是传统文化的现代转化、现代重述。也就是说，原始先民的神话和想象会留存在我们代代传承的记忆密码当中，不同的艺术作品讲的可能是同一个故事。"[②]换言之，所谓的科学幻想，并非脱离现实的天马行空，也不仅仅是建立在"现代"文明形态基础上的独特文化，而是与各个民族的文化传统密切相关的价值延伸，几乎所有的科幻作品中都包含着鲜明的民族文化特色，是对民族文化遗产的另类表达。就电视剧《三体》而言，我们既可以看到 20 世纪中国革命历史的某些

---

① 吴福仲、张铮、林天强：《谁在定义未来：被垄断的科幻文化与"未来定义权"的提出》，《南京社会科学》2020 年第 2 期。

② 陈旭光：《科幻电影的"中国想象"与中国文化原型的现代转化》，《教育传媒研究》2023 年第 1 期。

侧影，更可以从主人公在应对三体文明入侵过程中所表现出的传统文化心理的印记。

其实，"关注国家和民族的命运，一直是中国科幻未来主义的一个重要的特征。从晚清诸多作者对国家发展所提供的蓝图设想，到新中国各个时期作品中人类跟自然的对抗，集体主义和家国情怀一直是挥之不去的重要情结"①。需要注意的是，这里所说的"集体主义和家国情怀"并非一种狭隘的民族主义，而是强调中国科幻作品自身的历史传统。并且，在人类文明面临生死存亡的关键时刻，这种集体主义精神自然而然会超越特定意识形态的局限性，从而展现出一种更为崇高的"人类命运共同体"意识。无论是电影《流浪地球》系列，还是在电视剧《三体》中，对这种"人类命运共同体"意识的表现，无不体现出深刻的博爱精神与崇高的道德风范。如刘慈欣所言："描写单一种族（人类）和单一世界（地球）的主流文学，必须把形象的颗粒细化到个人，种族形象和世界形象是科幻对文学的贡献。"②

五、余论

对于科幻小说的影视改编而言，首先需要寻找到文学作品与影像再现的契合点，搭建沟通剧情与观众的桥梁，使观众可以进入科幻叙事的特定逻辑框架之中。此外，如何让文字内容与视觉影像达到高度统一，并且将那些原著作者在小说里没有提及或者一笔带过的情节、场景还原到荧幕上，也是剧集能否将硬核科幻剧情在观众眼前软着陆的关键所在。在这一点上，电视剧《三体》为了拉近剧集与观众的距离，主创团队在剧中融合了悬疑、刑侦等类型元素，使剧情更加靠近日常生活，这也让该剧的"硬核科幻"得以在现实生活层面"软着陆"。例如，主创为了使观众更好地进入到"三体"世界的规定情境当中，以动画、实验和旁白相结合的方式，将"台球实验"和"射手与农场主假说"这些理论物理领域困扰科学家的问题用生动形象的方式展现在观众眼前，很好地弥合了剧集内容和观众接受能力之间的缝隙。

可以说，无论是在世界观的架构上，还是在主要故事情节的还原方面，电视剧《三体》都做到了高度忠实于原著。与此同时，在原著的一些留白之处，充分发挥了影视创作的优势对相关场景加以呈现。主要人物史强在剧中充当了沟通观众与剧情设定的桥梁作用，通过他对一些常人难以想象的问题的直白追问，很好地拉近了观众与该剧核心内容之间的距离。再如，每集结尾处通过不同时空交织以及首尾呼应的叙事方式，也为观众提供了了解剧情走向的契机。简言之，电视剧《三体》之所以能够赢得各个年龄段观众的喜爱，根本原因在于该剧的主题思想建立在原著坚实的故事内容基础上，在保证视觉效果的同时，其落脚点还是每一个活生生的人的思想和命运。正如刘慈欣在一次访谈

---

① 吴岩：《中国科幻未来主义：时代表现、类型与特征》，《中国文学批评》2022年第3期。
② 刘慈欣：《最糟的宇宙，最好的地球：刘慈欣科幻评论随笔集》，成都：四川科学技术出版社，2016年，第113页。

中对小说《三体》主旨所做的概括："《三体》想说的，就是人类目前的道德体系和大灾难来临时人类自救行为之间的矛盾。"①

在科幻改编中，如何调配枯燥的科学解释和戏剧效果之间的关系，以便做到兼顾观众接受度和科幻剧情塑造，是关乎科幻剧艺术完成度的重要问题。电视剧《三体》给出的答案是，以通俗易懂的语言梳理剧情、交代背景，以动画短片的形式介绍艰涩的科学理论，通过诙谐生动的人物对话缓解枯燥的故事情节，从而降低理解门槛。可以说，电视剧《三体》提供了一个堪称典范的改编范本，即不对原著的情节和人物设定进行肆意涂改，并且通过多样化的艺术表达方式补充原著的空白部分，从而在降低观剧门槛的同时提升观剧体验。英国学者克莱·派克将文学的影视改编方法分为三种，其中一种便是要求改编者严格按照原著的主题思想和情节设定进行改编。他认为："这是改编经典小说时企图表现出忠于原著的常用手段。浓缩、简化都是为了忠实于叙事的总的进程，忠实于作者的中心思想，忠实于主要人物的特征，忠实于小说的环境氛围，以及或许是最重要的，忠实于原著的风格。"② 在这个意义上，电视剧版《三体》显然做到了"忠实于原著的风格"这一点。

尽管该剧在台词中对大量科学术语和理论概念进行了通俗化处理，对一些艰涩的逻辑推演也尽可能以影像直观的方式呈现出来，但不可否认的是，由于题材的特殊性，剧集无法做到对原著场景的真实再现，事实上，这也是近乎不可能完成的任务。另外，多线叙事的庞杂关系也导致了剧情质感不均匀以及主题思想涣散等弊病，构成了该剧最大的不足。但也正因如此，《三体》集中体现出在培养观众对科幻题材电视剧的审美感受力方面的独特贡献。相比以往同类题材作品中那些流于表面的"科幻"情节而言，《三体》的"硬核科幻"无疑刷新了观众对此类剧集的认识，只此一点，便足以让它成为中国科幻电视剧创作的里程碑式作品。

总体而言，电视剧《三体》为我国科幻题材剧集创作打开了全新的格局，将我国科幻剧提升到一个全新的艺术层次，在带给观众全新视听体验的同时，也引发观众对人生价值以及人类命运的审视和思考。

---

① 刘慈欣：《我知道，意外随时可能出现》，《城市画报》2011 年第 1 期。

② 陈犀禾选编：《电影改编理论问题》，北京：中国电影出版社，1988 年。

《三体》在英语世界的传播与接受研究

刘丽丽　李金龙[*]

（华北水利水电大学水文化研究中心，河南郑州，450046）

摘　要： 作为语言与文化的载体，文学始终承担着传播中华文化的重要使命。随着中国综合国力和全球影响力的提升，中国文学在世界文学中的比重不断上升。在持续升温的文学传播话题下，以《三体》为代表的中国科幻文学崭露头角。《三体》以"雨果奖""轨迹奖"等世界级科幻奖项为起点，在英语世界中得到了文本内容和内蕴价值的普遍认同，开启了中国文学对外传播的新局面。基于此，本研究以《三体》系列小说及其英译本为研究对象，以在主要英语国家当中取得的良好接受效果为立足点，从译介出版情况、主要馆藏数量、海外获奖情况、各平台销量情况、主流媒体和大众读者的评价等多个方面探究《三体》在英语世界的传播和接受现状。在此基础上，从多种角度出发，探讨《三体》在英语世界的接受原因，旨在从《三体》带来的现象级文化效应中汲取关于中国文学海外传播的宝贵经验与启示。研究发现，《三体》在译介过程、传播渠道等方面为中国文学的海外传播提供了新思路和新方向，对助推多元化的文化传播大有裨益。

关键词：《三体》；海外传播；接受效果；传播启示

基金项目： 教育部中外语言交流合作中心 2021 年国际中文教育创新资助项目"人类命运共同体"视阈下国际"中文＋"教育理念实现途径研究（项目号：21YH021CX5）

一、《三体》在英语世界的传播现状

《三体》巧妙地将当代中国对宇宙和科技文明的探索融入全球性话题的讨论之中，从宇宙的宏观视角出发，引起读者共鸣。本章介绍《三体》在英语世界的传播现状，主要从译介出版情况、中英文版本主要馆藏情况、海外获奖情况这三个方面进行，通过

　＊ 刘丽丽，河南漯河人，博士，华北水利水电大学教授，研究方向：比较文学与跨文化研究、国际中文教育等；李金龙，河南南阳人，华北水利水电大学外国语学院国际中文教育专业在读硕士研究生，研究方向：中华文化海外传播。

OCLC 的子数据库 World Cat 及相关数据资料的搜集梳理，呈现《三体》在英语世界的整体传播现状。

（一）《三体》译介出版情况

文学作品的译介和出版情况能够有效反映出该作品的海外传播情况，《三体》作为刘慈欣最具代表性的科幻文学作品，得到了中国教育图书进出口有限公司的有力推荐。《三体》的英译本 *The Three-Body Problem* 由翻译家刘宇昆（Ken Liu）进行译介。同时，刘宇昆自身也是一名优秀的美籍华裔科幻作家，曾两次获得雨果奖。在出版商方面，美国的托尔出版社（Tor Books）和英国的宙斯之首出版社（Head of Zeus）相继出版了该作品。其中，托尔出版社属于德国霍尔茨布尔克出版集团（Holtzbrinck group）旗下的麦克米伦公司（Macmillan），是全球最成功的英文科幻出版品牌之一，从 1988 年起连续 30 年获得卢卡斯奖的"最佳科幻出版商"奖（Locus Award for Publisher）（见表 1）。

表 1 《三体》英译本出版统计

书名	出版年份	出版社	语种
The Three-Body Problem	2014.11.11	Tor Books	英语
	2015.02.10	Macmillan Audio	
	2015.07.02	Head of Zeus	
	2015.08.11	Tor Books	
	2015.12.03	Head of Zeus	
	2016.01.12	Tor Books	
	2018.09.06	Head of Zeus	

英译本的畅销也引起了其他语种译介的热潮。在政府资助项目"丝路书香工程"和"经典中国国际出版工程"的支持下，《三体》已被译为德语、法语、泰语、西班牙语、匈牙利语和土耳其语等多种版本。其中，德语版由德国久负盛名的科幻小说出版品牌海恩出版社（Heyne Verlag）出版发行，由德国汉学家郝慕天（Martina Hasse）和白嘉琳（Karin Betz）进行翻译。法语版由法国翻译家关首奇（Gwannaël Gaffric）进行翻译，并由法国科幻小说出版商南方出版社（Actes Sud）出版发行。匈牙利语版由欧洲出版社（Európa Knyvkiadó）出版发行，土耳其语版由该国规模最大的科幻、奇幻小说出版商伊莎基出版社（Ithaki）出版发行。

（二）《三体》主要馆藏情况

OCLC（Online Computer Library Center）中文全称为联机计算机图书馆中心，是一

个成员驱动性质的全球图书馆合作平台。该平台由全球 100 多个国家共计 3 万个成员图书馆提供图书、出版物、电子书籍资料等各种资源的数据信息，如馆藏情况、索引名录、检索条目、数字图书馆等，致力于推动全世界范围内的知识资源共享。World Cat 是 OCLC 的一个子数据库，目前有接近 2 万家成员图书馆参与其中，参与的成员馆涉及 400 多种语言，其在线联合编目包含了全球范围内的图书馆馆藏信息与其他资源。馆藏数量的多少较大程度上反映了作品在当地的流通概况，通过 World Cat 高级搜索，输入《三体》的中英文版本信息，可以查询到小说在世界各地图书馆的馆藏情况，能够较为全面地看到该小说在世界范围内的影响和传播能力。以《三体》中英文主要版本为检索内容，经过统计可以得到五个主要英语国家收录《三体》中英文版本的图书馆数量（见表 2）。

表 2　主要英语国家收录《三体》中英文版本的图书馆数量统计

书名	出版时间	出版社	美国	英国	加拿大	澳大利亚	新西兰
《三体》	2008.01	重庆出版社	91	4	3	6	2
The Three-Body Problem	2016.01	Tor Books	1319	54	38	47	24

（三）《三体》海外获奖情况

截至目前，《三体》英、法、德、西、意五个语种的译本累计获得国际科幻文学奖项提名、获奖，国际知名媒体、书店评选的年度好书称号共 13 次，在世界科幻文学界掀起了一阵"中国科幻热潮"（见表 3）。自 1953 年起，世界科幻协会（WSFS）每年都对世界范围内的科幻、奇幻作品颁发一项世界顶级奖项——雨果奖。因此，雨果奖也被视为科幻文学界的"诺贝尔文学奖"。库尔德·拉西茨（Kurd Lawitz）被誉为"德国科幻小说之父"，以其名字命名的库尔德·拉西茨奖（Kurd Lawitz Preis）也是当今欧洲重要科幻文学奖项之一。2018 年 11 月美国亚瑟·克拉克基金会（Arthur Clarke Foundation）为表彰作家刘慈欣在科幻文学上的贡献，授予其克拉克想象力服务社会奖（Clarke Award for Imagination in Service to Society）。在《三体》夺得雨果奖后，刘慈欣及其作品走进了国际文学的视野，其作品的文学价值在世界范围内获得了肯定。

表 3 《三体》海外获奖情况

译本语种	时间	提名／获奖情况
《三体》英语版	2015.02	2014 年度星云奖最佳长篇小说提名
	2015.04	普罗米修斯奖最佳长篇小说提名
	2015.05	轨迹奖最终提名
	2015.06	坎贝尔奖最终提名第三名
	2015.08	第 73 届雨果奖最佳长篇小说
	2015.09	首届年度 Print SF 奖
	2017.04	百年星舰（2016—2017）年度老人星奖提名
《三体》法语版	2017.02	法国幻想文学大奖外国小说类提名
《三体》德语版	2017.05	德国库尔德·拉西茨奖最佳翻译小说
《三体》西语版	2017.11	西班牙伊格诺特斯奖最佳国外长篇小说
《三体》意大利语版	2018.10	意大利国际科幻小说奖
《三体》日语版	2019.11	日本"图书日志"图书奖海外小说奖
《三体》日语版	2020.08	日本第 51 届"星云奖"海外长篇部门奖

以科幻双奖"星云奖"和"雨果奖"开篇，刘慈欣获得的个人奖项十分可观，这也是刘慈欣个人海外影响力的有效力证（见表 4）。在莫言、余华之后，刘慈欣推动中国当代文学走向世界文坛，也让更多人看到中国科幻的光芒。随后，作家郝景芳凭借小说《北京折叠》获得了 2016 年雨果奖，于是 2015 年和 2016 年成了中国科幻载入史册的年份。中国科幻文学在以刘慈欣和郝景芳为代表的引领下登上了世界科幻文坛之巅，科幻文学也成为中国文学海外传播的一张名片，为中国文学"走出去"提供了新思路、新路径。

表 4 刘慈欣个人海外获奖情况

年份	奖项名称
2010.08	全球华语科幻星云奖 最佳科幻 / 奇幻作家奖
2011.11	全球华语科幻星云奖 最佳科幻作家奖金奖
2015.10	全球华语科幻星云奖 最高成就奖
2016.03	影响世界华人大奖
2018.11	克拉克想象力服务社会奖

二、《三体》在英语世界的接受现状

《三体》不仅得到了国外主流媒体和专业读者的认可，也被广泛的普通读者所接受。外译作品获得重要奖项，受到各界的评价与宣传，是作品的文学性得到了专业人士肯定的重要标志。但普通读者是文学作品最广泛的受众，中国文学要真正做到"走出去"，作品必须在保证文学深度的同时，符合大众的阅读喜好和审美兴趣。本章将从各网络平台销量数据、各网站用户评论概况以及西方主流媒体的评价三个角度，分析《三体》在英语世界的接受情况。

（一）从平台销量排行角度分析

《三体》在国内外各大图书商城均有销售，这些交易平台面向全球读者开放，其销量排行，在一定程度上反映了读者对这部小说的接受情况。通常情况下，一本书的销量越多，排名越高，代表它在市场上的受欢迎程度越高，也就意味着读者对这本书的接受程度更高。不过，仅凭销量排行来判断一本书的好坏并不全面。销量排行只反映了销售情况和市场需求，而对于一本书的质量、内容和价值等因素并没有直接的评判标准。有些优秀的书籍可能因为推广不足、宣传不到位等原因而销量不佳，而某些畅销书籍则可能只是因为其商业价值大，而非其内在质量出众。此外，不同商城平台的销量排行也可能有所不同，不同平台的用户群体、营销策略等因素也会影响销售情况。通过对当当网、京东商城、亚马逊海外图书商城 2015—2023 年的销售榜单进行统计，可以直观地看到《三体》在这些主流线上图书交易平台的销量排行变化（见表 5）。

表 5 2015-2023 年各平台《三体》销量排行榜

图书网/年份	2015	2016	2017	2018	2019	2020	2021	2022	2023
当当网	15	12	22	23	12	14	12	6	16
京东网	—	—	27	10	2	6	1	3	3
亚马逊图书网	—	—	—	4	4	3	3	4

注:"—"指数据缺失。

根据对当当网、京东商城、亚马逊图书商城三个平台的调查,在 2015 年《三体》夺得雨果奖之后,《三体》纸质图书在国内的销量逐渐上升,在销量排行榜上表现出色。截至目前,三个平台中,《三体》销售量均位列前十甚至前三名。在当当网中,《三体》销量排名第六,且评价也较高;在京东商城中,《三体》销量排名第三,仅次于一些畅销书籍;在亚马逊图书商城中,《三体》也表现优秀,在同类中国文学作品中销量排名第三。这表明《三体》这本小说在读者中受到了广泛的欢迎,其内容和故事情节深受读者喜爱。同时,也反映了这本小说在当代文学中的重要地位和影响力。然而,销量排行榜并不是衡量一本书的全部标准,读者的口碑和文学评论同样也是衡量一本书的重要因素。

(二)从大众用户评论角度分析

近年来,随着信息技术的快速发展和新媒体的兴起,网络平台上的评价和推荐已成为影响广大读者选择的重要因素。在此背景下,针对中国文学的外译作品,通过对网络图书在线互动平台中读者的评价反馈进行统计分析,进而研究作品的传播效果,已然成为一种重要的手段。本研究主要以美国亚马逊网(Amazon)和美国好读网(Good Reads)两个平台为研究对象,利用 Python 语言编写程序进行统计,通过量化分析的方法,将读者反馈情况以可视化图表的形式呈现。

亚马逊是全世界商品种类最为齐全的电子商务公司,顾客可在该平台上找到多种版本的实体书和电子书资源。几乎所有中国重要作家的外译作品都可以在亚马逊图书商城中找到购买链接。《三体》在亚马逊图书商城上线后,购买量十分可观,尤其在该作品获得雨果奖后,销量更是直线上升。在亚马逊上以 *The Three-Body Problem* 为搜索对象,可以获得读者打分、读者好评度、整体评论等数据信息,使用 Python 编程程序可以对其进行抓取和量化分析。同时,以诺贝尔文学奖得主莫言目前在亚马逊上销量排名最高的文学作品《生死疲劳》(*Life and Death Are Wearing Me Out*)为对比,对 *The Three-Body Problem* 的评论数量、星级评价、评分人数、评论人数以及全站销量排名进行统计,可以得到下表(见表 6)。

表 6 《三体》与《生死疲劳》在 Amazon 的评价概况 [①]

书名	格式和版本数量	三星以下	三星及以上	评分人数	评论人数	全站销售排名排行榜
The Three-Body Problem	13	6%	94%	23859	3634	1472
Life and Death Are Wearing Me Out	11	15%	85%	195	133	173556

从以上数据可以看出，《三体》在亚马逊图书商城中的销售量非常可观，而《生死疲劳》虽然也是中国当代文学作品的优秀代表，但在亚马逊图书城中的销量排名却比《三体》略低。在《三体》的所有评论中，较为突出的来自用户 Steven M. Anthony 于 2016 年 9 月 13 日发表的评论，有 437 人赞同，评论说道："我强烈认为《三体》是我看过最好的科幻作品，《三体》是一部杰出的文学作品，超越了它作为科幻作品的标签。它有非常全面的主题，涉及哲学、人类学、社会学和心理学。硬科幻的先进技术和元素出类拔萃，首屈一指。背后的故事绝对引人入胜，角色也是如此……去读它，然后开始惊叹和颤抖。"[②]《三体》在海外的销量和受欢迎程度表明其在海外图书平台上获得了较好的传播效果，是中国文学作品海外传播的成功案例。

Good reads（好读）是一个社交性质的读书网站，也是全球规模最大的在线读书平台之一。类似于中国的"豆瓣读书"，Good reads 提供了一个读者互动交流的平台，允许用户分享读书笔记、评分、书评和推荐书目等。与亚马逊相比，Good reads 上的读者反馈情况更加精准，数据更具针对性。同时，Good reads 可以对版本、出版社、出版年份等进行筛选，提供更具体的数据统计。在 Good reads 输入 *The Three-Body Problem* 进行搜索，对《三体》不同出版社的所有英译本在 Good reads 上的评分及评论数量进行统计，可以得到下表（见表 7）。

---

① 笔者按：格式和版本主要指 Kindle 电子书、Audible 有声读物、平装、简装、精装、有声书、音频 CD 等，本次统计基于英文版的所有出版社和出版时间，统计时间截止到 2023 年 3 月 20 日。

② Steven M. Anthony, "A review of The Three-Body Problem", Amazon Reader Reviews, September 13, 2016. https://www.amazon.com/-/zh/gp/customer-reviews.Accessed 2024-10-20. 凡未注明处，本研究对读者评论的引用均由笔者自英文翻译为中文。

表 7 Good reads 读者关于《三体》的评价概况 [①]

书名	版本数量	三星以下	三星及以上	总分（五星）	评分人数	评论人数	英文评论数量
The Three-Body Problem	131	5%	94%	4.08	255375	24382	20864

在 Good reads 上搜索 *The Three-Body Problem* 后，可利用 Python 编程语言提取读者的全局评论。在文本处理的过程中，通过 Python 编程语言的机器学习算法，过滤掉了大量无用的文本信息，去除换行符、特殊字符和其他无关符号，并手动剔除非英文评论，共得到了 900 条评论，并生成了可视化的关键词词云图。词云图可以通过图层渲染的方式来加强文本中高频词汇的视觉效果，使浏览者可以轻松抓住文本的重点（见图 1）。

根据生成的词云图，可以将读者评论的主题分为三类。（1）作品背景，如中国（China、Chinese）、"文化革命"（Cultural Revolution）、三部曲（trilogy）、宇宙（universe）等。这表明英语世界读者对《三体》来自中国这一点较为关注，对其中蕴含的中国文化背景故事、宇宙、科学主题尤其在意。（2）阅读体验，如好（good、well、best、great、excellent）、喜欢（like、enjoy、love）、有趣（interesting、worth）、期待（forward）、想象力（imagination、fascinating）等，显示出英语世界读者对小说持有较为积极的正面评价。但是困难（hard）一词也出现了数十次，说明一部分读者对于小说中常出现的一些科学术语及情节存在一定的阅读障碍。（3）故事内容，如科学（science）、物理学（physics）、人性（humanity）、文明（civilization）、人物（characters）、黑暗（dark）等。这些主题词说明《三体》中的情节设置和故事主题引起了读者的兴趣，同时也证明了《三体》真正进入了英语世界读者的视野，能够让读者产生期待和反馈。

---

① 版本数量包括在 Good reads 上统计的 16 个语种的所有版本，包括有声读本、电子书、实体书。星级打分无法进行版本筛选，故而这里只提供所有版本的相关数据。同时，星级打分中会有读者不参与打分的情况，因此星级打分百分比之和不是 100％。数据最后访问日期为 2023 年 3 月 20 日。

图 1　Good reads 读者关于《三体》的评论词云图

比较 Amazon 和 Good reads 两个平台上的打分等级、评论数量、评价趋势等数据发现，两个平台都显现出了相似的结果。从整体上看，在以美国为代表的英语世界中，《三体》是备受关注的作品。一部中国科幻小说的宣传推介再加上"雨果奖"的荣誉效应，使得英语世界读者愿意去接受和了解《三体》。

（三）从西方主流媒体角度分析

媒体作为信息传播的重要渠道，其关注和评论对作品的传播效果起着重要的作用。主流媒体的提及率可以反映作品的知名度和受欢迎程度，作品在主流媒体中的曝光度越高，其影响力就越大。《三体》英译本一经在美国推出，就获得了各大主流媒体的密切关注。《纽约时报》（ The New York Times ）、《华盛顿邮报》（ The Washington Post ）、《华尔街日报》（ The Wall Street Journal ）、《丹佛邮报》（ Denver Post ）、《悉尼先驱晨报》（ The Sydney Morning Herald ）、《出版商周报》（ Publishers Weekly ）等官方报刊都给予《三体》极高的评价，并为其在专栏刊登宣传报道。

《科学》（Science）杂志创建于 1880 年，发行量在全球范围内名列前茅，其刊登的研究论文具有较高的学术水平和影响力。该杂志涵盖了广泛的科学领域，包括生物学、天文学、物理学、地球科学、化学、医学等。同时，《科学》也以其严谨、客观的科学新闻报道和评论闻名于世。在《三体》获得"雨果奖"后，《科学》杂志在 2015 年 10 月的书评版块给予其独版报道。作者叶夫根尼娅·努西诺维奇（Yevgeniya Nusinovich，音译）在文章《文化冲突》（ Culure shock ）中介绍了《三体》："《三体》是一本非同寻常的科幻小说，它是从黑暗中浮现出的一部未来主义的杰作。小说在一个意想不到的曲折的故事中将硬科学和存在的问题编织在一起，读完让人心潮澎湃。"①

---

① Yevgeniya Nusinovich, "Culture Shock", Science, 2015(350), p.504-505.

　　《自然物理学》（*Nature Physics*）是英国权威科学杂志《自然》（*Nature*）的子刊之一，现已成为物理学领域的顶尖期刊之一。2015 年 11 月，《自然物理学》（*Nature Physics*）刊登了作者尼基·迪恩（Nicky Dean，音译）关于《三体》的书评《结束的开始》（*The beginning of the end*，音译）Nicky Dean 在文章中提道："《三体》在聚焦中国的同时让时空顺序像拼图一样来回穿梭，这种看似混乱的交叉叙事在某种程度上正是最吸引西方读者的部分。'文革'带来的社会影响、派系斗争、亲历者从疯狂到清醒的经历都被巧妙地编织进去，这种叙事方式比惯例书写更让人着迷。但是小说在人物塑造方面存在不足之处，许多人物只是为了传达情节，并倾向于通过笨拙的独白来准确地解释他们的行为动机，这种沉重的阐述给整体叙事带来进一步的麻烦。"[①] 在文章最后，Nicky Dean 同样指出："刘已经成功地为一部伟大的科幻小说搭建了一个巨大的舞台，让人联想到阿瑟·克拉克。"[②]

　　《华盛顿邮报》（*The Washington Post*）成立于 1877 年，是美国历史上成立最早的报纸之一，在全美报纸发行量排名前十。斯蒂芬·本尼迪克特·戴森（Stephen Benedict Dyson，音译）于 2015 年 8 月 8 日在《华盛顿邮报》上发表了一篇《三体》书评，该书评不仅详细地介绍了前两部小说的内容情节和人物设定，而且加入了自己对宇宙社会学的理解。他认为："刘用他所谓的宇宙社会学理论来概括他的故事，这种推理方式让人联想到一些经典的国际关系著作，宇宙就是刘的黑暗森林，每一个文明都是一个猎人，手拿刀小心地穿过树枝，准备对其他生命迹象进行打击。"[③]

　　主流媒体的评论报道意味着《三体》顺利进入了英语世界民众的视野，在西方主流媒体的宣传报道中，尽管偶有批评，但大多数都给出了较高的评价，更表达出了对中国科幻文学后续作品的期待。这些报道和好评不仅说明了《三体》在英语世界良好的传播和接受情况，更意味着中国科幻的"新浪潮"正在涌向全世界。

三、《三体》在英语世界的接受原因分析

　　《三体》是一部具有强烈中国文化特色的作品，它在英语世界能够受到广泛认可和喜爱，与多方面的因素密不可分。在人类命运共同体的时代背景下，不同文化之间的交流互鉴越来越普遍，小说将中国文化元素和世界文学主题相结合，被世界各地的读者所喜爱。从独特西方文化元素的创新融合、不同文化形态之间的交流互鉴和人类命运共同体下的集体想象三方面进行分析，可以更加深入地了解《三体》在英语世界的受众面前所取得的成功，探讨其中的原因。

————————

　　① Dean, N. "The beginning of the end", *Nature Phys*, 2015(10), p.889-890.

　　② Dean, N. "The beginning of the end", *Nature Phys*, 2015(10), p.889-890.

　　③ Stephen Benedict Dyson, "Why you should be reading Liu Cixin, China's hottest science-fiction writer", *The Washington Post*, August 8, 2015.https://www.washingtonpost.com.Accessed 2024-10-20.

（一）英语世界文化元素的创新融合

科幻小说是极具世界思维的文学体裁。在科幻小说中，人类常常作为一个整体出现，所设定的灾难和危机也是全体人类共同面对的。中国本土科幻文学自身便兼具中国性与世界性，在创作方式上借鉴了西方科幻文学，在思想内涵上体现出了独特的中国智慧，能够引起世界读者的共鸣。刘慈欣巧妙地将多种西方文化元素融入小说中，将其放置在中国社会的大背景下，具有独特魅力。读者在阅读过程中，能够感受到他对西方各个发展阶段的了解，对中国本土文化的熟悉。

在《三体》中，刘慈欣借鉴了西方科幻作家阿瑟·克拉克的叙事模式，同时将中国文化和价值观融入其中，通过英语国家读者热衷的方式来讲述中国故事。在海外传播过程中，这样贯通中西的文学作品也更容易受到国际读者的欢迎。

小说中时常出现这样的句子："这是伽利略。他主张应该从实验和观测中认识世界，一个工匠式的思想家，但他已取得的成果我们还是不得不正视。"[①]伽利略是首位使用实验的方法进行力学研究的科学家，他将实验和数学相结合提出了一些重要的力学定律。即使是在虚拟世界，刘慈欣也保持着对伟大科学家的敬畏之心。"申玉菲平时说话也十分精简，以至于'科学边界'的一些人戏称她为'女海明威'。"[②]海明威以其"冰山原则"而著称，强调使用简单明了的语言。在《三体》中，刘慈欣直接或间接提及的还有亚里士多德、布鲁诺、开普勒、赫歇尔等西方著名人物，这些类似的形容在《三体》中比比皆是。

刘慈欣常通过角色之口讲述自己对西方文化的感悟，如在提及阿兹特克文明时，小说写道："黑暗而血腥，丛林中阴森的火光照耀着鲜血流淌的金字塔。"[③]阿兹特克族是中美洲古代印第安人，其文明形成于14世纪初，1521年被西班牙人所毁灭。阿兹特克文明灿烂但血腥，一方面，它创造了宝贵的文化、宗教和建筑遗产；另一方面，阿兹特克文明等级制度森严，下层奴隶常被无辜杀害以博取贵族一笑。在战争中阿兹特克族更采取了许多残暴手段以扩张其领域，被世人所唾弃。刘慈欣对于阿兹特克文明的形容精炼而又准确。

更多西方元素的融入，减少了英语世界读者阅读时的陌生感，拉近了书本与读者的距离，这是中国文学作品在海外传播过程中不容忽视的一个因素。

（二）不同文化内涵之间的融合互鉴

刘慈欣的大多数小说都会以"灾难"为主题，灾难影响着文中不同人物命运的发展，在人物个性中提取共性，最终将人类命运何去何从这一开放性问题留给读者大众，引起读者的深思。《三体》延续了刘慈欣科幻小说一如既往的灾难主题，但在具体类型上，则

---

① 刘慈欣:《三体》，重庆：重庆出版社，2016年，第131页。
② 刘慈欣:《三体》，重庆：重庆出版社，2016年，第25页。
③ 刘慈欣:《三体》，重庆：重庆出版社，2016年，第169页。

是采用了经典的外星文明入侵题材。故事的主线为人类面对三体文明的入侵所做的抵抗和自救。之前的科幻作品往往是人类与外星文明之间一对一的抗争，而《三体》将地球人和三体人共同放置于宇宙文明的宏大背景下，人类与三体人之间亦敌亦友，故事背景更为广阔复杂。西方科幻作品中常出现追求个人主义、崇尚自由、身具特殊能力的超级英雄，给读者带来了超脱现实的阅读体验。在《三体》中，中国式英雄在肩负起拯救世界的使命时，表现出了中国人特有的高度责任感、集体主义意识和自我奉献精神。

小说中，三体文明通过"幽灵倒计时""宇宙闪烁"等手段恐吓汪淼，妄图迫使汪淼停下手中的纳米实验。汪淼也曾一度怀疑自己的科学信仰是否真实存在，甚至走上极端。但当他识破三体文明的意图后，不惧威胁，毅然决然地全身心投入实验当中，并贡献出自己的最新研究成果"纳米飞刃"，使得中国、日本、北约军官联手在巴拿马运河处决了审判日号上的地球叛军。

丁仪是刘慈欣科幻小说中非常重要的人物，在刘慈欣科幻小说中多次出现，《三体》《球状闪电》等7部小说中均有丁仪的身影。《三体》中的丁仪代表的是具有智慧的人类对宇宙真理的追寻者，他们饱含了智慧生命对宇宙真理的敬畏之心。在《三体》第一部中，他曾和汪淼一起探寻三体世界的奥秘，在第二部中，丁仪已经是八十几岁的老人了，但在人类与三体世界的末日之战中，他主动申请成为人类观测三体世界探测器的第一人，最终英勇牺牲。

这些顶尖科学家身上体现了中华民族高度的责任心和使命感，他们掌握着最前沿的科学知识，带领人类突破当前科学技术壁垒，甘心为了获得宇宙真理而殉命，他们代表着一种新的英雄主义精神，在众人未觉之前，身先士卒。这不仅向英语国家读者展现出长久以来中国人民对于人类共同未来的担忧和考虑，更展现出其家国天下的价值选择，体现了世界大国的使命与担当。这些形象立体的中国式英雄给英语国家的读者带来了全新的阅读体验。

西方个人主义的核心理念是主体的自我保存与反抗，从此角度来看，青年时期的遭遇使得叶文洁失去了对人类社会的信赖，从而不顾一切地将人类暴露在外星文明的注视之下，个人所遭受到的不幸使得叶文洁的复仇行动变得合理化。但也正是她早早意识到了在宇宙社会中的生存法则，并将拯救人类唯一的办法以隐秘的方式传递给罗辑。叶文洁一生的所作所为体现了她在对人类是恨还是爱中陷入了纠结，报复心理是她仇恨的根源，但在悠长的岁月中，她又体会到人性至真至善的一面。在刘慈欣的笔下，通过蕴含着善与美的儿童，用伟大的母爱唤醒了叶文洁内心深处对于人类的期盼。

《三体》的整体风格既有别于西方科幻文学，也与中国科幻文学不大相同，刘慈欣在科幻文学的道路上独辟蹊径，这成为吸引读者的魅力所在。中西不同文化内涵之间的融合互鉴也正是刘慈欣小说的独特风格。刘慈欣赋予科幻文学作品《三体》以中国文化属性，形成了独特的文学风格，为中国文学注入了超越民族的全球视野，让更多读者看到科幻中的中国气度。正是这种本土性和超越性，为小说在英语世界的传播打开了大门，寻求了更多的知音。

（三）人类命运共同体下的集体想象

不断发展和崛起的中国在世界舞台上提出人类命运共同体理念，为全球治理和国际关系重塑提供中国智慧和方案。人类命运共同体理念包含了协和共在的天下观、义利合一的发展观、天人合一的宇宙观等内容。随着中国在国际舞台和场合的大力传播，该理念已得到国际社会广泛认可，并多次被写入联合国文件和决议。

在《三体》中，常伟思将军曾向汪淼指出人类历史形成的偶然性和幸运性，文中写道："人类历史形成的偶然性和幸运性，从宇宙尺度上看，人类社会所有的一切，从坚如磐石的制度到国家，从个人的生命到整个人类的历史，都只是宇宙沧海中的一粟。于恒久存在的寰宇而言，看似悠长的人类文明不过偶然形成。在生存威胁面前，意识形态的差异、国家种族的区别、阶层待遇的不同，都变得微不足道。"[1]刘慈欣借助角色之口讲述了他对人类命运的思考，对人类命运共同体的理解。

与其他文学题材相比，科幻文学最大的特点在于它能够以真实可感的现实为基础，构筑出关于全人类的想象。《三体》以中国的悠久历史为背景，将整个地球文明放置于广阔的宇宙体系中，通过地球文明与三体文明之间的不断碰撞展现不同星系文明之间的斗争，促使不同国度的人凝聚成一个整体，共同思考应对策略，反思人类存在的价值。这些情节深深吸引了读者，并促使他们思考人类理性和科技进步之间的冲突。同时，小说中的各种人物形象和背景设定也引起了读者对人性伦理和宇宙存亡的深度思考，《三体》超越文化差异的共同价值正在于此。

在《三体》中，外星文明带来的危机是人类自诞生以来面临的首个关乎全人类存亡的世界性危机。三体危机消解了所有人类群体内部的差异，使得人类整体向未知的命运前进。小说中的人类社会经历了瓦解和重构，旧有的格局不断被打破，新的体系不断诞生，这种瓦解和重构蕴含着人类走向团结和真正统一的可能性。小说通过塑造人类面对危机奋起抗争的画面，体现家国情怀和集体意识，强调人类需要建立命运共同体的重要性，同时也呼吁着更多的人携手共进、团结协作，加入建立人类命运共同体的行列中来，这一呼声对于当代人类社会具有十分重要的现实意义。

站在宇宙的角度上思考人类的生存问题，探讨宇宙文明的道德伦理，这是科幻小说常出现的话题。《三体》通过人类与外星文明之间的冲突和交流，向世界叩问了超跨国界和种族的人类命运共同体的可能性。这无疑展现了当下世界与未来世界的重合，是人类命运共同体观念下超越国家、超越民族的集体想象。可以说，《三体》不仅是一部具有高度科幻性质的小说作品，更是一部富有人文关怀和社会意义的文学佳作。

---

[1] 刘慈欣:《三体》，重庆: 重庆出版社，2016年，第98页。

四、《三体》在英语世界传播的启示

中国自实施文化"走出去"的发展战略后，先后开展了一系列项目方案构建现代海外传播新体系，为中国文学的海外传播提供了支持和机遇。在莫言获得诺贝尔文学奖后，中国文学作品的外译数量显著提高，但从整个世界文学角度来看，中国图书的海外版权数量仍有待提高。《三体》为中国科幻文学实现了零的突破，不仅让科幻文学不断出现在大众视野，也在世界文学的层面上开启了科幻文学的新纪元。《三体》作为一部成功的科幻小说作品，以其"雨果奖""星云奖"为代表的多个奖项突出了中国文学的意义与价值，也给其他中国当代文学作品的海外传播提供了重要的经验和启示。

（一）培养专业译者，壮大译者团队

在外译作品进入他国读者视野的过程中，翻译无疑是最重要的一环。作为连接海外受众的桥梁，译者不仅是作品的第一读者，也应当是通晓作者运思构想的知音。托尔出版社在挑选《三体》英文版的译者时，不仅考量译者的翻译能力，同时还考量其对作品所涉及的科学领域的了解程度和对中国历史文化的熟悉程度。*The Three-Body Problem* 的译者刘宇昆，是一位美籍华裔作家。儿时在中国学习的经历，赋予了他扎实的中国传统文化知识储备。后来随父母移居美国，丰富的人生经历也使其兼具西方思维模式。同时，他还获得过科幻界"雨果奖"和"星云奖"，是一位不折不扣的科幻文学作家，也曾有翻译科幻小说的经历，在国际科幻领域有较高的声誉。可以说，刘宇昆是美国唯一的一位中英科幻译者。

目前在国外流传较广甚至屡次获奖的中国文学作品，大多是由海外汉学家或华裔作为译者进行翻译，较少见到我国本土译者参与的身影。与其他类型文学相比，科幻文学的翻译存在一定的专业性，除了要具备翻译经验并详悉译入国和译出国的历史文化，还要熟知科幻文学中所涉及的相关领域，把握读者审美趣味。高水平的本土翻译人才，除了要有相应的翻译专业能力外，还应具备深厚的英文写作能力。

对中国翻译人才的培养，除了出色的双语能力、充分的跨文化意识、丰富的翻译经验以及对相关领域的熟悉程度以外，更需要提供机会和平台，加强其与海内外优秀译者的交流和互动，着力培养能够胜任中国文学对外翻译的高素质高水平人才。

（二）重视译介方式，促进文化传播

在国际传播过程中，文化背景和语言差异是难以避免的问题，翻译成了一种重要的传播方式。针对《三体》这类具有中国特色和文化内涵的作品，翻译工作显得尤为重要。在翻译过程中，为了让海外读者更好地理解《三体》的内容，译者采用了加注释和解释性翻译的方法来处理这些词汇，以便更好地传达作品的意义和内涵。这也充分说明在跨文化传播过程中，翻译对促进文化交流和理解的重要性。

在中国文化中，"姓在前名在后"为称谓表达习惯，为保留这一文化习惯，译者按照

直译的方式进行翻译。例如:《三体》中主人公的名字"汪淼",译者就将其直译为"Wang Miao"。在中国,人们常用称呼语来展示双方的亲近,文中后续出现了"小汪""大史"等,译者同样将其译为"Xiao Wang""Da Shi",以此向读者展示中国称谓文化。当翻译遇到历史朝代与人物表述时,译者同样选择最大化地保留中国文化特色。例如:"战国时期"和"周文王"直译为"the Warring States Period"和"King Wen of Zhou",同时在文后加以注释,以此帮助英语世界读者理解中国历史知识。

在翻译中国成语、俗语、方言等独特词汇时,考虑到语言的差异性,译者在保留原有内涵的同时归化了一些文化元素,以此来保证译文语言的流畅性。例如:《三体》曾使用过"画龙点睛"和"一叶障目"这两个成语。"画龙点睛"为神话故事型成语,译者将"画龙点睛"翻译为"this third sphere gave 'emptiness' life",选择用"give...life"的句式来展现"眼睛"对"龙"的作用,在保留原文含义的基础上,简洁地表达出该成语的文化内涵。"一叶障目"为典故型成语,译者将其翻译为"cannot see beyond the ends of their noses",采用了归化的翻译方式,提高译文语言的流畅度,提升译文的可接受性,更符合英语世界读者的表达方式。

(三) 拓展传播渠道,创新推广方式

拓展传播渠道,突破传统的传播模式,建立多媒体多元化的对外传播方式,在数字化时代下实现海外传播路径的创新融合,是获得良好传播效果的有力保障。《三体》最开始是刘慈欣通过在互联网社交平台上与各国科幻迷之间交流分享,在小范围的分享后,更多的读者认识到了这本小说,随后引起了海外学者的关注,从而走向国际。

《三体》及整个系列作品均采用中外出版社联合出版的方式。《三体》英译本所选择的美国托尔出版社,是美国科幻界公认的最佳出版社。托尔出版社出版的科幻作品往往具有极高的品质,拥有知名出版社作为坚实的传播平台,为后来《三体》受到读者的认可打下了坚实基础。营销团队在线下利用国内国外书展、读书会等活动提高影响力,线上通过各大主流媒体、社交平台、读者交流社区全方面宣传,其利用线上线下的宣传渠道,采用官方媒体和民间力量的宣传方式值得借鉴。

在当今时代,数字化技术已经成为人们日常生活、工作不可或缺的一部分,传播媒介已不再是单一的存在模式,呈现了融合发展的新趋势,采用多元化的传播路径,在文学传播中有着重要作用。如何将新时代传播媒介和中国文学结合,是中国文学海外传播必须考虑的一个方面。以科幻文学为例,科幻文学作品能够融合的媒介方式是多样的。除了常见的文本内容和影视化改编外,AI人工智能、VR电子游戏等信息化技术都能改变科幻文学的呈现方式,营造出声势浩大的科幻场景,并持续探索无尽的可能。中国文学海外传播的渠道也不应拘泥于传统纸质文本,可以采用电子书、有声读物、漫画、影视剧等多种表现手段的融合创新,通过打造具有更多参与性和互动性的阅读环境,满足

不同类型读者的需求。

结　语

《三体》作为一部成功的科幻小说作品，不仅在世界文学的层面上开启了科幻文学的新纪元，更是发掘出了中国文学的意义与价值。探讨《三体》海外传播的成功经验，能发现其看似意外惊喜的背后，蕴藏着无数人的付出与努力。虽然《三体》并不能概括中国当代文学的整体情况，但其在海外的广泛传播经验也为其他类型的文学作品提供了参考和借鉴。

回顾《三体》的海外畅销之路，作者刘慈欣自从开始文学写作以来，始终坚定不移，默默耕耘，紧跟世界科幻文学的潮流，创作出一系列优秀的作品，这是一切的基础。高水平的原著内容、专业译者的选择、译者恰当的翻译手段、融合创新的传播渠道，环环相扣，缺一不可。同时，创作者要明确文学作品面对的读者受众以及受众真正的需要，不仅要考虑专业学者及爱好者的接受效果，更要关注普通受众的喜好程度。在保证作品思想高度的同时也要兼顾大众审美趣味，只有被世界大众读者所接纳喜爱，中国文学才算真正实现了走向世界的目标。

尽管《三体》在英语世界读者中获得了好效果和好成绩，但我们也必须看到中国文学外译过程的阶段性以及海外读者对文学题材的接受程度。中国文学的海外传播事业不能急于求成，应当在稳扎稳打中生产好文本，讲出好故事，培养稳定的海外受众群体，形成有效的传播效果评估机制，才能让中国文学在海内外全面盛开。

【中华民族现代文明传播研究】

红头船的文化符号记忆及其数字传播路径

冯月季　赵　微[*]

（汕头大学长江新闻与传播学院、汕头大学中华文化国际传播研究中心，广东汕头，515063）

摘　要：产生于清代嘉庆年间并盛行于广东潮汕地区的红头船在中国近代远洋贸易、海外移民以及国际交往中扮演了重要角色。随着时代变化，实物形态的红头船已经退出历史舞台，红头船成为文化记忆的符号，作为符号形态存在的红头船具有独特的精神内涵，对于海内外的潮汕人而言，在红头船文化符号的集体记忆和情感框架中获得了群体成员的身份认同。新时代背景下，红头船的文化符号价值需要借助数字传播技术扩大其影响力，提升红头船在沟通中外文明交流互鉴中的重要作用和价值。

关键词：红头船；符号；文化记忆；数字传播

基金项目：本文系汕头大学数字人文与智能传播研究中心开放项目"数字人文视角下潮汕红头船在东南亚华裔群体中的文化认同与传播机制研究"（项目编号：24STUSZRW01）的阶段性研究成果。

一、红头船的历史起源及变迁

一般认为，曾经盛行于广东潮汕地区的红头船起源于清朝的"海禁"制度。从顺治到道光年间，由于民间反清力量此起彼伏，尤其是郑成功与李定国率领的武装力量给清政府的海疆甚至整个政权构成严重威胁，招安失败之后，清政府不得不采取"海禁"政策以切断反清力量与沿海地区的联系，规定不许百姓私自打造两桅以上大船，更严禁将大船解予出海之人。顺治十二年（1655年）颁布《申严海禁敕谕》，规定："严禁商民船只私自出海，有将一切粮食、货物等项与交逆贼贸易者，或地方官察出，或被人告发，即将贸易之人，不论官民俱行奏闻正法。"[①]顺治十八年（1661年）又颁布"迁界令"，所谓"迁界令"就是将北起山东南至广东沿海六省居民内迁三十里，试图彻底切断沿海居

---

* 作者简介：冯月季，汕头大学长江新闻与传播学院教授，汕头大学中华文化国际传播研究中心研究员，研究方向：符号传播；赵微，汕头大学长江新闻与传播学院研究生，研究方向：文化传播。

① 孔昭明编：《清世祖实录选辑》，台北：大通书局，1984年，第119页。

民与郑成功集团之间的联系。清政府推行严苛的"海禁""迁界"政策给东南沿海地区的百姓生活带来了深重的灾难，不少家庭被迫背井离乡，原本安定的生产生活和经济活动遭到破坏。

康熙二十一年（1682年），清政府平定三藩之乱，第二年，郑克爽投降，清政府收复台湾。随着国家疆域稳定，清政府前期推行的"海禁"和"迁界"政策开始松弛。康熙二十三年（1684年），清政府正式废除了"海禁"政策，不过康熙年间的"开海贸易"并未完全实现，康熙五十六年（1717年）颁布了"南洋贸易禁令"。"南洋贸易禁令"遭到人民的强烈反对。雍正登基后，听取闽粤地方政要的建议，开始逐步放宽东南沿海的"南洋贸易禁令"，先后准许福建、广东地区的商船可以前往南洋进行海外贸易，并设立了相应的对外贸易管理制度。

红头船正是在这样的背景下出现的。清政府为加强海上船只管理，除要求各省对商船、渔船进行审批、登记、发牌外，还规定各省商船在船体两端头尾部位和桅杆上部漆饰不同颜色以便区别。《澄海县志》记载："洋船商船以之载货出海，闽粤沿海皆有之，闽船绿头较大，潮船红头较小，用粉白油腹。"① 这里的"潮船"泛指广东一带尤指潮汕地区的民船，因船头漆饰红色，民间俗称"红头船"。至于广东民船船头为何漆成红色，一般认为这是符合中国古代五行思想。因广东地处中国南方，南方属火，用色为赤，赤即红色。

至雍正六年（1728年），清政府废除"南洋贸易禁令"，此举大大激励了东南沿海地区的海上贸易活动。广东潮汕地区澄海县的樟林港便在此时期成为海上贸易的主要港口。从樟林港出发的红头船，基本上是分南北两路，每年三四月红头船扬帆北上，抵福建、台湾、浙江、上海、山东、天津，甚至到日本等地，秋季汛风起则从樟林顺风南下，至广州、雷州以至越南、暹罗、马来西亚、婆罗州、印度尼西亚等地。② 其中，暹罗是樟林港进行海外贸易的主要目的地，因广东潮汕地区的粮食产出供应紧张，因此樟林港的海运贸易中，来自暹罗的大米是最大宗的商品。且暹罗大米价格便宜，有效缓解了潮汕地区粮食供应紧张的问题，有利于社会稳定。清政府看到大米贸易的利好，遂出台免税政策鼓励商人出海贩运大米回国。因大米价格便宜，获利甚微，出海贸易的商人们就在大米中夹带产自南洋的象牙、珍宝、药材等贵重物品，而产自潮州的陶瓷、丝绸、雕刻以及从中国北方贩运来的人参、鹿茸、兽皮等也乘着红头船漂洋过海，在南洋地区很受欢迎。

运载货物的红头船是一种木结构的大帆船。根据考古发现，红头船船体较大，1971年在澄海出土的一艘红头船残骸其船身长度达到39米，宽度达到13米。因当时国内造

---

① 李书吉、蔡继坤等编修：《澄海县志（卷六）》，台北：成文出版社，1967年，第65页。
② 杨行之：《樟林港与红头船贸易》，《华侨华人历史研究》1991年第3期，第54—56页。

船价格非常昂贵,许多商人选择到暹罗造船,暹罗不仅木材便宜,而且人工费用低廉,船在暹罗造好之后,载满货物回国。红头船能载重货物三四百吨,且船身非常坚固,可抵御较强海浪冲击,双桅船帆大大提升了其在海上航行的速度。红头船不仅在国内航行于南北口岸,每年夏季还有许多红头船乘东南季风,航行至日本、琉球及东南亚诸国进行海外贸易。

红头船对于东南沿海尤其是广东潮汕地区的经济生产和日常生活有着重要作用,今汕头澄海区樟林古港流传着一首著名的童谣《红船到》:"红船到,猪母生 / 鸟仔豆,舵(攀)上棚 / 红船沉,猪母眩 / 鸟仔豆,生枯蝇(蚜虫)。"这首童谣十分生动地表现出了红头船与樟林古港沿岸居民生活的密切关系。尤其是清嘉庆末年,潮汕地区严重缺粮,正是靠着红头船从琉球及东南亚诸国运载大米到潮汕,有效缓解了当地的粮荒,对于社会的稳定发挥了重要作用。红头船除了在夏季远赴海外运输货物以外,秋冬季节,则满载粤东特产北上天津、辽宁等地,换回棉花、布匹、药材、干果等特产贩运至东南沿海各地。可以说,红头船作为一种海运工具,不仅大大便利了国内南北贸易的开展,而且在促进中国的海外贸易活动方面也属史无前例。白寿彝先生在《中国交通史》中指出:"中国自战国以来,本来就有海上行船的事……自元时起,海运的意义便显然和以前不同,这时的海运,显然关系着国家的根本,它在元明清的重要,一如运河之在唐宋。"①

红头船之重要,除了在海外贸易方面的显著作用以外,便是推动了中国向东南亚地区的海外移民以及中外文明交流互鉴。潮汕地区受自然地理条件的限制,土地稀少,人口众多,自然灾害频发。《澄海县志》记载:"既鲜可耕之地,而又潮汝之往来,咸气熏蒸,一冲根株,则禾苗立槁,以视膏腴沃壤之区相去奚啻倍蓰。故务农者用力多而收获常歉。"② 自然条件的匮乏成为推动潮汕地区人民寻求海外生存空间的动力。那时泰国对劳动力需求很大,再加上早年移居泰国的华人站稳脚跟之后,很多亲朋好友都去投奔,于是掀起了一股移民潮。这种盛况一直持续到嘉庆末年。由于樟林港逐渐被泥沙淤塞,体积较大的红头船已不能直接驶入樟林港。第一次鸦片战争结束后,清政府被迫开放广州、福州、厦门、宁波、上海五处为通商口岸,从此来自西方的蒸汽轮船取代了依靠风帆驱动的红头船,红头船逐渐退出了中国历史舞台。

二、物的符号化:红头船的记忆之维

随着历史时空转换,往昔来往穿梭于中国与东南亚地区的红头船已经消失不见了。而历史上遗留下来的有关红头船的实物也很少,只是 20 世纪 70 年代在樟林港旧址出土过有关红头船的遗物,但也未能保存下来,如今只能在樟林港旧址见到根据红头船原样制作的仿制品。作为历史实物形式的红头船已经不再存在,在人们的传说和记忆中红头

---

① 白寿彝:《中国交通史》,北京:团结出版社,2011 年,第 133—134 页。
② 李书吉、蔡继坤等编修:《澄海县志(卷十三)》,台北:成文出版社,1967 年,第 108 页。

船被赋予了特定的意义，成为一种符号化存在。人类在历史的社会生产过程中创造了大量的物质形式，但并非所有的人造物在其物质形式消失后能够进入人们的记忆框架。记忆首先是一个选择和扬弃的过程，德国著名文化记忆研究学者阿莱达·阿斯曼（Aleida Assmann）认为："在个体的内心层面，这类记忆的因素极其不同：部分是不活跃且不具有生产力的；部分是潜在的未受关注的；部分是受制约而难以被正常地重新取回的；部分是因痛苦或丑闻而深深被埋藏的。"① 作为符号的红头船只能以记忆的形式存在于人们的意识中，记忆也是一个符号化的建构过程。记忆的价值在于通过时间的回溯与空间的想象进行意义表征和再现，是人的主体意识赋予某个确切对象意义的过程，而这个过程只有通过符号才能发生。

符号无法单独存在，必须表现为一定的关系。尽管历史上有关红头船的遗留物很少，但是红头船作为一种媒介将许多与之相关的事物连接在一起，从而共同建构了有关红头船的符号意义链条。正如扬·阿斯曼所言，文化记忆并非抽象的概念、意识和想象，必须借助不同维度的"文本系统、意象系统、仪式系统"② 等文化符号系统来实现其意义的再现，这些文化符号系统共同构成了文化记忆的媒介维度。

与红头船相关联的文化符号系统首先是饮食。历史上潮汕人乘坐红头船从樟林港出发到泰国需用时一月有余，漫长的旅程十分艰苦，为了解决旅程中的饮食问题，那时"出国新客带着糯米蒸的甜粿，作为途中食粮，因为甜粿放得久，而且耐饿"③。甜粿在中国闽南、粤东及台湾地区既是一种民间美食，同时也在各种重要的祭祀活动中被制作成各种形状当作供品。因而甜粿这种食物本身就是一种"物—符号"的联合体存在形式，尤其是艰险漫长的旅途中，人们内心祈求平安的愿望赋予了甜粿更多的符号意义。这也可以解释为什么甜粿这种食品能够漂洋过海，至今在东南亚地区十分流行，甜粿作为一种食物显然超越了其物质属性，更多地彰显出其符号意义。

另外，潮汕地区宗教信仰之风盛行，因此在红头船开行之前，"行人和家属到樟林南社外的妈祖庙烧香拜谒，祈祷旅途平安"④。樟林南社的妈祖庙于清乾隆二十二年（1757年）开始修建，历时十四年方竣工，可见工程之浩大，从中也可以看出潮汕地区人民对妈祖的虔诚崇拜。除了在开船之时祭拜妈祖外，进行海外贸易或向海外移民的潮汕人还将妈祖神像带到红头船上，因此对妈祖的祭拜仪式可以说贯穿整个航海旅程，这一宗教

---

① 阿莱达·阿斯曼、杨·阿斯曼：《昨日重现——媒介与社会记忆》，载阿斯特莉特·埃尔、冯亚琳：《文化记忆理论读本》，北京：北京大学出版社，2012 年，第 27 页。

② 扬·阿斯曼：《集体记忆与文化身份》，陶东风译，《文化研究》（第 11 辑），北京：社会科学文献出版社，2011 年，第 10 页。

③ 汕头市政协学习和文史委员会、澄海区政协文史资料委员会编：《樟林古港：红头船的故乡》，香港：香港天马出版有限公司，2004 年，第 44 页。

④ 汕头市政协学习和文史委员会、澄海区政协文史资料委员会编：《樟林古港：红头船的故乡》，香港：香港天马出版有限公司，2004 年，第 44 页。

信仰习俗由此传播到东南亚诸国。不仅成为华人华侨社群内部情感联结的纽带，而且"逐渐得到了越来越多本地非华人族群的外部认同，借以扩大信众边界，并经本地政府大力倡导，促进了群体间情感共同体的构建"①。

宗教仪式、饮食等文化符号构成了有关红头船文化记忆的媒介维度，尽管红头船的物质形式已不存在，然而这些宗教仪式和饮食等文化符号在现实中的表征总是会将人们的记忆拉到历史的时间维度中，从而凸显出红头船的符号意义。法国著名记忆研究学者哈布瓦赫（Maurice Halbwachs）认为："集体记忆具有双重性质——既是一种物质客体、物质现实，比如一尊塑像，一座纪念碑、空间中的一个地点，又是一种象征符号，或某种具有精神含义的东西、某种附着于并强加在这种物质现实之上的为群体共享的东西。"②

因此，红头船文化记忆的建构也具有一种时间维度，"文化记忆建立在过去历史中某个特定的焦点事件上，通过一些可供回忆附着的象征物而凝结成了文本系统、意象系统和仪式系统，因此，它是依靠文化符号来传承的"③。文化符号的生成本身就具有一定的时间向度，从最初作为一种纯粹的物，到其后被人们赋予特定的意义而符号化，因此，文化符号所凝结的记忆从历时性的角度来看总是贯穿于时间的过去、现在与未来序列中。文化记忆的时间维度之所以重要，因为它关乎"我们从哪里来、我们现在是谁、未来我们向何处去"这样的根本性问题。扬·阿斯曼将文化记忆的这种时间维度称之为构成社会的"联动结构"："这个所谓的联动结构有社会的一面，也有时间的一面。在社会层面，成员之间形成共同的经历、期盼和行为空间，个体在这个集体中享受信任并得到指导。在时间层面上，上述联动结构把过去与当下链接起来，在不断移动的当下视域中纳入以往值得记忆的人和事，以便活着的人不断获取归属感和希望。"④

如果说有关红头船的文化记忆在时间维度上建构了历史连续性的身份认同，那么由红头船所形成的记忆之场则构成了其文化记忆的空间维度。红头船的起点是今汕头市澄海区的樟林港，樟林港是由"河海交汇"形成的天然良港，在粤东海外贸易发展过程中扮演了重要角色，清政府开放"海禁"之后，樟林港由过去的海防重镇一跃而变为"通洋总汇"的商贸移民之港。也正是在这段时期内，樟林港日渐繁荣，形成了"八街六社"的港埠格局。当时流传着"金仙桥，银长发，天上神仙府，地上樟林埠……"这样的歌谣，足见樟林港商业贸易之兴旺发达。

当年的潮汕商人和海外移民正是从樟林港出发，搭乘红头船出海下南洋。因此，在海外潮汕人的观念里，樟林港就具有特别的意义，潮汕地区的风土人情、生产生活、民

① 许元振：《构建共同体：妈祖文化在东南亚华人社会中的独特价值》，《文化遗产》2021 年第 2 期。
② 莫里斯·哈布瓦赫著：《论集体记忆》，毕然、郭金华译，上海：上海人民出版社 2002 年，第 335 页。
③ 刘振怡：《文化记忆与文化认同的微观研究》，《学术交流》2017 年第 10 期。
④ 扬·阿斯曼：《关于文化记忆理论》，金寿福译，载陈新、彭刚主编《文化记忆与历史主义》，杭州：浙江大学出版社，2014 年，第 40—41 页。

俗礼仪、宗教信仰都在这个微观的地理空间中被赋予了特别的意义，它超越了单纯的地理空间，从而生成了一种具有地方感的符号空间。这个符号空间中的街道、商铺、祠堂、庙宇等意象共同构筑了红头船的意义网络。因而，这个地理性的符号空间不是静止的，它会随着红头船的穿梭航行而产生意义的流动和延伸。并且，随着时间的流逝，其固有的明确的地理区隔也会消逝，更多地演化为人的主观意识的感知和叙述。在流动和传播的过程中，这个地理性的符号空间还能够在异域得以复制和再生产，"地方感是一种强烈的、通常是积极地将我们与世界联系起来的能力"①。今天，潮汕地区与东南亚国家具有很多相似的文化特质，东南亚华人社区在建筑风格、商业组织以及宗教信仰等方面还沿袭了潮汕地区的传统习俗，这说明地方性的符号空间会跨越地理的边界，从而具有了意义的扩散性和生产性。

三、符号的象征化：红头船的情感认同

从概念的角度，人们常常将符号等同于象征，例如黑格尔认为："我们在象征里应该分出两个要素，第一是意义，其次是这意义的表现。"②也常有"象征符号"这样的术语表达，"符号"与"象征"之间确实存在很多共通之处，但是其中的差异必须予以甄别。一般而言，某个存在物被赋予意义之后就成为符号，但是符号的意义并不是恒定的，尤其是在符号化初始阶段其意义的不稳定性会更加明显。而象征则是符号在重复的使用过程中某个恒定意义的再现，例如"太阳"总是象征着光明、希望和温暖。从象征的角度而言，红头船的符号意义也具有同样的特征，对于很多下南洋的潮汕人来说，旅程中充满各种凶险，因此在最初的记忆中，红头船给人带来辛酸和苦难的回忆。而随着时间的流逝，"自力更生、艰苦创业、同舟共济、四海一家"已成为红头船精神的独特内涵，红头船作为一种象征凝结着潮汕人的情感认同。

哈布瓦赫在其理论著述中认为，记忆产生的基础建立在与他人的交往关系中。在交往关系中，因具有相似的文化特质，使用相同的语言、符号，交往主体在社会结构的互动中形成了稳定的情感联系。阿斯曼夫妇在哈布瓦赫"集体记忆"的基础上提出了"交往记忆"的概念，以此表明个体记忆的社会性："交往记忆存在于个体之间，产生于人与人之间的交往，情感在交往记忆的形成过程中起到了关键性的作用。"③红头船本身就是一种媒介物，它将不同命运的潮汕人联系在一起，尤其是从樟林港出发远渡重洋，共同经历过生死考验的潮汕人在异国他乡更加渴求一种情感上的认同和联结，"先辈移民对红头

---

①　苏珊·汉森：《改变世界的十大地理思想》，肖平译，北京：商务印书馆，2009 年，第 244 页。

②　黑格尔：《美学（第 2 卷）》，朱光潜译，北京：商务印书馆，1983 年，第 10 页。

③　扬·阿斯曼：《什么是"文化记忆"？》，陈国战译，《国外理论动态》2016 年第 6 期。

船有着无限的深情与怀念,泰国澄海樟林区联谊会就将红头船作为会徽的图案"①。由此可见红头船在海外潮汕人社会交往关系中扮演的重要角色,由交往记忆而形成的社会纽带将群体成员凝聚在共同的情感框架中,群体成员的身份认同由此在红头船的象征意义中获得了情感共鸣。

作为象征的红头船具有持久性和稳定性的意义内涵,红头船的象征意义与社会的交往记忆之间的互动是一个持续的过程,它会伴随和影响移民海外的潮汕人整个的生命过程。"红头船和旅暹华侨的关系密切到这种程度,以致华侨死后盛骨灰的容器都要做成船形,坟墓顶上也要立着用贝壳烧成的灰造成的船形饰物。"②可见,红头船对于海外潮汕华侨的象征意义已经远远超越了单纯的物理记忆层面,而更多的是一种感情的记忆。当然,这种主体的感受所形成的单独个体记忆被置于群体环境中其意义才能更完整地体现出来,正如"自我"的建构需要群体中"他者"的承认一样,红头船的象征意义也是在群体交往关系中通过语言或图像等符号的再现,主体的阐释和情感的投射叠加共同构筑了红头船的象征意涵。

红头船的象征意义在交往记忆的框架内显现,在这个过程中,有关红头船的文化记忆被不断塑造和建构。事实上,人们并不能完全记住红头船的全部要素,只有那些具有可记忆性,对于群体身份和文化认同有价值的部分才能被储存到记忆的框架中,为避免忘却,这部分内容被反复言说和提及,"或许使得心理数据被长久记住的最为普遍的方法,便是通过叙事结构"③。故事叙述是建构文化记忆的主要手段,当红头船的符号形式取代其物质形式之后,红头船就成为承载人们文化记忆的符号文本。社会学家保罗·康纳顿(Paul Connerton)在《社会如何记忆》一书中提出这样的追问:"群体的记忆如何传播和保持?"④故事叙述为承载文化记忆的符号文本提供了绝佳的途径,正如萨特(Jean-Paul Sartre)所说,人是天生的讲故事者,依靠群体的传播,搭乘红头船远渡重洋的亲历者们会将他们故事讲述给身边的人,故事的传播过程也是故事接受者寻求情感认同的过程。

红头船的故事叙述中,冒险故事和创业故事最容易引发人的情感共鸣。一位搭乘红头船的旅客这样叙述他们在海上的经历:"带着水罐,两套夏装,一顶草帽和一张草席,从汕头到曼谷花一个月时间。踏上船……我们除了祈祷苍天保佑平安到达之外,没有别的办法……"⑤类似这样的海上冒险故事为听众提供了广阔的想象空间,而红头船无疑正

① 汕头市政协学习和文史委员会、澄海区政协文史资料委员会编:《樟林古港:红头船的故乡》,香港:香港天马出版有限公司,2004年,第112页。
② 汕头市政协学习和文史委员会、澄海区政协文史资料委员会编:《樟林古港:红头船的故乡》,第46页。
③ 杰弗里·丘比特:《历史与记忆》,王晨凤译,南京:译林出版社,2021年,第199页。
④ 保罗·康纳顿:《社会如何记忆》,纳日碧力戈译,上海:上海人民出版社,2000年,第1页。
⑤ 汕头市政协学习和文史委员会、澄海区政协文史资料委员会编:《樟林古港:红头船的故乡》,同上第37页。

是这种勇于探索和开拓精神的表达载体。漂洋过海的潮汕人在异国他乡的创业故事同样充满曲折和艰辛。根据文献记载，大多数移民东南亚的潮汕人在国内的社会经济地位并不高，来到异国他乡首要面临的就是生存问题，其次是适应和融入当地文化圈子的问题，自力更生、艰苦创业的过程延续了海上红头船的冒险精神。红头船不仅将旅居海外的潮汕人凝聚为稳固的情感共同体，而且也是沟通海内外华人以及中国与世界交往的桥梁。20世纪80年代，新加坡邮政厅曾发行过一枚印有红头船符号的邮票，泰国王朝拉玛三世也制作了红头船模型存入曼谷岩泥瓦寺，以此来纪念红头船在中泰两国友好关系中扮演的重要角色。

四、重新起航：红头船的数字传播路径

历史上的红头船给后人留下了无数传说和故事，在凝聚海外华侨的文化认同，促进中国与东南亚国家团结合作、友好往来方面发挥了重要作用。然而，红头船在历史上存在的时期太短，遗留的实物和文献又太少。今天位于汕头澄海区樟林港旧址的红头船公园，除了一艘红头船的复制品以及周边广场碑刻上有关红头船的文字介绍之外，关于红头船的更多细节和故事便无处可寻。红头船和许多其他非物质文化遗产面临着同样的挑战，突出表现为："非遗文化内涵本真逐渐遗失，非遗社会群落关注度低、参与薄弱，非遗受众认知呈现严重代际失衡，非遗传播渠道形态原始单一。"[1]特别是像红头船这种实物形态已经消失，只是一种符号化存在的文化遗产，随着时间的推移，由于文献资料的缺乏，群体关注度降低，红头船所生成的文化记忆有可能逐渐淡化。

当务之急，是要对红头船的文献资料进行抢救性保护。2021年国务院办公厅印发的《关于进一步加强我国非物质文化遗产保护工作的意见》提出了非物质文化遗产保护工作指导思想是"保护为主、抢救第一、合理利用、传承发展"[2]。对于濒危非物质文化遗产项目来说，首要的是要对其进行文化资源的调查和整理，妥善保存相关的实物和资料。在此基础上充分利用现代技术手段建立数字档案库、数字博物馆等进行数字化传播实践。不过，数字传播实践必须建立在直观可感的实物形态或丰富详细的文献档案基础上，但是这两样对于红头船而言恰恰是缺乏的。20世纪70年代在樟林港旧址曾出土过红头船残骸和遗物，但彼时未能妥善保存，大多被丢弃毁坏了。如今人们能看到的与红头船有关的文献资料主要是一些历史影像、歌谣和故事传说。因此非常有必要对红头船进行系统深入的文化资源挖掘调查，获得更丰富的文献资料为红头船的数字传播提供依据。

事实上，传统技术条件下的红头船数字传播已经在某些领域开展实施，除了非物质

---

① 薛可、龙靖宜：《中国非物质文化遗产数字传播的新挑战和新对策》，《文化遗产》2020年第1期。

② 新华社：《中共中央办公厅国务院办公厅印发〈关于进一步加强非物质文化遗产保护工作的意见〉》，中华人民共和国中央人民政府，https://www.gov.cn/zhengce/2021-08/12/Content_5630974.htm，访问时间2025年1月5日。

文化遗产爱好者拍摄的红头船影像资料外,2023 年 1 月,国家电影局批准同意拍摄电影《红头船》,不过,这部电影是以抗战时期汕头保卫战为历史背景,对红头船的早期历史呈现有限,因此并不能全面立体展现出红头船的宏观历史。今天的樟林港红头船主题公园,尚未建成有规模的数字档案馆和博物馆。

在大力弘扬"红头船精神"的时代前提下,通过数字技术推动红头船的传播范围,提升红头船文化符号的影响力就成为其必由路径。首先,应当利用当前的云计算技术对红头船的文化资源进行集中监控和动态管理,不过与其他类型的非物质文化遗产相比,在红头船数字文化资源的保存内容方面会有所不同。一般的非物质文化遗产数字资源保存的内容除了图片、音频、视频等以外,还包含技艺的活态传承等隐性知识,目的是通过技艺的活态传承在现实中重现非遗的实物形态。红头船与此完全不同,除了某些模型之外,制作红头船的原始技艺在现实中已经没有复现的价值。因此,红头船的数字资源保存主要涉及的是符号文本形式的内容。通过数字技术复原红头船在其特定历史语境下的存在命运,展现红头船文化符号内涵生成的历史景观是其数字传播实践的主要策略。

以 GIS(Geographic Information System)为代表的地理信息和数字景观技术为红头船的这种数字传播实践提供了可操作性的技术条件。"GIS 技术以空间数据库为基础。它通过对原始数据按时间顺序、按空间关系进行数据库化的管理与分析,通过空间分析、专题制图等手段在计算机屏幕上直观再现历史地理现象的时空结构。"[1]GIS 技术能够进行海量的数据采集、存储、编辑、管理、分析和应用能力,能够对历史上传统的地理要素进行现代化的可视化表达,使受众能够更为清晰直观地辨认出历史地理信息的时空维度。利用 GIS 技术的这种特征,就能够在相当程度上还原红头船的历史存在语境。在此基础上,虚拟现实(VR)技术和增强现实(AR)技术的联合运用可以通过更加智能化的方式对红头船进行历史场景再现的可视化处理,受众可以在虚拟现实的场景中产生身临其境的感受和体验,还可以通过游戏互动的方式增强受众对红头船文化内涵的理解和认知。

仅依靠技术条件并不能完全实现红头船的数字传播效果,还需要在传播内容上下足功夫。无论何种技术条件下,优质的故事内容都是传播的重中之重。应当围绕红头船的传奇经历和历史场景挖掘有价值的故事内容,再辅之以数字技术的应用,制作出以红头船为主题的影像作品或电子游戏,能够吸引更多数字用户和年轻群体的关注。与其他非物质文化遗产项目不同的是,红头船无法通过技艺的亲身实践来体验其文化内涵,主要是通过数字化技术展示还原历史语境与受众进行互动,因此对红头船的故事内容的价值要求更高。红头船的数字传播实践不仅面向国内受众,在当今东南亚以及海外其他地区,红头船同样有着很高的文化认同度。不过,红头船历史遗留下来的这种文化影响力有可能随着代际更迭而逐渐淡化,当实物形态的红头船成为历史之后,利用数字技术手段推

---

① 陈刚:《"数字人文"与历史地理信息化研究》,《南京社会科学》2014 年第 3 期。

动红头船文化符号的海外传播显得尤为重要。历史上，红头船是沟通中外交往的重要桥梁和媒介，新时代历史语境下，红头船同样是中外文明互鉴和友好往来的文化象征。中外非物质文化遗产的研究者们可以通力合作，共同挖掘采集与红头船有关的文献资料和信息内容，通过数字技术的赋能再现当年红头船存在的恢宏历史语境，提升红头船在新时代沟通中外文明交流互鉴中的重要作用和价值。

大学生福文化认知与传播路径研究

张建凤　　张晓瑛 *

（福建理工大学人文学院，福建福州，350118）

摘　要： 本研究剖析大学生对福文化的认知现状及传播影响因素，提出有效的传播策略，以促进福文化在大学生群体中的传承与发展。通过扎根理论的研究方法，通过结合开放式编码、主轴式编码、选择性编码的方式，对福文化内涵价值、传承传播因素的探析逐步提炼出影响福文化在大学生中传播的关键因素，并构建出相应的结构模型。实证研究表明，大学生的文化认知、传播影响因素、个体背景等，均对福文化在大学生中传播产生影响。基于这些实证研究和理论探索，从挖掘和创新福文化价值内涵、重视校园传播、创新新媒体传播策略等方面针对性提出建议，为福文化在高校中有效传播提供有益借鉴。

关键词： 福文化；大学生；传播；扎根理论

一、问题提出

福文化作为中国传统文化的重要内容，历史悠久且内涵深厚。从古老的甲骨文到现代汉字，"福"字演变不断，其蕴含对美好生活向往的意义贯穿历史，融入社会生活各方面。春节的"福"字春联、窗花等民俗尽显其魅力，祈福、纳福等活动更是反映出中国人对幸福的追求。对"福"的追求并非中国特有，乃是全世界人民的共同心愿。西方文化对福等概念有其阐释，其他国家和民族也有各自与"福"相关的文化元素和价值观。在全球化的当下，不同文化背景下的福文化相互交流融合。大学生作为新时代青年群体，承担着传承中华优秀传统文化的使命。在多元文化和新媒体发展环境中，大学生对传统福文化的接收情况如何？合适的传播途径又有哪些？学校在其中充当怎样的角色？这些问题都值得探究。

---

　　* 作者简介：张建凤，福建理工大学人文学院副教授，硕导，研究方向：文化传承传播与政策；张晓瑛，福建理工大学人文学院硕士研究生，研究方向：闽台文化传承与设计。

二、文献综述

自古以来中国便有着祈福求福、崇福尚福的悠久传统和实践，对由此形成的福文化研究，学者们主要围绕福文化内涵、价值、传播传承路径进行。对于福文化内涵研究，卢美松[①] 等人认为福是中国人特有的文化符号，属于中华文化的基因。追求福祉是中华民族迈入文明门槛以来的共同理想，因而福文化是中华民族的精神徽帜。李东梅[②] 等人指出，福文化的内核之中蕴含着对国泰民安、风调雨顺的精神追求，并且与观云测雨、守护平安的气象工作存在着深层次的内在契合性。对于福文化价值的研究，李庚香、刘承[③] 在论文中提到，福文化既是历史发展的内在思想动力，也是建设富强民主文明和谐美丽的社会主义现代化强国的宝贵资源。他们提出要站在新时代的高度，认知与传播传统福文化，发掘传统福文化的思想精髓，展现其在新时代促进中华民族和谐文明发展的文化魅力与永恒价值。林伟杰[④] 提出，福文化扎根于乡村文脉之中，日渐凸显出凝聚造福思想共识、丰富乡村精神文化生活、推动乡村产业发展的多维价值。林莹、谢紫薇[⑤] 从福文化与幸福观角度出发，指出福文化在当前大学生幸福观教育中具有重要的启示作用。福文化的现实意义，可以帮助大学生形成正确的幸福观、人生观和价值观，并引导他们树立物质与精神相结合的幸福观。对于福文化传播传承路径的研究，林洪婧[⑥] 认为福文化要发展要进行创造性转化和创新性发展，达成福文化转换的现代认同。她提出要深挖福文化内涵，梳理历史文脉，拓宽视野，面向重点人群，推动福文化走出去。刘泓[⑦] 指出福建福文化的传播离不开"符号"。他提出，福文化品牌是一种特殊的符号消费。要让福文化"融入生产生活"，让文化消费者处处能亲身感受和体验到。王曦铃[⑧] 探讨了媒体融合对中国福文化传承与发展的影响，据其研究发现，媒体融合是传承传播福文化的有效手段，不仅扩展了福文化传播的方式和渠道，而且增强了观众的参与度和互动性，提升了福文化的可见度和影响力。

从已有学者的相关研究成果进行综合分析来看，学者们在福文化内涵界定方面呈现出多元化的观点，研究深度尚有进一步拓展的空间。具体而言，对于福文化内涵的解读，不同学者往往从自身的研究视角和学术背景出发，虽提出了多种见解，但缺乏系统性的整合与深入剖析，导致在核心概念的精准把握上存在不足，难以形成全面且权威的定论。根据现有文献，大学生对福文化的研究尚未形成广泛的学术讨论。福文化在大学生群体

① 福建省炎黄文化研究会 编，卢美松 主编：《福文化概论》，福州：福建人民出版社，2022 年，第 2 页。

② 李冬梅，姚梦圆，李盛芳：《福文化内涵在防灾减灾科普传播中的应用探究——以福建气象创新实践为例》，《科技传播》2023 年第 7 期。

③ 李庚香，刘承：《"福"说——中华传统福文化及其新时代价值》，《河南社会科学》2018 年第 10 期。

④ 林伟杰：《福文化赋能乡村振兴：价值、梗阻与路径》，《福州党校学报》2024 年第 2 期。

⑤ 林莹，谢紫薇：《福文化与大学生幸福观培养路径研究》，《福建技术师范学院学报》2024 年第 1 期。

⑥ 林洪婧：《福文化创造性转化与创新性发展的福建探索与进路构想》，《艺苑》2023 年第 2 期。

⑦ 刘泓：《小议福文化品牌的符号传播》，《政协天地》2022 年第 5 期。

⑧ 王曦铃：《媒体融合对中国福文化传承与发展的影响》，《中国广播电视学刊》2023 年第 10 期。

中如何传播并促其积极学习传承，是福文化"创造性转化、创新性发展"研究的关键内容。大学生作为重要群体，其对福文化的认知与传承对福文化在现代社会的发展意义重大，深入探究此问题具有重要学术价值与现实意义。

三、研究设计

（一）研究方法

扎根理论研究方法由美国社会学家 Barney 和 Anselm 提出，其核心要义在于依托经验资料构建理论，尤为强调在自然情境下运用归纳手段对社会特殊现象予以探究和建构。[①] 扎根理论的首要宗旨是基于经验资料来确立理论。研究者通过对原始资料的深度剖析与归纳，提炼出核心概念及范畴，进而构建起可解释目标现象的理论架构。扎根理论的主要流程涵盖资料收集、资料分析、理论构建以及验证。在资料收集阶段，研究者需系统地搜集与目标现象相关的原始资料，保障数据的真实性与完整性。于资料分析阶段，研究者要对所收集的资料进行编码、分类与整合，提炼出核心概念与范畴。在理论构建阶段，研究者依据提炼出的概念范畴，构建能够阐释目标现象的理论框架。最后，在验证阶段，研究者需凭借新的数据或案例来检验和修正理论，确保其可靠性与有效性。扎根理论具备灵活性、适应性与创新性等特质，适用于各类社会现象的研究。它不仅能够助力研究者深入洞悉目标现象的本质与规律，还可为政策制定及实践提供有力的理论支撑。基于此，笔者采用扎根理论这一探索性的质性研究方法，通过深度访谈收集资料，经过开放式编码、主轴式编码和选择性编码，不断比较、持续提取概念与范畴，最终构建起影响福文化在大学生中传播的模型。

（二）数据收集与整理

本文运用深度访谈的方法来收集资料，融合线上访谈与线下访谈、一对一访谈和小组访谈等多种形式，以确保访谈的全面性和深入性。访谈方式和人员分布的具体情况如表1所示，展示了不同访谈形式的人数和比例。在访谈提纲的拟写过程中，本文遵循了三个主要步骤。

其一，借助文献综述梳理影响福文化在大学生中传播的各类因素，形成了初步的访谈提纲。其二，在每次访谈过程中，根据访谈的实际情况及时补充提问，并据此调整和完善下一次访谈的提纲。其三，通过对收集到的资料展开深入分析和比较，灵活地加入新的问题，以进一步丰富和深化访谈提纲。

本文基于质性研究的非概率性抽样原则，采取目的性抽样方法，为确保访谈结果具

---

① 翟红蕾、李御任、王涵：《基于扎根理论的中国数据新闻受众接受行为研究》，《新闻与传播评论》2024 年第 2 期。

有代表性和广泛性，依据不同的性别、年龄、学历、文化背景。最终确定了 34 名大学生受众作为访谈对象，受访者的基本信息如表 3 所示。在访谈过程中，线上访谈主要通过微信语音和腾讯会议完成，其中微信语音用于一对一访谈，腾讯会议用于小组访谈；线下访谈则主要在宿舍和教室进行。无论是线上还是线下访谈，访谈时间都在 40 分钟左右，单次最低访谈时间不少于 30 分钟，确保访谈的深入性和充分性。通过这一系列精心设计的访谈过程，本文旨在全面、深入地了解福文化在大学生中传播的影响因素，为后续的理论建构和实证分析提供坚实的数据支撑。

表 1　访谈方式

	一对一访谈	小组访谈	合计
线上访谈	14	0	14
线下访谈	16	4	20
合计	30	4	34

表 2　访谈提纲

序号	具体问题
1	你听说过"福文化"吗？请简单描述一下你对福文化的理解。
2	在你看来，"福"主要包含哪些方面的含义？
3	你是通过哪些途径接触到福文化的？
4	在这些渠道中，哪个渠道让你对福文化的印象最为深刻？为什么？
5	福文化给你带来了哪些感受或启发？
6	你认为福文化对你的生活有实际的影响吗？如果有，体现在哪些方面？
7	在你的大学校园里，有没有关于福文化的活动或宣传？如果有，你参与过吗？
8	你觉得学校可以通过哪些方式更好地传播福文化？
9	你在社交媒体上是否看到过与福文化相关的内容？这些内容对你对福文化的认知有什么影响？
10	你会在社交媒体上分享福文化相关的内容吗？为什么？
11	你认为大学生在福文化的传承和发展中可以发挥什么作用？
12	对于未来福文化在大学生群体中的传播，你有什么建议或期望？

表 3 受访者信息

题项	指标	样本数	占比 %
性别	男	12	36%
	女	22	64%
学历	本科及专科	14	41%
	研究生（硕、博）	20	59%
年龄	18—22 岁	14	41%
	22 岁以上	20	59%

四、基于扎根理论的实证研究

（一）开放式编码

开放式编码是扎根性理论的第一步。根据扎根性理论，开放式编码需要摆脱概念的束缚，在原始数据的基础上构建简单明了的初始编码系统。具体步骤如下：（1）界定原始数据，明确与原始数据相对应的概念；（2）进一步分析第一步确定的标签，归纳出更具代表性的概念和类别；（3）为第二步确定的概念和类别赋予新的名称；（4）发现并总结类别的性质和性质的维度。本文使用 Nvivo14 对原始数据进行编码（见表4）。为了体现扎根性理论的"自然涌现"原则，在从语音转文本的过程中，尽可能保持语篇的原汁原味。同时，对原文进行逐词逐句分析，对出现两次以上的词句进行标注，分析每个概念和类别之间的关系。

表 4 开放式编码示例

范 畴	原始资料语句（初始概念）
文化背景	A18：除了福建人知晓，其他地区都浅显了解。 A24：福文化目前没有那么广泛，未来趋势很广泛并且普及率很大。
个人兴趣	A09：会帮助宣传中华优秀传统文化，增强文化自信，增进对中华优秀传统文化的了解。 A15：虽然我不会直接在社交媒体上分享内容，但我认为分享是一种传播和传承文化的方式，可以让更多人了解和欣赏福文化。
社会变迁	A11：福文化缺乏特定IP，没有突出记忆点。 A22：福文化从单一概念，到现在有丰富的载体，比如福文化的资料、书籍。
学校教育	A15：在学校参与福文化的送春联活动。 A28：在课堂学习，传统文化学习，福禄寿喜五福文化。
社交媒体	A04：过年期间在社交媒体看到过很多福文化信息，感受到祈福盼望。 A08：新媒体渠道看到有关福文化的不多，但是可以从新媒体渠道了解到全国各地的各种风俗习惯，对于福文化的丰富内涵有了更广泛的认识。

续表

范 畴	原始资料语句（初始概念）
家庭传播	A16：姥姥信佛，言传身教，对祈福造福有一定认识。 A26：从小在生活中一些影响，过年抬神，融入生活。
福文化定义	A03：福文化是传统文化的一种，承载和包含中华民族地美好向往，贯穿人们生活。 A08：福文化就是福建本地，有福建特色的文化，通过福文化我们可以认识到福建与其他地区的不同的文化特色。
福文化价值	A19：福禄寿喜，象征幸福。 A24：蕴含丰富的中华民族的文化底蕴，彰显我国的民族特色。
福文化符号	A05：过年时贴福字。 A08：在福建求神，上香拜佛。
福文化体验	A14：在课堂学习，传统文化学习，福禄寿喜五福文化。 A22：通过家乡逢年过节所举办的各式各样的祈福活动。

（二）主轴式编码

主轴式编码的目的是探索开放编码过程中不同类别之间的逻辑关系，并对这些类别进行重新编码，以明确主要类别和次要类别（见表5）。通过分析，我们发现开放编码中十个类别之间存在密切的相互关系和逻辑顺序。基于这些关系和顺序，我们总结出了影响福文化认知与传播的三个主要类别：文化认知、传播路径以及个体背景。这些类别分别从不同角度影响福文化认知与传播过程，为研究提供了更加系统和深入的分析框架。

表 5　主轴式编码示例

主范畴	副范畴	范畴的内涵
文化认知	福文化定义	大学生对福文化的基本理解，包括其起源、内涵等
	福文化符号	大学生能识别出的福文化符号，如福字、拜佛、游神等
	福文化价值	大学生认为福文化在现代社会的价值，传承文化、增强凝聚力等
	福文化体验	大学生参与福文化活动的经历，如春节贴春联、拜年等
传播路径	家庭传播	大学生通过家庭环境接触和学习福文化的途径
	学校教育	大学课程中是否涉及福文化，以及学校组织的福文化活动
	社交媒体	大学生通过社交媒体了解、分享福文化的程度
个体背景	个人兴趣	大学生对福文化的个人兴趣程度
	文化背景	大学生的地域、民族等文化背景对福文化认知的影响
	社会变迁	现代社会变迁对福文化传播方式的影响

（三）选择性编码

选择性编码的主要目的是对主轴编码所生成的内容进行进一步的整合和提炼。这一过程包括分析不同范畴、主范畴与核心范畴之间的关系，挖掘能够引导其他类别的"核心类别"。通过系统地处理这些类别之间的关系，选择性编码旨在形成基于类别关系的基础理论。此外，我们将利用 Process on 软件建立相应的模型，从而最终构建出一个影响福文化传播的结构模型。

（四）饱和度检验

饱和度指的是在访谈过程中，当访谈的数量逐渐增加到一定程度后，新增的访谈数据无法提供新的概念或范畴。[①] 这表明，研究过程中所得到的信息已经基本覆盖了研究主题的所有相关内容。本研究采用了随机抽取的 17 份样本作为研究对象，同时对另外一半的访谈资料进行了理论饱和度的检验。通过对数据的深入分析和不断对比，我们发现未能再挖掘出任何新的、能够影响核心范畴的概念。因此，可以确认我们构建的理论模型已经达到了饱和状态（见图 1）。

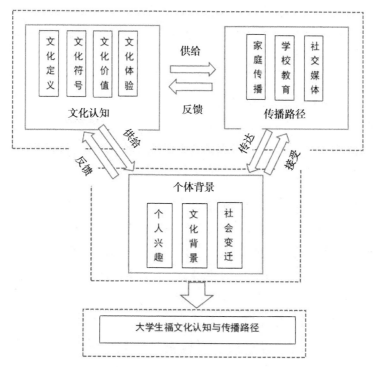

图 1　大学生福文化认知与传播影响因素模型

---

① 钟丽萍、宋宛星、龙寰宇:《基于扎根理论的体育短视频用户满意度影响因素研究》,《广州体育学院学报》2024 年第 3 期。

五、模型阐释与研究发现

（一）主观因素：内涵认知和关注原因影响福文化在大学生中传播

本研究发现，超过半数的大学生不了解福文化，对福文化内涵的理解过于局限。很多大学生对福文化的理解停留在表面，很少深入其本质和深层内涵。这一现象在阻碍福文化广泛传播的同时，也为改进传播策略、深化福文化传播影响指明了潜在的方向。在当今全球化加速发展和信息多样化的时代，大学生们所处的环境使他们接触到来自全国各地复杂的文化观念和价值体系。虽然学生可以通过各种信息渠道开阔视野，获取大量信息，但这些信息往往呈现碎片化的特征。在访谈中发现，大学生对福文化知之过少。在这样的信息环境中，学生往往只是偶然接触到一些零散的福文化符号和概念，如"福"字、春联等。这种零散的接触难免导致他们对福文化内涵理解的偏差，导致他们对"福"字背后所蕴含的家庭和睦、社会和谐、个人道德修养等深层含义了解甚少，甚至将"福"等同于物质享受或个人成功，忽视了"福"所蕴含的人文精神和道德标准。这种相对肤浅的理解，使大学生难以对福文化领域产生强烈的情感共鸣和认同感。共鸣与认同感的缺失，是福文化在校园中有效传播的一大障碍，同时也给福文化在校园这一重要阵地的传承和弘扬带来了诸多挑战。

但是令人宽慰的是，大学生作为新兴事物的主流传播群体，他们热情且有活力，热爱祖国的优秀传统文化并愿意积极地传播和弘扬。而福文化所承载的美好、幸福、圆满的寓意，能够让他们主动积极地去了解和探究。福文化包含的祈福造福的美好信念触动着大学生们的心灵，唤起他们强烈的情感共鸣。更为深远的是，随着时间的流动，大学生逐渐觉醒了对传统文化的归属感和认同感。

（二）客观因素：社交环境因素和知晓广度影响福文化在大学生中传播

大学生们的社交环境和对福文化的知晓广度影响着福文化的传播，学校作为大学生们学习、活动和交流的载体，使得大学生们建立了广泛而多样的社交环境，比如宿舍、班级、社团等。这种社交环境因素对于福文化的传播与传承具有重要的影响。在大学生们的社交圈内，信息的传播交流是迅速的，当一些大学生对福文化感知并且传播的时候，其他大学生就会根据自己认知去判断是否合理和有利，从而在自己的社交圈分享和交流。例如一个同学参加了福字剪纸的活动，其他的同学和朋友也可能对剪纸这一非遗的文化内涵和艺术价值感兴趣，并且参与进去，在自己的社交圈分享和传播。

虽然电视、报纸、杂志等传统媒体在大学生中的影响力有所减弱，但仍是传播福文化的重要途径之一。例如，电视台在春节期间播放的各地文化习俗纪录片，可以让学生体会到各地福文化的丰富多彩和深厚底蕴。互联网和新媒体平台已成为福文化传播的主力军，微信、微博、抖音等社交媒体平台为福文化的传播提供了广阔的空间，大量与福文化相关的图片、视频、文章通过这些平台迅速传播。此外，网络教育平台和文化网站也为大学生深入学习福文化提供了资源，使他们能够系统地了解福文化的知识体系。大学校园是一个多元文化的地方，来自不同地区、不同民族、不同文化背景的学生汇聚于此。在这种多元文化环境中，福文化面临着与其他文化的竞争与融合。一方面，文化的多样性为福文化的传播带来了新的契机和视角，如中国传统的福字书法、剪纸等元素可以作为独特的文化符号出现在与其他国家和民族的文化交流中，引起其他文化背景学生的兴趣，通过福文化与其他文化的交流和融合，丰富福文化自身的内涵。另一方面，福文化在众多文化元素中的相对地位也会影响其在大学生中的传播效果。校园文化活动和课程设置中没有得到足够的重视和突出，就可能被其他文化所覆盖，导致大学生对福文化的认知度不高。

（三）传播因素：传播有利特质、局限和传播动态影响福文化在大学生中的传播

经上文实证研究发现，福文化象征吉祥美好、祈福造福的优势为福文化在大学生中传播奠定积极的情感基调，但是原有的福文化随着时间的推移，遭受自然或人为的损坏，传统文化的不可再生性，使得许多包括福文化在内的民俗文化不能适应现代保护和传承的需要；人们生活方式的改变，使得福文化的原生态保护和传承后继乏人，以致难以创造性转化和创新性发展。另外福文化的传播过程中的动态变化也影响着福文化在大学生中的传播。新媒体的兴起大大改善了传统的传播模式。短视频以短小精悍的特点迅速涌进大学生们的生活，社交媒体也以其强大的社交属性和信息传播能力逐渐成为传播福文化的重要支柱。为了更好地满足大学生的兴趣和需求，福文化的传播内容也在与时俱进。除了传统节日、节假日和群众喜闻乐见的活动外，还应推出许多与当代社会生活密切相关的新材料，如以福文化为主题的新媒体活动等。这些新活动将以贴近学生生活的方式展现福文化，从而增强福文化的感染力和吸引力。为了增强福文化的传播效果，传播方式的互动性也在不断增强。通过线上线下互动活动、社交媒体对话等方式，让学生更多地参与到福文化的传播中来，获得更深刻的体验和情感。

六、福文化在大学生群体中传播与传承的路径建议

（一）挖掘和创新福文化价值内涵

鉴于当前许多大学生，包括福建当地及福建籍的大学生对福文化的认识相对有限，对福文化概念模糊不清，因此，需要结合福文化的时代发展和当代价值，例如"新时代幸福观"和"中国式幸福社会"等理念，精准提炼福文化的核心特征，通过发起"福建的福文化是什么"和"你眼中的'福'"等话题讨论，从核心价值到外延价值对"福文化是什么"进行明确界定。将福文化的概念简化为几个关键词，并用简洁明了的语言普及福文化，清晰界定福文化，使其更加贴近大学生的生活和认知，推动福文化的创造性转化和创新性发展，使大学生能够更轻松地理解和接纳。

（二）重视校园传播

1. 优化学校课程设置

将福文化认识融入通识课程教学，开设"福文化概论""福文化内涵和价值""福文化传播当代意义"等有意义的科目，由专业老师系统和全面地教授福文化的有效知识，如内涵、价值、历史发展、象征意义、当代应用等方面。同时也可以将福文化等传统文化纳入思想政治课和传统文化课，促进当代大学生的文化认同感。[①] 此外，积极创新教学方法和教学手段，采用情景式教学、体验式课堂，让学生们投入课堂的学习中。如开展福文化为主题的寒暑假实践活动，每个活动小组配备指导老师，在学生实践的过程中，及时有效地进行反馈和建议。利用多媒体电脑和其他现代教学技术和工具，在课堂中普及福文化的知识，丰富课堂中福文化的表达形式。

2. 加强校园文化建设

校园文化是学校的隐性课程，以学生为主体，以课外文化活动为主要内容，具有互动性、参与性和传承性。一方面，学校可以在校园营造福文化的校园景观，使其成为校风校貌的隐性课程。在学校打造福文化景观，如福文化长廊，福文化广场，"福"字雕塑等，使其在学生日常学习生活中潜移默化地形成影响。同时，在教室、图书馆等悬挂福文化内容展牌，营造处处是"福"的校园文化氛围，增强大学生对传统文化，尤其是福文化的文化认同感和自豪感。另一方面，学校可以组织丰富的课外活动来传播福文化，如定期举办文化节，组织福文化创意产品展、福文化知识竞赛、创意设计大赛等活动，吸引众多大学生参与。在传统节日和重要的纪念日，组织福文化主题的活动，如在春节期间，组织学生在家写福字、贴福字，并拍照纪念发到社交平台吸引更多人参与。在国庆节等重要节日，组织在校大学生开展以福文化为主题的国庆演讲活动，激发学生们的爱国情怀以及对祖国的祝福之情。

3. 促进福文化与现代设计融合

鼓励设计专业学生将福文化元素巧妙融入产品设计、服装设计、环境设计、视觉传达设计等现代设计的各个领域，精心打造具有福文化特色的现代设计作品。通过举办福文化设计大赛、毕业设计展等精彩活动，集中展示优秀的福文化设计作品，有效促进福文化与现代设计的深度融合，从而提升福文化的时尚感和现代感，使其在现代设计的舞台上绽放出独特的魅力。

支持企业与高校开展校企合作，开展文化创意产品的研发和产业化。将福文化元素与现代科技、先进工艺相结合，使得福文化的创意产品具有实用价值和丰富的文化内涵，如福文化主题文具、精美摆件、温馨家居、科技感强的电子产品等。这样，既能满足市场的多样化需求，又能在产品的传播和使用过程中广泛传播福文化，使福文化融入人们

---

① 李杰：《产教融合背景下高校创新创业教育协同育人机制构建研究》，《教育与职业》2021 年第 15 期。

日常生活，成为现代生活中一道亮丽的文化风景线，促进福文化在新时代的传播和发展，创造文化价值和经济价值的双赢。

（三）创新媒体传播策略

1. 深化社交媒体影响力

设立福文化专属地社交媒体账号，如抖音、微信公众号、小红书等。社交媒体账号一周2—3次的更新频率，定期发布有关福文化的高质量内容，其中内容涵盖福文化的内涵普及、精彩故事分享、福文化相关活动的宣传以及福文化创意产品展示，宣传方面可以结合其他相关传统文化以及借鉴有效账号使其内容多样化，包含图文或视频展示等形式，以此来吸引学生们的兴趣和关注[①]。借助社交媒体平台的高互动性开展关于福文化的话题讨论，对呼声较高、参与讨论较多的话题进行进一步的处理和调整，增强福文化在受众群体记忆度，从而提升福文化在社交媒体平台的影响力和知名度。

2. 探索新型媒介与技术

借助人工智能（AI）、虚拟现实（VR）、增强现实（AR）等前沿技术，创新性地开发福文化的数字衍生产品。例如，打造一款类似于《三体》的"福文化虚拟体验游戏"，游戏场景跨越古代各历史时期，重现祈福仪式、春节庆典等福文化活动，提供多样化的角色选择，让玩家在完成任务的过程中，亲身体验福文化的深厚底蕴。同时，在知名展馆推出"福文化VR互动展"，通过互动体验，使学生直观感受福文化的内涵与传播价值。此外，利用成熟的AI技术，开发福文化智能聊天机器人，提供个性化学习路径和即时问答服务，增加学习的趣味性和互动性，从而更有效地传播福文化。

七、结语

本研究选取大学生作为关键的目标群体，基于扎根理论进行深度访谈，着重探究其对福文化的认知状况和了解程度，在与被访谈人员交流过程中，深入挖掘他们对福文化的理解、感受以及所接触到的相关信息。经过严谨且系统的深入分析后，笔者提取了三个主要范畴，即"文化认知、影响因素、传播路径"，并结合现有的理论与方法构建大学生福文化认知与传播影响因素模型。在该模型中，被访谈者个人兴趣发挥着独特的作用、拥有不同文化背景的大学生对福文化的认知也存在显著差异、社会变迁也在悄然间产生影响。这些因素相互交织，直接对大学生对福文化的认知和传播产生实质性影响。大学生文化认知间接影响了他们对福文化的文化定义、文化符号、文化价值和文化体验，传播路径以家庭传播、学校教育、社交媒体等三个方面为主体，也影响着福文化在大学生中的传播程度，二者不仅作为内外部刺激影响大学生群体，相互之间也产生作用。一方

---

① 晏青、何丽敏：《从可见性到文化认同：短视频参与文化治理的创新路径》，《当代电视》2024年第11期。

面，大学生们的文化认知作为内在核心驱动力，给学生开启了感知和探究优秀传统文化底蕴的大门；另一方面，学校、家庭、社交媒体等外部因素，有效激发了大学生主动学习文化的积极性，成为促进学生对福文化认知和传承的有效传播因素，共同推动着福文化在大学生群体中的广泛传播与深入发展。

情动场景：对开封"王婆说媒"的媒介性考察

陈清容　　孔利利 *①

（广州华立学院传媒与艺术设计学院，广东广州，511300）

摘　要： 开封"王婆说媒"作为相亲节目走进大众视野，研究围绕情动理论，将王婆说媒视作情动场景的建构媒介，以媒介本体论视角、深度访谈法和文本分析法展开对王婆说媒的考察。王婆说媒的媒介性在于它作为中介"连接"了人们的行为以及建构了场景。研究发现，王婆说媒不仅为"只想觅得佳偶"的人布置情动展演的舞台，为"只愿当气氛组"的人提供情动体验，也为"只恨不在现场"的人连通界面的情动入口并形塑遥在的情动感染。作为传统相亲文化，王婆说媒经媒介化演绎为具有感染性的情动场景，为主体创"情"境，让其从入场到离场都时刻被感动到，获得欢乐之力，并凸显着开封的在地文化。情动场景、多元主体与平台的互构也调适着主体间、主客间的互动，链接着时代、社会和地域。

关键词： 情动；王婆说媒；传播符号；媒介性

一、现象与问题

"不是婚介所去不起，而是王婆说媒更有性价比。"2024 年 3 月起，开封万岁山武侠城景区内每天两场的"王婆说媒"火出圈，"我有急事去趟开封""王婆说媒好上头""在开封体验一把宋朝的恋爱"等有关王婆说媒的话题频频登上各大社交平台热搜榜单。由青藤之恋 APP 联合武汉大学数据新闻研究中心发布的《2023 年轻人婚恋压力报告》显示，在单身率提高且婚姻延迟的当今，年轻人面临着的内外部的婚恋压力，迫于婚恋压力和单身焦虑，年轻人开始尝试各种脱单途径，即便是屡被吐槽的相亲，也从排斥到不得不熟练。但面对传统相亲，大多数年轻人仍持抗拒态度。"不是年轻人不相亲，而是相亲平台太虐心；不是年轻人不想爱，而是爱在心底口难开。"现在年轻人对相亲的排斥，缘于相亲变了味，成了走流程、做任务；相亲中的尬聊、相貌学历职业被"明码标价"。

---

　　* 作者简介：陈清容，广州华立学院传媒与艺术设计学院助教，研究方向：媒介文化；孔利利，广州华立学院传媒与艺术设计学院助教，研究方向：新媒体传播。

当下一批批青年带着朝圣的心情赶赴开封万岁山。社交媒体平台上，有大量关于"为爱奔赴开封"的视频，网友评论道，"个个都说单身好，个个都往开封跑……"开封"王婆说媒"被网友称为"接地气版"的《非诚勿扰》，这折射出当代年轻人对无剧本化相亲节目、相亲平台的认可。"王婆说媒"不仅是一场简单的表演活动、相亲现场，而是一次传统与现代、爱情与婚姻的深刻对话。与景区里惯常的演出不同，它是双向互动而非单向度的看和听。在舞台上，王婆凭借幽默的语言、热情活跃的台风、超强的控场能力和机智的应变，适度调侃，氛围轻松活跃。王婆现场即兴发挥，用相声术语说媒，给游客参加实景游戏、玩相亲"剧本杀"的新奇体验。

此外，说媒是自古流传下来的民俗，中国传统社会是费孝通先生笔下的"熟人社会"，"人们生于斯、长于斯、歌于斯、哭于斯"，人们因血缘地缘而紧密相连。然而，当今社会正经历一场"陌生化"的蜕变，就如美国法学家劳伦斯·弗里德曼在《美国法简史》中提出的"陌生人社会"般，人与人之间联系松散，仿佛互不相干的原子，众多而零散，孤独又冷漠。"王婆说媒"中扑面而来的市井气和烟火气让整个节目变得生动。那么，"王婆说媒"作为相亲平台在"陌生人社会"能否促进主体间理性、有温度的交往交流？围绕"王婆说媒"，各类主体在其中充当什么角色并发挥何种作用？"王婆说媒"的媒介化交往与情感链接是如何实现的？基于以上现象和问题，研究将对"王婆说媒"展开媒介化考察。

二、核心概念

（一）情动理论

关于情动理论（Affect Theory），德勒兹认为只有当观念流动起来，世界才得以由静至动变化；只有当寓居于观念之中的情绪／情感流动起来，生生不息的情动才得以产生。[①] 情感的流变即是情动（情感流动）；于广义上说，存在之力的连续流变（becoming）也是情动（情感行动）。[②] 动是一种内在的力量，在意识的认知之外，它强调超越情绪的生命力，并驱使我们走向运动、思考和延伸。[③] 情动非观念上的情感，更多的是身体对于感知所做出的反应，是外在或超出自我的，通过人与人之间的情感感染构造人的主体性，表明了情感与身体的力量密切相关，重新勾勒了人作为情感主体的生存样式。[④] 情动媒介将媒介视为一个包裹着个体主体的人造环境，媒介不是撇开了身体、外在于主体的工具，

---

① 周裕琼、张梦园：《数字公墓作为一种情动媒介》，《新闻与传播研究》2022 年第 12 期。

② 李晓云、王锋：《于流动与行动之间：作为情动的"小作文"书写——一个理解粉丝主体性的另类视角》，《传媒观察》2024 年第 1 期。

③ Gregg, Melissa, Gregory J. Seigworth, "An Inventory Of Shimmers," The Affect Theory Reader, North Carolina: Reprinted by Duke University Press, 2020, pp.1.

④ 汪民安：《何谓"情动"？》，《外国文学》2017 年第 2 期。

而是与身体互相构成，融为一体。[①] 情动作为一个流动的相遇空间与感觉场（sensorial field）相连[②]，情动状态被话语转化为情绪符号时能在认知层面被理解、传播和沟通。[③] 情动式建构的核心在于对情感流变的恰当运用，不断调整情动体验的强度，从而持续吸引受众注意力。[④] 在《情动理论读本》中，贝特尔森（Bertelsen）和默菲（Murphie）将情动分成三个层面：第一层面的情动作为"非个人"的运动或"前个人"的力量；第二层面的情动作为我们更加熟悉和个人化的情绪或感受（feeling）；第三层面的情动存在于前述的两个层面之间，也就是斯宾诺莎所说的"影响和被影响的力量"。[⑤]

（二）交友场景

"媒"指"媒人"，学者杨联陞在《中国文化中"报""保""包"之意义》中谈及中国文化中之媒介人物，"媒介人物"有商人、掮客、媒人、门房、律师、使节、教师、巫师、传译等，均是做人与人之间的媒介，媒介人物之效率在于他完成的满意的沟通介绍之多少。[⑥] 照古礼，"男女授受不亲"，"男女非有行媒，不相知名做"，在婚姻制度上，媒人相当重要。[⑦] 在现代，"媒"亦指"婚介所""社交软件"，也指数字时代的中介关系，其中媒人的牵线搭桥意味着为两个不同时间点上的生命做了一个空间点上的对接[⑧]，空间点上的对接形成场景。场景涵盖现实性场景、虚拟性场景和现实增强性场景。爱德华·索亚的第三空间理论指出，第一空间是物化的真实地方，第二空间是抽象的想象地方，第三空间是物质形态和精神形态兼具的空间，体现了空间性隐喻。[⑨] 技术—生活空间的迅速膨胀正将亲密关系与婚姻择偶塑造成一种新形态[⑩]，基于媒介技术的线上交友平台形塑了碎片的、流动的、公共展演式的媒介景观。[⑪] 高度数字化、中介化、性别化的婚恋平台让

① 周裕琼、张梦园：《数字公墓作为一种情动媒介》，《新闻与传播研究》2022 年第 12 期。

② Hamilakis, Yannis, Archaeology and The Senses: Human Experience, Memory, and Affect, New York: Cambridge University Press, 2013, pp.125.

③ 田林楠：《从前个体情动到社会性情绪——情动理论视角下的集体情感》，《山东大学学报（哲学社会科学版）》2024 年第 3 期。

④ 孙宇、陈曦：《情动式建构与游戏化建构：杭州亚运会开幕式中的区域形象建构路径研究》，《当代电视》2023 年第 11 期。

⑤ Bertelsen, Lone, Andrew Murphie, "An Ethics of Everyday Infinities and Powers: Félix Guattari on Affect and the Refrain," in Gregg, Melissa, and Gregory J.Seigworth, eds. The Affect Theory Reader, North Carolina: reprinted by Duke University Press, 2020, pp.140.

⑥ 杨联陞：《中国文化中"报""保""包"之意义》，北京：中华书局，2016 年，第 115 页。

⑦ 杨联陞：《中国文化中"报""保""包"之意义》，北京：中华书局，2016 年，第 121 页。

⑧ 刘子曦、何姣姣：《网络为媒：数字时代婚恋匹配的基础设施形态及运作逻辑》，《浙江学刊》2023 年第 5 期。

⑨ 刘沛林、刘瑞瑞、邓运员等：《想象与流动："第三空间"的旅游体验与地方意义建构——以凤凰古城短居旅游者为例》，《人文地理》2023 年第 6 期。

⑩ 刘子曦、何姣姣：《网络为媒：数字时代婚恋匹配的基础设施形态及运作逻辑》，《浙江学刊》2023 年第 5 期。

⑪ 孙萍、李宜桐、于小童：《"中介化爱情"之困：理解线上交友平台的媒介化与性别化》，《女研究论丛》2023 年第 1 期。

人得以拥抱"云端爱情",却也使深度的亲密关系被转化"速配游戏"①,原本需由男女双方共同制造的情感体验从双边性的亲密关系中脱嵌出来,异化为竞争游戏中用户个人对自我魅力的感知与自我呈现的需要②,引发情感节奏的变化和对完美对象的非理性追求。算法技术的中介性为线上交友带来了超越地域和时间限制的匹配机制,强化了"流动约会",也带来了"流动约会"后的社交倦怠。③交友平台的用户自主内容生成和广场性的集体展演,使个人更趋向于呈现"镜中我"和"前台形象"。④平台化的自我展演在某种程度上造成了对既有性别秩序、阶层秩序和社群权利秩序的"询唤",隐匿了个人的自觉,加强了性别的凝视。⑤相亲在一定程度上是陌生人社交,陌生人社交中个体间存在着互动情境和自我观念。互动情境中的过程包括与陌生人互动方式的复杂性、在任务中的合作结构、互动情境中的非正式性、与陌生人互动的规范支持,自我观念包括身份认同、自我构念、自尊、廉耻之心。⑥

三、研究设计

(一) 研究过程

本研究采用线上深度访谈法收集研究数据。采取访谈,鉴于人们所处的地域、文化背景、生活环境等较为复杂,访谈可更深入描述和解读王婆说媒的媒介化交往的深层意义;采取线上形式,则是因为受访群体呈现出广泛的地理分布。笔者在微信和小红书发布了电子访谈邀请函,有意参与访谈的需要回答几个问题,其中的问题包含是否在线浏览过"王婆说媒"的相关内容、是否去过"王婆说媒"现场等,以便锁定与"王婆说媒"有较强指涉性的受访者,从而更好地聚焦研究问题。访谈围绕"受访者去过现场"和"受访者未去过现场"两部分展开,主要的访谈话题:①您感觉现场氛围怎样?②您认为"王婆说媒"有哪些吸引您的内容?③您印象最深刻的是哪个环节呢?④您认为"王婆说媒"跟我们以前看的相亲节目有什么区别?⑤那您认为这些嘉宾有表演的成分吗?⑥您是经常看"王婆说媒"的短视频/直播吗?⑦如果您去现场,是想站在台上,还是当个吃瓜群众?⑧您会怎样向没去过现场的人介绍:"王婆说媒"?此外,研究还借助文本分析法作

① 刘子曦、马璐:《从"云端爱情"到"严肃相亲":互联网婚恋平台的数字空间管理与交往模式营造》,《妇女研究论丛》2024 年第 1 期。

② 高艺:《量化"喜欢":交友平台中的感知异化与亲密流动》,《中国网络传播研究》2022 年第 2 期。

③ 孙萍、李宜桐、于小童:《"中介化爱情"之困:理解线上交友平台的媒介化与性别化》,《女研究论丛》2023 年第 1 期。

④ Liam Bullingham, Ana C. Vasconcelos, "'The presentation of self in the online world': Goffman and the study of online identities." Journal of Information Science , vol.39, no.1, 2013, pp.101-112.

⑤ Butler, J.. Undoing Gender, London: Routledge, 2004.

⑥ [美]古狄昆斯特:《国际传播与文化间传播研究手册(第二版)》,[美]莫迪主编,陈纳等译,上海:复旦大学出版社,2016 年,第 176 页。

为补充，主要分析与"王婆说媒"相关的短视频文本以及直播文本。

（二）研究对象

本研究于2024年3月初发布电子访谈邀请函后，共收到68份回复，并从中随机抽取受访者展开深度访谈。当遭遇无法与受访者取得联系、受访者中途退出访谈等情况时，再从中随机抽取其他受访者作为补充。当其全部访谈内容已足够回答研究问题时，数据收集工作截止。最终，本研究访谈了25位受访者（如表1所示），其中男性8人，女性17人；80后2人，90后13人，00后10人。

表 1　访谈对象信息表（截至 2024 年 6 月）

编号	性别	年龄	教育程度	职业	所在区域
A1	男	21	大专	在校学生	山东烟台
A2	女	26	硕士	汽车行业	德国慕尼黑
A3	男	20	高中	公司员工	广东深圳
A4	男	21	本科	在校学生	河北邯郸
A5	女	28	本科	国企行政	山西太原
A6	女	30	本科	职员	山西太原
A7	女	26	大专	电商	河北石家庄
A8	男	21	本科	在校学生	河南南阳
A9	女	26	本科	小学教师	天津
A10	女	27	硕士	教师	广东广州
A11	女	22	本科	在校学生	江西九江
A12	女	28	硕士	国企	上海
A13	女	26	本科	职员	四川成都
A14	男	30	专科	个体	安徽安庆
A15	男	22	本科	在校学生	河南郑州
A16	女	30	大专	职员	广东惠州
A17	女	21	本科	在校学生	湖北武汉
A18	女	18	本科	在校学生	湖南长沙
A19	女	24	硕士	在校学生	湖南邵阳
A20	女	35	大专	个体	河南开封
A21	女	22	本科	在校学生	浙江杭州
A22	男	34	本科	企业	湖北武汉
A23	男	25	本科	职员	湖南永州
A24	女	20	本科	在校学生	江苏南京
A25	女	26	大专	职员	云南昆明

四、研究发现

(一)"只想觅得佳偶":台上的情动展演

"展演"这一概念源自自我展演(self-display),又称自我呈现,由美国社会学家戈夫曼提出,强调了人们在社会情境中所扮演的角色、所遵循的规范与所要达成的目的,自我展演分为"后台"和"前台"两部分。身体展演衍生于"日常交往中有选择地进行自我呈现",特指以身体为依托进行自我表达和自我呈现的实践过程。[①]情动展演是自我展演和身体展演的交融,"王婆说媒"台上的情动展演包括情动展演场景的搭建和情动展演符号的角逐。

与传统的线下相亲或者线上的相亲平台、相亲综艺节目相比,"王婆说媒"的现场演绎抛开了剧本,台上嘉宾的选取以及嘉宾的互动具有一定的随机性、公开性和直接性。情动展演场景中的主体包括嘉宾、王婆、观众、工作人员,台上的嘉宾和王婆往往是众人注视以及镜头捕捉的焦点。嘉宾与嘉宾、嘉宾与王婆、嘉宾与观众、嘉宾与工作人员的互动搭建了情动展演场景。"王婆说媒"舞台位于开封万岁山武侠城景区,景区中随处可见宋代的情景布置和汉服装扮的工作人员,为游客营造了置身于繁华大宋的场景感。"首先王婆本人,她的服饰是孙二娘的服饰,我觉得自从她火了以后,淘宝上有很多她的同款服饰,就是非常复古,古装的感觉,让我真的像是身临其境,时空穿越般仿佛回到过去。"(A2)王婆(赵梅)以"媒婆"身份推动相亲的进程。"最近也听到网上说她(王婆)三观不正,但我觉得她的三观够正了。人家搞相亲的,目的就是奔着结婚去的,所以讲话犀利了点,直达痛点不是?不浪费时间。"(A25)情动展演场景具有互动性、隐喻性,情动展演场景的搭建对台上的嘉宾而言,具有公共景观和私人景观的双重性质,嘉宾可以在相对自由、包容的舞台上展现自我,进行更为自然的才艺表演和自我介绍:"有的现场表演二指禅俯卧撑!有幸现场观看体验了一把王婆说媒,真的特别溜特别带劲。"(A21)而王婆、观众等公共景观的介入则消除了嘉宾间的尴尬和不适,"王婆那个,大家尽管不认识,但台下有观众,起哄,氛围一下就起来了。王婆相当于一个调节剂,活跃气氛。"(A4)

情动展演是嘉宾间运用各种符号展开角逐以期满足角色期待的过程。情动展演所运用的符号可以分为可见性符号、指向性符号和联想性符号三大类(如表2所示),可视性符号的所指是清晰的,主要有身高、体重、服饰、言行等;指向性符号主要包括收入、职业、年龄、学历等;联想性符号的所指是较为模糊的,留有较大的独白、想象的空间,如情绪、地区、爱好、家庭、性格等。如可见性符号中的外在形象和容貌气质在情动展演中起着基础且重要的作用。在人际传播过程中,人们把"貌"赋予了与之相对应的不

---

① 武文颖、王鑫:《数字空间中身体展演的多重隐喻与伦理审视》,《中国特色社会主义研究》2023年第6期。

同含义，外在的状态与内在本质进行意义交互，形成了"以貌取人"。[1]嘉宾间符号的匹配性是相亲成功的关键，符号的呈现更加直白、简单，嘉宾会直接阐明自己的相亲要求，再做出选择和被选择，即使符号角逐中一方的优势大于另一方，但也能较大程度地弱化符号的落差。这表现为，符号角逐过程中一方面弱化了主体的差异性，降低嘉宾间彼此的尴尬不适。"王婆说媒他比较接地气，没有那么多的规矩，对参与者的颜值、学历、工作没有严格要求，只要对方互相看得上眼就可以牵手成功。"（A1）另一方面弱化了指向性符号的所指，是能指与所指关系的断裂与再造。"我觉得才艺展示也是挺大的看点，就把传统相亲看经济实力物质条件，转移到了看才艺上。"（A19）

表 2 情动展演符号

范　畴	亚范畴	类　属	符　码
可视性符号	外在形象	身高	一米六、一米七、一米八等
		体重	40公斤、50公斤、60公斤等
	容貌气质	穿着	时尚、潮流、传统、保守、新潮、得体等
		言行	礼貌、粗鲁、真诚、虚伪等
指向性符号	经济情况	收入	年薪、月薪、房车等
		职业	学生、个体、待业、职员等
	教育情况	年龄	00后、90后、80后、70后等
		学历	高中、专科、本科、硕士等
联想性符号	社会资本	地区	市区、县城、村镇、一线城市、二线城市、三线城市等
		家庭	独生子女、兄弟姐妹、退休社保等
	内在品格	情绪	微表情、稳定、极端等
		爱好	唱歌、跳舞、做饭、打球等
		性格	内向、外向、多变等

此外，情感和身体的力量密切相关，快乐的时候，身体之力增加；痛苦的时候，身体的力量受限制，就受到贬损。[2]情动有两种形状不同的力，强力和无能为力，主动力和被动力，欢乐之力和悲苦之力，[3]符号的角逐同样存在着两种力，有的嘉宾会在抛出符号后，因受到拒绝而产生悲苦之力，在台上"牵手"成功的嘉宾则获得欢乐之力。"看到台上的嘉宾比较腼腆，给人的感觉就是他也不是剧本儿演出来的，就是很真实，牵手成功那种喜悦我们都能看得出来。"（A14）快乐会向痛苦转化，痛苦也会向快乐转化，正是这

① 杨霖：《"以貌取人"：华夏形象传播的独特现象》，《华夏传播研究》2020年第2期。
② 汪民安：《情动、物质与当代性》，济南：山东人民出版社，2022年，第6页。
③ 汪民安：《情动、物质与当代性》，济南：山东人民出版社，2022年，第7页。

个落差导致了流变①。"感觉在台上也是讲缘分，既然上台了，就是希望能找到合适的另一半，虽然会紧张，但还是很快乐的！上一秒被拒绝，下一秒可能又被加微信了。"（A15）情动展演过程中符号与符号相互对抗，情感与情感相互碰撞，好让快乐能够保存。②

（二）"只愿当气氛组"：台下的情动互动

与网络互动时投入较少的"情感宽带"③相比，身体在场的情感投入度较高。在场（presence）本身也是一种媒介，活生生的在场永远不会失去它的魅力，和他人共同在场有利于增强迷走神经的张力。④表演是一种互动的、应激的过程，表演的成败与演员的技艺、表演的现场情景以及观众对表演的解释方式有密切关系。观众在现场氛围的感染与互动中，使自我期待得以满足，并且释放情绪压力。观众仿佛追剧般见证着台上的嘉宾从陌生人到熟悉人，情感迁移得以完成，情动互动得以实现。

受社交媒体影响慕名前来"王婆说媒"现场的游客追求重现文本的"真实性"，在物理空间中寻找媒介呈现的场景元素。有些游客为了寻求参与感或者抱着猎奇的想法前往现场："比较多这种说媒的，其实我们只能在电视剧里见，比如说那种比武相亲，大家就会抱着猎奇的想法去看。"（A8）情动不单是本体意义上的情绪，而是不断变换的气氛、调性、色彩，或是地方与情境的强度，个体的遭遇与在地"同感"："现场的气氛真的很热闹，不只有年轻人，还有年纪大一些的人都在那里起哄，是一个不让人尴尬的环境。虽然现场人多也很热，但大家都愿意挤在那里看。"（A6）"看了一个半小时。勇于追求喜欢的，大胆地说出来。氛围很好，而且人多，不怕生，看到身边大胆说出心中所喜欢的，这种很令我触动。"（A20）个体获得"瞬息归属"互动参与的核心机制是"相互关注和情感连带"，而这种互动参与又携带场域实践和文化记忆的叙事特点："其实台上的对话我们都有听，虽然我们才大一，但是这些世俗的问题终有一日我们是会面临的，所以先来感受下。"（A17）"我和我闺蜜去了，我们都没有上台，但是在台下加了几十个微信。"（A13）情动互动会形成"围观即参与"，正如戈夫曼在《日常生活中的自我呈现》里提及的剧班共谋，观众会与情节一起紧张，与其中的人物一同发笑、沮丧、愤怒，随着人物动作、场景氛围一路同行，并沉浸于其中，这也是内模仿（inner imitation）所起的作用，它形成了一种沉浸式的内在交流。⑤"大家也非常配合，一直在起哄、撮合！仿佛自己就在台上，这就是一个青春大舞台，哈哈哈哈哈！"（A10）"王婆说媒"的程序或规则集中体现出对台上、台下参与者的重视，游客参与互动性是全程持续着的。"要感谢女嘉宾和开封王婆的认可让我这个的34岁'老人'上台，终于从'NPC'到'主角'。"（A22）游

① 汪民安：《情动、物质与当代性》，济南：山东人民出版社，2022年，第6页。
② 汪民安：《情动、物质与当代性》，济南：山东人民出版社，2022年，第15页。
③ ［美］约翰·杜海姆·彼得斯：《奇云：媒介即存有》，上海：复旦大学出版社，2020年，第300页。
④ ［美］约翰·杜海姆·彼得斯：《奇云：媒介即存有》，上海：复旦大学出版社，2020年，第301页。
⑤ 胡一伟：《演示叙述中展示的基本类型与方式》，《江西社会科学》2023年第12期

客也明确知道自身角色并给出反馈，情动互动过程中剧班之间的界限可能会被随时打破，呈现交流互动的态势，前台（front region）和后台（backstage）的区域也逐渐模糊了，这时"气氛组"的情感卷入也越高。

"气氛组"的情动互动既依托"王婆说媒"现场浓烈、热闹且剧场般的气氛，也离不开台下游客的感官反馈。多变的感官反馈和由此而来的情感波动让游客身体进入情动互动中，游客与周遭世界建立不同的关系感性："到现场，我当一个吃瓜群众，因为我的看法是，我感觉会与其他观众直接互动，分享欢笑和情感，立即对节目的发展做出反应。"（A1）台下"气氛组"的感官活动被激活："在台下听到吃瓜群众喊得最多的：我我我，然后举手。现场氛围好高的。"（A9）拥挤的人群和喧嚣的声音相互映衬："现场这个氛围呢，也是非常热闹，还会有这个围观的群众，大家一起来起哄啊。"（A2）"起哄啊，听到最多的，我朋友×××也想上去。"（A4）"起哄时说的最多的是'亲一个'，我们还跟着喊了，台下的气氛比蹦迪还嗨了。"（A7）笔者根据访谈内容以及视频号"@王干娘来了"40个短视频合集整理成文本后，将台下游客的呼喊绘制了词云图（如图1所示）。从词云图可知，台下人们喊得最多的是"哈哈哈哈""在一起""亲一个""抱一个""中""有有有"，台下游客既是"吃瓜群众"，也是期待能够上场的主角，从中发现观众的现场投入度非常高。听觉是断裂的、瞬时的、消弭距离的，同时也具有表意的符号性特征。[1] 与文字文本、视觉文本相比，声音转瞬即逝，如麦克卢汉所言"没有边际、没有方向、没有范围、由情感掌控"，需要满足人的"在场"。[2] 游客在台下具身参与，具身体验会影响到人们如何体验和解释周围的世界[3]，豪斯论及"具身体现"，把身体的获知当成整个环境的一个生理过程，人们通过感官来观看和体验身边的事件，进而理解地方、他者和我者。[4] 在场的情动仪式[5] 来源于听觉亲密，虽然人群中发出的简短喊话是转瞬即逝，但游客的情动互动在彼时却是持续的，游客在听觉亲密中产生情动仪式。

① 苏展：《感官的突围：听觉转向与艺术新机遇的生成》，《马克思主义美学研究》2020年第1期。

② 黄琳、秦卓伦：《重塑听觉：数字媒介中的声音与景观》，《中国电视》2024年第3期。

③ C. Classen, "Foundations for Anthropology of the Senses," International Social Science Journal, Vol.49,no.153，1997.

④ 张连海：《感官民族志：理论、实践与表征》，《民族研究》2015年第2期。

⑤ 董晨宇、丁依然、王乐宾：《一起"开黑"：游戏社交中的关系破冰、情感仪式与媒介转移》，《福建师范大学学报（哲学社会科学版）》2022年第2期。

图 1 台下游客的发言词云图

（三）"只恨不在现场"：遥在的情动感染

"王婆说媒"的在线传播为"只恨不在现场"的人连通界面的情动入口并形塑遥在的情动感染。以移动界面为基础的传播具有媒介体验、社会过程和意义实践三重属性特征。[①]"界面"概念具有文化生产的内涵，即自我参与到界面中意味着文化的适应（acculturation）并在时刻（moment）和偶遇（encounter）中生产文化，而不停息的相遇和文化的产生，也亦表明界面的参与促进流动的主体化，自我的身体与移动媒介之间构成了调试、适应的界面关系。[②]

一句评论、一个视频、一段文章……在数字化平台中，人们每天都会遇到大量的陌生人和经历感动的瞬间。吉登斯在《现代性的后果》中谈及信任和现代性，其认为陌生关系先天带有心理上的隔膜与疏离，在现代生活中，人们当面遭遇陌生人时，大多以纯仪式性的客套与寒暄，表现出礼貌的疏远的刻意控制。霍夫曼所指的"世俗的不经意"（civilinattention）也称为相互"朦胧"，当两个人彼此走近时，每个人都急速地扫视一下对方的面孔，但当他们擦肩而过时却又都转移目光。[③]数字化平台中也存在着诸多"世俗的不经意"，许多人仅仅是在线看了"王婆说媒"的直播或者短视频，但这种缺席在技术和情感的加持下能够形成在场感。用户因"颜值即正义"被"王婆说媒"所吸引，但大量剧情般出乎意料的看点和跌宕起伏的相亲过程，为屏幕端的用户提供了遥远却在场、沉浸式的情动体验和情动的延伸："我记得有一个露腹肌的小哥哥。哎呀，真帅了，台下都沸腾了。整个气氛 high 到了爆。我恨不得从视频里穿过去。"（A5）用户与短视频、直

[①] 朱亚希：《从移动界面出发理解传播：论新媒介时代移动界面传播的三重属性》，《新闻界》2020 年第 9 期。

[②] 黄佩映：《多重界面与情动的联结：媒介化旅行的后现象学解读》，《国际新闻界》2022 年第 9 期。

[③] ［英］安东尼·吉登斯：《现代性的后果》，田禾译，南京：译林出版社，2011 年，第 71 页。

播建立了积极使用的界面关系，并形成对媒介文本的认同，以及想象与欲望投射其中的内在场景："有些视频评论区挺多看点的，无论是对嘉宾的议论还是对相亲话题的讨论，都很真实，大家会觉得台上的两个人很配，不单感觉看起来配，更多的是他们的年龄、职业配。"（A12）短视频、直播把情动现场中流逝的时间变成可以携带、重复观看的自动记忆装置，实现"共时"存在和"私人化的记忆"和对场景的归属感[①]，用户在观看的过程中产生羡慕、渴望等移情情绪："有一个挺漂亮的小姐姐，是一个舞蹈老师，人家展示才艺的，哎呀，我可羡慕，我感觉人家表现也比较自然。现场成功找到一个男生，开开心心就回家了。羡慕得不行。"（A16）密集的线上数字化情动体验促进了线下情动参与的萌芽："同事给我推过来的，让我去趟开封。你别说我准备下礼拜去，看了好多他的视频。哈哈，我想上台试试。主要是这个互动也感觉不太尴尬。"（A5）

情动的界面无处不在，有部分网友无法到开封现场，但是让跑腿在开封"王婆说媒"现场帮忙发二维码传单或者摆放海报："我就知道有的人拿着个二维码贴书包上，不知道是自己的还是别人的。"（A8）这使得情动感染在终端实现了桥接，桥接型社会资本一般针对社交关系中的弱连接。二维码社交具有连接的直接性、顺畅性和选择性，用户自身的身体行动以一种总体性的感知方式参与其中，并且控制在可预测的范围，让其对一切可能开放。二维码作为桥梁连接着两端的主体，桥梁的一端是扫码添加好友，扫码即认可；桥梁的另一端是同意添加好友，添加即连接，二维码作为弱连接的中介在"王婆说媒"现场发挥重要作用。"王婆说媒"能够给社恐人士一定的交友场，促进线上和线下、在场和缺席、台上和台下的联结。"打印了二维码，在现场让感兴趣的人扫，也有牌子的，介绍得很清楚。"（A9）"有的小伙很想参加现实版的'非诚勿扰'，找跑腿师傅帮忙宣传自己。"（A12）

五、小结与反思

从情动的视角来看，开封"王婆说媒"的传播内核是通过情感流动和情感行动的场景促进媒介化交往与情感链接。"王婆说媒"将不同时空背景下的传播主体包裹于情动场景中，将现场的情动展演与情动互动、技术的情动支持、身体的情动体验和集体的情动仪式紧密联系在一起，对后现代社会主体的情感联结有一定积极意义。后现代社会的主体建构是感性的、去中心化的、他律的和流动的，在赛博空间的叙事结构是异质的，主体的情感联结是漂泊的。"社会互构论"注重分析多元社会行动主体间的互相形塑、同构共生的关系。[②]社会互构论的核心要义是个人与社会相互建构，在和谐与冲突的双向过程

① 张志安、吕伟松：《符号、形态与场景：面向青年的中华民族现代文明浸润式传播》，《青年探索》2023年第5期。
② 郑杭生、尹雷：《"社会互构论"视野下的城市社区文化建设刍议——基于南海的案例分析》，《学习与实践》2014年第5期。

中，个体与社会共历巨变，获得现代性的意涵。① 从互构的角度看，开封"王婆说媒"中的情动场景、多元主体和平台形成了互构（如图2所示）。"王婆说媒"为具身参与的主体提供了共在的情动场景，情动展演的情感表达机制将私密情感公开化，能够有效激发并满足主体的情感需求，塑造人们的情感态度和价值观，进而强化人与人之间的情感联结与凝聚力。"王婆说媒"信息移动端的呈现，亦可以让用户在观看中体验喜怒哀乐的情绪感染，用户通过界面卷入情感的生产之中继而凝聚起现实的交流。通过情动场景，主体间现实的、复杂的情感得以表达和舒缓，主体对景点的自然风光、人文风光、城市形象等客体的认知有了更多的可能性，开封的历史文化和人文情怀得以更好地彰显，随着"王婆说媒"全国巡演，各地围绕在地文化使景区和城市迎来更多的发展机遇，这有机地连接着时代、社会、地域。

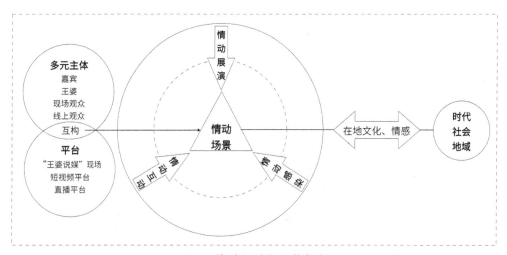

图 2　情动场景与互构机制

总体上，社会分化和社会焦虑的时代背景下，当下社会的婚姻关系愈显脆弱，反思优秀传统礼仪的失落，传承中国礼文化之中的优良理念，或将促进家庭、社会和国家的稳定与协调发展。② 但不可忽视的是，部分网红借助这个舞台获得流量，在"王婆说媒"现场，出现了多个已婚网红伪装成为单身上台应征，将原本以普通人为主体的群体相亲逐渐由"去剧本化"转向"剧本化"，因此此类说媒活动离不开应有的把关和监督环节，以发挥当代相亲节目、相亲平台的积极作用。

---

① 陈龙、杨逸楚：《网络流行语亚文化：青年、社会及多元主体互构共变的时代产物》，《南京航空航天大学学报（社会科学版）》2024年第2期。

② 潘祥辉、高嘉潞：《匹配、联结与沟通：中国古代媒人的媒介属性及传播职能》，《新闻与写作》2024年第5期。

以岭南人文精神推动湾区电影国际传播

石振宇 *

（北京大学艺术学院，北京，100871）

摘　要： 岭南人文精神，是粤港澳大湾区独特的精神标识和文化精髓，对于湾区文化和中华文化的"走出去"具有不言而喻的重要作用。电影则是推动中华优秀传统文化"两创"的重要力量，粤港澳大湾区电影拥有深厚的文化积淀和独特的产业优势。研究发现，岭南人文精神的包容多元特质、贵和共赢精神、世俗人本品格和务实创新取向不但是粤港澳大湾区电影重要的精神文化传统，更有助于在新的时代条件下推动粤港澳大湾区电影赓续旧日辉煌，并为推动中华文化的国际传播发挥重要影响。为此，本文还探讨了新时代下以岭南人文精神推动湾区电影国际传播的现实路径。

关键词： 岭南人文精神　粤港澳大湾区电影　国际传播

基金项目： 本文系教育部中华优秀传统文化专项课题重大项目"中国式现代化的传统文化基源与中华民族复兴"（23JDTCZ017）的阶段性研究成果。

习近平总书记指出："文明特别是思想文化是一个国家、一个民族的灵魂。无论哪一个国家、哪一个民族，如果不珍惜自己的思想文化，丢掉了思想文化这个灵魂，这个国家、这个民族是立不起来的。"[1]

岭南人文精神是中华优秀思想文化的重要组成部分，是岭南文化的精神内核与支柱。对岭南地区的文化艺术和文化产业来说，岭南人文精神对其具有重要的塑造、支撑与价值引导的作用。电影是当今最具影响力的大众艺术之一，粤港澳大湾区电影具有悠久的传统和十分辉煌的历史，是传承与弘扬岭南人文精神的重要渠道。新时代，以岭南人文精神作为思想和价值观的向导与引领，推动湾区电影的国际传播，不仅是建构中国电影学派的题中之义，更对中华文化的"走出去"具有重要的实践价值。

---

* 作者简介：石振宇，北京大学艺术学院硕士，研究方向：电影与中国文化传播。

① 习近平：《在纪念孔子诞辰 2565 周年国际学术研讨会上的讲话》，《人民日报》2014 年 9 月 24 日。

一、岭南人文精神和大湾区电影的历史与现状

(一) 岭南人文精神

岭南地区自新石器时代起便萌发出文明和文化的印迹，是大中华地区不可分割的一部分。璀璨无比的岭南文化孕育出丰富深沉的人文精神，它是岭南地区和岭南人民世代传承的优秀思想文化内容。人文精神是中国文化的主要特征之一，它的基本内涵指向为"以人为本"。[①] 岭南人文精神可以被理解为带有岭南文化印迹和特质的、彰显人的价值和反映人的本质的文化精神，是岭南地区的文化基因，精神之"魂"。就岭南人文精神的具体内涵来说，学者田丰认为，它与岭南历史上海上丝绸之路的开通、六组禅宗文化、白沙文化、近代广东的社会变革与改革开放有着密切的联系，包括开拓创新、世俗化、平民化、简约化、人本化等。[②] 华洺认为，它包括"贯穿古今的开拓精神""深沉强烈的爱国精神""会通中西更求超胜精神"[③]。李萍则指出其包括包容性、开放性、务实性、追求自我超越等种种精神特质。[④] 综合来看，"包容多元""开拓创新""务实""以人为本"等构成了岭南人文精神的基本内蕴。

(二) 大湾区电影

大湾区电影具有深厚的历史传统及辉煌的过去。以往，作为"东方好莱坞"的中国香港曾书写香港电影的璀璨一页，发展出独特的类型美学和十分丰富的优秀作品。以珠江电影集团为代表的广东电影资源，曾出品《七十二家房客》(1963)、《廖仲恺》(1983)等众多佳作。此外，澳门地区也有自己独特的电影文化与产业，近年来发展态势良好。"粤港澳大湾区"尽管是一个新概念，但大湾区电影作为曾经十分兴盛的岭南电影的主要分支，在某种程度上可以与"岭南电影"的概念互换，"可以说是新的历史条件下岭南电影的一个新称谓、新表述"[⑤]。

自20世纪90年代中期以来，随着香港电影业步入较长时期的衰退，大湾区电影业的发展呈下降趋势，而今面临着诸多严峻挑战。尽管香港、澳门、广州等湾区中心城市依然具有广泛的国际影响，并且有各自的特色电影节展，且大湾区仍然能依托和承接过去的部分影视产业资源。然而近些年来，无论从电影作品的数量、质量还是相关产业的发达程度来看，都远远无法和过去的巅峰时期相比，同时还相对落后于北京、上海、浙

①　楼宇烈:《中国文化的根本精神》，北京：中华书局，2017年，第46页。
②　田丰:《岭南人文精神与人文湾区》，《学术研究》2022年第2期。
③　华洺:《岭南文化与民族精神——岭南文化学术研讨会综述》，《广东社会科学》1995年第2期。
④　李萍:《广东改革开放的历史进程及其文化精神探析——以广东的海洋文化为例》，《岭南文史》2023年第1期。
⑤　贾磊磊、丁亚平、饶曙光等:《粤港澳大湾区影视的历史与现状》，《广州大学学报(社会科学版)》2021年第1期。

江等国内其他地区。① 电影产业的式微影响到优质作品的产出，并进一步影响到地区文化软实力与影响力的提升，影响了对岭南文化和人文精神的传播和表达。今天，伴随着大湾区战略的提出和进一步落地，"共建人文湾区"，提高湾区文化软实力及国际影响力的需求愈发急迫。大湾区电影业亟待承接与再创过去的辉煌，取得与其地区经济实力相匹配的成就，推动对作为中华优秀思想文化的岭南人文精神的弘扬与表达，推进中国电影的国际传播，提升中华文化的影响力。

二、岭南人文精神推动湾区电影国际传播的价值探讨

岭南人文精神以海纳百川、包容开放而闻名。早自秦汉时期起，岭南地区的广州、徐闻等地便成为历史上著名的"海上丝绸之路"的始发点，岭南成为中华大地上沟通海外、贸易外邦的重要窗口。岭南地区还曾经历多次民族融合，包括秦汉之际北方移民融合岭南百越原住民，南北朝至隋代年间冼夫人推动俚汉互融等。近代以来，面临"四千年未有之大变局"，岭南思想家几乎是第一批"睁眼看世界"的中国人。孙中山先生提出对内人民一律平等，对外联合平等待我之民族的共和理念。今天，作为我国改革开放的最前沿，广东汇集了来自五湖四海的各地人士，"养育出自在宽宥的社群文化"②。

包容开放的岭南人文精神有助于湾区电影在当今文化交流和文明互鉴日趋频繁的时代对外呈现独特的文化魅力，助力湾区电影的国际传播。以一度辉煌的香港电影为例，包容开放的精神特质曾是促使香港电影扬名世界的重要武器。首先，香港电影不拘泥于特定的类型或风格，在题材选择上非常广泛。从经典的戏曲片、武侠片、警匪片，到后来的喜剧片、爱情片，再到近年来的科幻片、奇幻片等，香港电影人总能够根据不同的市场需求和观众喜好，创作出丰富多样的作品。其次，香港电影在创作理念上也展现出巨大的包容度，注重吸收和融合不同文化、不同艺术流派的元素，形成了独具特色的香港电影风格，并始终注意和国际潮流接轨。以香港电影中最具知名度的类型电影——警匪片为例，《英雄本色》（1986）、《无间道》（2002）等警匪电影既保留了香港电影特有的快节奏和写实主义风格，同时又融汇了西方黑帮电影的诸多风格元素，如复杂的角色关系等。关锦鹏执导的《胭脂扣》（1987）、陈可辛执导的《甜蜜蜜》（1996）等爱情片既融汇了不少中国传统文化的元素与韵味，如对传统戏曲与民间传说的采用，同时又包容了现代都市文化，使影片呈现传统与现代的交融。最后，香港电影广泛吸收世界各地的优秀人才，如外籍动作明星仓田保昭等，并在其市场策略上采用灵活多元的发行和营销方式，致力于将香港电影推向更广阔的市场。

新时代，一些湾区电影也继承和发扬了包容开放的特质，令其能够对外呈现独特的

---

① 赵卫防：《对大湾区电影发展的思考》，《中国电影市场》2022 年第 12 期。
② 李萍：《广东改革开放的历史进程及其文化精神探析——以广东的海洋文化为例》，《岭南文史》2023
年第 1 期。

文化魅力，展现湾区文化海纳百川的时代品格。《白蛇传·情》（2021）是一部改编自中国传统民间故事的粤剧电影。该片采取了通达包容、宽厚多元的创作策略，将传统的戏曲分场和流畅的镜头切换相结合，融合传统国画式的实景布置、流行国漫式的 CG 技法、好莱坞式的特效演出①。该片一经推出便引起热烈反响，成为粤剧电影推动优秀传统文化"双创"的典范，而其成功的内在原因离不开湾区文化包容多元的显著特质，而助力其呈现独特的文化品格和魅力。电影《过春天》（2019）突破了国产青春片的瓶颈，向观众展现了一出新时代的"深港"双城故事。它聚焦跨境现象，充分呈现粤港澳三地的联动景观，体现了大湾区电影的包容性和文化交融的特点。这些新时代湾区电影将包容多元的人文精神融入其创作策略和主题表达等维度中，使影片在包容多种异质元素中呈现独特的文化魅力，其开阔博大的胸襟、丰富多彩的内容有助于吸引更多的国际受众，增强电影的文化吸引力。

（二）贵和共赢精神助力湾区电影推动构建人类命运共同体

中国文化有突出的和平性，"和文化"是中国文化的重要内涵之一。《尚书》中说："百姓昭明，协和万邦。"②北宋关学创始人张载则说："有象斯有对，对必反其为；有反斯有仇，仇必和而解。"③处在祖国沿海地区的"南大门"，自古以来屡经民族融合又多与外部世界沟通来往的岭南地区也早早发展出重和睦、求共赢的文化精神。广州西晋墓出土的"永嘉世，天下荒，余广州，平且康"的铭文，体现了古代岭南人民对和平安康生活的向往。近代孙中山提出对内要对人民一律平等，对待联合平等待我之民族，和世界各国平等互利发展实业。可见，贵和共赢精神同样是岭南人文精神中不可抹去的底色。

在当今区域冲突愈发频繁紧张，美西方国家依旧对外推行单边主义和暴力掠夺的时代背景下，贵和共赢的岭南人文精神及其借湾区电影的国际传播具有重要的价值和意义，能够对传播中国文化的和平理念、推动构建人类命运共同体具有特殊的贡献。早在 1963 年，由珠江电影制片厂和香港鸿图影业公司联合摄制的故事片《七十二家房客》，以广州西关七十二家房客为背景，用轻松幽默的方式展现了邻里之间的和睦相处与互帮互助。《雅马哈鱼档》（1984）讲述了 20 世纪 80 年代的几名广州待业青年通过合作开办鱼档走到一起，组成一个强有力的联合实体，共同奔赴美好的生活。可以说，这些湾区电影里无不闪烁着贵和共赢的人文精神。

新时期以来，湾区电影对贵和共赢精神的表现，不再局限于平凡的市井生活，而借由对岭南历史上的先进人物事迹的挖掘，从更宏阔的家国和民族融合视野上挖掘与表现这一精神。如粤剧电影《南越宫词》（2022）取材于《史记·南越列传》中所载的古南越

---

① 邓晓君：《粤剧电影中的湾区文化特质——从〈仕林祭塔〉到〈白蛇传·情〉》，《粤海风》2022 年第 1 期。

② 李民、王健：《尚书译注》，上海：上海古籍出版社，2004 年，第 1 页。

③ 张载：《张子全书》，西安：西北大学出版社，2015 年，第 3 页。

王赵佗开化岭南的故事。影片中，受秦王朝命令征服百越的赵佗原本是一位嗜血残暴的征服者，在严酷战争带来的痛苦反思下，他实现了人性的升华，主张"和辑百越"和民族团结，终于终止杀戮，带领岭南人民开创辉煌的文明史。粤剧电影《谯国夫人》（2024）以南北朝时期俚族首领、被誉为"岭南圣母"的冼夫人为中心，讲述了冼夫人在动荡的社会背景下极力维持岭南地区的和平局面，推动岭南地区的俚人汉化和少数民族内部的和睦相处的故事。除了对岭南历史人物与事迹的再创作和再书写外，部分湾区电影从粤港澳大湾区的当代建设和发展中获取素材，从中挖掘贵和共赢的人文精神。如电影《何以飞翔》（2019）通过讲述1999年澳门回归后澳门社会的普通人生活故事，体现了"一国两制"在澳门的成功实践，展示了澳门与内地日益紧密的联系与合作，彰显了区域合作和共同发展的主题。

新时期湾区电影注重从岭南历史人物和故事以及当代的社会实践中挖掘与表现岭南文化的贵和共赢精神。对于湾区电影的国际传播来说，基于中华民族历史上的多民族交往交流交融和当代湾区生活而生成的和平叙事，有助于展现中华民族爱好和平、崇尚共赢的文化精神，同时以影像为媒介，对在区域冲突频繁发生、世界和平面临严峻挑战的当今世界传播推动构建人类命运共同体的时代精神具有重要意义。

（三）世俗人本品格助力湾区电影实现跨文化共情

"以人为本的人文精神是中国文化最根本的精神。"[1]岭南文化富含世俗化、人本化的文化基因。近代以前，岭南地区远离中原文明的核心区域，受到政治等级秩序和伦理规范的束缚相对较小，而地区商业贸易的发达养成了岭南人重实利的精神。唐代，岭南地区诞生了佛教中国化最突出的成果——禅宗，六祖慧能推崇"明心见性""即心即佛"的修行方法，进一步推进了岭南人文精神的世俗化、平民化。近代以来，以人为本的人文精神在广东继续发展，广东相继充当近现代史上旧民主主义革命和新民主主义革命的策源地，康有为在《大同书》中提出要建立一个"人人相亲，人人平等，天下大同"的大同世界，孙中山则明确提出要"革新中国"，建设新的"美丽国家"[2]。可以说，岭南文化始终富含以人为本的精神，注重尘世生活中的体验，追求人的自身解放与幸福。

百年以来的香港电影集中地反映了岭南文化中的世俗人本特质，这是香港电影最突出的一张名片。早期香港电影《庄子试妻》《胭脂》《傻仔洞房》等无不聚焦于家庭人伦关系，呈现出较为强烈的世俗精神。《中秋月》（1953）、《父子情》（1983）、《桃姐》（2012）等电影则聚焦于以家庭为核心场域的社会人伦关系，表现传统的家庭伦理与血缘亲情。除此以外，香港电影还倾向于将惩恶扬善、导人向善的人文精神融汇于其中，其中最典

---

① 楼宇烈：《中国文化的根本精神》，北京：中华书局，2022年，第46页。
② 孙中山：《孙中山全集》第1卷，北京：中华书局，1981年，第255页。

型的就是香港独特的类型电影——武侠片，如《黄飞鸿》系列中。①

新时代湾区电影也重在表现以人为本的人文精神，呈现中华文化和湾区文化的独特特质。《白蛇传·情》以民间"白蛇传"故事为蓝本，删去众多的枝蔓情节，而聚焦于许仙和白娘子的爱情故事。片中，作为千年蛇精的白素贞深情向往"有情有爱，亦有家"的人世间，而赴人间寻找许仙再续前缘。在她看来，修炼千年的道行不足为奇，能去人间体验一遭方不枉一世。当法海和尚为维护天道而要阻遏白素贞与许仙的结合，并劝白素贞离去，白更是深情咏唱："痴已心中栽，情根心内埋。怎可轻舍意难改，不思到蓬莱。"白素贞与许仙所代表的"真情"与"真爱"和象征着"天道""法则"的法海产生剧烈的冲撞，其结局以白素贞被关押于雷峰塔中而收尾，作为主要人物的许仙更是咏出"人若无情不如妖"的唱词，点明了整部影片的主旨。在立意上，《白蛇传·情》"注入时代的生命元素、悲悯情怀和审美品格，关注人的生存状态，尊重人的生命、尊严、价值和情感"②，富有岭南文化的以人为本的人文精神。除此之外，近年来的湾区电影如《柳毅奇缘》（2018）《中国医生》（2021）《雄狮少年》（2021）等，无不具有较强烈的现实关怀意义，或取材于传奇小说和民间故事，或反映市井生活与民俗风情，关注多样的社会现象和问题，借此表现对于人的价值、尊严的关怀，对幸福的追求和对家庭生活与伦理亲情的向往。世俗人本精神作为一种以人的尊严、价值、情感和生命为张扬的主体，表达对于人之根本特质的关怀和尊重的价值取向，毫无疑问具有重要的跨文化传播价值，能够引起不同国家和文化背景的观众对电影内容的共情。对于湾区电影来说，岭南文化里的世俗人本品格是助力其走向世界并提升中华文化感召力和影响力的重要的精神内容。

（四）务实创新取向提升湾区电影国际竞争力

岭南文化还向来以务实敏行、开拓创新而闻名。近代以前，岭南地区贫瘠的生存环境，"养成了人们重实利、贵实干的务实精神"③。而自古以来，岭南地区始终处于中华大地面朝广袤的未知世界创新求变的最前沿。身处于海洋文明的熏染之中，"大海浩瀚无垠、漫无边际，当人类在大海上航行的时候，常常会因为大海之无限而引发自身之无限的联想，这便给予了人类超越有限的勇气和力量"④。近代以来，岭南地区站在"四千年未有之大变局"的前沿，在最早"睁眼看世界"的一批中国人中，有相当一部分就是清末的广东人，如林则徐、孙中山、梁启超等。

湾区电影及电影人颇具务实创新的精神。曾在世界电影版图中占据重要地位的香港电影在长期的实践中曾发展出了重视成本控制与制作效率，以及紧贴市场导向和观众需

---

① 王海洲、虞健：《百年香港电影与中国文化传统》，《上海大学学报（社会科学版）》2023 年第 2 期。

② 曹冬栋：《历史记忆与文化认同——近十五年粤剧电影岭南文化特质研究》，《电影文学》2023 年第 13 期。

③ 冯立鳌：《儒家敏行观及其在广东的嬗变》，《探求》2014 年第 1 期。

④ [德] 黑格尔：《黑格尔历史哲学》，北京：九州出版社，2011 年，第 210 页。

求的电影创作模式，这些特质都在较大的程度上保证了电影创作的数量和质量，以及能够令电影更加符合当下市场与受众的需求，提高影片的市场竞争力。湾区电影还强调创新。1914 年，由香港华美电影公司出品的《庄子试妻》创造了中国电影史上的两个"第一"：中国第一部运到海外放映的电影；电影中第一次出现了中国女性演员。长期以来，香港电影"始终扎根于中华传统文化，融合类型电影要素，革新形式与内容"[①]，彰显出强烈的创新精神。

近年来，湾区电影人持续发扬务实创新的精神，为湾区电影不断注入发展的动力和新鲜血液。如电影《中国医生》以新冠疫情时的抗疫斗争为主线，全景式记录了中国医护人员在抗疫中的艰苦付出与贡献。为还原抗疫真实场景，主创人员进行了大量的实地考察和采访工作，搜集到海量的珍贵一手材料。场景拍摄时，剧组在摄影棚中按真实医院 1∶1 的标准打造所有医院设备，群演中的很多人也都是真正的医务工作者。凭借这些细节上的打磨和投入，影片确保了高标准的成片质量。科幻电影《明日战记》（2022）以"广东资金＋香港主创"的合拍模式，创新整合资金、人才和技术，并在科幻类型片的框架下，加入大量华语动作元素，探索出一条充满东方色彩的科幻道路。同时，影片将故事背景设定在未来世界，涵盖了末日危机、先进设备和智能武器等科幻元素，在动作场面、单兵外骨骼战斗系统、机甲等元素的展示，都体现了电影在技术创新和艺术表达上的突破。《风再起时》（2023）延续了香港犯罪片的类型化资源，但又是一部以文艺手法拍摄的历史片，对传统的港片题材与类型进行了新的尝试。影片大量使用"大特写"镜头，将人物内心深处的"隐秘角落"不断放大，又融汇黑白影像、歌舞片段、怀旧氛围等多种元素创造出崭新的视听体验。

唯有务实求真，方能保证电影创作的真实性和高水准；而唯有敢为人先、创新求变，电影才能始终具有蓬勃不息的生命力。在务实创新的岭南人文精神的加持下，湾区电影无疑将获得巨大的发展动力。新时代湾区电影还应继续深掘务实创新的精神，提高其在国际市场的竞争力。

三、新时代以岭南人文精神推动湾区电影国际传播的路径设想

岭南人文精神作为中华优秀思想文化的一部分，是文化自信的核心要义，理应依托粤港澳大湾区的影响力在世界范围起到更大的传播和引领价值。提升湾区文化影响力，必须以岭南人文精神的传承发展为引领，提升中国电影国际传播的效力，其路径与方法至少包括以下几个方面。

---

① 张燕、张亿：《香港电影对中华文化的形式革新、价值破立与文化阐释》，《上海大学学报（社会科学版）》2023 年第 2 期。

（一）赓续与深化湾区特色电影题材类型，打造精品佳作

在以往的大湾区电影发展中，长期的创作实践形成了一定的湾区特色电影题材类型，其中就有浸润于中华优秀传统文化土壤中，体现出岭南人文精神的武侠动作电影、家庭伦理电影、廉政题材电影等。新时期以岭南人文精神推动湾区电影"走出去"，需要在承接过往优秀资源的基础上，深化湾区特色电影题材类型的创作，持续打造具有中国文化与湾区文化印迹的电影佳作。

就武侠动作电影来说，20世纪50—70年代的香港电影导演胡鹏、胡金铨、张彻等人开拓并发展了这一题材的电影，李小龙、成龙等电影人进一步发展了这一电影题材，使其成为中国电影最为蜚声国际的一张名片。21世纪以来，湾区武侠动作片的热度有所降低，且多以湾区电影人与内地其他地区电影人的合拍作品为主，然而同样也出现了一些精品佳作，延续着这一类型电影的辉煌。香港导演王家卫于2013年出品的武侠动作电影《一代宗师》，先后斩获亚洲电影大奖最佳影片、香港电影金像奖最佳影片等奖项，并获得奥斯卡最佳摄影提名，可谓《卧虎藏龙》后国际影响力最大的武侠动作片之一。影片通过对民国时期众多武林派别及岭南咏春拳宗师叶问的传奇一生的展示，融入"见自己、见天地、见众生"的武学三层境界，是对中华优秀文化思想及岭南人文精神的一次深入诠释。由叶伟信执导的功夫电影《叶问》系列同样通过对叶问的人生经历的呈现，挖掘了武侠宗师身上的家国大义与谦逊重礼等人格特质。总之，在新时代背景下，作为中国电影与岭南电影最重要的一张国际名片的武侠动作电影，应当赓续过去的优秀创作经验和资源，不断开拓创新，依托已有的广泛受众基础，打造更多的具有国际传播效力的电影精品。

就家庭伦理电影而言，无论是第一部湾区电影——《庄子试妻》，还是后来的《中秋月》《父子情》等电影，都注重聚焦于人伦关系，注重伦理道德的教化功能。21世纪以来，《男人四十》《天水围的日与夜》《桃姐》等电影仍注重湾区家庭中的人伦关系，但"在复杂的社会语境下承载了更多向度的价值内涵"，从而为影片注入社会批判气息或"铺垫出人与人的温情和互助"[①]。家庭伦理电影在当前的承续与方兴未艾突出了儒家伦理道德和民族集体无意识对湾区电影的深刻影响，同时也体现了岭南人文精神里重伦理、人本化、平民化与温情互助的地域文化特征。此外，还有糅合了法治文化、法治精神与家国情怀、集体观念等精神内涵的廉政题材电影，如《反贪风暴》《廉政风云》等，也早已成为香港电影和湾区电影的特色类型之一。

在新的时代背景下，湾区电影要进一步赓续与深化特色电影题材类型，立足于中华优秀传统文化，打造符合自身特色与特质的话语体系和精品电影类型与佳作，提升中华文化的影响力。

---

① 王海洲、虞健：《百年香港电影与中国文化传统》，《上海大学学报（社会科学版）》2023年第2期。

（二）立足湾区时代进程，讲好当代湾区故事

岭南人文精神不止浸润于中华优秀传统文化的土壤，更是伴随着岭南地区人民的生产、生活、革命、建设和改革的长期历史实践，具有鲜明的时代性。电影作为一种艺术形式，本身也就与时代的步伐和气息紧密相关，具有深入时代、反映现实的特性。粤港澳大湾区作为近些年来我国推行中国方案、中国经验最具典型和代表意义的地区，是中国改革开放与时代变迁的一面镜子。新时代湾区电影要着重表现湾区人民在党的领导下创造和奔赴美好生活的时代进程，为影片注入时代气息，推动岭南人文精神在新时代语境下的创造性转化与创新性发展，展现湾区人民的当代风貌。

改革开放以来，随着深圳在国家经济版图中地位的日益凸显，以反映改革开放以来我国经济特区建设、发展和生活的特区电影横空出世。以深圳蛇口加工区建设为题材的《他在特区》（1984），表现湾区外来务工人员生活的《特区打工妹》（1990）和反映特区改革深化中矛盾的《南中国1994》等，均是这一题材电影的代表作品。上映于2019年的湾区电影《特区》讲述了三个底层年轻人在1997年香港回归祖国的前后十年里于香港创业奋斗的历程，展现他们之间的互帮互助和创业路上的坚毅打拼。《梦想之城》（2019）以改革开放中的佛山为背景，讲述了女青年宋北北在佛山艰苦创业，从一名瓷砖印花工人成长为龙头企业总裁的故事，展现了置身改革洪流中的当代广东人进取、务实的精神风貌。这些以当代湾区生活为背景和内容的电影展现了近几十年来湾区的山乡巨变与一代代湾区人的生活与精神风貌，是于荧屏上呈现岭南人文精神、讲述当代湾区故事的代表作品，对于湾区电影和岭南人文精神的国际传播具有重要的意义。

习近平总书记指出："古今中外，文艺无不遵循这样一条规律：因时而兴，乘势而变，随时代而行，与时代同频共振。"[①] 对于湾区电影来说，立足湾区时代进程、讲好当代湾区故事的电影作品有助于记录中国式现代化的伟大实践，反映当代湾区人民的生活和精神风貌，深入承载不断与时俱进的岭南人文精神，对外塑造与传播可信、可爱、可敬的中国形象。

（三）依托"经济与科技创新高地"，打造"文化传播高地"

文化和电影产业等软实力的发展，脱离不了一个社会在硬实力方面的基础。粤港澳大湾区相比较我国其他地区，拥有更加雄厚的经济与科技实力，足以支撑电影工业的发展，助力湾区电影和岭南人文精神的传播。而当前，大湾区的文化实力、电影实力却与其经济实力、科技水平不相匹配，"经济与科技创新高地"的地位有必要更为有效地支撑"文化传播高地"的诞生与发展。在当前洋溢着开拓与创新精神的大湾区，许多高新科技的发展走在全国乃至世界的前列，足以为文化产业的发展和革新带来强大动能。在数字时代，算法等技术将为湾区电影带来全新的视听体验，为提升国际传播效能提供机遇。

---

① 习近平：《在中国文联十大、中国作协九大开幕式上的讲话》，《人民日报》2016年12月1日。

粤澳合作电影《何以飞翔》采用 8K 全画幅高清技术拍摄，是为国内首创;《白蛇传·情》中"百分之九十的场景采用特效制作，210 张场景绘图与数字搭建的数十个场景，构筑了极具魅力的兼山水之情与传统之美的数字画境"①;《明日战记》则继《流浪地球》后继续开拓国产科幻电影题材，虽然上映后评价褒贬不一，但是其在电影工业上的诸多探索与创新仍然彰显了湾区电影工业的实力和湾区电影人的责任担当。自古以来，粤港澳大湾区所坐落的岭南地区以敢为人先、变革创新的精神而闻名，创新求变的人文精神和湾区在科技创新上所具有的超前水平，足以为湾区电影的国际传播升维提供强大的动能。

(四) 加强文明交流互鉴，拓宽中国电影的传播效力

文明因交流而多彩，文化因互鉴而丰富。中华文化具有突出的包容性，而岭南文化更以海纳百川、兼收并蓄而闻名。粤港澳大湾区的核心城市香港、澳门由于特殊的历史原因及"一国两制"的影响，长期以来作为我国对外交流开放的窗口，是中西文化的荟萃交流中心。要充分发挥大湾区作为中华大地文化交流的枢纽之地的作用，加强文明交流互鉴，从而拓宽中国电影的传播渠道和向度。

要在湾区电影中融入人类命运共同体的价值理念，讲好湾区人类命运共同体故事。习近平总书记指出:"这个世界，各国相互联系、相互依存的程度空前加深，人类生活在同一个地球村里，生活在历史和现实交汇的同一个时空里，越来越成为你中有我、我中有你的命运共同体。"② 在电影中融入人类命运共同体理念将有助于中国电影在国际传播中为更多的海外受众所接受和认同。近年来，一些国产电影在影片中试图融入对人类命运共同体的价值观表达，从而在影片的海外传播中收获到更多国际受众的认可，如《流浪地球2》（2023）等。岭南人文精神中的和平发展、包容互鉴理念与人类命运共同体的内涵高度相关，新时代湾区电影应注重从本土文化及人文精神中挖掘相关的价值内涵，与人类命运共同体实现有机的链接。

要充分发挥香港国际电影节、澳门国际电影节等国际性影展的作用，扩大本土国际影展的影响力，推动包括湾区电影在内的中国电影"走出去"。香港、澳门是我国国际传播的枢纽城市，也是最具国际知名度的中国城市之一。此外，广州、深圳等大湾区城市也越来越多地活跃于国际舞台。香港、澳门和广州的国际电影节目前已具有一定规模和知名度，应注重对其进行进一步的优化和宣传，使之成为能够与戛纳国际电影节等国际知名影展并驾齐驱的重大电影盛会。同时，由于深圳在湾区的经济社会地位越来越重要，而深圳目前在国际知名度与文化影响力上还相对滞后，可以考虑依托深圳在多个方面的强大实力和重要优势，举办立足于深圳的国际性特色影展，并逐步扩大其影响力。

---

① 刘星、海洋:《中国粤剧电影以何"破圈"——以粤剧电影〈白蛇传·情〉为例》,《电影新作》2022年第 3 期。

② 习近平:《顺应时代前进潮流，促进世界和平发展》,《人民日报》2013 年 3 月 24 日。

结　语

粤港澳大湾区作为我国最具经济活力的地区之一，在其文化影响力方向还应持续提升。

要借助粤港澳大湾区的雄厚经济实力和在对外开放上的突出地位，使之成为对世界展现中国形象、讲好中国故事的重要窗口，且尤其要注重凭借最具影响力的大众媒介之一——电影来对外传播中华文化，助力粤港澳大湾区文化软实力的提升。在电影中注入与传承岭南人文精神，是在实践中推动中华优秀传统文化传承和"两创"的有用路径，也是借助现代传播媒介展现中国故事背后的思想力量与精神品格，构建中国话语和中国叙事体系，进而增强中华文明的传播力、影响力的重要途径。面向未来，粤港澳大湾区不但要在经济和科技发展上承担时代重任，引领未来航向，也要为中华文化的"走出去"贡献更加令人瞩目的力量。

【孟子与传播学】

中国式关系：孟子义利关系传播的多维审视

杨　蕊　　张宏锋*

（盐城师范学院，江苏盐城，224002）

摘　要： 孟子义利之辨的核心是义、利之间的关系，是一种中国式关系。孟子从多个维度对义利关系传播进行了思考：从情感维度而言，人皆有恻隐、羞恶、辞让、是非之情，家由人组成，家注重情感的维系，国、天下亦是如此。在此传播情境下，义、利关系相对紧张，二者互相对立。从人际维度而言，人与人之间的交流、交往需以能够彰显"利"的礼物、财帛为媒介，进而维系人们之间的关系。在此传播情境下，只要"利适于义"，"利"即是"义"；从平衡维度而言，义、利不可或缺，利是义的基础与保障，义是利的指导思想与原则。二者关系实现平衡的主要传播策略在于兼具执中与权变。这些思考对于构建和谐共生的人际关系、实现组织的可持续发展、走向人类命运共同体具有现代意义。

关键词： 华夏传播；孟子；义利观；关系传播

基金项目： 本文系 2022 年度江苏高校哲学社会科学研究一般项目"明代《孟子》评点文献整理与研究"（022SJYB2055）的阶段性成果；本文系 2022 年度江苏省社会科学基金青年项目"东林学派与晚明孟学思想转变研究"（22ZXC004）的阶段性成果。

朱熹云："义利之说乃儒者第一义。"[①] 义利之辨在儒家思想中占有重要位置。孔子较早提出义利之辨："君子喻于义，小人喻于利。"[②] 自孟子始，其"王何必曰利，亦有仁义而已矣"[③] "二者不可得兼，舍生而取义者也"[④]，奠定了"义先于利""义重于利"的论调，影响了之后的义利之辨。目前，学界多从哲学角度探究孟子的义利之辨，产生诸多新见，有

---

* 作者简介：杨蕊，盐城师范学院助理研究员，研究方向：儒学教育研究；张宏锋，博士，盐城师范学院讲师，厦门大学博士后，研究方向：华夏传播研究。

① 朱熹：《与李延平先生书》，朱杰人、严佐之、刘永翔主编：《朱子全书（修订本）》第 21 册，上海：上海古籍出版社；合肥：安徽教育出版社，2010 年，第 1082 页。
② 杨伯峻：《论语译注》，中华书局，2016 年，第 38 页。
③ 杨伯峻：《孟子译注》，中华书局，2022 年，第 1 页。
④ 杨伯峻：《孟子译注》，中华书局，2022 年，第 245 页。

所创获。然而，这些成果大多忽略了《孟子》中的"义利之辨"并非单向度的自白，而是发生在对话交流的情境之中。质言之，孟子"义利之辨"是在人际传播这一情境下产生，其核心内容是义、利之间的关系，故其也属于关系传播所要探讨的问题。义利关系传播不同于传统义利之辨的探讨，并非解决义、利之间的差异问题，而是以差异为依据，阐释义利关系的统一性与差异性。中西方皆有义利之辨，但西方"义利之辨"主要围绕人我、群己关系展开，而中国"义利之辨"主要围绕公、私关系展开，与西方差别较大，是一种中国式关系。基于此，本文拟从关系传播视角切入，探究孟子的义利传播观，包括义利的关系传播理念、类型、方式、策略等。

一、"何必曰利，仁义而已"：义、利关系传播的情感维度

孟子义利观所蕴含的传播智慧，不仅体现在对传播关系的精准把握上，更体现在对传播内容的价值引导上。义与利作为对立统一的矛盾，折射出孟子独特的情感维度。这种情感维度深刻影响了孟子在构建传播关系和主体互动过程中的价值取向与行为方式。正如陈先红所说："传播的本质是寓于传播关系的建构和传播主体的互动之中的，传播是社会关系的整合，并且关系总是按照自身的意志来裁剪传播内容的，传播是通过一种被传播的内容来反映或说明一种关系的。关系高于内容，关系影响内容，关系决定内容。"[①]义、利作为一对范畴的出现，体现了孟子在构建传播关系和主体互动过程中的独特意志。这种意志不仅深深植根于其"家国同构"的观念，更是通过传播内容的精心裁剪而得以彰显。

《离娄上》载："人有恒言，皆曰'天下国家'。天下之本在国，国之本在家，家之本在身。"[②]"国"指诸侯国，"家"指士大夫之家，"身"指个体。在此处，孟子构建了一个"个体—家—国—天下"的传播链，实则是一个自下而上、环环相扣的关系网络。在这个网络中，个体、家、国、天下四者之间的关系是递进且互为依托的。个体的修养是家道正的基础，"稳稳镶嵌于'家—国—天下'的等级秩序中"[③]，家道正是国治兴的基础，国治兴是天下太平的基础。反之，天下太平也为国治兴提供了条件，国治兴为家道正创造了环境，家道正为个体修身营造了氛围。在此过程中，个体作为传播的起点，唯有以"义"为先，才能实现家、国、天下的和平安定；否则，以利为先，家、国、天下就会陷入混乱和对立之中。这种义利关系的选择，主要基于个体的情感维度。《公孙丑上》载：

无恻隐之心，非人也；无羞恶之心，非人也；无辞让之心，非人也；无是非之心，

---

① 陈先红：《公共关系学原理》，武汉：武汉大学出版社，2007年，第207页。
② 杨伯峻：《孟子译注》，北京：中华书局，2022年，第153页。
③ 谢曼：《"两个结合"视角下铸牢中华民族共同体意识的逻辑建构》，《南宁师范大学学报（哲学社会科学版）》2024年第5期。

非人也。恻隐之心，仁之端也；羞恶之心，义之端也；辞让之心，礼之端也；是非之心，智之端也。人之有是四端也，犹其有四体也。有是四端而自谓不能者，自贼者也；谓其君不能者，贼其君者也。凡有四端于我者，知皆扩而充之矣，若火之始然，泉之始达。苟能充之，足以保四海；苟不充之，不足以事父母。①

孟子认为，人的本质在于性善，善在于情，人皆有恻隐、羞恶、辞让、是非之情，必有仁、义、礼、智之性。这四种情感是人所固有，是人先天的道德意识②，自觉自主地发自内心，并非外袭于内。然而，这种情感只是善端，需要不断扩充，进而事父母、保四海。可见，孟子将个体的恻隐、羞恶等道德情感视为仁义价值的源头活水，由此揭示了个体情感与道德价值之间的关联。个体的道德情感不仅是道德价值的起点，更是道德实践的根基。因此，在义利关系的传播过程中，个体道德情感的培育和激发至关重要。只有充分发挥个体的道德情感，才能在家、国、天下各个层面形成义利同构的价值共识，最终实现普世理想的伦理秩序。唯有充分培育和发挥个体的道德情感，才能在家、国、天下各个层面形成义利同构的价值共识，进而在情感认同的基础上实现义利关系的协调与统一。

在构建义利关系传播过程中，孟子在游说诸侯或者与他人交往时，常常有意识地从情感维度裁剪传播内容。较为典型的例子即是《孟子》开篇的对话交流。《梁惠王上》载：

孟子见梁惠王。王曰："叟不远千里而来，亦将有以利吾国乎？"孟子对曰："王何必曰利？亦有仁义而已矣。王曰'何以利吾国'？大夫曰'何以利吾家'？士庶人曰'何以利吾身'？上下交征利而国危矣。万乘之国弑其君者，必千乘之家；千乘之国弑其君者，必百乘之家。万取千焉，千取百焉，不为不多矣。苟为后义而先利，不夺不餍。未有仁而遗其亲者也，未有义而后其君者也。王亦曰仁义而已矣，何必曰利？"③

梁惠王劈头便问孟子对其国有何利，孟子却避而不谈，转说仁义。这主要因为人皆有"四情"，"四端'即是'情'，④在家庭之中，家庭成员要讲感情，这种感情并非出于任何功利之心。若父母关心子女、子女孝顺父母、兄弟恭敬友爱，皆出自某种利益，家便不是家。按照这样的理念，孟子有意裁剪了梁惠王所要与其交流的内容，不直接言什么是利，却言利之危害。孟子强调，王讲"利吾国"、大夫讲"利吾家"、士庶人讲"利吾

---

① 杨伯峻：《孟子译注》，北京：中华书局，2022 年，第 72—73 页。
② 蒋九愚，钟圆：《陆象山"发明本心"的工夫论及其当代启示》，《东华理工大学学报（社会科学版），》2023 年第 4 期。
③ 杨伯峻：《孟子译注》，北京：中华书局，2022 年，第 1—2 页。
④ 张宏锋、王建军：《朱熹"心统性情"说的孟学诠释》，《东华理工大学学报（社会科学版）2023 年第 2 期。

身", 缺乏情感维系, 便会出现"万乘之国弑其君者, 必千乘之家; 千乘之国弑其君者, 必百乘之家。万取千焉, 千取百焉, 不为不多矣"的国危情况。孟子巧妙地利用了情感维度来裁剪传播内容, 避免了直接讨论利益问题, 转而强调仁义的重要性。这不仅增强了其传播内容的说服力, 也更容易引起听者的共鸣。孟子在与他人交流时, 也强调义利关系的处理要注重情感维度。《公孙丑上》载:

> 宋牼将之楚⋯⋯曰:"吾闻秦楚构兵, 我将见楚王说而罢之。楚王不悦, 我将见秦王说而罢之, 二王我将有所遇焉。"曰:"轲也请无问其详, 愿闻其指。说之将何如?"曰:"我将言其不利也。"曰:"先生之志则大矣, 先生之号则不可。先生以利说秦楚之王, 秦楚之王悦于利, 以罢三军之师, 是三军之士乐罢而悦于利也。为人臣者怀利以事其君, 为人子者怀利以事其父, 为人弟者怀利以事其兄。是君臣、父子、兄弟终去仁义, 怀利以相接, 然而不亡者, 未之有也。先生以仁义说秦楚之王, 秦楚之王悦于仁义, 而罢三军之师, 是三军之士乐罢而悦于仁义也。为人臣者怀仁义以事其君, 为人子者怀仁义以事其父, 为人弟者怀仁义以事其兄, 是君臣、父子、兄弟去利, 怀仁义以相接也。然而不王者, 未之有也。何必曰利?"[①]

孟子明确指出, 若以"利"为说辞来劝说秦楚两国罢兵, 虽然可能暂时达成目标, 但这只是基于功利的考量。换言之, 以"利"为动机的行为会导致个体和集体的行为模式都围绕着利展开, 从而使得社会关系变得功利化和工具化。孟子认为, 这样的行为模式将导致人们在君臣、父子、兄弟等关系中逐渐丧失仁义, 最终导致社会伦理的瓦解和崩溃。反之, 孟子主张以仁义为说辞来劝说秦楚两国罢兵, 这样不仅能够达到同样的和平目的, 更重要的是, 它能够在更深层次上影响人们的情感和伦理观念。以仁义为核心的行为模式将使得社会关系更加稳固和持久, 因为这种模式不仅仅是基于外在的功利考量, 而是内在的情感认同和伦理共识。

可见, 在"家国同构"的传播情境下, 义、利关系较为紧张, 以利为主导, 即便成功了, 也属于不义行为, 不应为之。在此传播情境下, 义相当于善, 利相当于不善, 正如孟子自言:"鸡鸣而起, 孳孳为善者, 舜之徒也。鸡鸣而起, 孳孳为利者, 跖之徒也。欲知舜与跖之分, 无他, 利与善之间也。"[②] 全以利为主的诸侯, 孟子甚至认为不能与之交流。《离娄上》曰:"不仁者可与言哉? 安其危而利其菑, 乐其所以亡者。不仁而可与言, 则何亡国败家之有?"[③] 诸侯若全以利为主, 便分不清事实, 将危险当作安全, 将灾祸当作利益, 和这样不讲仁义的诸侯无法有效沟通。

---

① 杨伯峻:《孟子译注》, 北京: 中华书局, 2022年, 第258—259页。

② 杨伯峻:《孟子译注》, 北京: 中华书局, 2022年, 第289页。

③ 杨伯峻:《孟子译注》, 北京: 中华书局, 2022年, 第155页。

　　义与利虽然相互依存，但在情感层面却是根本对立的。个体的道德情感，如恻隐、羞恶等，是义的根本所在，而利则源于人的自私自利之心。当个体的道德情感得到充分培育和发挥时，义便会成为其行为的主导动机，利则会被压抑和克服。反之，当个体的道德情感被削弱和泯灭时，利便会成为其行为的主要驱动力，义则会被抛弃和遗忘。因此，在处理义利关系时，孟子始终坚持重义轻利的原则。他认为，唯有以义为先，以利为后，才能在个体、家庭、国家乃至天下各个层面形成以仁义为核心的价值共识，进而实现社会的和谐与稳定。这种以情感为维度的义利观，不仅彰显了孟子深邃的伦理思维，更折射出中国传统社会独特的价值逻辑。在这一逻辑中，个体的道德情感是社会秩序的基石，是政治稳定的根本。孟子以情感为纽带，将个体的道德修养与社会的和谐发展紧密联系在一起，从而构建了一个纵横交错、错综复杂的义利传播网络。

二、"利适于义"：义、利关系传播的人际维度

　　孟子曰："天时不如地利，地利不如人和。三里之城，七里之郭，环而攻之而不胜。夫环而攻之，必有得天时者矣；然而不胜者，是天时不如地利也。城非不高也，池非不深也，兵革非不坚利也，米粟非不多也；委而去之，是地利不如人和也。"[1]"地利"之利指城高、池深、兵革坚利、米粟多，这些也正是梁惠王所求之"利"。在战争中，孟子亦注重"利"，认为"天时不如地利"，肯定了"利"的重要性。然而，相较而言，"地利"又不如"人和"，"人和"的实现则需要依靠仁义。按此，"义"与"利"并不完全对立，只是从战争效果而言，讲究"利"不如追求"义"。可见，在传播过程中，义利关系的处理不是一个固定不变的模式，需要根据具体的传播情境、传播目的、传播对象等因素来灵活把握和实践。那么，"义"与"利"在何种传播情境下，才能协调统一呢？孟子虽未言之，但从其与他人交流的内容来看，在人际传播情境下，人们也可以讲"利"。

　　弄清这一问题，需考察人际传播中"义"之内涵。《离娄上》曰："自暴者，不可与有言也……言非礼义，谓之自暴也。"[2]自暴者不能与之沟通交流，自暴者指言非礼义者，说明人际传播中的"义"与"礼"相关。《离娄上》又曰："仁之实，事亲是也；义之实，从兄是也。智之实，知斯二者弗去是也；礼之实，节文斯二者是也；乐之实，乐斯二者，乐则生矣；生则恶可已也，恶可已，则不知足之蹈之、手之舞之。"[3]"仁之实"指孝，"义之实"指悌，而智、礼、乐等皆围绕二者展开。其中，"礼"主要是对仁、义的合理调节，与《中庸》"义者宜也"[4]的思想相同。质言之，在人际传播中，只要符合"礼"，"利"即是"义"。《公孙丑下》载：

　　① 杨伯峻：《孟子译注》，北京：中华书局，2022年，第78页。
　　② 杨伯峻：《孟子译注》，北京：中华书局，2022年，第157页。
　　③ 杨伯峻：《孟子译注》，北京：中华书局，2022年，第167页。
　　④ 朱熹：《四书章句集注》，北京：中华书局，2012年，第30页。

陈臻问曰:"前日于齐,王馈兼金一百而不受;于宋,馈七十镒而受;于薛,馈五十镒而受。前日之不受是,则今日之受非也;今日之受是,则前日之不受非也。夫子必居一于此矣。"孟子曰:"皆是也。皆适于义也。当在宋也,予将有远行。行者必以赆,辞曰:'馈赆。'予何为不受?当在薛也,予有戒心。辞曰:'闻戒。'故为兵馈之,予何为不受?若于齐,则未有处也。无处而馈之,是货之也。焉有君子而可以货取乎?"①

陈臻疑惑,孟子在齐、宋、薛时接受馈赠的行为不同,时而接受,时而拒绝。礼物、财帛的馈赠是一种普遍存在的社会交往方式,以礼物、财帛为传播媒介,建构彼此之间的关系。孟子也深知此理,但在传播过程中,并非所有的礼物、财帛都要接受。能否接受馈赠,关键在于是否适宜,或者说,是否符合"礼"。在宋国,孟子即将远行,按照"行者必以赆"的社会习俗接受馈赠,在情理之中,符合"礼"的要求,因而"利"也即"义"。在薛国,孟子虽然有所戒备,但对方以"兵馈"的名义赠予,出于对对方善意的尊重而接受,也是适宜的,符合"义"。相反,在齐国,孟子尚未有官职,若接受馈赠,则是以利益为目的,不符合"礼",此时的"利"即为私利,而非"义"。可见,在人际传播的情境下,"利"本身并非与"义"对立,关键在于是否合乎"礼"。"礼"作为一种社会规范和伦理准则,为人际交往提供了行为依据。通过对"礼"的遵循,个人可以在获取"利"的同时,符合"义"的要求。"利"与"义"因而可以在"礼"的规范下达成统一。

在人际传播中,如何判断自己的抉择是否符合"礼"呢?或者说,在人际传播中,如何依据"礼"更好地处理义利关系呢?《万章下》载:

万章问曰:"敢问交际何心也?"孟子曰:"恭也。"曰:"却之却之为不恭,何哉?"曰:"尊者赐之,曰'其所取之者,义乎,不义乎',而后受之,以是为不恭,故弗却也。"曰:"请无以辞却之,以心却之,曰'其取诸民之不义也',而以他辞无受,不可乎?"曰:"其交也以道,其接也以礼,斯孔子受之矣。"②

万章向孟子请教人际传播之道。孟子认为,人与人交往最重要的是有恭敬之心。"敬"是"礼"的根本精神。正所谓:"经礼三百,曲礼三千,可以一言以蔽之曰:'毋不敬'。"③然而,在孟子传播思想中,"敬"不再是纯粹的虔敬与服从,而是被赋予人性的尊严。"敬"是一种发自内心的对他人的尊重。诚然,这种"恭敬"是一种双向互动的关系,当

① 杨伯峻:《孟子译注》,北京:中华书局,2022 年,第 84 页。
② 杨伯峻:《孟子译注》,北京:中华书局,2022 年,第 221 页。
③ 陈澔:《礼记集说》,北京:中国书店,1994 年,第 1 页。

他人以恭敬之心与自己交往时，自己也需要以恭敬之心接受，即"君子以仁存心，以礼存心。仁者爱人，有礼者敬人。爱人者人恒爱之，敬人者人恒敬之"，这便是孟子所说的人际传播之道。万章又追问了两个问题：一是若强盗以礼相待，其礼聘也可接受吗；二是诸侯多取不义之财，赠之君子，君子受之，是何故？孟子对这两个受众群体进行了区分：强盗是不必等待教化就要杀掉之人，无论是否他们以礼待之，皆不可受；而诸侯是可以教化的，当其受到教化后，所赠之物只要符合"礼"便可接受，但对于接受教化仍不可悔改的诸侯，其馈赠亦不可接受。

可见，在人际传播中依据"礼"来处理义利关系，关键在于对"恭"的理解和把握。"恭"不仅仅是表面的恭敬，更是内心的尊重和道德的坚守。只有在"道"的指引下，以"礼"为准绳，才能在人际交往中真正做到"恭"，才能更好地处理义利关系，实现人际关系的和谐发展。

三、"执中有权"：义、利关系传播的平衡维度

孟子以"义"为轴心，将"利"纳入"义"的逻辑体系中，构建起一个义利互融、辩证统一的复杂网络。义、利关系传播的最终目的在于义、利关系的和谐与平衡。孟子并非一味强调"义"，或者只注重"利"。其曰："周于利者，凶年不能杀；周于德者，邪世不能乱。"① 一方面，"义"是"利"的基础和前提，脱离"义"的"利"是不正当、不合理的；另一方面，"利"又是"义"的体现和延伸，"义"需通过"利"来实现其现实价值。对于普通受众而言，只有"利"得到满足时，"义"才能更好地传播。《滕文公上》曰："若民，则无恒产，因无恒心。苟无恒心，放辟邪侈，无不为已……是故明君制民之产，必使仰足以事父母，俯足以畜妻子，乐岁终身饱，凶年免于死亡；然后驱而之善，故民之从之也轻。"② 可见，当民之"利"无法得到满足时，便无法驱人从"义"。当民之"利"得到满足时，噪音较小，则有利于"义"的传播。换言之，"利"是实现"义"顺利传播的前提与基础，而"义"是指导人们追求"利"的思想与原则，二者关系最理想的状态是和谐与平衡。

如何达到和谐与平衡？孟子以"中"为平衡点，试图建构一种动态均衡的义利关系传播模式。这里的"中"，并非静态的、一成不变的状态，而是一个动态的、因时因地制宜的状态。基于此，义利平衡也是一个动态调整的过程。这就要求传播者根据具体情况，在义利之间不断寻找最佳平衡点，既不能过度强调"义"而忽视"利"，也不能过度追求"利"而背离"义"，要在二者之间找到一个最佳的结合点。《尽心上》曰："杨子取为我，拔一毛而利天下，不为也。墨子兼爱，摩顶放踵利天下，为之。子莫执中，执中为近之，

---

① 杨伯峻：《孟子译注》，北京：中华书局，2022年，第303页。
② 杨伯峻：《孟子译注》，北京：中华书局，2022年，第16页。

执中无权，犹执一也。所恶执一者，为其贼道也，举一而废百也。"① 杨子、墨子分别将逐利和推义发展至极端，这便破坏了义、利关系的平衡。执中虽然可使义、利关系趋于平衡，但仍然不够，还应有权，即讲究权变，才能避免走向极端。在孟子关系传播思想中，义、利是可以兼顾的，但前提要学会执中与权变。诸多学者认为孟子重义轻利，若果真如此，孟子自己便是"执中无权，犹执一也"，不符合其权变的一贯主张。孟子自言："大人者，言不必信，行不必果，惟义所在。"② "言必信""行必果"本儒家一贯倡导的人际传播准则，但在这里却变成了"言不必信""行不必果"。这是因为孟子并不拘泥于形式上或内容上的"信""果"，而是讲究权变，根据不同的传播情境，做出不同的传播行为，只要适宜即可。对此，孟子与淳于髡有一段经典对话：

> 淳于髡曰："男女授受不亲，礼与？"孟子曰："礼也。"曰："嫂溺，则援之以手乎？"曰："嫂溺不援，是豺狼也。男女授受不亲，礼也。嫂溺，援之以手者，权也。"③

按照当时的礼制而言，男女授受不亲。基于此，淳于髡疑惑，当嫂子溺水时，是否要伸手援助呢？此处涉及义、利如何抉择的问题。若救，便违背礼制，不符合自身之"利"；若不救，便属于不义的行为。孟子并未犹豫，坚定地认为应该救，不救便属于禽兽。人皆有不忍之心，但若局限于礼制，一味推崇"义"，反而是一种"不义"的行为。因此，在这种传播情境下，人需要讲求权变，如此才可平衡义与利之间的关系。

孟子以"执中有权"为调节机制，强调在不同的传播情境下，要根据受众的特点和需求，灵活处理义利关系，避免过度强调义而忽视利，或过度追求利而背离义。这种传播思想，体现了孟子义利关系传播的辩证性和复杂性。其打破了义利二元对立的传播模式，将二者置于一个动态变化的传播过程中来审视，强调义利关系传播的相对性和可调节性。

四、结语

孟子对义利关系传播的阐发与思考，是一种中国式关系，其涵盖了情感、人际、平衡三个维度，反映了孟子深邃而独到的传播智慧。在情感维度上，孟子强调个体道德情感的培育和激发，将其视为义利关系传播的源头活水；在人际维度上，孟子以"礼"为准绳，构建起一个以尊重为基础的人际传播模式；在平衡维度上，孟子以"执中有权"为调节机制，强调义利关系传播的辩证性和动态性。这些思考的意义不仅局限于古代社会，而且对现代社会的人际交往、组织管理乃至国家治理，都具有重要的意义价值，具

---

① 杨伯峻：《孟子译注》，北京：中华书局，2022年，第289页。
② 杨伯峻：《孟子译注》，北京：中华书局，2022年，第173页。
③ 杨伯峻：《孟子译注》，北京：中华书局，2022年，第162页。

体表现在以下几个方面：

第一，以情感认同为基础，构建和谐共生的人际关系。孟子以情感为纽带，将个体的道德修养与社会的和谐发展紧密联系在一起，强调以仁义为核心的价值共识在人际交往中的重要性。这一思想对于现代社会具有重要启示。在现代社会，随着社会结构的复杂化和功利化趋势的加剧，个人主义逐渐盛行，社会信任度显著下降。人们在日常交往中往往更多地以利益为导向，而忽视了情感和道德的维系。单纯的利益驱动虽然能够在短期内带来物质上的满足，但却容易导致社会关系的疏离和对立，增加人与人之间的隔阂和冲突。因此，构建和谐共生的人际关系，必须超越利益的狭隘视角，注重以情感认同为基础，以仁义为价值导向。

第二，以"义"为先，"利"为辅，实现组织的可持续发展。孟子虽然强调"义"的优先性，但并非完全否定"利"的价值，而是主张在合乎"义"的前提下适度追求"利"。这种义利兼顾、动态平衡的思想，对于现代组织管理具有重要启示。在现代社会，组织的运行往往以利益最大化为目标，然而，单纯的利益驱动容易导致组织内部的短期行为和道德失范，损害组织的长远发展。因此，组织管理者需要以"义"为先，"利"为辅，在追求经济效益的同时，更要注重社会责任的承担和道德价值的践行。只有将"义"作为组织运行的价值基础，"利"作为组织发展的助推器，才能在义利之间找到最佳平衡点，实现组织的可持续发展。

第三，培育"公天下"意识，走向人类命运共同体。孟子的义利传播关系观虽然立足于个体修养和人际交往，但其终极指向却是"天下为公"的理想社会。在经济全球化和文化多元化的时代背景下，人类社会日益成为一个休戚与共的命运共同体，然而，单纯的利益驱动往往加剧了国家间的竞争和对抗，滋生了民粹主义和单边主义的思潮，损害了人类社会的共同利益。因此，国际社会需要秉持"义"的理念，摒弃"利"的偏执，培育"公天下"的意识，走向人类命运共同体。这就要求各国在处理彼此关系时，要坚持和平共处、互利共赢的原则，尊重文明多样性，加强人文交流，在更大范围、更高水平、更深层次上实现利益的交融和价值的认同，共同应对人类社会面临的全球性挑战，构建起一个持久和平、普遍安全、共同繁荣、开放包容的世界。

总之，孟子义利关系传播思想作为华夏传播研究的重要组成部分，其研究价值和理论意义不容忽视。在当前的学术语境下，对孟子义利关系传播思想的深入探讨，不仅有助于我们更加全面、系统地认识华夏传播的理论体系，更有助于我们在传承华夏优秀传播思想的基础上，不断推进理论创新和实践探索。

《论语》《孟子》君子人格的多重差异及其文化解读

种梦卓　王一乔*

（赣南师范大学，江西赣州，341000）

摘　要： 君子人格是儒家传统文化的重要组成部分，是中国古代理想人格的具体体现。本文以《论语》《孟子》两本儒家典籍中对君子人格的塑造为研究对象，对比在孔子思想底色下文质彬彬、仁礼合一的君子人格及孟子思想底色下舍生取义、心怀天下的君子人格的不同构想，分析二者在君子核心思想、君子政治思想、君子忧患意识、君子自身气象和"圣人"概念界定五个角度存在的多重差异，从时代背景与个体性情两方面进一步挖掘了二者差异形成的文化根源。君子人格不仅在古代社会具有经久不衰的社会文化效应，在当代与推进中国的现代化进程也有着紧密的联系。因此我们很有必要深入探讨先秦儒家典籍对君子人格塑造的差异，从而感悟其特质并发掘它的现实价值。

关键词： 论语；孟子；君子人格

一、引论

君子一直被视作传统儒家学说的理想人格形象。《论语》和《孟子》作为先秦儒家经典著作之一，所蕴含的价值时至今日仍值得我们去深挖和探究。研究先秦儒家典籍中的君子人格能够对中国古代早期的社会道德如何构建有较为清晰的认知。

本文通过对比《论语》《孟子》君子人格多重差异及其文化根源研究，深入挖掘儒家思想的精神内核以及其在现代社会的价值和意义。同时，也有助于我们更好地理解和应用这两部经典，为社会发展提供有益的启示和指导。

二、《论语》中的君子人格书写

《论语》中有百余处提及"君子"，始于"君子"（"人不知而不愠，不亦君子乎"[①]），

---

*　作者简介：种梦卓，博士，赣南师范大学文学院讲师、硕士研究生导师，研究方向：汉代经学与文献；王一乔，赣南师范大学文学院汉语言文学专业本科。

① 杨伯峻：《论语译注》，北京：中华书局，2017年，第1页。

终于"君子"("不知命，无以为君子也"①)。《论语》中孔子提倡通过"学"的方式，追求"仁""礼"合一的境界，方能成就君子。

（一）仁：君子内在思想之核心

仁是孔子思想的核心。孔子在与弟子的交流中不断从各个维度阐述、丰富仁的内涵，倡导"志于道，据于德，依于仁，游于艺"②，仁是成为君子的基石，更是君子在道德修养上的起始点与归宿所在。子张向孔子询问仁的真谛，孔子提出，仁即是践行恭、宽、信、敏、惠这五项德行，同时深入阐释道："恭则不侮，宽则得众，信则人任焉，敏则有功，惠则足以使人。"③君子是践行仁的载体，是仁的人格化，君子所拥有的所有美好品德都包含在了博大精深的"仁"中。君子将"仁"作为其一生的追求目标，不断充实自己的道德情操，内化"仁"为自己的一部分，达到君子即仁、仁即君子的境界。

（二）礼：君子外在行为之规范

"克己复礼为仁。"④《论语》中君子人格的关键在于内仁外礼，仁是君子人格的内化，礼是君子人格的外延。孔子对此解释道："非礼勿视，非礼勿听，非礼勿言，非礼勿动。"⑤对于不符合礼仪的事物，要避免去观察；对于不符合礼仪的言论，应选择不听取；对于不符合礼仪的话语，需慎重不轻易说出口；对于不符合礼仪的行为，要自觉避免去实施。这四句箴言被后世尊为圭臬，备受尊崇。因此，孔子提倡"为仁由己"⑥，实践仁德之道固然并非高不可攀，但真正的挑战在于能够持之以恒、无时无刻不遵循礼的准则与行为规范。

除细化礼的规范外，孔子尤为注重源自个体内心的动力，从而使得礼得以超越纯粹的形式，与个体的道德品质紧密相连："恭而无礼则劳，慎而无礼则葸，勇而无礼则乱，直而无礼则绞。"⑦对于君子而言，礼乃其生活固有之要素，乃与其社会地位相符之必要行为模式。若君子不遵礼，显然背离了其自身之立场与身份。这种背离，必然会引发社会秩序的混乱与失序，因此孔子对礼崩之乱象予以严厉谴责："是可忍也，孰不可忍也？"⑧然若将礼仅视为外在之规范，则易沦为形式，一旦流于形式，终将遭时代所弃。因此，孔子强调君子要实现仁与礼的完美结合，没有脱离道德而独立的礼。所以，"克己复礼"并非仅仅局限于对外在道德规范的遵循与臣服，而是更深层次的依赖于个体内心的道德

① 杨伯峻：《论语译注》，北京：中华书局，2017年，第297页。
② 杨伯峻：《论语译注》，北京：中华书局，2017年，第96页。
③ 杨伯峻：《论语译注》，北京：中华书局，2017年，第260页。
④ 杨伯峻：《论语译注》，北京：中华书局，2017年，第174页。
⑤ 杨伯峻：《论语译注》，北京：中华书局，2017年，第174页。
⑥ 杨伯峻：《论语译注》，北京：中华书局，2017年，第174页。
⑦ 杨伯峻：《论语译注》，北京：中华书局，2017年，第113页。
⑧ 杨伯峻：《论语译注》，北京：中华书局，2017年，第31页。

自觉与自律。这种自觉不仅体现在对规范的尊重，更在于个体能够自觉地审视自身行为，以礼为尺，不断修正自我，实现道德的提升与完善。

（三）学：君子内外兼修之道路

在君子之道的培育过程中，孔子尤为强调"学"的重要性。《论语》开篇章即"学而"，首句云"学而时习之，不亦说乎"①。当子路询问孔子如何修炼成君子时，孔子从个人修养的维度给出了答复，强调这种修养需通过"学"来达成。"古之学者为己，今之学者为人。"②孔子所赞许的是那些如古代学者一般，致力于内在提升的学习态度，而非现今某些学者仅为外在表现而学习的功利心态。因此，学习在君子成长的道路上具有不可替代的重要地位。

三、《孟子》中的君子人格书写

《孟子》一书中涉及"君子"的论述共有八十余处，孟子在继承孔子的部分思想的基础上，对君子人格的分支进行了更深入的拓展。

（一）性善论：君子修身之道

孟子视仁与礼为君子的核心特质，实则是对孔子君子观的继承与发展："君子所以异于人者，以其存心也。君子以仁存心，以礼存心。仁者爱人，有礼者敬人。"③但孟子倾其一生之力，致力于深入探究"仁"的内在根基，即性善论，不仅是对孔子君子人格理论的丰富与深化，更是对其思想体系的一种拓展与补充。孟子主张，人性之所以普遍相似，是因为众生皆具先天的善端，这为个体向理想人格之境界迈进奠定了基石。因此，相较于孔子对外在"礼"的极度重视，孟子对此并未予以同等程度的关注。

在深入探究"仁"这一核心范畴时，孟子对君子应有的品质进行了细致的划分，具体涵盖仁、义、礼、智四个维度。"恻隐之心，仁之端也；羞恶之心，义之端也；辞让之心，礼之端也；是非之心，智之端也。"④仁义礼智作为内在品格，各自映射出德性的多元面向。恻隐之心，即是深藏的同情之心；羞恶之心，可视为个体内在的道德自觉，一旦行为失范，便会受到这种自觉的谴责；恭敬之心，则是礼的精神的内在表现，凸显了对他人的尊重以及先他人后自我的价值观；是非之心，则展现出理性的辨析能力，成为"智"的重要一环。在孟子思想的体系中，仁义礼智共同构成了君子理想人格的基础架构，这一架构内生于每个人的内心，作为与生俱来的潜能存在。若要实现个人理想的人格境界，则需将这一固有的潜能逐步发掘并展现出来。

---

① 杨伯峻：《论语译注》，北京：中华书局，2017年，第1页。
② 杨伯峻：《论语译注》，北京：中华书局，2017年，第218页。
③ 杨伯峻：《孟子译注》，北京：中华书局，2019年，第218页。
④ 杨伯峻：《孟子译注》，北京：中华书局，2019年，第86页。

（二）仁政、民本：君子在治国理念上的投射

在孔子的思想基础上，孟子进一步拓展了对君子治国的构想，引入了仁政与民本两大核心概念。孟子深信，统治者唯有怀揣"仁"心，切实推行仁政，方能臻至"君子"的至高境界。他希望引导偏离"仁政"之道的君王转变治国思想与方式，率先垂范向往君子之道，最终在治国方面形成"王道"。

孟子强调民众的重要性，他明确指出："民为贵，社稷次之，君为轻。"① 统治者应当始终将民众的利益置于首位，要怀有爱民之心。"得天下有道，得其民，斯得天下矣；得其民有道，得其心，斯得民矣；得其心有道，所欲与之聚之，所恶勿施尔也。"② 同时，孟子提出要"养民"。物质方面，重视"制民恒产"："民之为道也，有恒产者有恒心，无恒产者无恒心。"③ 要百姓衣食无忧，保障基本生活条件，给民以一定的物质基础，使百姓有闲暇修其"孝悌忠信"而向善。精神方面，重视"庠序之教"的作用，把道德教化作为民本思想的重要组成部分，提出"善政不如善教之得民也"④。孟子以"民本"为基石，倡导统治者施行"仁政"之道，旨在实现社会的稳定和谐与持续发展，构建秩序井然、长治久安的社会格局。

（三）存心养性：君子人格的升华

在孟子的思想体系中，个体人格能否得以升华，其核心在于"存心"："君子所以异于人者，以其存心也。"⑤ 尽管君子与庶人本为同类，然其差异之根源在于君子能够"存心"，每个人心存"仁义礼智"，若能妥善保护，便有望成就君子之境界，反之则可能沦为庶人。"存心"即为个体明辨善恶之基石。

然而，要使"善"得以恒久不衰，尚需进一步"养性"以巩固："尽其心者，知其性也。知其性，则知天矣。存其心，养其性，所以事天也。天寿不贰，修身以俟之，所以立命也。"⑥ 个体的"性"根植于"心"，因此"养性"便是确保"善心"得以延续与发扬的关键途径。孟子深信，持守本心、涵养本性，乃君子立身处世之根本法则。

四、《论语》与《孟子》中君子人格书写的差异分析

（一）仁爱与仁义：君子核心思想的差异

仁是儒家核心概念之一。在儒学发展过程中，对君子人格概念的丰富都围绕着"仁"展开。而在《论语》和《孟子》中孔孟对于"仁"的解读也存在"仁爱"与"仁义"的

---

① 杨伯峻：《孟子译注》，北京：中华书局，2019年，第369页。
② 杨伯峻：《孟子译注》，北京：中华书局，2019年，第185页。
③ 杨伯峻：《孟子译注》，北京：中华书局，2019年，第127页。
④ 杨伯峻：《孟子译注》，北京：中华书局，2019年，第340页。
⑤ 杨伯峻：《孟子译注》，北京：中华书局，2019年，第218页。
⑥ 杨伯峻：《孟子译注》，北京：中华书局，2019年，第334页。

差异。

孔子以"爱"释"仁","仁"就是"仁心""仁爱""爱人"。"樊迟问仁,子曰:'爱人。'"① 后来孟子把这种解释总结为"仁者爱人"。

《论语》中君子之仁爱是由近及远、由亲及疏的差等之爱。一是"爱亲",即孝悌。孔子认为"仁"起源于"孝悌":"君子务本,本立而道生。孝弟也者,其为仁之本与!"② 没有基本的世道人心的优化,没有基本的孝悌,没有由孝悌发展出的忠诚、恭敬、仁爱、互助,没有这种思想观念、情感心理的转变,要想让社会安定,让老百姓过上幸福美好的生活是非常困难的。所以孔子一直提倡从"孝悌"出发来构建一个仁爱、安宁的社会。

二是"爱众"。"弟子入则孝,出则弟,谨而信,泛爱众,而亲仁。行有余力,则以学文。"③ "爱众"是指爱氏族血亲以外的人。所以孔子所谓的爱人理念从某程度而言已超越了血缘宗族与阶级的界限,从而构筑起一种更为广泛且普遍的仁爱观念。正如子夏所言:"四海之内皆兄弟也。"④ 这恰恰体现了孔子"爱众"思想的深远影响。"爱亲"是君子爱人的起点,"爱众"是君子爱人的进阶。

《论语》君子仁爱的关键在于推己及人、践行忠恕之道。"己欲立而立人,己欲达而达人。"⑤ "己所不欲,勿施于人。"⑥ 朱熹在《论语集注》里解释"忠恕"为:"尽己之谓忠,推己之谓恕。"⑦ 忠恕之道,可划分为两大维度。其一为忠,即己立立人,己达达人。这种推己及人的方式,不仅是实现仁德的途径,更是一种展现利他精神的体现,深刻凸显了人的主体性、积极性和利他特质。其二为恕,即己所不欲,勿施于人。"己"并非道德推理的起始点,而是要求我们避免将自身不愿接受的事物强加于他人,通过践行忠恕之道,对自己的行为实施自我约束。

孟子在孔子的基础上对"仁"的概念进行了拓展与延伸,但孟子之"仁"与孔子之"仁"仍有所区分。在孔子看来,道德实践绝非基于利益的考量。凡是以利益为导向的行为,均被视为伪善之举。甚至无须深究为何需行仁、爱人,因为真正的仁者会自然而然地关爱他人,为理所当然之行径。但在孟子那里,君子观念也从守死善道的个体精神转向更具理性化的精神。孟子提出了仁心内在说,认为亲亲之心、恻隐之心都是人的仁心,而仁心"非由外铄我也,我固有之也,弗思耳矣"⑧。仁是天生自然具有的,代表人的本性。一方面,孟子将"仁"外化为所有的事物;另一方面,孟子又将"仁"内化为人之本心。

---

① 杨伯峻:《论语译注》,北京:中华书局,2017 年,第 185 页。
② 杨伯峻:《论语译注》,北京:中华书局,2017 年,第 2 页。
③ 杨伯峻:《论语译注》,北京:中华书局,2017 年,第 6 页。
④ 杨伯峻:《论语译注》,北京:中华书局,2017 年,第 176 页。
⑤ 杨伯峻:《论语译注》,北京:中华书局,2017 年,第 93 页。
⑥ 杨伯峻:《论语译注》,北京:中华书局,2017 年,第 175 页。
⑦ 朱熹:《四书章句集注》,北京:中华书局,2012 年,第 73 页。
⑧ 杨伯峻:《孟子译注》,北京:中华书局,2019 年,第 286 页。

孔子的仁学表现在生活层面上，而孟子则将仁内化为一种德性，由恻隐之心见"仁"，羞恶之心见"义"，辞让之心见"礼"，是非之心见"智"。这种内化进程赋予了君子的道德行为以全新的内涵，它不再仅仅依赖于主观的个体精神，而是深深植根于生命本身所蕴含的普遍道德意志之中。

由此，孟子成功地将道德行为从狭隘的个体精神桎梏中解放出来，将其置于更为辽阔、普遍的道德领域之中。在此框架下，人人皆能展现道德之光，实践道德之生命。因此，君子的意义得以升华，他们不再仅仅是个体道德的孤立象征，而是展现出先天道德能力的人格典范，成为普遍意义上的人格楷模，人人皆有可能达到这一境界。而在孔子那里，君子作为人格典范的意义在于君子是凭借主观的个体精神，象征着一种进取的精神。

同时，孟子在孔子之"仁"的基础上发展了"义"的概念，把仁与义作为君子这个理想人格最重要的两个道德范畴。"仁，人心也；义，人路也。舍其路而弗由，放其心而不知求，哀哉！"[1]仁是人生信念，路是行为原则；前者是内心，后者是行为。"仁，人之安宅也；义，人之正路也。旷安宅而弗居，舍正路而不由，哀哉！"[2]仁代表本心，义代表正道；仁是发端于本心的道德意识，义是发散于外在的道德准则。

在孟子的思想体系中，君子之所以成为理想的人格典范，源于其卓越的道德选择能力。"生亦我所欲也，义亦我所欲也；二者不可得兼，舍生而取义者也。"[3]在常人眼中，生存无疑是首选，而道义往往被视为生存之后的考量。然而，当生存与道义发生冲突时，君子会毫不犹豫地选择舍生取义，这正是君子之所以为君子的核心价值所在。"生亦我所欲，所欲有甚于生者，故不为苟得也；死亦我所恶，所恶有甚于死者，故患有所不辟也。"[4]君子的道德价值在现实中得以体现，其抉择并非基于简单的喜生厌死，而是超越生死，追求更高的道德价值——义。因此，君子能够选择舍生取义，其根本动力源于内在的道德性。当个体具备稳固的道德自我意识时，便会产生超越生死本身的强烈欲求，这正是君子所独有的品质。

综上所述，孔子的君子人格与勇者相类，即使明知困境重重，亦能勇往直前，付诸实践。这种道德实践源于主观力量的驱动，彰显出鲜明的个体精神特质。孔子虽周游列国却未得重用，但其赤诚之心始终如一，从未消减。相比之下，孟子的君子观念则蕴含了一种先验的绝对性，君子作为人格典范展现天赋的良知良能，这种观念带有更为理性化的人文色彩。

---

① 杨伯峻：《孟子译注》，北京：中华书局，2019年，第295页。
② 杨伯峻：《孟子译注》，北京：中华书局，2019年，第187页。
③ 杨伯峻：《孟子译注》，北京：中华书局，2019年，第293页。
④ 杨伯峻：《孟子译注》，北京：中华书局，2019年，第293页。

（二）敬德与保民：君子政治思想的差异

君子人格在君王与臣子上的投射，也体现了《论语》《孟子》中关于君子从政方面的差异。孔子的君子政治思想更注重"敬德"，而孟子的落脚点则放在"保民"。

在孔子的观念中，统治者应精通九个层面的治理之道，"凡为天下国家有九经，曰：修身也，尊贤也，亲亲也，敬大臣也，体群臣也，子庶民也，来百工也，柔远人也，怀诸侯也。"①儒家学说的精髓在于治人，以德治国的最终目标也是实现以德治人。孔子提出的"九经"实际上是对统治者的一种期许，希望他们通过提升个人道德修养，运用尊、亲、敬、体、子、柔、怀等德行，来稳固与亲友、臣民及诸侯之间的关系。"为政以德，譬如北辰，居其所而众星共之。"②

君子应以身作则，躬行仁义，以德治国。"君子之德风，小人之德草，草上之风必偃。"③儒家思想的核心在于以德治民，君子需心怀百姓，关心民众福祉，致力于创造安居乐业的社会环境，"老者安之，朋友信之，少者怀之。"④此外，君子在治国理政方面，还应当注重公平，秉持"有国有家者，不患寡而患不均，不患贫而患不安"⑤的原则，保障国家的稳定与发展。

而孟子把执政为民比作受委托，就像受委托照顾朋友的妻子儿女一样。委托是一种义务、责任的转让和接受，一个君主在位执政，就表示他已经接受了老百姓的委托，他就必须担负起应有的责任和义务。一个君主在位执政的责任和义务是什么呢？孟子说是保民，"保民而王，莫之能御也"⑥。中国古代社会的思想家，对于统治者与老百姓的关系问题多有论述。管仲提出，"政之所兴，在顺民心，政之所废，在逆民心"⑦；老子也说，"圣人无常心，以百姓心为心"；而孟子是最集中、最强烈地阐述民本思想的古代思想家，他赋予民众前所未有的尊严，让民众第一次知道自己应该得到尊重，"遂成为针对虐政之永久抗议"⑧。

（三）由个体之忧到天下之忧：君子忧患意识的差异

孔子曾言"君子忧道不忧贫"⑨，开始将忧患意识与君子人格相结合。孟子则进一步将这种忧患意识具体化，强调忧患意识不仅是君子理想人格的核心，更是每个人毕生应秉持的信仰。这种信仰不仅要求个体超越自我，更需深入"忧民之忧"的层面。在《孟子》

---

① 王国轩：《大学·中庸》，北京：中华书局，2006 年，第 97 页。
② 杨伯峻：《论语译注》，北京：中华书局，2017 年，第 14 页。
③ 杨伯峻：《论语译注》，北京：中华书局，2017 年，第 183 页。
④ 杨伯峻：《论语译注》，北京：中华书局，2017 年，第 74 页。
⑤ 杨伯峻：《论语译注》，北京：中华书局，2017 年，第 245 页。
⑥ 杨伯峻：《孟子译注》，北京：中华书局，2019 年，第 15 页。
⑦ 黎翔凤、梁运华：《管子校注》，北京：中华书局，2004 年，第 13 页。
⑧ 萧公权：《中国政治思想史》，北京：商务印书馆，2011 年，第 87 页。
⑨ 杨伯峻：《论语译注》，北京：中华书局，2017 年，第 240 页。

中，"忧"字出现了多达二十七次，足见孟子已将这一特质与理想人格紧密相连。作为理想人格的典范，君子应当怀有终身的忧患意识："君子有终身之忧，无一朝之患也。乃若所忧则有之：舜，人也；我，亦人也。舜为法于天下，可传于后世，我由未免为乡人也，是则可忧也。忧之如何？如舜而已矣。若夫君子所患则亡矣。非仁不为也，非礼无行也。如有一朝之患，则君子不患矣。"①

而孟子所言的"君子之忧"核心在于自己尚未达到舜那样的境界，即"为法于天下"的崇高目标，除此之外，任何突如其来的祸患都无法动摇君子的内心。这种忧患意识激励人们不断超越平庸，不甘沦为"乡人"，尤其是君子，更应矢志不渝地追求更高尚的理想人格。自更为宏观的维度来看，孟子的忧患意识更彰显了心怀天下、身负使命的责任感。因为心怀"终身之忧"的君子必将不遗余力地把自身的社会政治理想达于天下而后已。

（四）由文质彬彬到浩然之气：君子自身气象的差异

孔子在《论语》中为君子下了定义。"质胜文则野，文胜质则史。文质彬彬，然后君子。"② 其中，"质"指代内在的修养与本质，而"文"则涵盖外在的表现，如仪容举止、文采修饰。然而，孔子的"文"之概念远不止于此，它既可以指涉宏大的礼乐典章，也可涵盖细微的文采与举止，可谓内涵丰富。同样，"质"也不仅仅是内在的朴实本质，它更涵盖了人的道德修为与内在品质。

"君子义以为质，礼以行之，孙以出之，信以成之。"③ "文之以礼乐，亦可以为成人矣。"④ 将"文质"与"仁礼"相结合，意味着既要注重培养内在的仁义品质，也要注重外在行为是否符合礼仪规范。这两者相辅相成，缺一不可。只有当仁与礼、文与质达到内外相合、不偏不倚的境界时，我们才能称之为真正的君子。

"文质彬彬"中的"彬彬"一词，旨在描绘一种交融而和谐的状态，即各元素间的相得益彰与和谐统一，这恰好体现了儒家思想中的中庸之道。中庸，作为君子的行为准则，其核心在于"中"与"庸"的深刻内涵。"中"意味着适度、精准与恰当，它要求我们在处理事物时追求真理与准确性的原则；"庸"则代表着普遍、平常与实用，强调这一原则应普遍适用于各种情境。因此，"中庸"的真谛在于倡导在待人处事时，既要把握适度原则，掌控好分寸，做到恰到好处、不偏不倚，避免过度或不足。当朴实过于凸显而文采不足时，人易显粗野；反之，若文采过盛而朴实欠缺，则易显浮夸。任何一方的过度都会导致失衡，唯有两者相辅相成，相互协调，才能真正体现君子的风范，这也是中庸适度原则所追求的境界。

---

① 杨伯峻：《孟子译注》，北京：中华书局，2019年，第218页。
② 杨伯峻：《论语译注》，北京：中华书局，2017年，第87页。
③ 杨伯峻：《论语译注》，北京：中华书局，2017年，第235页。
④ 杨伯峻：《论语译注》，北京：中华书局，2017年，第211页。

而孟子的君子观比孔子的气象更为宏阔。

孟子的君子观的源头出于"天将降大任"。这种理论推演有种舍我其谁的豪情："故天将降大任于是人也，必先苦其心志，劳其筋骨，饿其体肤，空乏其身，行拂乱其所为，所以动心忍性，增益其所不能。"① 这深刻揭示了君子所应肩负的社会责任。尽管孟子对孔子的君子理论有所解读与补充，但其核心理念——理想人格需兼具个人修养与天下情怀，始终如一。这一过程中，意志的锤炼不可或缺。孟子明确指出，坚韧不拔的意志并非与生俱来，而是需要通过艰苦的磨砺与逆境的考验，方能锻造出刚韧自强的品格。而"养气"之道，便是培养这种坚毅刚韧的意志与节操，使君子能够在承担重任的道路上，始终保持坚定的信念与不屈的精神。

日："我知言，我善养吾浩然之气。"

"敢问何谓浩然之气？"

日："难言也。其为气也，至大至刚，以直养而无害，则塞于天地之间。其为气也，配义与道，无是，馁也。是集义所生者，非义袭而取之也。行有不慊于心，则馁矣。我故日，告子未尝知义，以其外之也。必有事焉，而勿正，心勿忘，勿助长也。"②

浩然之气源于道义充盈的内心，是内在正义的体现，而非外在义务的强加。浩然之气并非通过服从外部规范便能产生，它根植于个体内在的道义感。因此，"养气"之道，一方面在于深刻理解和把握道义，进而自觉践行正义之举；另一方面需通过持之以恒的修炼，即"以直养而无害"。浩然之气是内心自然流露并转化为实际行动的力量，它赋予君子无畏的勇气，使之在天地间傲然挺立，展现出至大至刚的品格。

（五）由"不得而见之"到"与我同类"："圣人"概念界定的差异

孔子所描绘的君子，是鲜明而现实的，始终致力于自我修养的完善。整部《论语》虽以描述君子为主，却鲜少论及君子的最终境界——"圣人"，即便尧舜这样的古代圣王，孔子亦认为其未能完全达到"成圣"之境。孔子认为圣人"吾不得而见之矣，得见君子者斯可矣"③。圣人形象具有超越性，在当前社会，君子的行为若未能"济众生"，未达到理想社会的标准，便不能称之为圣人。

但在这方面，孟子的观点与孔子有所不同。孟子虽然将圣人视为"人伦之至"，但他并不认为圣人遥不可及。孟子认为，尧、舜此类古代圣王是圣人，伯夷、伊尹等贤德之人也达到了圣人之境，孔子更是圣人中的集大成者。"圣人"并非高高在上，与民隔绝：

---

① 杨伯峻：《孟子译注》，北京：中华书局，2019 年，第 331 页。
② 杨伯峻：《孟子译注》，北京：中华书局，2019 年，第 66—67 页。
③ 杨伯峻：《孟子译注》，北京：中华书局，2019 年，第 105 页。

"圣人之于民,亦类也。"① "故凡同类者,举相似也,何独于人而疑之？圣人与我同类者。"② 因此,孟子认为"圣人"出于芸芸众生之中,理想人格与现实人格之间存在桥梁。曹交曾问孟子是否人人都能成为尧舜,孟子回答:"然。"这显示出他对人能够达到的道德境界充满自信与乐观,这与其性善论的理论基础相吻合。相较之下,孔子对自己的评价较为谦逊,他不敢以"君子"自称,更莫谈"圣人"。而孟子则坦坦荡荡地自称"君子":"无处而馈之,是货之也。焉有君子而可以货取乎？"③

五、《论语》《孟子》君子人格的多重差异的文化根源分析

(一) 时代背景的影响

孔子生存在春秋末期,彼时各国争霸,兵革满道,烽鼓不息。无休止的兵荒马乱带来的是文化上的礼崩乐坏。社会关系日趋错综复杂,社会伦理道德面貌也随之变得愈加纷繁多样,个体的道德修养与品行日益受到人们的瞩目。

《论语》所刻画的君子,与以往对君子的理解迥异,这一新君子形象源于"士"。彼时的封建制的建立尚以宗法制及血缘关系为纽带。最初的"士"多指贵族阶层,因其社会地位,自幼便能接受贵族社会的优质教育,从而精通礼乐,学识渊博,享有名望、领地及稳定的收入。然而春秋末期以后,血缘宗法制度渐趋瓦解,社会动荡不安,社会各阶层实现等级上的易位,"士"逐渐摆脱了血缘与宗法的束缚,脱离原宗法家族的贵族,最终沦落到民间,成为四处漂泊的"游士"。

尽管士阶层已不复往昔的荣光,与当时社会最底层的"庶人"有着显著的区别,但士的精神追求并未改变,"士志于道,而耻恶衣恶食者,未足与议也"④。即便失去了地位与物质财富,他们仍坚守正道,矢志不渝。士的内涵,与今日所称的知识分子颇为相似,均承载着对真理与智慧的追求。随着社会的演进,平民化趋势日益明显,孔子对"君子"一词做了新的诠释,君子不仅要如士一般学识渊博,志向高远,更需超越地位与财富的束缚,成为评判人的内在标准。无论身处何种阶层或身份,君子都应通过不懈努力与学习,崭露头角,成为国家与社会的栋梁之材,辅佐君王治国安民,使百姓安居乐业。因此,在《论语》中,君子已不再是特定个体或阶层的称谓,而是成为德行卓越、品质高尚者的共同代称,象征着一种崇高的精神境界。

"孔子打破了社会上政治上的阶级限制,把传统的阶级上的君子小人之分,转化为品德上的君子小人之分,因而使君子小人,可由每一个人自己的努力加以决定,使君子成为每一个努力向上者的标志,而不复是阶级上的压制者,使社会政治上的阶级,不再成

---

① 杨伯峻:《孟子译注》,北京:中华书局,2019年,第68页。
② 杨伯峻:《孟子译注》,北京:中华书局,2019年,第288页。
③ 杨伯峻:《孟子译注》,北京:中华书局,2019年,第99页。
④ 杨伯峻:《论语译注》,北京:中华书局,2017年,第51—52页。

为决定人生价值的因素。"① 孔子赋予了"君子"新的内涵,使之成为可供世人追求的人格典范。在追求德行的道路上,个体得以探寻自身存在的意义,并在积极入世中实现自我价值。这促进了人们关注焦点的转变,由超自然的"神"转向现实的"人",进而推动了人文精神的觉醒与发展。

因此,这时孔子的儒家君子人格观念还处于萌芽阶段,且在春秋时期,孔子尚可以极力倡导"克己复礼",侧面说明一定程度上,社会秩序是可恢复的,人们在关注个体生命的同时,还可以兼顾礼乐,较战国时期而言,春秋还是相对宁静的。

孟子生存的战国时期,礼崩乐坏加剧。战火连天不息,诸侯纷争难平,乱世争霸无常,烽火连绵难靖。若春秋已无"义战",战国则更甚。"争地以战,杀人盈野;争城以战,杀人盈城"②,孟子所生活的时代,社会长期笼罩在混战的阴霾之下。当时的统治者们,普遍奉行"嗜杀人者"的策略,争夺土地和城池,国家治理陷入混乱,民众长期在水深火热之中,备受苦难,"乐岁终身苦,凶年不免于死亡"③,民众饱受虐政之苦,痛苦无以复加。

齐人伐燕,他说燕可伐。梁襄王问他:"天下恶乎定?"他答道:"定于一。"襄王又追问谁能统一,孟子说:"不嗜杀人者能一之。"④ 可以说,孟子时期整个社会的暴乱和动荡,已经没有孔子所说的非礼勿视、勿听、勿言、勿动的严格规矩,人们普遍认识到只恢复故态而不改弦更张已经无济于事。在孟子开始他的游说活动之际,正值商鞅遭遇极刑的节点,与此同时,苏秦与张仪也在积极倡导合纵连横的策略。战国七雄,已准备长期厮杀。孟子意识到:"今夫天下之人牧,未有不嗜杀人者也。"⑤ 相对春秋,战国时代的暴乱以及各国对霸权的崇尚,人们转而更多地倾注了对个体生命的关注,而暴乱与霸权也很大程度上造就了当时士人更为强硬的个性,影响了孟子对君子理想人格的品质的塑造。

(二) 个体性情的烙印

对当时的社会,孔子曾一度不满和担忧,但个人情绪却揉捏得很好,言行举止在迂回间传达着一种平和、泰然。他有对时政者"噫!斗筲之人"⑥ 的不屑,有对"八佾舞于庭"⑦ 的气愤,也有对鲁国"禄之去公室五世矣,政逮于大夫四世矣,故夫三桓之子孙微矣"⑧ 的慨叹。对于整个紊乱的政治秩序,孔子强调要始终恪守与君主之间、臣属之间的"礼",言行中也充满了对自己言谈举止的考量。

---

① 徐复观:《中国人性论史先秦篇》,上海:上海三联书店,2001年,第57页。
② 杨伯峻:《孟子译注》,北京:中华书局,2019年,第191页。
③ 杨伯峻:《孟子译注》,北京:中华书局,2019年,第19页。
④ 杨伯峻:《孟子译注》,北京:中华书局,2019年,第13页。
⑤ 杨伯峻:《孟子译注》,北京:中华书局,2019年,第14页。
⑥ 杨伯峻:《论语译注》,北京:中华书局,2017年,第198页。
⑦ 杨伯峻:《论语译注》,北京:中华书局,2017年,第31页。
⑧ 杨伯峻:《论语译注》,北京:中华书局,2017年,第249页。

孔子尊王重礼,事事具礼,俨然是一个谦谦儒者形象。在他的言行举止间,君臣之分似乎是不可逾越和更改的。所以孔子总是表现出"君命召,不俟驾行矣"①,是个坚定的尊君论者。他将礼仪、尊卑等级作为基本行为准则。即便对自己所不愿待见的人,甚至不愿接纳的事,诸如"阳货欲见孔子"②"孺悲欲见孔子"③ 等,孔子都只是趋而避之,以委婉、迂回的方式传达不愿待见的意思。因此,《论语》中孔子绘就的君子人格具有圆通谦和的特点。

孔子游说四方,"斥乎齐,逐乎宋、卫,困于陈蔡"④,境遇"若丧家之犬",远没有孟子游说时"后车数十乘,从者数百人,以传食于诸侯"⑤ 的盛况。孔子一路颠沛流离、居无定所,更不用谈君臣面前个性言辞的激扬。而在孟子时期,稷下学宫正处于繁荣昌盛的时期,以开放包容的态度,吸引了来自四面八方的文人学者。他们来自不同的国家,拥有各异的思想和政治倾向,但在稷下学宫这片学术的沃土上,他们都能够自由地发表自己的见解和主张。稷下学宫因此成了当时学派思想的荟萃之地,各种学术流派在这里相互碰撞、交流、融合,形成了独特的学术氛围。学者们互相争辩、交流、吸收,统治者也采取十分优礼的态度,允许他们"不治而议论"⑥ "不任职而论国事"⑦。所以有人说:"在中国历史上,没有一个时期的士人比战国时代的士人来得趾高气扬,也没有一个时期的士人比战国时代的士人更加养尊处优。"⑧

相较于孔子所处的春秋末期来说,孟子时期的士人具有更强的独立性和更强的对其自身的社会地位甚至存在价值的认定。因此孟子言谈举止间更多的则是自信和张扬,没有太多谦逊。面对处世横议的社会,孟子极尽对各家的批判,说别的学说都不可行。甚至直言杨氏墨氏"无父无君,是禽兽也"⑨。认为杨墨不合人道,盛行势必天下大乱。他毫不谦虚地宣称自己"夫道一而已矣"⑩,是"先知先觉者",肩负"正人心,息邪说,距坡行,放淫辞,承三圣者"⑪ 不得已而为之的历史使命。他毫不谦虚地扬言自己是济世治国的不二人选,自信锋芒展露无遗。

孟子也没有太多对君臣之礼的注重,取而代之的一种无畏精神,甚至有那么一些极尽言责、不顾颜面的批判。他犀利地指责梁国夺"民时",说"察邻国之政"是"以五十

① 杨伯峻:《论语译注》,北京:中华书局,2017年,第152页。
② 杨伯峻:《论语译注》,北京:中华书局,2017年,第256页。
③ 杨伯峻:《论语译注》,北京:中华书局,2017年,第267页。
④ 司马迁:《史记》,北京:中华书局,2014年,第2314页。
⑤ 杨伯峻:《孟子译注》,北京:中华书局,2019年,第157页。
⑥ 司马迁:《史记》,北京:中华书局,2014年,第2296页。
⑦ 陈同生:《盐铁论》,北京:中华书局,2015年,第111页。
⑧ 龙青云:《朝秦暮楚:战国士人的行为特征》,《南宁师范高等专科院校学报》1997年第1期。
⑨ 杨伯峻:《孟子译注》,北京:中华书局,2019年,第168页。
⑩ 杨伯峻:《孟子译注》,北京:中华书局,2019年,第121页。
⑪ 杨伯峻:《孟子译注》,北京:中华书局,2019年,第168页。

步笑百步"①的荒谬行为。他的直言和质问使齐宣王尴尬地"顾左右而言他"②。一定程度上，他坦言"君有大过则谏，反覆之不听，则易位"③，使齐宣王当时就"勃然变乎色"④。孟子在君王面前是极尽个人的喜怒哀乐，率性而为，在时政君臣面前，也是锋芒毕露，肆无忌惮。

纵观孟子的一生，常常是"说大人，则藐之，勿视其巍巍然"⑤。孟子一生，每每与权贵交谈，总能以其超凡气势折服众人，对君王卿相之威仪不以为意。他进言时，既不因对方地位崇高而心生敬畏，也不因权势显赫而屈从妥协，始终保持着不卑不亢的态度，直抒胸臆，以理服人，从不迎合权贵之好，更不愿牺牲自己的学识与理想。孟子给人一路高歌之感，他似乎总以昂扬而洒脱的姿态立于世间。正如他自己所说："彼，丈夫也；我，丈夫也；吾何畏彼哉？"⑥因此他塑造的君子同"大丈夫"一般，具有吞吐天地之豪情。

六、结语

历经千年风霜，"君子"已演化为历代贤哲所崇尚的理想人格，其所蕴含的忠君爱民、父慈子孝、正直友善等品质，跨越阶级，横贯历史，展现出恒久的价值。这历久弥新的君子人格，对于当下社会因经济迅猛发展而引发的人文精神缺失问题，具有深刻的指导意义，也在为人处世和价值追求上指明了正确的方向。从《论语》到《孟子》，君子人格观的体现无不昭示着：倘若人人怀揣君子之志，躬行君子之道，那么"君子为人人，人人为君子"的理想社会便指日可待，天下太平、社会安定的盛世景象便会水到渠成。

---

① 杨伯峻:《孟子译注》，北京：中华书局，2019 年，第 5 页。
② 杨伯峻:《孟子译注》，北京：中华书局，2019 年，第 42 页。
③ 杨伯峻:《孟子译注》，北京：中华书局，2019 年，第 277 页。
④ 杨伯峻:《孟子译注》，北京：中华书局，2019 年，第 277 页。
⑤ 杨伯峻:《孟子译注》，北京：中华书局，2019 年，第 382 页。
⑥ 杨伯峻:《孟子译注》，北京：中华书局，2019 年，第 121 页。

多模态翻译传播刍议：从去语言中心到融媒介传播

——以孟子性善论观点的多模态表达为例

庞恒田 *

（中山大学外国语学院，广东广州，510275）

摘　要：多模态翻译传播旨在将翻译作为方法、将传播作为目的，通过多模态分析和应用将翻译传播置于新的研究生态中，是适用于当代跨文化传播研究和实践的视角。多模态意味着走出语言中心，将"感官的""体验的"等具身性研究纳入翻译的视野；传播意味着多向度的信息流动，在此过程中媒介因素和受众因素都会制约和影响传播效度。研究将以 YouTube 平台视频 Mengzi (Mencius) on Human Nature 为研究对象，通过多模态分析的方法阐明孟子性善论在视频中的多模态表达方式与效果，进而论证多模态翻译传播在社会文化维度和媒介维度的意义。研究发现：多模态翻译传播可以在受众间性中平衡翻译策略且具备一定的媒介优势。在融媒介时代，多模态翻译传播拉近了受众和异质文化的距离，从文本接受到具身感受，这种转变对于中国哲学思想和传统文化的海外传播研究也发挥了创新性作用。

关键词：多模态翻译传播；去语言中心；融媒介；孟子性善论

一、引言

孟子（前 372 年至前 289 年），名轲，字子舆，战国时期儒家思想代表人物之一，中国古代思想家、哲学家、政治家、教育家。孟子的性善论观点认为人性本质上是善良的，每个人天生具备仁、义、礼、智四种德性。孟子通过"井上之思"等例子说明人性善的本质，强调人们在面对他人痛苦时会自然产生同情心。性善论在中国传统文化中具有重要地位，对儒家伦理、政治理论、教育理念和个人道德修养产生了深远影响。在文明互通、文化交流密切且频繁的今天，孟子的思想作为中国经典传统文化的代表之一，仍具有重要的研究和传播意义。首先，它提供了独特的东方哲学视角，可以促进中西方思想

---

* 作者简介：庞恒田，中山大学外国语学院博士研究生，研究方向：跨文化传播、翻译学。

文化交流，增进相互理解。其次，性善论强调通过教育和修养发扬人性中的善德，对全球道德教育具有启示意义，能够提升社会道德水平，传播孟子的思想还展现了中国深厚的哲学传统和文化底蕴，孟子的仁政思想对当今世界治理和公共政策制定具有参考价值。最后，性善论强调人类共同的善良本性，有助于化解国际冲突，促进和平与合作。当前孟子的思想主要是通过其相关著作的翻译进行传播，尤其是《孟子》的译本。但译本的受众大多是有一定汉学基础的读者或专业的研究人员，而对于海外大众群体似乎有一定的接受障碍。随着传播媒介和新技术的发展，翻译传播领域也开始探索新的实践和研究路径。多模态翻译传播在社会文化维度和媒介维度都表现出了很大的潜力，可以更好地联系翻译学与传播学，在跨文化交流中发挥各自的学科优势。研究将以发布于 YouTube 平台的视频 Mengzi (Mencius) on Human Nature 为研究对象，从多模态视角分析视频传播孟子性善论观点的特点与优势，进而从社会文化、媒介两个维度展望"多模态翻译传播"在跨文化传播研究中的理论与应用意义。

二、孟子思想多模态翻译传播的学理维度

翻译与传播天然地联系在一起，传播既是翻译的目的也是翻译的过程。在跨文化视域下，翻译可以解释和弥合不同文明交流中由差异带来的沟通屏障，在语言层面和社会文化层面达成信息的互通与传播。孟子思想是中国传统儒家学派的代表，无论是历史价值还是哲学价值都无疑是中华文化经典的代表，目前在世界各国出版发行的《孟子》译本即可视作文化传播的产物。长期以来，翻译一直是语言学的研究分支，语言学界一直将语言作为主要的交际模态。而近年来越来越多的学者开始关注话语功能，学术界对交际中出现的图像、手势、姿态以及空间的运用产生了浓厚兴趣，认为语言模态只是多模态网络中的一种模态，[1] 图像、声音、颜色等非语言符号模态也是创造意义的资源，具有与语言符号同等的重要性。基于这一观点，孟子思想的跨文化传播将在研究中被分为两个维度来思考，进而阐明"多模态"在跨文化翻译传播中的意义。

（一）社会文化维度：去语言中心的多模态翻译

从 20 世纪 20 年代开始，随着媒体多样化，人们借助媒体的互动也开始多模态化，如电影扩大了非语言交流的微妙性，电视使得非语言交流成为政治中的决定性因素（例如尼克松和肯尼迪的电视选举辩论），插图和布局元素的使用重塑了书籍杂志的页面（李燕、姜亚军，2022）。[2] Veltruský 将剧院描述为一个"多符号系统"，讨论了场景、服装和道具作为提供背景、人物刻画以及参与行动的符号，认为剧院可以通过恢复"人与环

---

① Jewitt,C. *The Routledge Handbook of Multimodal Analysis* . London: Routledge,2009. pp.25.

② 李燕、姜亚军:《多模态话语研究——源流、视角与趋势》,《中国外语》2022 年第 2 期。

境之间的联系"来展示感知和理解世界的新方式。① 在 O'Toole 看来，非语言符号具有表现意义（representation）、情态意义（modality）和组篇意义（composition）的功能。② 学者们认识到对于意义理解不仅需要对语篇语言进行分析，还需要研究独立和相互依赖的其他符号资源（Kress & van Leeuwen, 2001:20；Lim-Fei, 2007:195；Ventola & Moya, 2009:1）。Kress 强调，权威书面语言最终让步于图像，因为图像作为一种语类，其表现尤为突出，是视觉元素与语言元素的复合。③ 无论是多符号系统还是视觉元素与语言元素的结合，多模态翻译的必要性在于它可以一定程度上在社会文化维度表现出较单一文本模态的优势，在非语言意义上联结不同文化体系之间的具象表达及符号之间的隐喻，进而达成交流与沟通。而目前对孟子思想的翻译传播中，多模态翻译介入不多。这一现象背后的原因主要有两方面：一是孟子思想的多模态翻译产品不多，研究中缺乏研究对象，目前国内的孟子思想多模态展现形式以漫画类视觉模态为主，主要是对内传播；二是多模态翻译的研究路径尚未成熟，没有得到国内学者的重视，虽然已有学者尝试界定多模态翻译的内涵和研究路径，④ 但整体研究水平还处于初级阶段。

（二）媒介维度：融合媒介的多模态传播

在多模态翻译传播中，非文本模态的作用已经得到相当的重视，具体的非文本模态（例如图像）的研究也颇有成果，但是对于文本或某种特定文化要素的多模态译写（即根据受众的需求将一种语境下的"信息"转写成多模态形式置于另一种语境中）与传播的研究还有待学界的更多关注。雅格布森认为："只有语际翻译才是'真正的翻译'这一理念已经过时，在21世纪翻译应该是多模态翻译，而翻译行为则是多模态符号的活动。"⑤ Holz-Manttari 在其翻译行动理论中强调翻译的设计特点，指出"翻译不应该被窄化至语言意义的传递，而是要设计出跨越文化障碍的文本。"⑥ 因此，翻译传播也应该利用当下的媒介优势，在方法和传播渠道上关注多模态传播。近年来有学者专注于多模态视角下中国文化的翻译传播问题。在国家翻译中"讲好中国故事"，可以基于多模态翻译的"模态间翻译"范式，将承载中国故事的各类文本翻译改写为多模态文本。多模态翻译可以以"图像"叙事（包括多符号文本）、"视听"叙事（包括多形态文本、多媒介文

① Veltruský, J. Man and object in the theatre// In Garvin, P. L. (ed). *A Prague School Reader on Esthetics, Literary Structure and Style*. Washington, DC: Georgetown University Press, 1964, pp.83-91.

② O'Toole, M. *The Language of Displayed Art*. London: Routledge, 1994/2011.

③ Kress, G. *Multimodality: A Social Semiotic Approach to Contemporary Communication*. London: Routledge, 2010，pp133.

④ 陈琴：《多模态翻译研究：内涵、现状与路径》，《运城学院学报》2024 年第 2 期。

⑤ Kaindl, K. *A theoretical framework for a multimodal concept of translation*//In M. Boria, A. Carreres, M. Noriega-Sánchez & M. Tomalin (eds.) . *Translation and Multimodality: Beyond Words*. New York: Routledge, 2019: 49-70.

⑥ Holz-Mantarri, J. *Translatorishes Handeln: Theorie and Methode*. Helsinki: Suomalainen Tiedeakatemia, 1984,pp.303.

本、声媒文本）或"超文本"叙事（包括超文本），实现对中国故事的"新叙"①。视觉图像必须尽可能借助具有社会规约性的指涉结构（文化意象）以及语言文字来锚固意义，从而让人们能够精准地把握图像的深刻内涵②。多模态译写或非文本模态的翻译应着重关注与传播方式的结合并密切关注传播效果，在传播环节中也应该关注社会和人际的关系。"从单纯的印刷呈现方式逐步发展为基于屏幕的呈现方式、讲话者和受众的关系发展。媒体研究关注身份、活动和社会关系，更强调媒体作为传播特定类型交际的社会机构的价值。科技发展与进步使得数字媒体话语将成为多模态话语研究领域的一个重要发展方向，一些基于新媒体的以社会现象为主导的研究也将成为未来研究的热点，但同时也对传统的概念、分析方法与工具等提出了新的要求，这也将是多模态话语研究未来发展的重点。"③就目前国内现有的和孟子思想相关的多模态传播产品而言，其受众更偏向于儿童或青少年群体（例如漫画和动画短视频），如果将这类信息有计划、有目标地译写成外文并利用当下的媒介优势进行跨文化传播，那么中国文化在海外将获得更广泛的受众群体。

孟子形象是中国经典传统文化形象的重要侧面，孟子的思想是中国儒学思想的重要部分。向世界介绍孟子和孟子的思想就是向世界传达中国的智慧。现在是世界文明互通交往格外密切的时代，也是技术格外发达、信息格外丰盛的时代，无论是翻译的社会文化条件还是传播的媒介条件都允许多模态翻译传播作为方法在跨文化交流中发挥重要作用。这也是需要翻译学和传播学共同探索的研究路径。

二、孟子性善论观点的多模态表达分析

研究对海外主流视频平台 YouTube 上与孟子及其思想相关的视频进行检索，并选取了其中比较具有代表性的 *Mengzi (Mencius) on Human Nature* 作为研究对象④。该视频由YouTube 平台 Wireless Philosophy 账号发布，该账号汇集了来自斯坦福大学、耶鲁大学、牛津大学、麻省理工学院等世界知名高等学府的专家学者，分享不同文明间的哲学思想。其视频风格以简单明快、趣味性强为特点，其受众可下沉至没有专业哲学背景的大众爱好者。研究中所涉及的视频全长 7 分 34 秒，主要围绕孟子的性善论展开，讨论了人性、生活环境及二者相互的影响等问题。在论述部分，视频引述了《孟子·公孙丑》和《孟子·告子》中的典故。在对视频进行多模态分析过程中：（1）文章图片下标注了画面在视频中出现的时段；（2）对每一帧画面的多模态分析都以视频旁白的大意开始，原视频语言为英语，文中直接提供中文转译版本；（3）视频旁白大意结束后即为多模态分析内容，主

① 吴赟、牟宜武：《中国故事的多模态国家翻译策略研究》，《外语教学》2022 年第 1 期。

② 杨明星、李莹莹：《外交视觉修辞基本原理与话语权生成》，《外语电化教学》2023 年第 3 期。

③ 李燕、姜亚军：《多模态话语研究——源流、视角与趋势》，《中国外语》2022 年第 2 期。

④ 视频 *PHILOSOPHY - Ancient: Mengzi (Mencius) on Human Nature [HD]* 由创作者 Wireless Philosophy 发布于 YouTube 视频平台, https://youtu.be/qvmxbDomk90?si=9njqLYFjAflXxjaO

要围绕画面中的文字模态、图像模态，以及视频动效和声音模态开展分析。

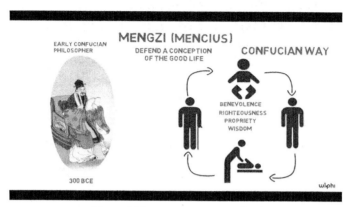

图 1　视频 00:41 ～ 00:50 截图

　　此处视频旁白的中文大意可转述为："儒家思想认为拥有仁、义、礼、智等美德是美好生活的核心。"视频画面出现在视频开头的"介绍"部分，视频在此将"孟子是谁""孟子的主要思想"以及"本视频要讲述的内容"通过关键词的方式逐一在画面中列明。在视频画面顶部以及孟子画像的上下两端分别注有 MENGZI (MENCIUS), EARLY CONFU-CIAN PHILOSOPHER, 300BCE; CONFUCIAN WAY 字样，展示了孟子在英语世界的译名、身份、生活时代，画面右上角的 CONFUCIAN WAY 表示孟子的思想流派属于儒家。在画面顶端孟子英文译名下方的 DEFEND A CONCEPTION OF THE GOOD LIFE 传达了孟子坚守的态度以及在这个视频中将要展开论述的观点。画面右侧用简易画画出了人从出生到老去的过程，被围绕在中间的 BENEVOLENCE, RIGHTEOUSNESS, PROPRESITY, WISDOM 四个词分别代表孟子所说的仁、义、礼、智四种特质，表示它们应该是人们与生俱来的特点并贯穿着人一生的修行过程。配合视频旁白，观众可以结合画面的关键信息清晰明了地得知孟子以及他性善论主张的内核，为后续的例证和论述铺垫了明确的背景。

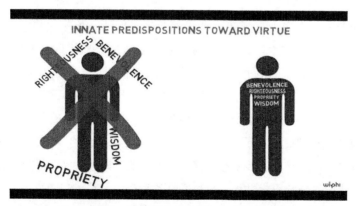

图 2　视频 00:53 ～ 01:12 截图

此处视频旁白的中文大意可转述为："孟子的思想是人有着与生俱来的向美德靠近的潜能或倾向。孟子认为仁、义、礼、智不是外在的，而是我们天生就有的。"此时视频画面转换了新的场景，标题更换成 INNATE PREDISPOSITIONS TOWARD VIRTUE，意思是对美德与生俱来的倾向。视频主画面分为左右两个人形图案，画面中的关键词为 BENEVOLENCE, RIGHTEOUSNESS, PROPRESITY, WISDOM，即仁、义、礼、智。左边画面将这四个表示美德内核的词写在人形图案外围并标记红色叉号；右边画面则是将这四个词写在人形图案中心。配合这一时段旁白（旁白大意已在本段开头注明）的讲述，观看者可以更加深刻地认识到在孟子性善论的观点中的"心之四端"，仁、义、礼、智这些内在的美德是人们与生俱来的，或者说人天生就有向这些美德靠近的倾向，而非完全外化于人性。

至此，图1和图2已经将视频接下来要论述的主题交代清楚。视频以简单的动画配合关键词的方式在铺垫阶段呈现出（比起原著译本）更可视化更易懂的内容，对于海外受众，尤其是不了解孟子及其观点的海外受众来说，这似乎更容易被接受，传播效度也更强。

图3　视频02:18~02:13截图

此处视频旁白的中文大意可转述为："接下来我们把小孩落入井中的例子看作一次'思想实验'。'女士们，先生们，让我们来认识一下小 Ria 吧。'假设小 Ria 正在蹒跚地前行，再往前一步她就要跌进这口可怕的井里。"视频中提到的"小孩和井"的典故实际上是出自《孟子·公孙丑》的"井上之思"，即"今人乍见孺子将入于井，皆有怵惕恻隐之心"。孟子通过人们对即将遇到危险的孩子的反应来反思人性并进一步证实"人性本善"这一观点。视频进行到此处展示了第一个重点例证，巧妙地将《孟子·公孙丑》中的典故转化成适应西方观众感官的多模态语言。首先，视频将这一典故称为"思想实验"，这种异化的表述让典故中的思辨过程更显科学性和客观性，THOUGHT EXPERIMENT 这种表达会让西方受众感受到这一典故的解读是视频中孟子观点表达的重点，且其观点是经过社会实践的证实而成立的。在视频顶部标题 THOUGHT EXPERIMENT 下方的 THE ARGUMENT IN MENGZI 2A6 是该典故在《孟子》中的出处，证明视频的引述是有据可循有理可依的，进一步增加了视频内容的可信度。其次，视频将"井上之思"中所提及的"孺子"具像化并为其命名 Ria，在观感上构成一个有主人公的完整故事，把中国哲学典故转述成寓言童话，提升了受众接受度。最后，视频在这一时段的旁白中，尤其是介绍 Ria 出场时，语气发生明显变化，从平和匀速过渡到轻松上扬，从听觉上让人意识到此处似乎开始讲故事了，也能结合旁白内容了解到，这个"故事"是根据《孟子》篇目中的典故构造出来的，也一定程度避免了对原著内容的误解。将严肃的哲学观点通过动画和故事的形式轻松地向受众展现，这一做法尤其对于刚刚接触中国文化的海外受众能起到更有效的传播作用。

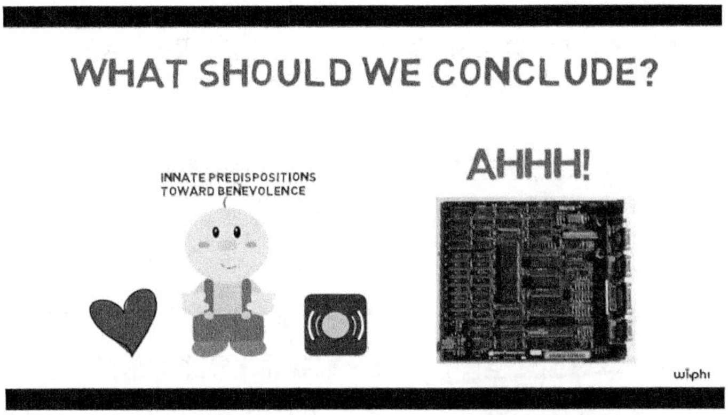

图 4　视频 02:58~03:23 截图

此处视频旁白的中文大意可转述为："我们从这个实验中能总结出什么？根据孟子的观点，我们对小 Ria 的危险的反应是自然的。我们面对手无寸铁的人即将遇到危险时比较容易天然地警觉并表现出仁慈的举动。"这一画面出现在"思想实验"讲述完毕后，视频画面顶端用醒目的标题写着 WHAT SHOULD WE CINCLUDE? 意思是"我们从中可以得出什么结论？"提示观众此处来到了观点总结的部分。视频画面中有两处隐喻：一是分别位于小 Ria 左右两侧的红心和警示按钮，它们代表着"警示和同情"，即人们看到在危险处境的人时会下意识警觉且产生恻隐之心，进而表达自己在当时境况下的善意，这两个图标在后面的视频画面中再次出现；二是右侧的电路板图片，此处的旁白用了 hard-wired 一词，这个词在英文中有两层含义，既在计算机领域表示"硬接线的"，也是心理学领域的"与生俱来的"，很显然视频画面中的图片是用了后者含义的隐喻，配合上面的 AHHH! 表达了人在遇到他人危险境况时的惊讶警觉反应是与生俱来的，是一种固有的下意识的反应。对于 WHAT SHOULD WE CINCLUDE? 这一问题的答案，视频将其标注在小 Ria 的上方"INNATE PREDISPOSITIONS TOWARD BENEVOLENCE"，即"我们有着与生俱来的一种对美德的倾向"。视频在抛出结论前，先用画面隐喻的方式步步引导观众，最后把大家带到结论的面前，这样一来不仅给了视频受众思考的机会和空间，也在最后加深了受众对这一思想的印象。

图 5　视频 04:03~04:24 截图

此处视频旁白的中文大意可转述为："然而孟子不同意这种观点。孟子认为有关 Ria 的'思想实验'中，人的反应不是为了跟小孩的父母攀交情，不是为了在邻里朋友间有好名声，也不是因为厌恶孩子的哭叫声才产生这种的心理。"此处视频中列出了一系列不同的观点，实际上是表达了《孟子·公孙丑》中"非所以内交于孺子之父母也，非所以要誉于乡党朋友也，非恶其声而然也"这一段。视频先出现了右侧的"父母"，然后是左侧的钱袋和点赞表达"誉于乡党朋友"，在下一秒（文内未提供截图）还呈现了表达"恶其声"的画面；随后视频在每个图案上标记了叉号且再次在中间出现表达"恻隐之心"的红心和警示按钮图案，表达了《孟子》中所说的"所以谓人皆有不忍人之心者，今人乍见孺子将入于井，皆有怵惕恻隐之心。非所以内交于孺子之父母也，非所以要誉于乡党朋友也，非恶其声而然也"。

至此，视频已经通过以虚构的 Ria 为主角的思想实验表达了孟子在《孟子·公孙丑》篇中关于"人性善"的观点，说明了仁、义、礼、智作为"美德"的内核与人性之间的关系。视频到此没有结束，而是在 04:56~05:00 处再次提出新的问题，即"如果人性本善，那我们为什么还会经常看到暴力、掠夺、自私、专横等行为和现象？"为传达孟子对此类问题的回应，视频又引用了孟子与告子的一次辩论中的典故。

图 6　视频 05:55~06:19 截图

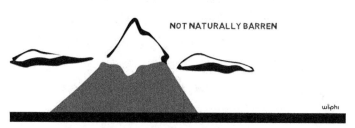

图 7　视频 05:55~06:19 截图

　　此处视频旁白的中文大意可转述为："为阐明这一回应，孟子讲了一个关于牛山的寓言，这一预言出自《孟子》。牛山树木繁茂、土壤肥沃，但是如果斧头和牛羊不断地消耗这些草木，那我们似乎也不会惊讶于这座山有一天会变得贫瘠。"图 6 视频画面顶部的标题 THE PARABLE OF OX MOUNTAIN 直译为"牛山寓言"，实际上是出自《孟子·告子》中的章节。图 6 中所展示的青山、斧头和羊，是原文"牛山之木尝美矣，以其郊于大国也，斧斤伐之，可以为美乎？是其日夜之所息，雨露之所润，非无萌蘖之生焉，牛羊又从而牧之，是以若彼濯濯也"的图像转译，大意是原本草木繁盛的牛山，被无尽砍伐和放牧后逐渐变得贫瘠。画面中的山从图 6 中代表草木茂盛的绿色变成图 7 中一片贫瘠的棕色，此时的旁白转述了原文"人见其濯濯也，以为未尝有材焉，此岂山之性也哉？"的意思，即"人们见到光秃秃的牛山，就以为山上不曾有过大树，这难道是山的本性吗？"图 7 右上方写着 NOT NATUALLY BARREN "山并非自然变得贫瘠"，进而过渡到以牛山变化比作人性的意义层面。孟子在坚持"人性善"和"心之四端"的同时，又强调了呵护善端、存心养性的重要性，契合儒家所提倡的道德观。视频用关键元素的展示、颜色的变化、关键词标识的方法，通过两帧画面阐明《孟子·告子》篇中牛山的隐喻，回应了前面的疑问，进一步证实和加深了孟子人性善观点的逻辑和思想内核。

视频 *Mengzi (Mencius) on Human Nature* 以孟子的性善论为起点，分别引述了《孟子·公孙丑》《孟子·告子》中的两个典故作为论据，在内容上向海外受众介绍了孟子并从不同角度阐释了孟子性善论的内核。在呈现方式上通过简单清楚的关键词、画面、统一的图像隐喻、异化的表达习惯、旁白的语气变化等为海外受众呈现了一个更加亲切的孟子形象，让严肃的哲学通俗易懂。《孟子》是儒家经典，是中华文化经典的代表，虽不乏海外译本，但对于尚未接触过中国文化的受众或非专业研究者的海外汉学爱好者来说，《孟子》这一来自古老东方的哲学智慧难免晦涩有距离感。而视频中对孟子及其思想的多模态翻译很大程度上突破了这一屏障，在传播过程中更易于受众接受，极大增强中国文化海外传播的效度。

三、性善论多模态分析的启示与多模态翻译传播刍议

从前文的分析中能够看出，多模态翻译传播无论是内容还是形式都能满足在互联网技术和传播媒介高度发达的时代下的跨文化交流。在文化走出去的过程中，西方的大众群体是值得被格外重视的，中国形象和中华文化印象也应该有"可爱""亲近"的一面。人类对信息的接受和理解从旧、新石器时代就有了发端，而以概念为材料的文学（文本信息）发生发展得要晚得多。[①] 多模态翻译将"概念"转化为直接与人类感官接触的声音、图像等模态，多模态传播则可以利用互联网或人工智能等技术以更快、更广、更准的方式将信息带给受众。多模态翻译传播实际上是更加对标大众群体的、更能构建中国可爱形象的有效方法。

（一）多模态翻译传播是具备媒介优势的跨文化传播观

互联网技术创新和 AIGC 时代的到来不断拓宽传播的边界，让信息从以文本为主的形式到可以与受众进行感官交互的多模态形式转变。多模态传播在文旅、科教等领域已经有一定范围的应用。较早的博物馆语音导览服务实际上就是一种多模态信息传播，技术革新给这类体验带来了更多新鲜感。例如南京大报恩寺遗址博物馆设有"让文物活起来"的互动体验点，通过 AR 技术让游览者在当时的空间看到立体仿真的文物；广州的南越王博物院也通过虚拟现实等技术让感兴趣的参观者可以在线感受立体的博物馆空间。当我们把这种模式置于跨文化的语境中，让不同文化背景的受众从感官上接触中国文化，降低了解中国文化的成本、提高文化接触的真实性，这对中国文化的海外大众传播将带来更佳的效果。随着数字时代的科技发展，不同模态资源互相依存成为常态，多模态符号体系的意义生成和翻译呈现越发重要的研究意义。模态与媒介密不可分，在媒介转向

---

① 李泽厚：《美的历程》，北京：生活·读书·新知三联书店，2017 年。

之下，不同媒介形态推动不同模态交互参与翻译过程。① 也正是媒介和技术给多模态传播带来的多样性给细分受众群体、精准传播提供了基础，同时也缩短了反馈过程，让实时提升和优化传播效果成为可能。

（二）多模态翻译传播可在受众间性中平衡翻译策略

人们在现实和虚拟空间中连接、参与、互动，翻译的社会化和媒介化特征愈加凸显：一方面，互联网和人工智能将更多人裹挟到翻译传播过程之中，促使翻译成为一种广泛的社会行为；另一方面，翻译传播的"依存之身"从传统印刷扩展到数字媒介，由物质、技术和媒介构成的生态正在重塑翻译的内涵。② 翻译的内涵受翻译对象和翻译方法的影响，而对翻译对象以及翻译方法的批评往往以翻译形式与翻译目的为标准，翻译形式可以借势媒介呈现出多样性和灵活性，因此在多模态翻译中媒介和受众的边界被拓宽、群体被细化。例如视频 *Mengzi (Mencius) on Human Nature* 中将《孟子·公孙丑》的节选提炼转化成一场以 Ria 为中心的"思想实验"，这无论在表达形式上还是内容上都属于异化的处理，但是却能极大程度地让孟子的这一思想走近西方的大众且引发思考。澳大利亚国立大学教授 Ari Larissa Heinrich（2008）在其著作《图像的来世：关于"病夫"刻板印象的中西传译》中深刻讨论了视觉图像的信息传播与民族印象之间的关系，以及图像作为视觉信息在不同时代和语境中的意义："一个图像，或许是也或许不是为某一语境（医学的）所制作的，但却'滑落'到了另一语境当中（商业的、纪念品的）。"这种"滑落"使得同一图像在不同语境中产生了异于其初始目的的解读和应用。图像产生的意义不是简单元素间意义相加的总和，而是赋予人们更加丰富的经验。③ 包括图像在内的声音、符号等多模态要素可以比较直接地触发受众感官上的共情，带给传播正向反馈。类似于翻译策略中的"归化还是异化"之争似乎也可以在多模态翻译传播中寻得归属。本次作为研究对象的视频中所展现的异化形式和内容将原本陌生的孟子及其思想自然地带到了海外大众视野，受众会因为视频中熟悉的展现形式逐渐消除"这是外来品"的印象。中国的传统文化经典源远且深奥，我们需要有严肃考究的译著作为文化传播的基础，但是也不能时刻将自己的文化置于神坛之上，否则会造成与受众的疏离，丢失受众想要了解中国文化的愿望。多模态翻译传播的优势就在于可以走出语言中心，调动语言以外的模态，生产"合适"和"适合"的文化产品，即便在面向大众阶段的异化表现也能在初期带来传播的正反馈。

（三）多模态翻译传播的学理优势和发展必然

无论是理论型研究还是应用型研究，翻译的传播属性都需要交叉学科的视角来阐发

---

① 吴赟：《媒介转向下的多模态翻译研究》，《外国语（上海外国语大学学报）》2021 年第 1 期。
② 吴赟、林轶：《翻译传播学：概念、功用与主题》，《外语界》2023 年第 6 期。
③ Ari Larissa Heinrich. *The Afterlife of Images*. North Carolina: Duke University Press.2008.

以拓宽翻译学研究的思路，"翻译传播学"的"必然"也在近些年的研究中表现出来。有学者认为"翻译传播学的本旨和内涵在于建立认同、调和主体间关系；现实功用在于回应媒介革新发展，服务国家外译事业；研究主题包含行为主体研究、过程研究和效果研究。翻译传播学对翻译理论体系完善和国家对外翻译传播实践都具有较强的现实意义。"①多模态翻译传播应该被纳入这一学理的研究范畴。多模态翻译传播是新时代的产物，也是翻译学研究几次重大转向后应该关注的重点。多模态意味着走出语言中心，将"感官的""体验的"纳入翻译的视野；传播意味着多向度的信息流动，在此过程中媒介因素和受众因素都会制约和影响传播效度。"多模态翻译传播"看似在翻译上增加了附加条件而有所限制，但实际上这些"条件"让翻译策略更精准、翻译方法更有导向性。多模态翻译传播在中国文化对外传播中将实现文化的多元性的展现，为海外受众呈现"更容易走近"的中国形象，也可以很大程度上为中国文化产业拓展海外的大众文化市场。多模态翻译传播在理论层面可以融合翻译学、传播学等学科和理论优势，明确目前翻译学和传播学的模糊边界，发展出新的研究范式。在应用层面可以回应相关研究领域学者的一系列问题，例如"结合时代诉求保留文化外译中异质感的分寸""在海外受众接触中国文化内涵时如何降低误解""在组建翻译团队时除了专业译者还需要有哪些学科背景和专长的人才"等。②通过此次孟子思想表达的多模态分析可以看出多模态翻译传播的必要性和发展潜力，在学理构建和实践应用方面还有待在进一步的研究和论证中不断明确和完善。

四、结语

多模态翻译让翻译走出以语言为中心的局限，给受众从感官和体验上直接接触异质文化的机会，多模态传播让翻译融合媒介优势在跨文化传播中拓宽传播渠道，细分受众群体，增加受众的具身性体验，实现及时的信息反馈。孟子性善论的观点是中国儒家文化经典的承袭，是在世界哲学思想舞台上的中国代表。视频的多模态研究也为"多模态翻译传播"提供了论证，*Mengzi (Mencius) on Human Nature* 对孟子性善论观点的多模态表达在社会文化维度异化了原本的典故，在表现形式和表达逻辑上更容易被海外受众接受；在媒介维度借势主流视频平台传播，视频账号集合了知名高校学者作为意见领袖扩大二级传播的受众范围。然而，多模态翻译传播还有待在概念、特性、研究范式等方面进一步明确，也需要通过更多相关的个案和跨文化传播中的实际问题对其进行反复论证。未来，多模态翻译传播将沟通翻译学、传播学以及相关的社会学学科，为中国哲学思想的跨文化传播、国家形象塑造等重要研究领域提供理论及应用层面的支撑。

① 吴赟、林轶：《翻译传播学：概念、功用与主题》，《外语界》2023 年第 6 期。
② 庞恒田：《〈史记〉译介钩沉及其海外传播研究》，《华夏传播研究》2023 年第 2 期。

【华传书评】

知识之光：探索中国传播研究的历史脉络

——读《华夏传播研究学术史》

刘大明　陈鸿杰[*]

（西南政法大学，重庆，401120）

摘　要： 作者通过深入研读《华夏传播研究学术史》，系统地梳理了中国传播研究的历史发展脉络。该书通过结合传统学案史、口述史和个体生命史，创新性地构建了多维度的学术史表述方式，深入探讨了中国古代传播活动和思想，展现了传播学在中国的起源和发展。谢清果教授的研究不仅强调了本土化传播研究的重要性，并展望了华夏传播学未来的发展方向。本文旨在揭示中国传播学在不同历史时期的研究重点、学术成就及其对社会文化的影响，展现了华夏文明在传播领域的独特贡献与演进轨迹。

关键词： 华夏传播；华夏传播研究学术史；中国传播学；谢清果

基金项目： 2023年度重庆市高等教改项目"新文科背景下新闻学科教学数字化转型研究"（项目号：234030）。

近来，阅读谢清果教授《华夏传播研究学术史》一书，回味有余，发现该书为传播学本土化立命，为中国传播经验轨迹树史，这是传播学本土化发展史上的一部经典著作，值得学人品鉴其中韵味。通读之下，可见谢清果教授不仅广泛吸收前人成果，有博采众长之功，而且处处浸透着自己的独到研究心得。

一、博采众长与独断之学

（一）从学术史体例方面，该书将传统学案史集合了口述史、个体生命史，做了创新式改变。通过将这三个学术史方法相结合，《华夏传播研究学术史》构建了一种

---

[*]　作者简介：刘大明，西南政法大学新闻传播学院副教授；陈鸿杰，西南政法大学新闻传播学院硕士研究生。

多维度、多视角的学术史表述方式。它不仅关注传统学派和学说的演进，还重视基层学者的实践经验和思想观点的记录，以及个体学者的学术成长历程。这样的学术史体例创新，使得本土化传播研究的多样性变迁得以呈现。

书中的口述史通过采访和记录个体的口述，探索一代代学人在传播研究中的思考、实践和贡献，个体生命史则关注传播学者个体的成长和发展过程，考察他们所处的社会环境、学术背景和学术思想的形成与转变。

在华夏传播学术史发展历程中，这种学术史体例的应用可以帮助我们审视本土化传播研究的多元发展。书中突出了华夏传播学者对本土问题的关注和思考，展现了他们在学术实践中的贡献和影响。通过对学者个体经历和思想观点的追踪，我们可以更好地理解传播学本土化研究的深刻内涵和历史演进。

学者尹韵公提出"传播学的本土化，现在仍然是一个沉重的问题：传播学的主要话语和基本框架仍然涂有浓厚的西方色彩。我们并不拒绝和排斥来自西方的人类文明优秀成果，相反，我们积极主张和倡导吸收、借鉴人类一切文明优秀成果。但是，我们又要认识到，任何优秀的外来文明和外来思想如果不能够本土化，那么这种文明和思想都可以获得钢筋水泥的生存与发展，是值得怀疑的。"①

学者孙旭培："我认为对国学有兴趣、有基础的新闻传播专业、历史专业、中文专业的学人，都很适合研究中国古代传播。有兴趣，就不怕坐冷板凳，甘钻于'故纸堆'。有基础，指除了有新闻传播专业的知识，还要有古汉语的素养，读一般的文言文不费劲。对于新闻传播专业的学生来说，那些外文稍差一点儿，古汉语好的学生，从事华夏传播研究不失为一种好的选择。但是，要把这项研究引向深入，尤其是进行中外比较研究，还是要把外文，特别是英文学好。"②

学者黄星民被问及如何看待华夏传播未来的发展趋势时回答道："中国文化复兴是大势所趋，华夏传播研究是其中一环，要多做贡献。20世纪80年代初，西方学术著作大量出版，影响了一代学人的思想。随着文化热的出现，特别是近年来国家对中国传统文化的提倡推广，出版了大量国学著作、蒙学图书，也将影响一代人的思想。所以，华夏传播研究有了广泛的社会基础，发展的前景非常乐观。我们要拿出让人们信服的成果。"③

从上述来看，《华夏传播研究学术史》运用传统学案史、口述史和个体生命史相结合的学术史体例，为本土化传播学术研究提供了多样化的视角和维度。通过审视华夏传播学术史的发展历程，我们可以更全面地了解本土化传播的多元性和变迁史。

（二）从史家风格看，该书史料翔实，史论结合，称之为信史。清代史家章学诚有言："整辑排比，谓之史纂；参互搜讨，谓之史考。"以此看，该书以清晰、流畅的语言，将

---

① 谢清果：《华夏传播研究学术史》，北京：中国国际广播出版社，2023年，第235页。
② 谢清果：《华夏传播研究学术史》，第214页。
③ 谢清果：《华夏传播研究学术史》，第286页。

史料和史事融合在一起，既保持了学术的严谨性，又能够吸引读者的兴趣和理解。

举例来说，该书在探讨传播研究学术史的早期阶段时，详细介绍了中国古代的传播活动和思想，涉及了古代的文字学、经学、儒学等学术流派对传播的影响和贡献。通过对历代重要文献的梳理和分析，该书对中国古代传播媒介的演变、传播方式的改变以及传播理论的发展进行了深入的考证和阐述。例如，该书结合了考古学成果，对中国古代的文字记录、雕刻、绘画、书法等传播方式进行了翔实的介绍，并探讨了这些传播方式是如何促进了思想和文化的交流传播。这些详尽的史料和实例使读者能够清晰地了解中国传播研究学术的起源，以及古代传播活动对中国社会和文化发展的深远影响。

如在论及以邮驿史为代表的文史哲与华夏传播的关系时，作者就悉心梳理了中国邮驿史的国内外相关文献与著作，借中国邮驿史的发展历程来探寻华夏传播研究的萌芽时期，通过这类"辅助系统"来铺垫华夏传播研究的地基，并最终提出了"以邮驿史为代表的文史哲海滩上散落着华夏传播的美丽贝壳"这样的独到论断。"关于中国邮驿史的研究文献，早在20世纪40年代便有了楼祖诒的《中国邮驿发达史》（1940），之后传承不绝如缕，有刘广生主编的《中国古代邮驿史》（1986）、臧嵘的《中国古代驿站与邮传》（1991）、陈鸿彝的《中华交通史话》（1992）。中国古代印刷术的研究亦是如此，早期有卡特的《中国印刷术的发明和它的西传》（1925年英文版，1957年中文版）、张秀民的《中国印刷术的发明及其影响》（1958）、史梅岑的《中国印刷发展史》（1966），后有集大成者钱存训的多本论著。钱存训先生的《中国纸和印刷文化史》一书中的附录《中国印刷史书目》提供了著作近一百本、论文数百篇，可见当时这方面研究之兴盛。"[①]

将《华夏传播研究学术史》称为信史，是因为它具备了翔实的史料和准确的史论。这本书在史料方面提供了广泛而丰富的资料，包括各种历史文献、采访记录、学术论文等，以支持对华夏传播研究学术史的描述和分析。另外，它在史论方面对相关的学术观点和学术思想进行了深入研究和评价，能够提供对华夏传播研究学术史的准确解读。

作者具有通史视野，表现出了史家的论断精神。太史公曰："以究天人之际，通古今之变，成一家之言。"[②]作者有"微茫杪忽之际有以独断于一心"的"独断之学"。作者致力于深入研究传播学术的历史，同时将其放置于更广阔的天人交融之境，以及古今变迁之中，达到一种通古达今的史学堆砌，形成一家之言的学术观点和研究成果，如，"新闻史研究可以说是国内新闻传播学科中最具传统的突出领域。它长期以来围绕中国古代新闻传播活动所产生的研究传统与丰硕成果，是我们了解本土新闻和出版活动历史，尤其是古代政治传播实践的重要入口。它与关注本土历史实践中的传播思想观念的华夏传播形成了良性互补"[③]。

① 谢清果：《华夏传播研究学术史》，第13—14页。
② 班固：《汉书》卷62《司马迁传》，北京：中华书局，1962年，第2735页。
③ 谢清果：《华夏传播研究学术史》，第101页。

再如，"华夏传播研究发生了许多一如期望中的变化，同时也面临许多意料之外的挑战"。"就像'幼儿期'和'青春期'一样，'中年危机'是生命历程中不可避免的一部分。但不同于人类的是，传播学的学术生命还很长，经历过一场小考后，无论华夏传播学，还是整个中国传播学学科，终将会以崭新的具有活力的面貌继续迈向未来。"① 对此，谢清果教授展示了其"独断之学"，在微茫秒忽的片刻之间做出自己的论断。这种学术视角并不依赖于广泛的时间和空间，而是依托于作者独特的思考和深刻的洞察力。这种"独断之学"为传播研究学术史带来了新的思考路径，打破了传统的学术格局和思维方式，开拓了更广阔的研究领域。通过独立的判断和解读，作者向读者展示了一个全新的学术视角，让人们能够重新审视中国传播学的发展和演变。

二、高屋建瓴又立足实际

作为国内研究华夏传播学的代表人物，谢清果教授在此书中反复表达了对于华夏传播学的赤诚期待，体现了志向高远的学术理想和高屋建瓴的勇气与信心。

谢清果教授期望华夏传播学能够在中国的历史文化和社会环境中扎根，发展出符合中国国情的传播理论和方法。他倡导将中国传统文化和价值观融入传播学的研究和实践中，以丰富和拓展传播学的理论框架。此外，谢清果也对中国传播学的国际化发展寄予厚望，希望中国的传播学者能够更加积极地参与国际学术交流与合作，在全球范围内推动中国传播理论的影响力和声誉。

"功成不必在我，功成必定有我"是谢教授的信念，读此令人动容。谢清果教授在书中提道："华夏传播事业是以构建传播学自主知识体系为终极目标的伟大事业，坚持'中华文化立场，全球传播视野'理念，努力打造本土传播学的学科体系、学术体系与话语体系，努力为了推动中国式现代化而建构中国式新闻传播学，为了中华民族伟大复兴而建构具有中国特色、中国风格、中国气派的华夏传播学，阐释好中华文明的共生传播气质，以向世界讲好中国故事奠定思想基础，提供理论支撑。"②

谈及华夏传播学的愿景，谢教授不曾犹豫："尝试建立具有独立意识、民族立场和本土实践价值的传播学理论与范式。但这种尝试又并非特立独行'自成一派'，当下的华夏传播研究正以更加积极的态度将自己推入'学术市场'，秉持'以我为主'的主体意识和'中西对话'的理论追求，实现与西方传播学的经典理论和学术体系进行批判性对话。"③ 对此，黄星民教授与谢清果教授的想法不谋而合："华夏传播研究主要研究中华优秀传统文化中的信息传播问题，以努力构建本土传播理论、打造传播学中华学派为目标。"④

① 谢清果:《华夏传播研究学术史》，第 110—112 页。
② 谢清果:《华夏传播研究学术史》，第 5 页。
③ 谢清果:《华夏传播研究学术史》，第 105 页。
④ 谢清果:《华夏传播研究学术史》，第 76 页。

总的来说，谢清果对华夏传播学的期望可以概括为：本土化、国际化和与时俱进。他希望华夏传播学能够在保持对中国文化传统的尊重与继承的同时，积极融入全球传播研究的前沿，为中国的传播学术与实践做出更多的创新贡献。谢教授为学界理清了中国传播学"去向何方"的命题，同时也不断探索着"该如何去"的方法。

诚如书中反复提到的"路漫漫其修远兮，吾将上下而求索"，我辈同仁与一代代深耕于中国传播学领域的学者们都知道，要实现这样的愿景，仍"道阻且长"，但我们也不曾退缩，用一块块基石去筑牢华夏传播大厦，建立起属于中国人自己的传播学体系，让后代学有所依，为传播事业做出更大的贡献。

这样的愿景如同一束光，照亮了我们前行的道路，我们愿意为华夏传播学的发展贡献自己的一分力量。望学人们也能秉持着对华夏传播学的热爱和信念，一起携手前行，共同为我们的传播学事业献出自己的力量。

除了提纲挈领的高瞻远瞩，该书也立足实际，在论述当前中国传播学的实际情况时，紧靠现实，立足于实际问题，通过具体案例的呈现和深入的剖析来展现中国传播学的真实状况。可以说，党的十八大以来，关于文化自信、中国特色哲学社会科学的思路从根本上为建构华夏传播学体系指明了方向。

立足于新时代的现实背景，中国传播学的研究课题也有了新的变化，谢教授提到了"一带一路""人类命运共同体""乡村振兴"等与传播学本土化紧密相关的研究。

"一带一路"倡议是既基于历史，又观照当下、着眼未来的一项人类传播工程，它让世界互联互通，让信息流、人流、物流、资金流等全都联结起来。当然，这也需要关注中华文化自身的优缺点，尤其要考虑在跨文化传播中积累的历史经验与教训。研究"一带一路"的前世今生和未来，都需要传播学的介入。

拥有五千多年文明的中国拥有世界独一无二的不曾中断的文明传承，完全可以为当今人类文明交流提供中国思考和中国方案。在构建人类命运共同体的过程中，华夏传播研究将大有作为，主要体现在挖掘中华文明自身的共生交往特质上，这将向世界说明中国、向世界讲好中国故事提供最深沉的文化思想与理论资源。当然，这需要"中国理论，世界表达"的一系列具体有效的创造性转化与创新性发展。

作为较好保存中华优秀传统文化的广大乡村地区，是保存、传承与创新中华传统文化的活舞台。在借助"非遗"等平台盘活我们的传统文化资源，让文化资源转化为文化资本的同时，更要转化为民族文化自信与文化自觉，从而增强中国人的"中国情"与"中国心"，以抵御西方文化侵蚀我们的文化根基，维护我们的文化安全。民俗传播、民族传播、地域文化传播以及其他"非遗"传播也都必将成为华夏传播研究的重要方向[1]。

此外，面对国际背景，谢教授所提的"建构基于中西对话的华夏传播学"目标也是

---

[1] 谢清果：《华夏传播研究学术史》，第7页。

紧密考虑国际现实的结果。源于美国的传播学在世界的扩展，必须采取在地化方式，或者非欧美中心的世界其他各国应当自主发挥后发优势，从自己的历史传统中，从自己当下的社会实践中生发可以与欧美对话的传播观念和传播理论，以此自觉推动本国各项传播事业的发展。^①孙旭培教授也认为："传播学作为人文社会科学中的一门，不能像物理、化学等自然科学那样没有东西之别。"传播学应当充分考虑国际环境，发出中国声音、表达中国精神，分享中国思考，这是具有五千多年文明的中国已经和必将对世界所做的贡献。

三、中国传播研究的发展与变化

西方传播学进入中国，经过四十多年的发展，已经取得了一系列的成就，尤其在传播学本土化研究层面的成果颇丰。基于这些成就，谢清果教授总结了华夏传播研究的既有成果，并探讨了近年来的学术变化。

通过学人们不断努力，中国传播研究的成果不断丰富，相关的研究理论体系羽翼渐丰。

媒介史研究作为华夏传播研究的突出领域，它与关注本土历史实践中的传播思想观念的华夏传播形成了良性互补。因而尝试运用学科优势，以媒介史研究提供的研究范式和实践样本为基础，正在促进华夏传播对中国古代传播实践所反映的思想智慧进一步深入思考。^②这对于理解华夏传播在特定的历史背景下的特点和变化趋势具有重要的帮助。同时，通过对新闻界的历史演变和新闻从业者的学术成就的研究，我们可以更好地探讨华夏传播的专业发展和学术传承。此外，媒介史研究还有助于揭示新闻传播在华夏社会中的社会影响和变革。新闻媒体在社会观念的塑造、国家认同的构建以及政治、经济等方面的影响扮演着重要角色。通过对不同历史时期的新闻报道和媒体观察的研究，我们可以更好地理解和阐释华夏社会的历史演变和变革。

民族文化的传播学研究是华夏传播研究的重要组成部分，旨在保护民族文化的文化权利与权益。^③在华夏传播研究中，民族文化的传播学研究立足于华夏文化背景，以探索和分析传统文化在现代社会中的传播现象和影响为主要目标。该研究领域涵盖了大量的话题，包括但不限于华夏传统文化的保护与传承、民族认同与文化认同的建构、多元文化在华夏社会的接纳和融合等。民族文化的传播学研究是华夏传播研究的重要组成部分，它关注和研究华夏民族的文化特点、民族认同与文化认同的建构以及多元文化在华夏社会中的传播和融合等问题。这一研究领域的发展丰富了华夏传播研究的内涵，为学者们提供了更多角度和视野去理解和诠释华夏传播的特点和价值。

---

① 谢清果:《华夏传播研究学术史》，第 72 页。
② 谢清果:《华夏传播研究学术史》，第 101 页。
③ 谢清果:《华夏传播研究学术史》，第 85 页。

诸子传播思想或儒释道思想研究势头依然强劲，谢清果教授本人就是从诸子思想研究到儒释道思想研究的代表人物。诸子传播思想和儒释道思想与华夏传播有着密切的关系，它们在华夏传播的历史和文化中扮演着重要的角色，并对华夏社会的价值观、传统观念和文化传承产生了深远的影响。在现代社会，诸子传播思想和儒释道思想依然对华夏传播产生影响。这些思想体系通过文化传统、教育体系、文学艺术等广泛领域的传播，深刻影响了现代华夏社会的价值观念、道德伦理等方面。同时，这些传统思想体系也在当代传播媒介中得到了传承和弘扬，成为中国传媒文化的重要组成部分。因此，诸子传播思想和儒释道思想与华夏传播有着密切的关系，它们构成了华夏传统文化的精髓，对华夏社会的价值观、传统观念、道德规范和文化传承产生了深远的影响。这种影响穿越了历史和时空的限制，依然在现代社会中发挥着重要作用。

华夏政治传播研究的兴起，标志着这一领域逐渐受到学界的关注与重视，推动了对政治传播在中国特殊语境下的深入研究。华夏政治传播研究是指研究中国古代或现代政治领域中涉及的传播现象、传播理论与实践的学术领域。其内容涵盖政治信息传播、政治宣传、政治舆论、政治话语等方面。在这一领域中，潘祥辉、白文刚、魏海岩、刘晓伟等学者们关注政治权力如何通过传播渠道对社会进行信息传递、舆论引导以及政治思想宣传，并研究政治话语对社会的塑造与引导。此外，研究还涉及政治传播与新技术、媒体的关系等多个方面。通过理解中国古代或现代政治传播的特点、规律及其对社会的影响，这一研究领域不仅具有重要的学术意义，也为政治决策和治理提供了理论指导与实践支持。

在方法论层面，谢清果教授认为："华夏传播研究本身以对中国文化传统的研究为起点，落脚点是现实关怀，以能解释中国问题为突破口，因为'中国'本身就是一种方法。"① 面对广泛存在于传统哲学范畴、历史文本乃至当下我们的日常文化生活中的传统传播思想观念，华夏传播的相关研究在广泛汲取不同领域的经验智慧的基础上，形成了非常多元和具有自身色彩的方法工具箱。

从方法上，华夏传播研究可能受限于定性和定量分析的框架，对于复杂的传播现象难以进行深入的解释和理解。然而，随着学科交叉和学科意识的提升，华夏传播研究正逐渐拓展其研究方法论，使其更加全面和多样化。

在丰富方法论的进程中，华夏传播研究借鉴心理学、社会学、人类学等跨学科领域的研究方法，以提供更深入的理解传播现象的途径。定性研究方法、案例分析、历史比较等方法被广泛运用，使得研究结果更加具体、深入，能够更好地洞察社会与文化的本质和特点。同时，随着数字技术的飞速发展，华夏传播研究也积极探索网络数据分析、文本挖掘、社交媒体分析等新兴研究方法。这些方法的引入使得传播研究更加注重对大

---

① 谢清果：《华夏传播研究学术史》，第 79 页。

数据的分析和利用，为研究者提供了更多样化的研究途径和工具，促进了传播研究的深入和拓展。

此外，华夏传播研究也在实践性研究方法上有所突破，如行动研究、参与观察等方法的应用，使得研究能够更贴合实际情境和问题，为政策制定和社会实践提供更具操作性和实用性的建议。

中国传播学本土化的发展过程也在一定程度上折射出了国内外传播环境的变化。谢清果教授将其概括为：它的开放性正在增强，更加追求方法和范式的多元化；它的研究视野和讨论维度正在拓展；随着学科主体意识的不断成熟，华夏传播研究正在变得更加自信，它已经敢于参与新闻传播学界当下几乎所有重要的议题①。

首先，逐渐增强的开放性使得华夏传播研究能够更广泛地吸收和借鉴国际先进的研究成果和方法，同时也能够更自信地将本土文化与国际话语相结合，创造出更具个性和深度的研究成果。这种多元化的方法和范式追求也使得华夏传播研究能够在研究过程中更好地关注社会现实和热点问题，既弥补了传统研究的不足，又符合了当前学科跨界融合的趋势。因此，华夏传播研究正在逐渐摆脱单一化的研究观念，迈向更加丰富多彩的研究领域和前沿，为学科发展开拓了更广阔的空间。通过其开放性的增强与方法范式的多元化，华夏传播研究将不断提升自身的研究水平，为学术界带来更加丰富和具有深刻启发意义的研究成果。

其次，随着全球化的深入和信息社会的快速发展，华夏传播研究以国际视野，积极探索全球范围内的传播问题和趋势。在国际视野的拓展中，华夏传播研究关注国际跨文化传播、全球媒体格局、国际传播政策等议题，并与国际学界展开交流与合作。这种拓展使得华夏传播研究能够更好地理解国际传播互动和文化交流，为国际传播领域的研究提供独特的视角和贡献。此外，华夏传播研究还在讨论维度上呈现出多样化的趋势。它不再局限于传统的学术话语，而是积极参与社会和实践问题的讨论，关注社会变革、传媒创新、舆论引导等与传播相关的热点议题。总而言之，华夏传播的研究视野和讨论维度正在拓展，并以更加开放和多元的姿态，积极参与到国内外的传播研究中，为学科的发展和中国传播领域的进步注入新的活力和创新。

最后，华夏传播研究已经超越了过去的边界和约束，敢于挑战和参与各种前沿议题，无论是数字化媒体，媒体融合，还是社交媒体的影响等。作为一种本土化传播，华夏传播研究积极参与对话和讨论，在学术圈中发出应有声音，并对现实世界中的问题提供独特的见解和贡献。这种自信的转变是学科成熟和发展的自然结果。在此过程中，华夏传播研究意识到自己具备多学科的视野和深度，能够为学术界带来新的思考和观点。它不再局限于传统框架，而是逐渐塑造自己独特的研究范式和方法论。正因为如此，华夏传

---

① 谢清果：《华夏传播研究学术史》，第 111 页。

播研究已经成为新闻传播学界一个不可忽视的存在。它以自信的姿态参与到当下最重要的议题中，为学界提供了新的思考和理论贡献。这种自信使得华夏传播研究在学术界和实践领域逐渐得到了广泛的认可和尊重。

毫无疑问，随着时代的发展和国际形势的剧变，华夏传播研究面临着新的课题与挑战，同时也迎来了独特的窗口机遇。在更加开放的姿态下，华夏传播正不断努力构建一个拥有多学科视角和全球性视野的本土话语体系。因此，我们希冀看到华夏传播在中华优秀传统文化的创新与发展、国际传播和新闻舆论阵地建设等领域，为我们提供独到的思考与理论贡献，华夏传播将以其雅致而优美的方式，不断推动学科的发展，促进本土话语的研究和传播，为华夏文化的传承与繁荣做出积极的贡献。

四、结语

谢清果教授《华夏传播研究学术史》是一部具有深厚学术价值和实践意义的力作。它不仅全面梳理了华夏传播研究的发展历程，还提出了独特的学术观点和理论创新，为华夏传播研究的发展注入了新的活力。同时，该书还展现了跨学科的研究方法与视野以及对实践应用的关注与探索，为华夏传播研究的未来发展提供了重要的思路和方向。

我们透过《华夏传播研究学术史》这幅壮丽画卷，穿越中国传播学本土化的征程，沉浸在学科的涌动激流之中。谢清果教授的笔触轻盈而深刻，描绘了中国传播学本土化发展的奇妙蜕变和华夏传播学之学术探索的悠悠历程。《华夏传播研究学术史》铺陈出中国传播学形成的种子、理论探索的密林、学科体系建构的瀚海，以及先驱们如彩蝶般翩跹于思想之枝的灿烂芬芳，定能带领学人们追寻中国传播学的宏伟起源和无尽辐辏。无论是奔赴学术之途的探索者，还是对传播学心怀无限好奇的行者，都能从中寻觅知识的光辉指引和思考的引擎。怀揣真意与真理，期盼未来的研究与实践能融汇书中的收获，为中国传播学的发展贡献一己之力。

互联网时代的智能传播与彼得斯的"撒播"困境

傅守祥[1]　王梦凡[2*]

（1.新疆大学 文学院，新疆乌鲁木齐 830046；

2.浙江安防职业技术学院培训中心，浙江温州，325000）

摘　要： 美国学者彼得斯的论著《对空言说：传播的观念史》首创性地考察了西方思想史和人文传统大背景下的传播观念，为突破美国实证主义传播学研究传统提供了可行的路径。该书强调传播中身体"在场"的极端重要性，为移动互联网时代如何开展更有效的"交流"实践勾画新路径。传播与媒介是不可分割的整体，具身化的智能传播离不开身体经验的媒介性指导。作者彼得斯提出，当今的多维度交流，必须回归身体世界，才能重建传播与人类共存的新时代环境。

关键词：《对空言说》；互联网；智能传播；撒播；传播观念史；媒介

基金项目： 浙江省社科规划专项课题"互联网时代的国家文化安全研究"（批准号2025 & TZ012）阶段性成果。

"交流"即"信息交换"，是传播理论得以成熟的概念源头。传播是社会信息的传递或社会信息系统的运行。[①] 因此，世间万物凡是涉及信息处理，都有资格列入"交流"的行列。[②] 古往今来，人们对"交流"的渴望与梦想从未停歇——从部落文化时期的象形记事符号到脱离部落文化时期的文字印刷，再到电子传播时代网络技术的迭代升级，传播方式的革新和媒介技术的演进不断满足人们在不同时代的交流需求，同时也在焕新身体的感官感受。基于对传播史发展的思考，美国著名媒介史家、传播理论家和传播哲学家约翰·杜翰姆·彼得斯（John Durham Peters，1958—）梳理传播思想的谱系，提炼自身批

---

　*　作者简介：傅守祥，山东东营人，新疆大学天山学者、教授、博士生导师，新疆"天池英才"特聘教授；文学博士（浙江大学），哲学（中国社科院）、艺术学（中国传媒大学）博士后，研究方向：文化传播学与文艺学研究；王梦凡，浙江温州人，浙江安防职业技术学院研究实习员，研究方向：新闻与传播研究。

　①　郭庆光：《传播学教程》，北京：中国人民大学出版社，2011年，第4页。

　②　[美]约翰·杜翰姆·彼得斯：《对空言说——传播的观念史》，邓建国译，上海：上海译文出版社，2017年，第38页。

判的、历史的观念于《对空言说：传播的观念史》（*SPEAKING INTO THE AIR：A History of the Idea of Communication*，以下简称《对空言说》）一书，首创性地考察了西方思想史和人文传统大背景下的传播观念，为突破美国实证主义传播学研究传统提供了可行的路径。该书堪称奇书，收获了"传播思想史的奠基之作"的重要称号，是彼得斯献给 21 世纪的重要代表作之一。

不管是公元前 500 年左右的苏格拉底与柏拉图之辩，还是科学革命以后的传播技术发展与普及，这些争论与现象的出现普及都在试图寻找"一种更加友好"的传播方式，也是《对空言说》全书两种传播观——"对话"与"撒播"得以提出的基本前提。从著作所探寻的"如何克服传播交流中的障碍"这一根本目的来看，彼得斯的中心观点批判了传播过程中一味追求"心灵融合"的误区，也同时解答了如何追求人际交往中真正的"联系"的困惑。通过《对空言说》，作者与读者之间开展了一次关于如何从"注定充满沟壑"的交流中探寻实现人类真正相互理解的可能路径的讨论。

一、拒斥心灵融合：身体在场的必要性与信息的有效互通

身体不仅是所有感知和行动的关键来源，也是我们表达能力的核心。[1] 从《对空言说》的论证结构上看，彼得斯首先从奥古斯丁、洛克和招魂术三方面对"对话"交流观进行否定，从而转向对"撒播"传播观的公开认可。在彼得斯看来，"对话"可能是一种霸权[2]，它否认肉体的重要性，试图越过身体而追求"心灵融合"；"撒播"的优势不言而喻，它承认所有的"交流"都无法克服身体局限性的有关命题，以无须得到真正"回应"的交流姿态获得在场感，找到办法与他人建立伙伴关系。[3] 在传播信息的过程研究中，学者们对身体问题的关注很大程度来自媒介的快速变革发展。正如麦克卢汉所说的"任何发明或技术都是人体的延伸或自我截除"[4]，媒介的持续变革发展都将进一步凸显人体"亲身在场"重要性的事实。

在"交流"中，身体（特别是肉身）的困惑与局限是不可回避的问题，引来了学界的诸多争论。"我们除非万不得已，得尽量不和肉体交往，不沾染肉体的情欲，保持自身的纯洁，直等到上天解脱我们。"[5] 比如柏拉图就认为，身体是学习的障碍，摆脱了身体的灵魂才是真正的自我。从古希腊到现代的"交流"思想史中，出现过一系列关于身体的

---

① Richard Shusterman: *Body Consciousness,* Cambridge University Press，2008：49.

② [美] 约翰·杜翰姆·彼得斯：《对空言说——传播的观念史》，邓建国译，上海：上海译文出版社，2017 年，第 21 页。

③ [美] 约翰·杜翰姆·彼得斯：《对空言说——传播的观念史》，邓建国译，上海：上海译文出版社，2017 年，第 362 页。

④ [加] 马歇尔·麦克卢汉：《理解媒介——论人的延伸》，何道宽译，北京：商务印书馆，2000 年，第 61 页。

⑤ [古希腊] 柏拉图：《斐多：柏拉图对话录之一》，杨绛译，沈阳：辽宁人民出版社，2000 年，第 17 页。

不同看法，它们有着一个共识，即人类的交流可以不需要媒介便能达成心灵上的一种共同理解，这里的媒介指的就是肉身。这些"不同的看法"包括了彼得斯在书中所提到的"天使学的瞬间交流"和"招魂术"中"灵媒"的作用，以及"只闻其声不见其人"的隔空对话等。在这些观点看来，"交流"是远距离的作业。尤其在电报产生之后，信息可以通过电路实现通信自由，它也使得媒介脱离语言文字，让人们之间的一种"共同理解"超脱肉身在瞬间得到回应的目标得以实现。

但是，在上述观点中显然隐藏着一个困境——即使借助技术，人们的交流却很少能做到完全准确并没有障碍。因此，彼得斯特地提到一个例子：小说《无线电》中描述了一个交流失败的场景：一位药剂师的诗意"感应"反而要比一位无线电爱好者的无线电感应效果要好得多。由此来看，在关于瞬间交流的梦想中，一方面人们畅游着技术带来的新世界，一方面则因为各种交流的失败、误发的信息、无法精确解读的含混消息而叹惋。苏格拉底也曾抱怨文字是削弱记忆力、缺乏互动、任意撒播的，它的存在使得交流双方不必亲身在场。通过对文字印刷的批评，苏格拉底表达了对新媒介的不信任，在他眼里，"人的关系"的消失会造成交流的扭曲和失败，与15世纪末人们对印刷术的担心或者20世纪人们关于"如何给冰冷的无线电信号披上一层人性的外衣"的担忧不无相像。在苏格拉底看来，讲演者的表达是否细致入微地切合听众，是判断交流好坏的标准。因此，理想的对话是同一语境中的身心交流，也是爱欲的最高境界。以上的种种担忧都在指向同一问题，即传播的过程是否可以离开"身体"。答案十分明朗：彼得斯讲到，文字印刷虽打破了身体交流的时空限制，但并没有使身体处于缺席状态；作为"人的延伸"的印刷术，让身体符号的缩影——文字——得以被大量复制并成为一个时代中主流的传播方式，帮助身体进行交流，让双方参与共同的世界。致使"交流"失败的产生往往在于肉身的缺席，反观当下流行的各种媒介，看似用技术手段保持着身体之间的距离，实则以全新的感知视角帮助身体占据传播界面的主体地位。

彼得斯对身体在传播中重要地位的论述完美衔接了现代传播学对身体的关注程度。在当今信息时代的浪潮声里，数字交往已从本质上改变传统的传播方式，交流实践发生重大转折，必然引得人们重新去思考：在移动网络、虚拟现实、人工智能等数字技术的崛起中，身体究竟以何形态呈现。且如何在新型传播技术的海洋中依旧相当准确地理解传播过程带来的新问题，是传播学中"身体热"主要思考的方向。海德格尔就否认任何"视交流为心灵共享"的观点，彼得斯在《对空言说》中也呼吁"虽然这个时代技术已经可以充分地模拟人体，但身体是否真正在场仍然具有重要意义"[①]，所有的交流都需要正视身体的局限性并承认其重要性。彼得斯认为，电报、电话、广播与电视等媒介的产生迭

---

① [美]约翰·杜翰姆·彼得斯：《对空言说——传播的观念史》，邓建国译，上海：上海译文出版社，2017年，第386页。

代进一步拓展了人类自我表现能力，同时，包括人们的从外貌形象、行为举止、内心思想以及人际交往等方面都已经与媒介高度融合。从这一逻辑论断出发，在一个由媒介串联的、一定程度上与现实情境相区分的时空里，当主体将自我的行为与意识完全融入媒介语境，他的存在将不再仅仅代表自我，而是被赋能成为一个在认知与行动上相统一的交往界面。传播方式的迭代升级，使得人们摆脱了信息必须面对面传播的束缚，远距离离身沟通成为可能，这种超越时空限制的变革曾受到推崇和赞扬。[①]特别是今天的网络技术所营造的影像盛世，放大了身体的视觉、听觉甚至是触觉，带给用户的身体全方位的真实现场亲临感受。尽管传输性的媒介可以无限延伸乃至代替身体，然而这一过程中身体的尺度和形态依旧有着严格的界限，这也使得我们认清：不管技术将如何发展，身体都不可能被边缘化。

二、面貌的多样性：信息时代的传播媒介与网络智能身体

彼得斯在书中谈到，"'交流'提供给我们的是有关'人'的一种形象"，这样的"形象""存在于生物网络和信息环路中"。[②]有关身体的外貌、行为、声音甚至是想法，都将与技术媒介产生联系并成为其一部分。从哲学叙事的角度看，信息时代的到来也意味着"一种具有虚幻感和不确定性的分身时代正在到来"[③]。这样的时代意味着交流方式和途径的高度开放，虚拟仿真式的社交情境成为生活常态。因此，"交流"将存在于一切有智能迹象的界面中，与交流过程中身体所接触的对象密不可分。

第五章中，该书用了更多的例子继续说明"对话"交流观的不可能：由于个人身份无法得到严谨的确认，电话通话容易造成感官的障碍，并让人感到怪异；无线电的出现，仿佛使人们重新看到传心术、降神会以及天使的造访……可以肯定的是，在通篇的论述中，作者始终认可并强调身体的重要性。身体是连接人与世界的媒介。面对具身性趋势日益加剧的网络技术，新型的传播实践如何开展，彼得斯的观点给予了更加现实的意义。场景贴纸、美颜滤镜、虚拟人物……新时期的网络传播正不断重塑着身体样貌，活跃于互联网络的各类"分身"不断展示着主体的多重自我，一人千面的梦想得以实现，身体的创新潜力被不断激发。一方面，在互联网的关联下，身体以"网络化"的形式被整合进技术的运作体系参与网络传播。身体既作为人的一部分，也作为网络扩展硬件，既承担着网络信息输出的物理功能，又成为网络的一部分参与信息的流动，因此架起了网络间的传播桥梁。"网络化身体"围绕互联网技术而促动和展演形成社会联结的一部分，[④]身

---

① 杜骏飞：《数字交往论（2）：元宇宙，分身与认识论》，《新闻界》2022 年第 1 期。

② ［美］约翰·杜翰姆·彼得斯：《对空言说——传播的观念史》，邓建国译，上海：上海译文出版社，2017 年，第 351 页。

③ 杜骏飞：《数字交往论（2）：元宇宙，分身与认识论》，《新闻界》2022 年第 1 期。

④ 刘海龙、谢卓潇、束开荣：《网络化身体：病毒与补丁》，《新闻大学》2021 第 5 期。

体所扮演的角色也随网络关系变动而转换。另一方面，追随"网络化"身体参与网络传播的途径可以发现，如今的多数网络界面以身体为参照进行设计，小到各类移动通信设备，大到各类科技平台界面，都能随处可见身体参与互动的迹象。通过技术处理，身体的各类感知能够以相关的符码和数据展现在网络中，也使得各大终端进一步成为身体的一种延伸。

"身体始终作为感知器官在共同发挥着作用。"① 梅洛－庞蒂曾得出结论——人的意向与思想可以通过身体被看见，身体的知觉过程包括了自身与对象，并且联系起世界。与现实之中的人际交往相同，在互联网的交往过程中通过身体的感知作为载体，能够在互联网的无数界面里实现不同主体参与同时互动的美好愿景。以电子商务的热门在线直播间为例，围绕直播主题汇聚的数以万计观众，从原本作为看客的"分身"而来，在直播间的仿真情境里互相找寻感官统一的交流目标，从而成了体验与行动的交流主体。在传统的身心二元论观点中，真理总是越过身体产生于"看不见摸不着"的意识。而实际上我们与世界进行联系，是要切身融入世界，就如与空气密不可分一般。"动作的意义不是呈现而是被理解的，也就是把旁观者的行为重新把握。动作的沟通或理解是通过我的意象和他人的动作，我的动作和在他人行为中显现的意象相关关系实现的。"② 在网络中，各类活动能够开展的前提便是身体的感知能力，没有身体参与知觉以及进行的"动作"，便无法进行下一步的表述与展示。在网络直播活动中，虽然观众与主播之间可以进行实时的互动，但是因为屏幕的分隔，一端的观众始终无法真正触碰直播间里的事物，因此身体媒介就至关重要。网络直播带货从其诞生之日起至今，始终能够保持热度与流量，正是依托了"亲身体验式"的在线交流方式，正如主播一边亲自试用产品一边分享实时感受，同时对观众的在线需求逐一进行满足，达成了直播间友好互动的交流模式。

"拥有一个身体，就是介入一个确定的环境，从而对环境进行更为具体的感知。"③ 如今逐渐发达的各类智能媒介已远超彼得斯在书中所说的留声机、电话、无线电技术等媒介的功能，如何运用当代的传播语境进行"对空言说"值得进一步探索。再看新型的网络传播实践中双方基于虚拟情境的互动交流，除了对传播活动的内容有着意识上的共鸣，还经常借助双方身体的基础进一步理解所表达的内容。智能化媒介空间中，只有通过身体作为媒介，思想与行动才能准确理解网络传播活动中所传递的信息。身体带出并指引着网络中的各种情境，赋予了网络空间意义与结构。通过身体的媒介性所产生的感官体验、实时数据、行动轨迹等，将成为人与网络界面间信息互通的关键链接方式。个体与网络中的情境产生交集，网络空间不再是互联网荧屏中的一个画面，而是一个个身体参与活动的场所，有着身体的方位感知，是身体实践的缩影，还因为身体的不同表现而各

---

① ［德］埃德蒙德·胡塞尔：《生活世界现象学》，倪梁康等译，北京：商务印书馆，2001年，第58页。
② ［法］莫里斯·梅洛－庞蒂：《知觉现象学》，姜志辉译，北京：商务印书馆，2001年，第84页。
③ ［法］莫里斯·梅洛－庞蒂：《知觉现象学》，姜志辉译，北京：商务印书馆，2001年，第116页。

具特色。

可以看见，在《对空言说》中彼得斯未曾对"身体"做出完整的定义和解释。但是通过揣摩其行文，他的立论要点或许更多偏向于如何在实践中更有意义地利用"身体"。在当下，信息时代的媒介环境和媒介技术早已渗入人的生存活动之中，①媒介甚至成为身体的一部分帮助身体进行表达。在全新的技术构序里，个体或是群体的意识活动和即时真实体验将随着"媒介"的延伸而得到激活。在身体世界的传播活动里，其意义和方向何在将是作为"交流者"的我们必须思考的问题。

三、"撒播"的无奈：社交媒体时代的交流失序与沟通困境

《对空言说》谈到苏格拉底曾批评盲目的"撒播"，认可将对话内容与听众完美匹配的谨慎修辞。不少读者也对彼得斯的"撒播"观产生怀疑，认为他对"撒播"的追求有可能助长商业力量，形成诸如政治选举中的"一对多"的大众传播模式。面向当下社会，这样的担忧准确对接了社交媒体时代的新型社交关系：虚拟世界的交流方式成为主流，将导致不区分受众的"撒播"模式，引发新的社交困境。

约书亚·梅罗维茨曾提出疑问："仅通过媒介相互交往的人们之间形成的是什么样的关系？"②在此基础上，Alice E. Marwick 和 Danah Boyd 在研究"推特"社交平台中提出了"语境坍塌"（context collapse）的概念——社交媒体技术使得社会多重语境坍塌为单一语境。③实际上，在结合了电视广播媒体以及面对面人际沟通的诸多优势元素后，网络社交媒体因为自身强大的社会整合能力，可能在另一方面造成交流的困境，即令在线用户感到很难真正参与到复杂的网络交流中。例如，面向传统的广播电视内容，荧屏所呈现的讲演者或是倾听者多是经受过专业形象塑造的"演说家"与"观众"，他们对当下同一语境中正在沟通的内容和过程有着充足的把握，提前对观众可能出现的反应和呼声进行过预判；在线下的人际交往社群里，人们也完全可以根据面对面的传播情况即时灵活调整自己的沟通策略，从而在具体的、有准确意义的特定语境中找到适合自己的表达方式。但是，在网络社交媒体营造的虚拟语境中，原本离散的、活跃的且身份不明的用户一定程度上因"被迫"而聚集在同一情境中，导致了其在单一情境中的自我呈现变得更加困难。正如彼得斯所言，因为交流中"肉体"与"爱欲"的双双不可超越性，如若一味追求"不必亲临现场的亲自露面方式"，将致使交往主体在传播语境中失去选择具体对象的权力，就更谈不上如何去采取合适的沟通策略。

---

①　芮必峰、孙爽：《从离身到具身——媒介技术的生存论转向》，《国际新闻界》2020 年第 5 期。

②　[美]约书亚·梅罗维茨：《消失的地域：电子媒介对社会行为的影响》，肖志军译，北京：清华大学出版社，2002 年，第 113 页。

③　Marwick, A. E, & Boyd, D.（2011）. I tweet honestly, I tweet passionately: Twitter users, context collapse, and the imagined audience. New media & society, 13（1），114-133.

面向交流的困境，人们在不断找寻维护统一语境的方法，因此在网络媒体中人们积极借助技术努力发声，试图跨越沟壑进行自由交流。大家畅所欲言，通过社交平台轮流创作内容，试图解决人与人之间交流的根本性障碍。同时，我们越来越能够感同身受，当下的社会逐渐走向了"媒介化"，特别是面对受舆论发酵的"重大突发事件"，作为整体的"事件域"受到蒙蔽逐渐处于缺席状态，受媒介叙述的"事件"因为持续"到场"反而被受众视为一种"日常"。这也终将导致"一对多"的交流模式转向"多对多"的混乱局面。正如马克·波斯特强调的，在社交媒体时代，网络"界面"的存在始终阻碍了人与人之间的真正交流："界面介于人类与机器之间，是一种膜（membrane），使相互排斥而又相互依存的两个世界彼此分离而又相连。"① 梅罗维茨所描述的人际互动的新变化悄然来临，网络为公众和人际互动创造了更多机会，同时也带来新的紧张和冲突。这样的情况下，不管是平台还是用户都疲于关注"谁"在说话，各自思考如何回应以及寻找合适的答案。

为了缓解以上的紧张和冲突，不同社交媒体也在积极尝试不同措施，更好地服务受众群体。比如用户熟知且常用的微信朋友圈的"标签化分组"，便赋予了"发圈"者区分信息受众的权力，也赋予了"看客"更精准的信息接收途径；各类社交网站、端口平台通过战略性地隐藏信息、针对性开放权限等，试图描绘一个真实且有趣的自我格调，来协商众多个性不同的受众。诸如此类的，在一定范围内的有限传播，为的是"撒播"不再盲目，赋予交流中的信息一个更加明确的接收方。此外，受众也不甘示弱，在如此情形下，社交平台的用户采取应对策略，比如使用多个账户、假名和昵称，以及创建"伪造者"面貌来掩盖他们的真实身份。这种方式意味着一种持续的"前舞台"② 认同表演，它平衡了社交媒体平台保持自我积极印象的愿望和受众追求媒介真实体验的现实需要。而当前者与后者之间的发言能否恰当衔接成为问题时，势必会进一步加重"撒播"中失实的风险。交流中的失败现象必将引发我们的担忧，也使得我们不得不去认清，当不该有的表达欲望被成功束缚，也将连同受众一起被屏蔽，成为社交媒体时代正在酝酿的新的交流障碍。

以上的种种现象也在进一步说明，在社交媒体中，受众对信息的反应将变成仅仅基于固定情境的对话，而不是真正表现自我独特意识的交流。一旦"语境坍塌"成为趋势，受众将更容易受到技术与情境的支配，最终成为信息传播者所期望的、由数字媒体所局限的"想象的观众"。虚拟的网络被视为一个真正的交流空间，受众被"强制"要求加入对话，"撒播"面临构成"霸权"的风险。

---

① [美]马克·波斯特：《第二媒介时代》，范静晔译，南京：南京大学出版社，2000 年，第 25 页。
② 在"拟剧理论"中，戈夫曼认为表演一般在明确的，尤其是"前台"的区域内发生。

四、向着公正前进：理想化情境里的对等互动与自由交往

交流注定充满沟壑。在结语中彼得斯感慨，交流能够帮助人类进行相互理解，但也存在着信息被误传、误读、误解的风险。为了使交流能够尽人意，人类采取了诸多手段，但是真正的"心灵融合"却是困难重重。在他看来，"交流"或许就是一个伪命题，交流的双方在本质上是互相独立的个体，即使是"面对面"仍然充满着沟壑，这也导致了思想之间最绝对的割裂。在追求深度理解的过程里，人际性沟壑是永恒的屏障，让"完美交流"的梦想注定成为一场空。由此，在寻找解决"交流失败"的理想路径里，彼得斯外向而求，去追求交流彼此之间的理解和关爱。书中彼得斯借用了爱默生和詹姆斯等人的观点："与我们分享这个世界的一切生灵都具有美妙的他者性。""我们的任务是去认识这些生灵的他者特性，而不是按照我们的喜好和形象去改造他们。"[①]其解决方案指向外部世界，将解决"交流失败"的具体路径落在了"共同建设各自世界"的任务上，以期实现与现代民主相呼应的、公正且宽容的传播格局。

在网络传播界面的具体实践中，自交流发生的那一刻起，大量碎片化信息导致的不对等沟通方式，已经在一定程度上将交流的过程定格在某一特定的"语境"，进而导致后续障碍的产生。因此，有必要调整以往一味弥合交流"分歧"的误解，重建信息融通的应对举措：

首先，针对数字媒介中"以假乱真"的信息陷阱，应努力全貌反映"事件"的真实样态，以多形式、全方位、立体化的途径，展现交流的进程与动态，促进受众对信息整体的认知和理解。"媒介化"让交流中的"事件"窄化以致虚化，这对交流中如何追求"完全的真实"提出更高的要求。需要认清的是，即便在如今媒介技术高度发达的时代场景里，客观世界依旧难以实现被完全理解。因此，只有站稳受众立场，以相对真实客观的特定时代符码为纽带，才能培养受众的媒介信息感知能力，做到对交流的逻辑接受与内容认同。

其次，面对交流双方彼此间的猜疑、质问、不解等不和谐关系，只有灵活运用展演策略获取公众认可，才能有效化解交流失败的风险。移动互联网的普及使得交流的空间隔离逐渐消融，形成了彼此间相互的贯通之势。在此基础上，原本发生于交流中的"观看"现象，已由原先福柯眼中的"全景监狱"转变为"全视监狱"。从"少数人观看多数人"到"多数人观看少数人"的权力转变，意味着交流主体的一言一行都将暴露在公众凝视的目光下，受到更为严苛的审视。[②]这时，开诚布公的叙事策略显得尤为重要。比如近年来流行的新闻发布会、电视问政、各类"直播+"等媒介场景，便是通过公开的"展演"获得受众共鸣。做到以理服人，才能建立起交流过程中的信任感。

---

① ［美］约翰·杜翰姆·彼得斯：《对空言说——传播的观念史》，邓建国译，上海：上海译文出版社，2017年，第47页。

② 夏雨禾：《媒介化视域中重大突发事件的新变探析》，《编辑之友》2022年第8期。

最后，要在超真实的智能化情境中寻找信息生产的正确模式，树立起全社会的媒介生存意识。只有运用合理形式鼓励和调动交流彼此进行信息生产和分享，建构更具主体价值的媒介化交流实践规范，才能激活社会传播的动能。需借助全新的媒介呈现方式拓展信息的传播渠道，将媒介技术置于传播的合法治理规则之下，以"更得人心"的优质内容提升信息的被理解被接受能力，共同打造一个高度智能化、具有真实性界碑且生机勃勃的"美丽新世界"。

在本书的原译本《交流的无奈：传播思想史》一书里，彼得斯就已多次强调了"交流"在现代社会里的重要性："'交流'（communication）是现代人诸多渴望的记录簿。它召唤的是一个理想的乌托邦。在乌托邦里，没有被误解的东西，人人敞开心扉，说话无拘无束。看不见的东西，渴望愈加迫切；我们渴望交流，这说明，我们痛感社会关系的缺失。"① 彼得斯认为，交流的不确定性是客观存在的，使其成为一场"没有保证的冒险"。

纵观历史进程，人类每一次的交流开展似乎成了一场赌博，其成功与否只能静观后效。然而，尽管交流存在着重重障碍，无法为人类带来真正心灵上的状态共享，但在现实中人们依旧孜孜不倦地对其进行追求。正如彼得斯所说，当下我们要细究的不应该是"我们能够交流吗"，而应该是"我们能够相互爱护，能够公正而宽厚地彼此相待吗"。面对无法实现"心连心"天使状态的交流空梦，我们能做的只有通过"手拉手"的亲身在场，竭尽自己所能地彼此关爱，向着公正前进，努力跨越交流的鸿沟。

结语：思想"交流"的媒介性扩张与深度理解的人际性沟壑

纵观《对空言说》全书，其可贵之处在于从传播史的大视野系统阐明了思想"交流"的媒介性扩张与深度理解的人际性沟壑。同时，我们也不难发现美国学者彼得斯在其论著中存在一个自我矛盾之处：他批判"对话"交流观的不切实际，却又同时呼吁交流实践必须身体在场，以此保证"面对面"的真实感受。产生这一矛盾的原因在于，彼得斯对"对话"交流观的选择性解读和片面定义，它的主要内涵源于苏格拉底对人际交往应该表达"爱欲"以及寻求"灵魂"相互融合的最终目标。在彼得斯看来，如此交往方式是单向且远离实际的，必将导致交流的失败。实际上，不管是"对话"或是"撒播"，彼得斯强调的核心在于传播活动应当制止由单向传输引发的不对等性，转而为形成被广大受众理解的开放性语境不断努力，这一立场也可被称为"身体在场的非对话"②。由此可以推断，彼得斯极力倡导的面对面在场，是透过媒介延伸而存在的真实身体感受，是对交流着的每一位交流者他们主体性的尊重。

由于身体参与交流实践的有限性，媒介的桥梁性作用就显得尤为重要。在信息时代

---

① [美] 约翰·杜翰姆·彼得斯：《交流的无奈：传播思想史》，何道宽译，北京：华夏出版社，2003 年，第 2 页。

② 曾持：《反思交流的幽灵困境——论彼得斯的〈对空言说〉》，《当代传播》2021 年第 2 期。

媒介的表现形式发生巨大变革的当下，借助最新的媒介形式赋予传播活动新的面貌，是对追求在场感目标的有效满足，将带给传播主体更广阔丰富的真实信息，如此将距离彼得斯所追求的"找到办法与他人建立伙伴关系"的远大目标就更近一步了。